经济社会统筹发展研究丛书

西部地区经济增长实证研究

张跃平 侯高飞 ◎著

科学出版社

北　京

内 容 简 介

全书分为三篇，共十七章。第一篇为西部地区经济增长导论篇，本篇介绍在我国经济增长方式发生转变的背景下，研究西部地区的经济增长方式状况的重要性。在回顾西部地区经济增长历程基础上对西部地区经济增长滞后的原因进行分析。第二篇为西部地区各地经济发展剖析篇，本篇按地域对西部各省（自治区、直辖市）分别进行概述。在叙述各自地理位置、人口状况和自然资源等总体状况的基础上，重点对各地特色产业、重大发展战略、经济发展质量、经济发展潜力、金融发展历程进行全方位分析，剖析各自经济增长的转型方式。第三篇为西部地区经济增长实证分析篇，本篇使用现代经济学理论与模型，分析西部地区整体经济质量，得出西部地区经济增长主要依靠投资拉动，属于粗放型经济增长方式，全要素生产率水平落后于全国水平。其原因在于教育投资和科技投入不足，制约人力资本增长，严重影响技术创新和高新技术产业发展，需要深刻反思传统经济增长方式弊病，重点加强人力资本建设，激励科学技术创新，完善社会主义市场经济制度建设，提高产业结构水平，实现经济高质量增长。

本书通过对西部地区 12 个省区市的发展状况进行分析以及运用模型进行实证研究，为政府和企业相关人员决策提供研究参考，也可作为高等院校、科研机构人员的阅读参考书。

图书在版编目（CIP）数据

西部地区经济增长实证研究 / 张跃平，侯高飞著. —北京：科学出版社，2019.11

（经济社会统筹发展研究丛书）

ISBN 978-7-03-057239-4

Ⅰ. ①西… Ⅱ. ①张… ②侯… Ⅲ. ①西部经济–经济增长–研究–中国 Ⅳ. ①F127

中国版本图书馆 CIP 数据核字（2018）第 082096 号

责任编辑：陈会迎 / 责任校对：孙婷婷
责任印制：吴兆东 / 封面设计：无极书装

科学出版社 出版
北京东黄城根北街 16 号
邮政编码：100717
http://www.sciencep.com

北京虎彩文化传播有限公司 印刷
科学出版社发行 各地新华书店经销

*

2019 年 11 月第 一 版　开本：720 × 1000　1/16
2020 年 1 月第二次印刷　印张：19 3/4
字数：410 000

定价：146.00 元

（如有印装质量问题，我社负责调换）

总　序

实现中华民族伟大复兴的中国梦,是中华民族肩负的历史使命。中华民族的复兴,就是毛泽东所说中华民族"有自立于世界民族之林的能力"[①]的体现。中国梦体现了中华民族的整体利益,是全国各族人民的共同理想。实现中国梦需要全国各族人民的共同努力。完成社会主义现代化的建设任务,则是对中华民族"有自立于世界民族之林的能力"的最好证明。不过,在辽阔的中华大地上,目前经济社会发展还不平衡,欠发达的地区主要分布在少数民族集中居住的民族地区。因此,要实现中华民族伟大复兴的中国梦,加快民族地区经济发展的步伐具有重要意义。

中南民族大学作为国家民族事务委员会直属的综合性高等院校,始终坚持"面向少数民族和民族地区,面向地方,面向全国,为少数民族和民族地区服务,为党和国家的民族工作服务,为国家战略需求服务"的办学宗旨,始终立足于民族地区重要现实问题和迫切发展需求,创新民族理论、丰富学术研究、服务发展实际。学校地处湖北省武汉市光谷腹地,也承担着为地方经济与社会发展服务的任务。

长期以来,中南民族大学经济学院将经济学基本原理与方法运用于分析民族地区的经济问题和城市经济问题,为民族地区社会发展、区域经济发展服务。最近,经济学院又顺应时代要求,精心组织,稳步实施,编写完成了"经济社会统筹发展研究丛书"。该丛书陆续推出的论著,对当前民族地区和城市经济发展中的热点问题进行了深入研究,发现新问题、揭示新规律、总结新经验、探索新路径,为区域经济跨越式发展闯出新路子积极建言献策。与此同时,借此丛书,也可以展示中南民族大学经济学院的研究成果,激发研究热情,活跃学术氛围。

民族地区的经济发展,关系到区域经济的协调发展,关系到国民经济和社会全局的战略性发展,关系到中华民族复兴目标的实现。这是时代赋予我们的庄严使命,希望经济学院再接再厉,坚持有所为,有所不为,人无我有,人有我优,人优我特的原则,把研究工作不断推向深入,为建设特色鲜明、人民更加满意的高水平民族大学做出更大的贡献!

李金林

中南民族大学校长、教授

2013 年 7 月 4 日

---

① 毛泽东:《毛泽东选集(第 1 卷)》,北京,人民出版社,1991 年,第 161 页

前　言

西部地区包括我国现在的四川、云南、重庆、广西、陕西、甘肃、青海、宁夏、贵州、西藏、新疆、内蒙古等 12 个省区市。由于历史和地理原因，西部地区呈现出地域辽阔、人口稀少的特点，经济上远落后于我国东部地区，是我国贫困人口最多的地区，也是我国少数民族主要聚居地。因此加快西部地区经济发展，缩小东西部差距是急待研究的问题。

我国经济经过 40 多年的高速发展，取得了举世公认的成绩，但也存在巨大的问题，主要是靠投资的粗放型经济增长方式随着资源瓶颈限制和污染达到自然界的承受极限，急需转变经济增长方式。在东部地区以上海、广东两省市为代表正以创建高新技术产业和发展第三产业方式，将传统经济增长方式转变为依赖科学技术创新发展的新型经济增长方式。西部地区目前工业化进程远未完成，是坚持传统的经济增长方式建成重化工业体系还是发展高新技术产业和现代第三产业，前者可以很快提高经济增长率和提高经济总量，其代价是投入收益下降或环境污染水平上升；而后者短期内会造成经济增长率下降、财政收入减缓等问题。这使西部地区地方政府面临艰难决策：是否需要牺牲当前的利益换取长远的可持续发展能力。

诞生于 20 世纪初的经济增长理论源于科布-道格拉斯生产函数，该理论指出：一国的产出主要取决于劳动力和资本投入。许多发展中国家具有丰富的劳动力，因此，哈罗德与多马提出经济增长主要依靠资本投入和资本产出转换效率。第二次世界大战结束后广大的发展中国家通过对外举债方式，筹集巨额资本投资于本国经济建设，试图将落后的农业经济转变为现代工业经济，将本国由发展中国家转变为发达国家。进入 20 世纪六七十年代，虽然有少量的发展中国家经济获得飞速发展，但是更多的国家经济发展水平进步不大甚至陷于债务危机，历史经验表明单独依赖于资本投入的经济增长是无法持久的。美国经济学家索洛和丹尼斯在研究不同国家经济增长数据时，发现依靠科布-道格拉斯生产函数中的资本与劳动力投入只能解释部分经济增长，相当程度的经济增长是依赖广义技术进步所获得的，这就是著名的索洛余值理论。它揭示了一国经济增长除了依靠资本、劳动力与资源等生产要素投入，还与该国的技术进步、教育水平及市场制度完善程度等因素有关，发达国家的经济增长实践表明，传统的资本和劳动力投入在经济增长中的作用不断减小，非物质因素在经济增长中的作用越来越大，但这些学者没有解释科学技术进步是如何取得的，仅仅把它作为经济增长的外生变量。20 世纪 80 年代，以罗默和卢卡斯为代表的经济学家努力探索科学进步、教育水平和市场制度等因素作用于经济增长机制，深入研究了经济增长中的知识累积效应，证明科学技术进步和人力资本提升具有边际收益递增效应，打破了传统的生产要素投入边际收益递减的结论。他们进而论证经济增长也会导致教育和科技的投入增加，使市场制度进一步完善。经济增长因素和经济增长结果相互推动，形成源源不断的增长机制，揭示了这些因素不是外生变量而是经济增长的内生动力。其他学者也论证了市场制度进步、透明有序的宏观管理等因素在经济增长中的重要作用，实证研究表明罗默和卢卡斯的内生经济增长理论是正确的，它构成了转变经济增长方式的理论基础。

本书依据现代经济增长理论，提出西部经济增长必须转变经济增长方式。为此，本书首先使用科布-道格拉斯生产函数模型对西部地区 12 个省区市的国内生产总值与资本和劳动力投入作实证分析，判断西部地区经济增长是否严重依赖资本或劳动力的投入。然后使用内生经济增长模型判断资本投入是否带来收益递增的结果。检验结果表明西部地区仍然是依赖于资本和劳动力投入的粗放型经济增长方式，特别是资本投资能给西部地区经济带来较高的增长率。在使用索洛-斯旺模型检测西部地区经济增长中的其他因素作用时，索洛余值比全国水平低，反映了西部地区经济增长的广义技术进步不足，说明西部地区市场化进程与知识建设进程滞后，已经影响了西部地区经济增长质量。最后使用内生经济增长模型检测西部地区技术进步与人力资本对经济增长的作用，发现西部地区在这两者上都落后于全国水平。上述三个方面的实证研究都表明西部地区仍未摆脱传统的经济增长方式，有待于转变经济增长方式。

对于如何促进西部经济增长方式转变并走上高效益的经济增长之路，本书在研究其他国家和我国东部地区部分省市的先进经验之后，提出：一是加快社会市场经济体制改革，转变政府职能，为广大人民群众创业、创新开拓广大空间，为经济增长提供源源不断的内生动力；二是政府要大力加强教育投入，建立以政府投入为主的基础教育和职业教育体系，尽快提高西部地区人力资本，不断提高产出效率；三是严格实施推进技术进步创新、保护知识产权相关法律，促使企业不断加强竞争，推动高新技术产业发展，以达到产业结构转型升级、提升经济增长质量的目的。

目 录

第一篇 西部地区经济增长导论篇

第一章 研究背景及国内外研究现状 ······ 3
一、研究背景 ······ 3
二、国内外研究现状 ······ 4
参考文献 ······ 12

第二章 经济增长理论与西部地区经济增长概述 ······ 16
一、经济增长理论 ······ 16
二、西部地区经济增长历程 ······ 18
三、西部地区经济增长状况 ······ 23
四、西部地区经济增长滞后原因分析 ······ 26
参考文献 ······ 29

第二篇 西部地区各地经济发展剖析篇

第三章 甘肃经济增长篇 ······ 33
一、甘肃概况 ······ 33
二、甘肃经济发展特色 ······ 35
三、甘肃经济发展基本概况 ······ 38
四、甘肃经济发展质量分析 ······ 44
五、甘肃经济发展潜力分析 ······ 46
六、甘肃金融发展水平分析 ······ 50

第四章 广西经济增长篇 ······ 53
一、广西概况 ······ 53
二、广西经济发展特色 ······ 55
三、广西经济发展基本概况 ······ 59
四、广西经济发展质量分析 ······ 65
五、广西经济发展潜力分析 ······ 67
六、广西金融发展水平分析 ······ 71

第五章 贵州经济增长篇 74
一、贵州概况 74
二、贵州经济发展特色 76
三、贵州经济发展基本概况 80
四、贵州经济发展质量分析 86
五、贵州经济发展潜力分析 88
六、贵州金融发展水平分析 90

第六章 内蒙古经济增长篇 93
一、内蒙古概况 93
二、内蒙古经济发展特色 95
三、内蒙古经济发展基本概况 99
四、内蒙古经济发展质量分析 105
五、内蒙古经济发展潜力分析 107
六、内蒙古金融发展水平分析 111

第七章 宁夏经济增长篇 114
一、宁夏概况 114
二、宁夏经济发展特色 115
三、宁夏经济发展基本概况 119
四、宁夏经济发展质量分析 125
五、宁夏经济发展潜力分析 127
六、宁夏金融发展水平分析 130

第八章 青海经济增长篇 133
一、青海概况 133
二、青海经济发展特色 135
三、青海经济发展基本概况 138
四、青海经济发展质量分析 145
五、青海经济发展潜力分析 147
六、青海金融发展水平分析 150

第九章 陕西经济增长篇 153
一、陕西概况 153
二、陕西经济发展特色 154
三、陕西经济发展基本概况 159
四、陕西经济发展质量分析 165
五、陕西经济发展潜力分析 167
六、陕西金融发展水平分析 171

第十章 四川经济增长篇 ·· 174
一、四川概况 ··· 174
二、四川经济发展特色 ··· 175
三、四川经济发展基本概况 ··· 180
四、四川经济发展质量分析 ··· 186
五、四川经济发展潜力分析 ··· 188
六、四川金融发展水平分析 ··· 191

第十一章 新疆经济增长篇 ··· 195
一、新疆概况 ··· 195
二、新疆经济发展特色 ··· 198
三、新疆经济发展基本概况 ··· 200
四、新疆经济发展质量分析 ··· 206
五、新疆经济发展潜力分析 ··· 207
六、新疆金融发展水平分析 ··· 210

第十二章 云南经济增长篇 ··· 213
一、云南概况 ··· 213
二、云南经济发展特色 ··· 215
三、云南经济发展基本概况 ··· 219
四、云南经济发展质量分析 ··· 225
五、云南经济发展潜力分析 ··· 227
六、云南金融发展水平分析 ··· 231

第十三章 重庆经济增长篇 ··· 234
一、重庆概况 ··· 234
二、重庆经济发展特色 ··· 236
三、重庆经济发展基本概况 ··· 239
四、重庆经济发展质量分析 ··· 244
五、重庆经济发展潜力分析 ··· 247
六、重庆金融发展水平分析 ··· 251

第三篇 西部地区经济增长实证分析篇

第十四章 西部地区生产函数实证分析 ··································· 257
一、数据的选取 ··· 257
二、科布-道格拉斯生产函数检验 ····································· 258
三、实证分析 ··· 260

四、基于内生经济增长模型的实证检验 264
五、西部地区各省（自治区、直辖市）经济增长差异分析 266
六、西部地区与全国生产要素贡献对比分析 267
参考文献 270

第十五章 西部地区全要素生产率函数实证分析 271
一、全要素生产率及模型 271
二、实证结果及分析 272
三、全要素生产率对比分析 276

第十六章 西部地区内生经济增长模型的实证分析 279
一、西部地区各省（自治区、直辖市）内生经济增长模型的实证分析 279
二、实证分析结果 283
三、西部地区与全国研发及教育投入对比分析 285
参考文献 290

第十七章 西部地区经济增长机制研究 291
一、西部地区经济增长研究结论 291
二、西部地区经济增长方式转变的必要性 295
三、西部地区内生经济增长动力机制建设 298

后记 304

第一篇　西部地区经济增长导论篇

根据2012年《中国统计年鉴》，西部地区总面积为442.87万平方千米，占国土总面积的46.13%，西部地区在区位和资源方面都具有重要的战略地位。随着我国市场经济的发展，资金追逐效益的利益机制、区位优势和改革开放的制度倾斜等多重因素共同作用造成了我国地区相对收入差距扩大，对全国经济均衡发展形成了负面影响。特别是位于西部地区的少数民族社会经济发展水平相对滞后，直接关系到社会稳定、国家统一、民族团结和边防巩固，因此必须针对西部地区经济发展问题进行研究。

第一章 研究背景及国内外研究现状

一、研究背景

改革开放以来,我国西部地区经济社会发展取得了历史性进步。2000~2012年西部地区生产总值年均增长18.5%,一直保持强劲增长势头,增长率逐步加快,增长率高于全国水平。产业结构不断优化,在保持第一产业稳步增长的同时,第二、第三产业比例上升。全社会固定资产投资呈加速增长态势,财政收入大幅度增长。

纵向看,西部地区确实发生了历史性巨变;但横向看,根据2012年统计数据,西部地区与其他地区(特别是东部沿海省市)相比经济发展还有很大差距。在地区生产总值上西部地区排名处于全国后列,三次产业比例中,西部地区第一产业比例明显高于其他地区,而第二、第三产业比例则明显低于其他地区,尤其是第二产业相差约10个百分点,表明西部地区工业、建筑业和商业服务业的弱小。西部地区(特别是五个少数民族自治区)城镇居民人均可支配收入和农村居民人均纯收入低于全国水平,与上海市城镇居民人均可支配收入和农村居民人均纯收入相差甚远。

关于如何解决西部地区经济发展相对滞后问题存在两种认识。目前绝大部分人认为:由于历史、地理、自然等因素,西部地区主要位于山区、沙漠干旱化地区,远离交通枢纽,经济发展水平仍处于较低层次,表现为农牧业在经济中占据重要地位,工业化、城市化水平低于全国水平。有的学者认为西部地区经济发展必须依赖国家的大力支持,希望国家加大对西部地区人力和物力的投入,促进其经济增长。也有的学者认为西部地区必须进行改革,加强市场化建设,挖掘经济增长的内在动力机制,以自身努力为主,辅以国家的政策支持,实现经济的可持续发展。因此西部地区经济增长有两种方式可以选择:①继续传统经济增长方式,通过中央增加对西部地区大型项目建设投资促进经济增长。②建立新型经济增长内在动力机制,通过在西部地区进一步完善社会主义市场经济体制,让市场在资源配置中发挥决定性作用,不断地促进企业之间良性竞争,鼓励科技创新,增强人力资本投资,不断提升劳动力素质,共同推进西部地区经济高效增长。因此,西部地区选择何种经济增长方式是政府部门与学术界必须认真研究的问题。

为什么要转变经济增长方式，走内涵式经济增长道路呢？经济增长的内生动力机制是什么呢？新制度经济学认为：经济增长并非资本和劳动力等生产要素的简单组合，而是取决于经济资源的最优配置。要让生产要素发挥最大效率，必须构建一系列制度，如促进企业和个人努力的产权制度、保护科学发展的专利权制度、促进知识进步与提高人力资本的教育制度、维护公平竞争的司法制度等，才能使经济增长规模收益递增。

因此，研究西部地区经济增长，首先，具体判断西部地区经济发展水平，分析其经济增长的影响因素，研究导致西部地区经济发展水平整体滞后于东部地区及全国水平的深层次原因；然后，研究西部地区内涵式经济增长状况。这将有利于真正把握西部地区经济发展方向，构建其内生经济增长机制，依据经济规律寻求高效的经济增长道路。

本书研究的基本思路为：①研究背景。统筹区域发展，缩小地区经济发展差距、全面建成小康社会是本书的宏观经济背景。目前，西部地区经济发展水平相对滞后，发展动力不足是本书的微观经济背景。在新形势下创新西部地区经济增长动力机制，帮助西部地区实现经济高效增长、缩小地区差距是政府科学决策的要求和学术界面临的艰巨而急迫的任务。②研究方法。用现代经济增长模型分析西部地区经济发展水平状况、经济增长滞后的因素，从现代经济增长理论的角度，寻求西部地区最优经济增长方式，促进西部地区经济发展。

二、国内外研究现状

（一）经济增长理论研究现状

学界一般认为，现代经济增长理论是由罗默（Romer，1986）与卢卡斯（Lucas，1988）所创立的，其实在此之前，很多学者就已经开始研究经济增长的动力机制。现代经济增长理论主要是内生经济增长理论，其特征是某些生产要素既是经济增长的自变量，又是经济增长的因变量，即该生产要素推动经济增长，经济增长又有利于该生产要素成长，形成了良性循环，带来了边际收益递增的效果。

1776~1870年是古典经济学时期。古典经济学是经济增长理论发展的先驱，是经济增长理论框架初步形成的阶段。斯密（1981）开启了古典经济理论时期，他研究一个国家国民财富增长的源泉问题，提到一个国家的经济增长受劳动分工、资本积累的影响，而分工受市场容量的影响。斯密提出经济增长与资本积累、劳动分工、技术进步之间有不可分割的联系，而且将资本积累看作引导技术进步、劳动分工的决定性因素，为后面学者的研究打下了坚实的基础。马尔萨斯（2008）提出了"马尔萨斯陷阱"，他认为在长期内，每一个国家的人均收入都会平衡于一个位置,即收敛到其静态平衡水平。马尔萨斯的研究重心在于人口增长、人均收入与经济增长之间的关系。

李嘉图(1976)提出了比较优势理论,以及分工与贸易,他继承了斯密的一部分思想,斯密注重分工,而李嘉图将自己的研究重心更多地放在了分配上。他将经济增长归因于资本积累,认为利润受资本积累的影响,而工资与地租决定利润。由于工资用来维持劳动者的生活,合理的收入分配对经济增长的影响是不容小觑的。李嘉图的经济增长理论为研究经济增长背后的因素、结构打下了良好的基础。

穆勒(1991)主要关注资本积累、人口增长等主要因素,他认为农业收益的递减、投资激励的下降都是限制经济增长的重要原因。农业收益的递减、投资激励的下降使经济向合意的静态转化,就有可能促进社会的进一步发展,而促进静态目标实现的手段是财富的再次分配。

马歇尔(2009)强调了经济发展受到企业内部和外部经济的作用。他的《经济学原理》一书的出版标志着新古典经济学的开端。

杨格(1996)又将分工带回人们的视野,发表了《递增报酬与经济进步》一文,在斯密的市场决定分工的基础上,进一步提出"市场决定分工,而分工决定市场,所以分工决定分工",这揭示了市场与分工之间的相互作用关系,即市场规模影响生产,而产业与产业之间也存在相互作用的关系,它们在相互作用中共同影响着经济的发展。

熊彼特(2012)进一步指出影响经济增长的因素是内生因素,即生产条件和生产要素的组合,而不是外生因素。

李克等(2005)利用超边际分析法将古典经济学中的分工理论演变成新古典经济学理论。分工与生产率之间存在相互作用关系,分工高效,生产率则会上升,而生产率上升则会促进生产过程的发展,从而进一步促进分工细化,这样循环进行,会出现新产品、新技术等,在这些错综复杂、关系紧密的发展过程中,经济也逐步得到了发展。

随着经济的发展和社会历史环境的不断改变,古典经济学遭受非议,新古典经济学慢慢孕育发展,经济学家也将经济问题的视角从宏观转向了微观,而在此后的半个多世纪里,经济增长仿佛进入了长长的休眠期,直到资本主义遇到了第二次经济危机,经济增长的相关问题才重新被人们所注意。

凯恩斯(2014)的主要观点是通过宏观经济政策促进就业、摆脱萧条,扩大有效需求,从而控制经济的波动,刺激经济增长。哈罗德和多马分别在凯恩斯理论的基础上发表了论文。根据哈罗德-多马模型可以得出全社会投资水平的储蓄率和反映生产效率的资本-产出比是影响国家经济发展的主要因素。

第二次世界大战后,西方国家需要重建家园与经济体系,此时第三次工业革命也在进行中，为经济增长提供了良好的契机。

索洛（Solow，1956）和斯旺（Swan，1956）同时提出索洛-斯旺模型，索洛-斯旺模型几乎是研究所有增长问题的出发点，虽然其存在很多缺陷，如模型中有许多较强的约定影响了其实用性，但其模型说明了人均资本与经济增长的关系。

卡尔多（Kaldor，1950）对哈罗德-多马模型进行了修正，从收入分配的角度着手，解决了哈罗德-多马模型的不稳定，但由于其储蓄论建立在凯恩斯理论的基础之上，仍然出现在分析长期的经济增长问题中使用短期工具等问题。

阿罗和库兹（Arrow and Kurz，1970）提出资本积累的副产品是生产率提高或技术进步，这是针对新古典增长模型所提出的。他们认为非竞争的知识具有外部性，因此可以将技术进步归为内生变量。但在"干中学"模型中，外生的人口增长率却是社会技术进步的最终决定性因素，这是最早的内生经济增长文献之一。

因为收益递减规律是古典经济学的基本前提，所以新古典增长理论不能很好地解释经济持续增长的原因。内生经济增长理论是以罗默（Romer，1986）、卢卡斯（Lucas，1988）为代表的经济学家在大量汲取前辈经济学家思想的基础上，试图对20世纪中叶开始流行的新古典增长理论的不足进行重新研究，以及对20世纪80年代以来的社会现实经济状况作出研究过程中建立的。罗默把技术进步内生化，投资科学研究促进技术进步，技术进步促进经济增长，经济增长又会加大科学领域投资。这样，投资与技术进步都具有内生性。卢卡斯则把人力资本也内生化，教育投入提升人力资本，人力资本又促进经济增长，经济增长又有力促进教育投资。因此，现代经济增长理论中规模收益的递增是经济的长期可持续增长的重要原因之一。

一直到了20世纪60年代，卡斯（Cass，1965）和库普曼斯两位学者把新古典经济增长模型与拉姆齐的消费者最优化分析相结合，得到储蓄率的内生决定的同时，否定了储蓄率为外生变量。但是拉姆齐-卡斯-库普曼斯模型在技术处理上并没有使用外生技术进步的假设，人口增长率也是内生经济模型的关键变量。而索洛-斯旺模型中工人的资本水平和产出的稳定状态会随着人口增长而降低，但由于统计复杂，该模型并未将人均工资率作为人口增长的影响因素，也没有考虑在养育过程中所使用的资源，导致模型在现实应用中有一定局限。

内生经济增长理论将古典经济增长中的资本、储蓄率、技术进步、人力资本等内生化，形成生产要素与经济增长相互促进的良性循环，规模收益递增，经济可以长期持续增长。胡怀国（2003）提出内生经济增长理论是现代西方经济学的最重要进展之一。他系统地论述了内生经济增长理论产生的原因，阐述了内生经济增长理论的基本思路和内生经济增长模型的核心内容，并对当前关于规模效应、资本积累和研究开发的作用等问题的争论进行了系统的评述，以深化对内生经济增长理论的理解和把握。

(二）经济增长模型及实证检验

经济学家不仅在理论上进行思考，也将其研究结论不断地在实际中进行检验，为此，研究出如下著名数理模型用于实证分析。

1. 科布-道格拉斯生产函数

科布-道格拉斯生产函数是由美国数学家科布和经济学家保罗·道格拉斯在研究投入和产出的关系时所共同创造出来的生产函数，用于说明资本与劳动力对经济增长的作用。外国对科布-道格拉斯生产函数进行了很多实证研究。康柏与迪松（McCombie and Dixon，1991）对科布-道格拉斯生产函数的要素进行计量分析。鲍莫尔（Baumol，1997）使用科布-道格拉斯生产函数推导企业的长期成本函数。对科布-道格拉斯生产函数的完善研究不断进行，菲尔普斯·布朗（Phelps-Brown，1957）、萨缪尔森（Samuelson，1979）都对科布-道格拉斯生产函数的实用性进行了研究，本哈比和施皮格尔（Benhabib and Spiegel，1994）、曼昆等（Mankiw et al.，1992）改进了科布-道格拉斯生产函数，以适应不同情况，最终形成了现代科布-道格拉斯生产函数的标准形式。

我国对科布-道格拉斯生产函数的实证及应用性研究也有很多成果。林玉蕊（2003）研究了科布-道格拉斯生产函数在林产品方面的应用。范红霞（2005）应用科布-道格拉斯生产函数构建了海南天然橡胶生产函数模型。邵莺凤（2006）应用1975～2005年的相关数据实证分析浙江省的经济增长方式，得出浙江省的经济增长方式没有发生根本性转变的结论。陈思蓉（2007）以科布-道格拉斯生产函数推导出了中国与英国的资本产出弹性系数和劳动产出弹性系数，并进行了两国之间经济增长因素的对比，得出劳动力的增加对经济增长的贡献要大于资本的增加对经济增长的贡献。顾秀林（2007）应用前沿的科布-道格拉斯生产函数模型和随机参数前沿模型对贵州湄潭县的农户数据进行对比分析，得到了支持科布-道格拉斯生产函数的论点。杨有才（2009）通过对科布-道格拉斯生产函数模型的研究得出了基于路径依赖特点的制度变迁与经济增长的相互作用。赵海燕等（2009）分析农业投入产出值，应用科布-道格拉斯生产函数建立测度模型，研究技术农业信息化要素对经济增长的贡献。牛肖铮等（2011）根据科布-道格拉斯生产函数对企业的各投入安全项目进行分析，最终证明了科布-道格拉斯在企业定量安全投入分配中的科学性。董彦龙（2011）应用科布-道格拉斯生产函数进行回归分析，定量分析了河南省粮食种植业投入要素与产出量之间的关系。其结果表明，河南省人力投入对种植业产出的贡献率超过了90%，科布-道格拉斯生产函数的拟合度好，河南省丰富的农业劳动力资源对粮食的产出具有较大比例的贡献率。朱宁和张茂军（2011）在考虑能源作为要素投入和经济环境随机动态变化的情况下，将科布-道格拉斯生产函数推广到随机动态形式，首先给出了随机动态科布-道格拉斯生产函数的随机微分方程形式，证明该生产函数解的存在性与唯一性。陈森等（1996）通过建立云南的科布-道格拉斯生产函数，经过变换得到云南区域综合技术水平、投资效益等信息，为云南工业发展方向提供了科学的依据。石贤光（2011）应用科布-道格拉斯生产函数基于河南省 1989~2009 年时间序列数据对河南省经济增长影响要素进行实证分析。吕向东（2012）为广大学者进行有关生产函数模型参数估计问题的研究提供了借鉴的方法和思路，为科布-道格拉斯生产函数模型的参数估计提供参考。赵心刚（2012）拓展了科布-道格拉斯生产函数，实证检验发现企业投入绩效存在显著的累积效应。张丹红（2012）将科布-道格拉斯生产函数引入微观经济的企业收益分配中，应用科布-道格拉斯生产函数与多元线性回归的方法测度各生产要素的贡献率。宋吟秋和吕萍（2013）采用科布-道格拉斯生产函数模型基于 1995~2008 年研发资金的投入和产出相关数据，对我国研发活动的成效进行了分析。于洪菲和田依民（2013）对科布-道格拉斯生产函数的方法和超越生产函数的方法使用了三个评价标准分别进行比较。结果得出，超越生产函数的方法能较好地解释通货膨胀，较准确地反映我国 1978 年以来的经济周期波动。张晓婧（2013）采用科布-道格拉斯生产函数，基于 1980~2011 年的时间序列，对中国经济增长的影响因素进行实证分析。

2. 内生经济增长模型

张陶新和刘平兵（2006）以内生经济增长模型作为基本模型并且将人口数量作为不确定性的来源，系统分析了模型存在的唯一性。彭奥蕾等（2014）站在资本市场的储蓄率转化为投资的功能角度，运用简单的内生经济增长模型对我国资本市场结构变量与经济增长进行详细分析，并得出目前我国间接融资依旧占主导地位。因此发挥大中小银行储蓄的转化功能，可以在一定程度上促进我国经济增长方式的转变，保障实体经济有效持续健康发展。朱文蔚和陈勇（2014）根据拓展的内生经济增长模型，理论上可以得出最优的公共债务占国内生产总值（gross domestic product, GDP）的比值，且这一比值取决于四大因素，即公共资本的产出弹性、公共资本来源于税收的比例、公共债务转化为公共资本的比例以及政府收入占 GDP 的比例。

3. 全要素生产率模型

本哈比和施皮格尔（Benhabib and Spiegel, 1994）用全要素生产模型对不同国家资本与人力资本和经济增长进行实证检验，发现一个国家人力资本存量决定一个国家的全要素生产率。而格尔里切斯（Griliches, 1988）则检验了企业研发投入是提高企业生产率的主要动力。阿乌等（Aw et al., 2005）在我国台湾省的实证研究也支持上述研究结论。

蔡芸和杨冠琼（2010）利用数据包络分析（date envelopment analysis，DEA）模型实证性地研究了中国分省（自治区、直辖市）经济增长、全要素生产率与地区生产总值核算误差之间的关系，并对相关现象进行了理论分析。刘建国等（2012）运用曼奎斯特生产率指数模型测度了1990~2009年中国省域的经济效率和全要素生产率，并对其影响因素进行了分析。陈瑾瑜（2012）通过理论推导揭示时变产出弹性下全要素生产率增长率与技术进步在计量上的差别，提出直接估算技术进步的方法和估算时变产出弹性的简单公式，根据解析几何原理提出计算总量生产函数各变量导数的几何微分法，并测算了1978~2009年我国全要素生产率增长率和技术进步。曾淑婉（2013）通过构建财政支出、空间溢出与全要素生产率增长的分析框架，采用动态空间面板计量方法，考察1998~2010年我国财政支出对全要素生产率增长的影响及其空间溢出效应。张振强（2013）以西部地区12个省区市的面板数据构建面板数据模型，运用索洛余值法，选择科布-道格拉斯生产函数，估算西部地区各省区市全要素生产率及其增长率对经济增长的贡献率。白俊红（2011）利用1998~2007年中国地区面板数据，在测算各地区全要素生产率增长、技术进步及技术效率变化的基础上，对人力资本、研发与生产率增长之间的相关关系进行了实证考察。梁超（2012）利用中国省区市面板数据，通过运用高斯混合模型（Gaussian mixture model，GMM）方法与脉冲响应研究了全要素生产率、技术效率和技术进步是否受外商直接投资（foreign direct investment，FDI）、非国有经济投资及其人力资本吸收能力的影响。陈仲常和谢波（2013）基于我国省际层面1990~2009年经验数据，应用动态面板数据模型估计，考察总量人力资本和异质型人力资本（即具有初等教育、中等教育和高等教育水平的从业人员）对我国全要素生产率增长的外部效应。高峰（2006）分析了国家进入"后工业化"时期出现要素生产率增长率以及要素生产率增长对经济增长的贡献率大幅度下降这一现象。他从资本生产率、劳动生产率和产业结构的服务业化三个方面对这一看似反常的经济现象进行分析，认为这是经济增长方式集约化过程中的一种暂时现象，要素生产率增长率及其对经济增长的贡献率是必然要回升的。周志梁（2008）通过构建经济增长动态理论模型，以人力资本为基础，发现人力资本的变化对产出的均衡点有乘数效应。在此基础上，基于武汉市的数据，构建风险价值（value-at-risk，VaR）动态计量模型，进行脉冲响应函数分析和方差分解。黎德福和陈宗胜（2007）利用内生经济增长核算方法对1952年以来中国经济的增长因素进行了分解。李静和刘志迎（2007）引入一个非参数的分解框架，把中国各省（自治区、直辖市）劳均产出指数分解为四个部分，分别为技术进步、技术效率变化指数、人均资本积累效应以及人力资本效应等；在指出传统DEA模型的缺陷后，用松弛测度（slack based measure，SBM）模型求解了上述不同部分的作用；最后对不同时期人均产出收敛或发散的来源作了进一步的计量分析。

魏下海（2009）用分位数回归方法，重点考察人力资本和贸易开放度对中国全要素生产率的影响。李谷成（2009）在考虑人力资本要素和技术非效率的前提下，使用非参数的 DEA 曼奎斯特生产率指数方法，对 1988~2006 年中国区域农业全要素生产率增长进行估计和测算，寻找农业全要素生产率增长的源泉。许培源（2008）运用 DEA 方法测算 1980~2006 年中国的全要素生产率变化，然后通过基于误差修正模型（error correction model，ECM）的 Granger 因果关系检验法，分析贸易结构和人力资本联合指标对全要素生产率变化的影响。覃达（2005）分析了我国五个少数民族自治区人力资源增长的状况，以及其对经济增长的促进作用。

4. 卢卡斯人力资本溢出模型

20 世纪中期舒尔茨阐述了人力资本对经济发展的影响，使人们了解到人力资本这一概念，作为之后经济学家的代表的罗默和卢卡斯指出，人力资本投资、知识积累对物质资本及其他生产要素发展有着重要促进作用，并推动经济的持续增长。曼昆等通过对索洛-斯旺模型与生活水平变化的关系研究，指出索洛-斯旺模型可以在人力资本和物质资本扩展的基础上高效率地分析并阐述经济变化。沈利生和朱运法（1999）在科布-道格拉斯生产函数模型的基础上对国内相关要素在经济增长中的贡献值进行估算，通过研究可以得出，人力资本存量增长对国内经济增长的贡献率为 30.60%。魏下海和张建武（2010）采用门槛模型方法构造非线性面板数据模型，探索研究了中国 29 个省区市 1990~2007 年人力资本与全要素生产率增长之间的关系。实证结果表明，在全要素生产率的增长过程中，中国人力资本的积累存在明显的门槛效应，人力资本的影响系数随着变量跨越的门槛高度的增大而增大。跨越高门槛水平的省区市大多位于东部发达地区，尚未跨越门槛水平的省区市则主要位于中部和西部不发达地区。刘丁蓉（2013）认为在控制其他变量不变的情况下，人力资本变量对生产率有显著性影响。靳卫东（2013）指出人力资本在多种形式上与产业结构的匹配程度关系到产业结构转型率，匹配程度低也是经济波动、失业增加和贫富差距拉大的重要因素。

（三）西部地区经济增长研究现状

人们通常会把近 70 年来西部地区经济社会发展分为两个时间段：从中华人民共和国成立到改革开放近 30 年里为以计划经济为主的时期，之后则是中国经济社会大转型的 40 多年。西部地区的发展在计划经济时期得到了中央政府的有力支持，而改革开放之后的情况则要相对复杂一些，前期西部地区在对外开放过程中政策滞后影响了经济增长，后期西部大开发战略则有力地促进了西部地区经济增长。国外学者更多关注中国经济增长和地区差距问题，很少涉及西部地区的经济增长问题，而国内学者对此问题研究较多。

王关义（1995）在综合分析中国西部地区的经济发展面临现实状况后权衡利弊，提出了划小经济发展单元，构造若干个经济发展的支持系统，从培养经济增长极入手，由小到大、以点带面，以经济增长极的发展和释放的能量带动整个经济带腾飞的战略选择。高新才和陶君（2011）认为西部民族地区整体经济发展水平不仅滞后于全国水平，而且明显低于东部地区的原因有恶劣的生态环境、保守的思想观念、落后的农业经济、素质较低的人口构成等四个方面，相应提出了：使农牧业现代化，进行多样化经营；发挥地理优势，鼓励边境贸易；发挥旅游资源优势，大力开发旅游产业；重视人力资本投资，鼓励科技制度创新等。方发龙和周江（2009）认为目前我国社会经济发展的迫切要求是缩小西部地区与东中部地区的发展差距。但国家生态安全的历史重任又由西部地区肩负着，局部经济增长与全局生态安全保障形成冲突。他们运用区域博弈论、马克思物质变换理论，以对生态文明建设与经济增长本质的分析为基础，研究自然生态系统和社会经济系统之间的博弈关系，探索协调推进西部地区生态文明建设与经济增长的思路和对策。陈星宇（2010）认为从改革开放以来，中国西部地区经济发展的成效主要在于经济增长质量而不是经济增长率，他从经济增长质量的视角来考察西部地区2004~2008年经济发展状况，通过系统全面的指标体系，对西部地区的经济增长质量进行综合评价，进而提出相应切实可行的建议。郭志仪和杨曦（2008）基于FDI对经济增长作用的内生框架，分析了FDI对中国东、中、西部地区经济增长作用机制的差异。在此基础上利用14年的省际数据进行分析后得出，FDI在中国各地区发挥的作用是明显不同的。FDI对东部地区经济增长作用显著，但对西部地区经济增长作用并不十分明显。FDI在东部地区具有显著的技术外溢和资本挤入效应，而在西部地区的技术外溢和资本挤入效应并不十分突出，FDI规模并不会显著提高西部地区的经济增长。石清华（2011）对西部大开发以来西部地区的经济收敛性以及影响西部地区经济增长的因素进行了分析。结果显示，西部大开发以来，西部地区的经济并不存在收敛性，而是呈发散态势。影响西部地区经济增长的因素主要有人力资本、固定资产投资和产业结构。张瑾（2013）认为在西部大开发战略第一阶段圆满完成后研究西部地区内陆开放型经济的发展，对进一步实施西部大开发战略具有重要意义。因此，他通过问卷调查和采用我国31个省区市的面板数据，实证分析了西部地区内陆开放型经济发展的运行效应。王海霞（2011）认为新时期西部地区面临着在加快经济发展的同时，要注意治理与保护生态环境从而确保生态环境安全的双重任务和两难选择，必须要把经济增长、生态保护、人文价值协调与统一起来，从而建立西部生态与经济协调发展的互动机制。姚聪莉（2008）认为西部地区的经济增长方式主要还是一种以高物耗、高能耗为代价的粗放型经济增长方式，在西部地区生态环境的重建过程中，为加快经济增长方式转变，需要加快产业结构的调整，实现工业生态化，加快建立西部地区生态工业经济体系。杨浩宇（2015）认为随着西部地区经济的不断发展，金融在经济发展过程中的作用也越来越大，同样在西部地区有着不可替代的作用。如何积极发挥金融支持在西部地区经济发展过程中的重要作用，加大西部地区金融支持力度是我国有关部门必须考虑的主要问题。李磊（2007）通过对市场扩张型产业转移的考察，认为东部地区以成本节约为目的的产业转移并不会对西部地区的经济发展起到较为明显的促进作用。通过吸引市场扩张型产业的转移才有可能实现西部地区经济的起飞。王必达和田淑萍（2001）认为我国西部地区经济相对滞后，形成了广泛的技术性和制度性"后发优势"，因此，我国正在实施的西部大开发应该走一条由后发利益驱动的学习型成长道路。刘用明（2002）认为一个国家或一个地区的经济增长以资本形成为核心，西部地区能否快速发展的一个关键因素是能否有足够的资本投入，西部地区资本市场的发展和培育有利于促进西部地区的经济发展，他从直接融资市场的角度探讨了资本市场对西部地区经济发展的作用。

上述国内外研究表明，经济增长已从传统的依赖资本和劳动力投入转变为依赖科技进步和人力资本提升，只有政治稳定、市场经济制度完善并不断增加对教育与科技的投入，辅以基础设施的投资建设，才能形成源源不断的经济增长动力，实现可持续发展。这些经济学家和前人的研究成果给本书的研究指明了前进方向，也是本书立论的理论依据。

但是，将西部地区作为整体，在其工业化进程还未完成、东西部经济差距显著的情况下，采取何种方式才能有效促进西部地区持续高速增长的相关研究不多，尤其缺乏系统性的有时间跨度的实证检验。对西部地区经济增长影响因素进行的全面研究比较少：一是缺少对西部地区经济增长因素的针对性、系统性分析；二是缺乏西部地区内生经济增长的分析；三是没有对西部地区构建内生经济增长模式的研究。

本书在上述大量研究的基础上，综合性实证检验西部地区资本、劳动力、科技进步与教育投资对经济增长的贡献率，并提出经济增长转变的模式与途径。

参 考 文 献

白俊红. 2011. 人力资本、R&D 与生产率增长——基于中国省级数据的实证分析[J]. 山西财经大学学报, 33（12）: 18-25.

蔡芸, 杨冠琼. 2010. 中国地方政府最优财政规模：理论与实证检验[J]. 北京工商大学学报（社会科学版）, 25（4）: 45-55.

曾淑婉. 2013. 财政支出、空间溢出与全要素生产率增长——基于动态空间面板模型的实证研究[J]. 财贸研究, 24（1）: 101-109.

陈瑾瑜. 2012. 全要素生产率与技术进步间的差别及测算——几何微分法的应用[J]. 数量经济技术经济研究, 29（6）: 48-60.

陈森, 唐克, 戴军. 1996. 柯布-道格拉斯生产函数的应用[J]. 云南林业调查规划设计, (2): 5-9.
陈思蓉. 2007. 基于科布-道格拉斯生产函数对我国经济增长的实证检验[J]. 金融经济: 理论版, (20): 83-84.
陈星宇. 2010. 中国西部地区经济增长质量的评价[J]. 产经评论, (5): 69-80.
陈仲常, 谢波. 2013. 人力资本对全要素生产率增长的外部性检验——基于我国省际动态面板模型[J]. 人口与经济, (1): 68-75.
董彦龙. 2011. 柯布-道格拉斯生产函数于河南省粮食种植产业的实证研究[J]. 中国农学通报, 27 (29): 119-123.
范红霞. 2005. 海南天然橡胶和甘蔗生产函数模型构建与应用[D]. 儋州: 华南热带农业大学: 35-48.
方发龙, 周江. 2009. 协调推进西部地区经济增长与生态文明建设的思路与对策[J]. 经济问题探索, (10): 35-39.
高峰. 2006. 发达国家"后工业化"一定时期生产率增长率下降之谜[J]. 当代经济研究, (1): 1-6, 73.
高新才, 陶君. 2011. 西部民族地区经济发展的现状与思考[J]. 西藏大学学报（社会科学版）, 26 (1): 19-23.
顾秀林. 2007. 经济学数量模型的选择与柯布-道格拉斯生产函数[J]. 中国农村观察, (1): 2-10, 23, 80.
郭志仪, 杨曦. 2008. 外商直接投资对中国东、中、西部地区经济增长作用机制的差异——1990—2004年地区数据的实证检验[J]. 南开经济研究, (1): 75-86.
胡怀国. 2003. 内生增长理论的产生、发展与争论[J]. 宁夏社会科学, (2): 24-30.
靳卫东. 2013. 农村义务教育财政投入需求的核算[J]. 天府新论, (2): 61-67.
凯恩斯 J M. 2014. 就业、利息和货币通论（重译本）[M]. 高鸿业, 译. 北京: 商务印书馆: 92-99.
黎德福, 陈宗胜. 2007. 改革以来中国经济是否存在快速的效率改进?[J]. 经济学（季刊）, (1): 1-24.
李谷成. 2009. 人力资本与中国区域农业全要素生产率增长——基于 DEA 视角的实证分析[J]. 财经研究, 35 (8): 115-128.
李嘉图 D. 1976. 政治经济学及税赋原理[M]. 北京: 商务印书馆.
李静, 刘志迎. 2007. 中国全要素生产率的收敛及对地区差距变迁影响的实证分析[J]. 经济社会体制比较, (5): 47-52.
李克, 杨小凯, 张杭辉, 等. 2005. 劳动分工、专业化与侵占行为——"霍布斯丛林法则"的一般均衡分析[J]. 南大商学评论, (1): 74-94.
李磊. 2007. 市场扩张型产业转移与西部地区经济发展[J]. 山东工商学院学报, (3): 19-23.
梁超. 2012. 制度变迁、人力资本积累与全要素生产率增长——基于动态面板和脉冲反应的实证研究[J]. 中央财经大学学报, (2): 58-64, 96.
林玉蕊. 2003. C-D 生产函数在林产品投入产出中的应用研究[J]. 运筹与管理, (4): 99-102.
刘丁蓉. 2013. 人力资本在区域性劳动生产率与就业增长方面贡献率研究——基于 2003—2007 年面板数据的分析[J]. 暨南学报（哲学社会科学版）, 35 (2): 123-129, 163.
刘建国, 李国平, 张军涛, 等. 2012. 中国经济效率和全要素生产率的空间分异及其影响[J]. 地理学报, 67 (8): 1069-1084.
刘用明. 2002. 论以资本市场带动西部地区经济发展[J]. 经济师, (5): 92-93.
吕向东. 2012. C-D 生产函数参数估计的分位数回归方法研究[D]. 北京: 首都经济贸易大学: 101-132.
马尔萨斯. 2008. 人口论[M]. 郭大力, 译. 北京: 北京大学出版社.
马歇尔. 2009. 经济学原理[M]. 彭逸林, 等, 译. 北京: 人民日报出版社.
穆勒 J. 1991. 政治经济学原理及其在社会哲学上的若干应用[M]. 胡企林, 朱泱, 译. 北京: 商务印书馆: 222-231.
牛肖铮, 吕力行, 尹欣. 2011. 柯布-道格拉斯生产函数在某企业定量安全投入分配中的应用[J]. 科技和产业, 11 (9): 61-64.
彭奥蕾, 金群, 马泳诗. 2014. 经济增长中储蓄有效转化为投资的思考——基于简单 AK 模型的分析[J]. 中外企业家, (1): 76-79.

邵莓凤. 2006. 基于 C-D 生产函数的浙江省经济增长方式研究[J]. 市场周刊（理论研究）, (10): 210-211, 214.

沈利生, 朱运法. 1999. 人力资本与经济增长分析[M]. 北京: 社会科学文献出版社: 235-301.

石清华. 2011. 西部大开发以来西部地区经济收敛性及影响经济增长的因素分析[J]. 经济问题探索, (8): 71-76.

石贤光. 2011. 基于柯布-道格拉斯生产函数的河南省经济增长影响要素分析[J]. 科技和产业, 11 (4): 76-78.

舒尔茨 T W. 1990. 人力资本投资——教育和研究的作用[M]. 蒋斌, 张衡, 译. 北京: 商务印书馆.

斯密 A. 1981. 原富[M]. 严复, 译. 北京: 商务印书馆.

宋吟秋, 吕萍. 2013. 运用柯布-道格拉斯生产函数模型分析研发活动的成效[J]. 统计研究, 30 (4): 52-56.

覃达. 2005. 少数民族自治区人力资源对经济增长和产业结构变动的影响分析[J]. 桂海论丛, (3): 35-37.

王必达, 田淑萍. 2001. 后发优势: 中国西部地区经济发展的动因分析[J]. 复旦学报（社会科学版）, (5): 91-95.

王关义. 1995. 中国西部地区经济发展的优劣势分析及战略支点的选择[J]. 经济体制改革, (6): 16-20, 121, 122.

王海霞. 2011. 以经济发展生态化为目标加快转变西部地区经济发展方式[J]. 未来与发展, 34 (9): 20-23.

魏下海. 2009. 贸易开放、人力资本与中国全要素生产率——基于分位数回归方法的经验研究[J]. 数量经济技术经济研究, 26 (7): 61-72.

魏下海, 张建武. 2010. 人力资本对全要素生产率增长的门槛效应研究[J]. 中国人口科学, (5): 48-57, 111.

熊彼特. 2012. 经济发展理论[M]. 邹建平, 译. 北京: 中国画报出版社.

许培源. 2008. 贸易结构、人力资本与全要素生产率增长——基于中国数据的经验研究[J]. 科技和产业, (9): 29-34, 41.

杨格 Y. 1996. 递增报酬与经济进步[J]. 贾根良, 译. 经济社会体制比较, (2): 52-57.

杨浩宇. 2015. 西部民族地区经济发展的金融支持研究[J]. 贵州民族研究, 36 (2): 158-161.

杨有才. 2009. 引入制度因素的经济增长模型与实证研究[D]. 济南: 山东大学: 111-122.

姚聪莉. 2008. 西部生态环境重建中的经济发展方式转变[J]. 开发研究, (4): 45-49.

于洪菲, 田依民. 2013. 中国 1978—2011 年潜在产出和产出缺口的再估算——基于不同生产函数方法[J]. 财经科学, (5): 85-94.

张丹红. 2012. 江苏主导产业生产要素参与受益分配的贡献率测度[D]. 镇江: 江苏科技大学: 85-99.

张瑾. 2013. 中国西部地区内陆开放型经济发展研究[D]. 武汉: 武汉理工大学: 88-91.

张陶新, 刘平兵. 2006. 经济增长的随机 AK 模型[J]. 经济数学, (1): 58-63.

张晓婧. 2013. 中国经济增长的影响要素分析——基于柯布-道格拉斯生产函数[J]. 中国市场, (41): 117-118, 133.

张振强. 2013. 西部地区全要素生产率对经济增长的贡献研究——基于 1999—2011 年的面板数据[J]. 北方经贸, (3): 49-50.

赵海燕, 戴明阳, 李镇, 等. 2009. 基于柯布-道格拉斯生产函数的农业信息化贡献实证分析[J]. 农林经济管理学报, 8 (3): 67-71.

赵心刚. 2012. 公司治理对投入研发绩效影响的研究[D]. 大连: 大连理工大学: 45-58.

周志梁. 2008. 人力资本对经济增长贡献的动态效应研究——以武汉为例[J]. 武汉金融, (4): 32-33.

朱宁, 张茂军. 2011. 带有能源的随机动态柯布-道格拉斯生产函数[J]. 经济数学, 28 (3): 28-32.

朱文蔚, 陈勇. 2014. 最优公共债务规模——基于一个拓展的 AK 模型的分析[J]. 当代财经, (4): 35-41.

Arrow K J, Kurz M. 1970. Public Investment, the Rate of Return, and Optimal Fiscal Policy[M]. Baltimore: Johns Hopkins University Press.

Aw B Y, Roberts M J, Winston T. 2005. The complementary role of exports and R&D investments as sources of productivity growth[R]. NBER Working Paper No. W11774.

Baumol W J. 1961. Economic Theory and Operation Analysis [M]. Englewood Cliffs: Prentice-Hall, Inc.: 186-192.

Benhabib J, Spiegel M M. 1994. The role of human capital in economic development: evidence from aggregate cross-country data[J]. Journal of Monetary Economics, 34 (2): 143-173.

Cass D. 1965. Optimum growth in an aggregative model of capital accumulation[J]. The Review of Economic Studies, 32 (3): 233-240.

Cobb C W, Douglas P H. 1928. A theory of production[J]. American Economic Review, 18 (1): 139-165.

Griliches Z. 1988. R&D, Patents and Productivity[M]. Chicago: University of Chicago Press: 32-45.

Harrod R F. 1939. An essay in dynamic theory[J]. The Economic Journal, 49 (193): 14-33.

Kaldor N. 1950. The economic aspects of advertising[J]. The Review of Economic Studies, 18 (1): 1-27.

Lucas R. 1988. On the mechanics of economic development[J]. Journal of Monetary Economics, 22 (1): 3-42.

Mankiw N G, Romer D, Weil D N. 1992. A contribution to the empirics of economic growth[J]. Quarterly Journal of Economics, 107 (2): 407-437.

McCombie J S L, Dixon R. 1991. Estimating technical change in aggregate production functions: a critique[J]. International Review of Applied Economics, 5 (1): 24-46.

Phelps-Brown E H. 1957. The meaning of the fitted Cobb-Douglas function[J]. Quarterly Journal of Economics, 71 (4): 546-560.

Romer P M. 1986. Increasing return and long-run growth[J]. Journal of Political Economy, 94 (5): 1002-1037.

Samuelson P A. 1979. Paul Douglas's measurement of production functions and marginal productivities[J]. Journal of Political Economy, 87 (5): 923-939.

Solow R A. 1956. Contribution to the theory of economic development[J]. Quarterly Journal of Economics, 70 (1): 65-94.

Swan E F. 1956. The meaning of strontium-calcium ratios[J]. Deep Sea Research, 4 (1): 71.

第二章 经济增长理论与西部地区经济增长概述

本章首先阐述经济增长理论，作为全书研究的理论基础，然后回顾西部地区经济增长历程，剖析经济发展状况，重点分析其经济增长存在的明显不足。

一、经济增长理论

经济增长理论源于西方经济学，经济增长属于其中特定概念之一，是指通过人类的相关行为，使人类财富不断递增的过程，或使生产技术和实际国民收入增加的程度。经济增长广义上是指国内生产商品总量和劳务量的加和，也可称为GDP的增长，即产出的增加。比较完整的定义，是美国著名经济学家西蒙·史密斯·库兹涅茨于1971年在接受诺贝尔经济学奖时所做的演讲中提出的："一个国家的经济增长，可以定义为向它的人民提供品种日益增多的经济物品这种能力的长期增长，而生产能力的增长所依靠的是技术改进，以及这种改进所要求的制度上和意识形态上的调整。"该定义包含三方面内容：①GDP的增加，即生产商品总量和劳务量的增加是经济增长的标志与结果；②经济增长的决定性动力是技术因素的支撑；③确保先进技术促进经济增长的前提是做好制度和意识形态的调整。

经过古典经济增长理论、现代经济增长理论两个阶段，经济增长理论发展迅速。古典经济增长理论是发展经济学的基础，对以后的经济增长理论的发展起到重要作用。古典经济学家重点关注资本、土地、劳动等因素对经济增长的效用并将其作为经济增长的主要动力。而现代经济增长理论继承了古典经济增长理论的部分观点，并加以延伸，如以资本-劳动比和储蓄率作为研究对象，提供了经济增长的方式。伴随着研究因素的不断变化，经济增长理论的研究核心由最早的"物的因素"演变为"人的因素"。从早期以劳动为经济发展的主体到物质积累决定经济发展的资本决定论，再从强调技术对经济发展的支撑作用到重视人力资本的积累，清晰地勾勒出了一条对经济增长因素认识不断深化的轨迹。制度因素的地位也伴随着经济增长理论的发展不断变化，这些都为本书研究西部地区经济增长提供了理论支撑。

经济增长理论一直是世界各国所关注的，宏观经济学把经济增长视为政府经济工作的四大目标之首。经济增长之所以重要，是因为经济增长水平不仅会影响到人民的生活水平，更关系到各种社会制度比较，我国只有加快经济增长才能更好地体现社会主义制度的优越性。

经济增长的原因、因素、原理及路径一直是经济学家重点研究的对象。早期著名经济学家斯密、李嘉图等都对一国财富形成及决定因素进行了深刻研究。斯密的分工理论揭示了现代化工业社会商品生产快速增长的机制；李嘉图则揭示了经济增长中劳动力作为生产要素所起的决定性作用。伟大的无产阶级革命家马克思在《资本论》中描述了商品从简单再生产到扩大再生产过程，指出了商品社会经济增长的路径。进入20世纪后，经济学家开始使用数学工具定量分析经济增长因素。目前现代经济增长理论已发展到第三代经济增长模型。第一代经济增长模型试图解释生产要素与国民产出之间的关系，以著名的科布-道格拉斯生产函数为代表；而哈罗德-多马模型则强调生产要素的资本重要性，试图用资本积累解释经济增长，直接在模型中强调一国资本的形成决定其经济增长。第二代经济增长模型以索洛-斯旺模型为代表，索洛和斯旺在使用科布-道格拉斯生产函数检测各国资本、劳动力与经济产出之间关系时，发现有相当一部分经济增长率无法由资本增长率与劳动增长率解释，这就是著名的索洛余值理论。面对传统科布-道格拉斯生产函数对各国经济增长解释的缺陷，索洛和斯旺将其归结为广义技术进步导致的经济增长。后来人们研究表明，索洛余值实质反映的是一国社会制度变革、科学技术创新、知识普及推广等一系列非传统生产要素的作用，从各个国家的检验结果来看，其在经济增长贡献中占据半壁江山。第三代经济增长模型以罗默-卢卡斯模型为代表，区别以往资本、劳动力与技术进步是外生变量的假设，罗默和卢卡斯的理论研究表明：一国经济增长除受到资本和劳动等传统生产要素投入的影响外，还受包括人力资本存量增加带来的生产效率提高、研发投入增加带来的科学创新与产业结构升级、对外开放形成的市场规模扩大等因素的影响。

一百多年来，经济学界围绕经济增长问题，特别是内生经济增长机制作了大量理论研究与实证探索。但是，20世纪60年代以来最流行的新古典经济增长理论得出当要素收益出现递减时长期经济增长趋同的结论，是依据科布-道格拉斯生产函数建立的索洛-斯旺模型所推导的结论，在该模型中劳动投入量和物质资本投入量为自变量，技术进步等作为外生变量来解释经济增长。这样就不能解释发达国家经济长期增长的现实。而现代经济增长理论认为物质资本投入科学研究与技术创新可以推动技术进步，可以促进生产水平提高。把技术进步、人力资本等非传统生产要素内生化，从而得到人力资本与科技进步不断提升经济增长质量，促进经济发展。反过来，经济高速增长会显著促进人力资本投资和科学技术研究的投入。

现代经济增长理论主要是内生经济增长理论，其特征是某些生产要素既是经济增长的自变量，又是经济增长的因变量，即该生产要素推动经济增长，经济增长又有利于该生产要素成长，形成了良性循环，带来了边际收益递增的效果。

最早涉及内生经济增长机制的是斯密，他在解释一国国家财富及源泉时明确表示：一国财富不能用国家拥有的金银数量所代表，只能由其国民的生产能力所决定，越是生产效率高的国家就越富有。而一国生产效率则由其专业分工程度决定，专业分工越细，工人的熟练劳动效率越高，生产的产品越多且质量越好；反过来，巨大的工业生产则需要更多的分工，并通过流水线方式将产品组装，这意味着分工既是高效工业化生产的源泉，又是现代化工业提高效益必须采取的方式，形成专业分工与高效生产的一体化、相互促进与共同发展。马歇尔继承了斯密的分工理论，认为专业化分工使工人的生产技术日益进步，导致优质产品率上升，有效地降低了成本。更进一步，马歇尔使用现代经济学中的外部经济概念：在专业化分工条件下工人的生产效率提高会促使其收入增加，进而工人的消费能力提高增长了对商品的需求，诱导企业必须实行更细致的专业分工以生产更多的产品，在完全竞争市场条件下企业必须促进科技创新，不断提高产品质量，以满足消费者需求，实现企业的利润最大化。熊彼特认为经济增长是由技术创新推动的产业革命所创造的产业周期，该理论解释了当今社会经济增长严重依赖技术进步；当技术进步获得重大成果时会带来产业结构变革，生产力空前提高；当技术进步停滞不前时会带来生产力发展停顿，经济陷入危机，促使社会创造出新的技术，诞生重大科学技术发明，形成新的一轮产业革命周期。熊彼特的产业周期理论将科学技术发明创新归为由经济增长内生决定。

这些先驱研究者奠定了现代经济增长动力机制，后人正是根据他们的思路展开内生经济增长理论研究。

二、西部地区经济增长历程

从中华人民共和国成立以来，我国的经济发展的历程大致可分为两个时期，即1949~1978年和1979年以后。研究西部地区经济发展的历程和状况是与全国经济发展的大背景所分不开的。因此，西部地区经济增长可分为三个阶段，即1949~1978年计划经济阶段、1979~2001年改革开放前期和2002年以后西部大开发战略实施阶段。

(一) 计划经济阶段西部地区经济增长历程

我国自古以来就是一个农业大国，中华人民共和国成立时，我国的农业人口占总人口的90%左右，第一产业增加额占GDP的69.4%，第二产业增加额只占 12.5%。1952年，恢复国民经济生产以后，受到苏联经济模式和国际格局的影响，我国采用了中央集中计划经济体制下优先发展重工业的经济模式。在第一个五年计划期间向第二产业投资了250亿元，到1957年第一个五年计划结束，我国GDP中的第一产业增加额所占比例下降到了46.8%，第二产业增加额所占比例增加到了28.3%。我国从一个落后的农业国迅速走上了工业化的道路。

而在此之后，受与苏联关系破裂的影响，1978年以前，我国实施了满足市场为最终目的的"内向型进口替代"工业化战略。从第二产业的内部来讲，当时采取压低原材料价格、提高加工品价格的做法，导致加工业的发展速度远超过了能源和原材料工业的发展速度，也造成农业基础薄弱的现象。西部地区是主要的原材料地区，因此，西部地区的经济发展受到了很大的影响，这也是西部地区经济较为落后的原因之一。

西部地区有着众多少数民族、与多个国家接壤，这些因素使得西部地区在我国实施传统工业化战略的过程中具有特殊战略意义。中华人民共和国成立以来，国家对西部地区投入了大量资金。1953~1988年，国家对西部地区11个省区（注：当时重庆未从四川划分出）的基本建设投入3493.89亿元，占同期全国总投资的23.68%。不仅如此，国家还把东部发达地区上缴的财政收入调拨西部地区使用。大规模三线建设时期，国家在西部地区采取了集中式开发，在原本非常落后的自然经济形态基础上，推行了计划经济体制下的工业化道路，西部地区实际形成了传统的农牧区和现代化的重化工原料工业共存的二元经济结构。

西部地区的发展体制实为以牺牲农业作为重工业化的手段，在工业化的初期能够通过非经济手段把有限的积累投入重工业部门，把农业的原始积累转移到工业。当然非经济手段的干预限制了农业以及原材料的发展，鼓励了加工业低效率膨胀。对农业以及原材料的限制使得农业生产率极低，低农业生产率反过来又在制约着工业化的进程。在这种国家政策下受影响的不仅是西部地区，全国市场交易都受到限制，使得国内市场逐渐形成条块分割，整个国家的经济运行处于低效率状态。

由于各种因素，国家对外贸易与工业化战略割裂，工业化目标仅停留在满足国内市场需要的目标上，这样使得西部地区工业生产成本无法降低，管理人员和技术人员缺乏降低成本、进行技术革新的积极性，加上没有国内外竞争压力的激励，最终使得西部地区工业只能维持一种低效率、高成本的生产。同时，1958年的"大跃进"、1966~1976年的"文化大革命"都对西部地区生产力有着巨大的冲击危害。

(二) 改革开放前期西部地区经济增长历程

1978年,党的十一届三中全会中确定把党和国家工作的重点转移到经济建设中来,实施改革开放的基本方针,我国经济发展战略发生了重大改变。在此背景下,我国采取"效率优先"的原则,让一部分地区先富起来,然后先富带动后富最终实现共同富裕的战略思想成为当时国家区域经济发展的指导思想。由此,受到地理位置、交通等因素的影响,西部地区的经济增长与东部地区逐渐拉开了距离。从表2-1中可以看出,1993年西部地区的生产总值为6502.36亿元,2001年增加到了18 939.40亿元,年均增长率约为14%;全国的GDP从35 524.30亿元增加到110 270.40亿元,年均增长率约为15%;东部地区的生产总值从19 184.37亿元增加到63 628.50亿元,年均增长率约为16%,西部地区总体发展水平及发展速度落后于全国水平,与东部地区相比有更大的差距。

表2-1 1993~2001年生产总值数据比较　　　　单位:亿元

年份	西部地区	全国	东部地区
1993	6 502.36	35 524.30	19 184.37
1994	8 512.21	48 459.60	25 704.89
1995	10 587.81	61 129.80	32 639.33
1996	12 439.97	71 572.30	38 264.78
1997	13 905.58	79 429.50	43 276.86
1998	14 950.91	84 883.70	47 097.45
1999	15 822.43	90 187.70	50 831.50
2000	17 276.41	99 776.30	57 412.53
2001	18 939.40	110 270.40	63 628.50

资料来源:根据《中国统计年鉴》相应年份数据计算整理得到

改革开放初期,我国将国家投资的重点向东部地区进行了倾斜,对西部地区的支持相对减少,而西部地区是我国重要的原材料产地,西部地区的原材料仍以计划价格向东部输送,而东部地区的工业制品却以较高的市场价格重新流回西部地区,形成了一进一出的"剪刀差"。同时,国家增加了东部地区的财政留成,对东部地区实行了直接投资、税收减少等优惠政策。而这些政策让东部地区迅速发展起来,使得东、西部地区的经济差距越来越大,对西部地区的经济发展、民族团结和边疆稳定造成不利的影响,也成为我国长期的经济发展的隐患。

而这种一边倒式的地域倾向并未对我国工业化带来很大改善,相反,从产业结构上看加剧了产业结构的失衡。改革开放后,西部地区主要的能源、原材料持续不断地向东部发达地区进行输送。虽然国家加大了对能源和原材料的投入,但是,受原材料输出的低价格影响,对西部地区的第二产业的效益并未形成很大的改善。相反,粗放式、盲目的开发,采掘业、原材料工业的先进设备未能引进等一系列问题增加了西部地区资源的浪费,反而加剧了西部地区产业结构的失衡。西部地区在改革开放后的20年左右陷入双重滞后困境,区位劣势导致对外开放滞后,原材料基地重任导致现代工业化进程滞后,双重滞后又相互固化,严重影响了西部地区第二产业效益提升,并波及第三产业发展,阻碍了西部地区经济增长。

(三) 西部大开发战略实施阶段西部地区经济增长历程

进入21世纪,把西部地区的经济发展纳入全国经济发展和产业结构调整的总体进程中来考虑,是促进我国经济持续、稳定、健康、协调、可持续发展的重中之重。为促进经济的健康发展,2000年我国提出了西部大开发,并于2002年作为国家重大战略实施。

西部大开发战略实施以来,我国西部地区的民生状况得到有效改善,经济总体发展情况有所好转,经济增长水平飞速提高,这不仅改善了西部地区过去贫穷落后的面貌,也进一步促进了我国经济的平衡、健康发展。2002~2013年,西部地区生产总值从20 956.71亿元增加到126 956.18亿元,年均增长率为18%。同期,全国GDP从119 765.00亿元增加到585 336.80亿元,年均增长率为15%。如表2-2所示,与全国GDP相比,西部地区生产总值年均增长率明显高于全国水平,这表明西部地区在经济发展增长率上可以跟得上全国。

表2-2 全国和西部地区生产总值(2002~2013年)　　单位:亿元

年份	全国	西部地区
2002	119 765.00	20 956.71
2003	135 718.90	23 975.21
2004	160 289.70	28 945.20
2005	184 575.80	34 086.72
2006	217 246.60	40 346.38
2007	268 631.00	49 184.06
2008	318 736.70	60 447.77

续表

年份	全国	西部地区
2009	345 046.40	66 973.48
2010	407 137.80	81 408.49
2011	479 576.10	100 234.96
2012	532 872.10	113 904.80
2013	585 336.80	126 956.18

资料来源：根据《中国统计年鉴》相应年份数据计算整理得到

图 2-1 为 2002~2013 年西部地区各省（自治区、直辖市）地区生产总值增长情况，西部地区经济增长大致可分为三个梯队。其中四川地区生产总值从 4725.01 亿元增加到 26 260.77 亿元，在西部地区 12 个省区市中最大；内蒙古、陕西、广西、重庆、云南、新疆、贵州、甘肃 8 个省区市为第二梯队；青海、宁夏、西藏 3 个省区经济较为落后，为第三梯队。西部地区各省（自治区、直辖市）经济发展的差距极大，其原因也是多方面的。首先，自古以来，四川、重庆、陕西等地由于地理因素，有着发达的农业，较西部地区其他省区得到了很好的发展和建设。其次，全国整体经济东强西弱、经济水平由西向东依次递增的特点造成了与东部地区相接壤的四川、重庆、陕西等地较为发达，西部地区其他省区受制于交通等问题，发展基础较为薄弱。广西依靠与广东接壤的地理优势，积极参与省域经济合作，积极利

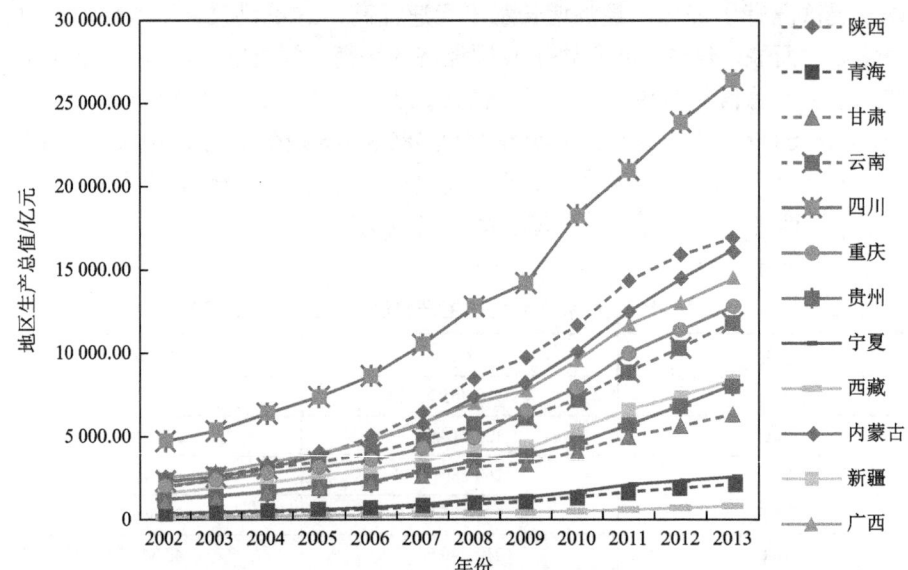

图 2-1 西部地区各省（自治区、直辖市）地区生产总值增长情况（2002~2013 年）
资料来源：根据《中国统计年鉴》相应年份数据计算整理得到

用交通资源,奠定了在西部地区12个省区市居于前列的地位。内蒙古依靠丰富的矿产资源、独特的农牧资源,以及便利的交通的特点,成为我国重要的矿产能源基地和农牧基地。

在全国经济存在东西失衡、各省(自治区、直辖市)经济差别巨大的背景下,虽然本书更多地把目光放在了西部地区和东部地区的整体差距上,但也注重西部地区各省(自治区、直辖市)的个体差异。从图2-1中可以直观地看出,经济较为落后的青海、宁夏和西藏3个省区的地区生产总值总额还不到西部地区生产总值的10%,而且这种经济差距还在日益增大。这样巨大的西部地区各省(自治区、直辖市)的经济差距与巨大的东西部地区的经济差距一样,已成为困扰西部地区经济发展的又一重要因素,需要引起足够的重视。

三、西部地区经济增长状况

(一)西部地区经济增长水平的变动分析

根据已有的数据资料不难算出西部地区生产总值在全国GDP中所占的比例,根据图2-2可以直观地观察到2012年西部地区生产总值的占比情况。

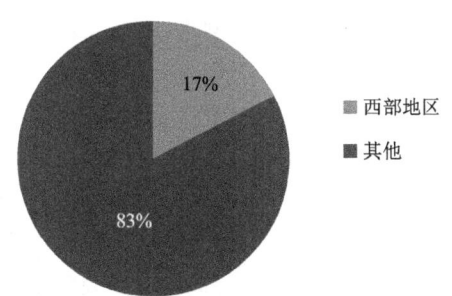

图2-2 2012年西部地区生产总值占全国GDP的比例

资料来源:根据《中国统计年鉴》相应年份数据计算整理得到

为了进一步探析西部地区生产总值变动趋势及其与全国GDP变动趋势之间的差距,通过已有数据资料,得出2001~2012年西部地区生产总值增长量与全国GDP增长量的对比图(图2-3)。

通过图2-3不难看出:第一,西部地区生产总值增长量一直不断增长,虽在局部时期(2009年和2012年)出现下滑的趋势,但从整体上来看该地区生产总值增长可大体分为几个阶段,即2001~2005年增长比较平缓,2006~2008年增长逐渐加快,2010~2011年增长进一步加快。第二,西部地区生产总值增长量

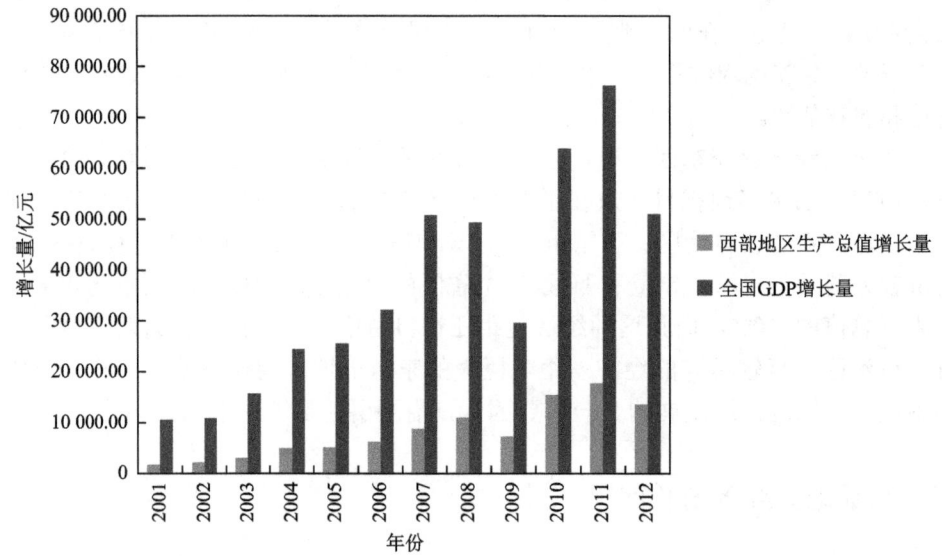

图 2-3　西部地区生产总值增长量与全国 GDP 增长量对比（2001～2012 年）
资料来源：根据《中国统计年鉴》相应年份数据计算整理得到

和全国 GDP 增长量之间的差距在不断扩大，即西部地区生产总值增长在加快，但西部地区生产总值与全国 GDP 绝对差距还是在增长。第三，2000 年西部地区生产总值增长量占全国 GDP 增长量的比例为 17%，实施西部大开发战略后，在 2012 年时所占比例增加到 22%，如果国家今后进一步支持并加上西部地区自身努力，西部地区生产总值与全国 GDP 的差距会在未来逐渐缩小。

从以上分析可以得出，在实施西部大开发战略之前，西部地区经济发展并不迅速，有些年还出现地区生产总值增长量下降的趋势，表现为东部地区经济强劲上升，中部地区经济崛起，而西部地区生产总值增长量在全国 GDP 增长量中所占比例逐渐缩小。而实施西部大开发战略后，西部地区经济开始复苏，进入积极的增长阶段，其地区生产总值增长量所占比例也在逐渐提高，在全国经济增长中发挥着越来越重要的作用。

通过人均地区生产总值增长量更可以看出西部地区与全国的发展差距。

通过图 2-4 不难看出：第一，西部地区人均地区生产总值增长量 2000～2012 年在不断增长（2005 年、2009 年、2012 年除外），从整体上来看该地区人均地区生产总值增长也可大体分为几个阶段，即 2000～2003 年增长比较平缓，2005～2008 年增长逐渐加快，2010～2011 年增长进一步加快。第二，西部地区人均地区生产总值增长量与全国人均 GDP 增长量差距并没有增大，两条曲线之间的距离并没有拉大，甚至在 2012 年时西部地区人均地区生产总值增长量超过了全国人均 GDP 增长量，这说明国家的西部大开发扭转了西部地区人均地区生产总值增长量长期低于全国水平的趋势。

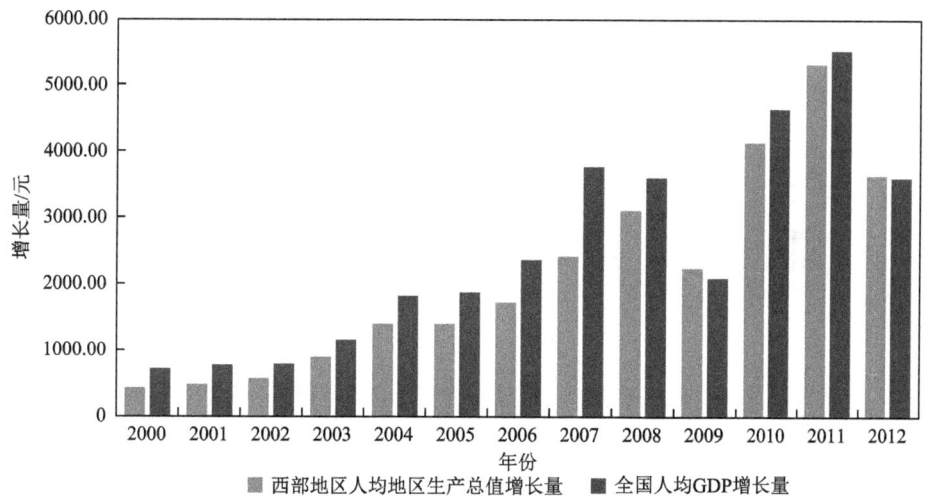

图2-4 西部地区人均地区生产总值增长量与全国人均GDP增长量对比（2000~2012年）

资料来源：根据《中国统计年鉴》相应年份数据计算整理得到

值得强调的是，西部地区人均地区生产总值增长量在提高，但是西部地区人均地区生产总值与全国人均GDP之间的差距并没有缩小。

（二）西部地区经济增长率分析

仅从增长量的角度来分析还不够，还需要从地区生产总值增长率来判断西部地区经济增长的状况。本书将西部地区人均地区生产总值增长率与全国人均GDP增长率进行对比更能说明问题（图2-5）。

自从实施西部大开发战略之后，西部地区人均地区生产总值增长率一直高于全国人均GDP增长率，只在2007年时全国人均GDP增长率超过了西部地区人均地区生产总值增长率。从2000年以来西部地区部分省区市人均地区生产总值增长率上来看，内蒙古、广西和宁夏都已经超过上海，总体来看，虽然西部地区部分省区市人均地区生产总值增长率超过东部地区，但如上分析东、西部地区整体的绝对差距还是在不断拉大。这是因为自从实行改革开放以来，全国实现了经济的高速增长。在此宏观背景下，我国西部地区经济也获得了较大的发展，经济实力明显增强，产业结构逐渐多元合理化，居民的生活水平逐渐改善，人均收入有了大幅度的提高，西部地区人均地区生产总值增长率比较大，是由于其基数小，虽然人均地区生产总值增长率较大，但东、西部地区人均地区生产总值差距还是很大。

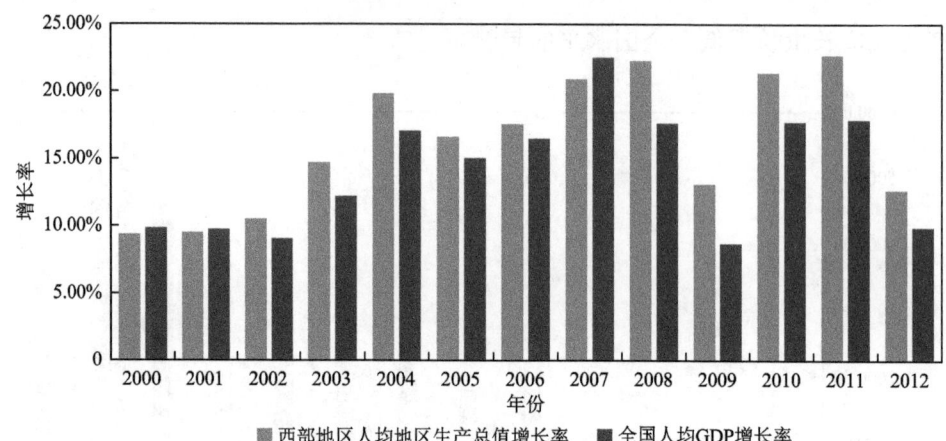

图 2-5 西部地区人均地区生产总值增长率与全国人均 GDP 增长率比较（2000~2012 年）

资料来源：根据《中国统计年鉴》相应年份数据计算整理得到

四、西部地区经济增长滞后原因分析

各国经济结构表明，经济增长中第三产业占 GDP 的比例高于第二产业占 GDP 的比例、第二产业占 GDP 的比例高于第一产业占 GDP 的比例，而西部地区经济增长乏力的一个重要表现是产业结构不合理。虽然近年来有所改善，但仍存在一定问题。如表 2-3 所示，2013 年我国西部地区的第一产业占地区生产总值的比例超过全国水平，与东部地区相比有较大差距。第三产业的发展与全国水平相比还有明显不足，与东部地区相比差距更大。产业层次低、第三产业发展速度缓慢、劳动生产率低等因素制约了西部地区的发展，第二产业以原始粗放型工业为主，高附加值产业和新型产业比例较低，严重地影响了西部地区经济的又好又快增长。另外，受自然条件的限制，西部地区的环境相对脆弱，被破坏后相对更难复原，粗放型产业对西部地区的环境破坏极为严重，高破坏、难维护的特点造成环境修复成本极高，这样的发展无异于"竭泽而渔"。

表 2-3 2013 年三次产业占生产总值的比例

地区	第一产业	第二产业	第三产业
全国	10.01%	43.88%	46.11%
西部地区	12.08%	48.26%	39.66%

资料来源：根据《中国统计年鉴》相应年份数据计算整理得到

从表 2-4 可以看出，西部地区的第一产业占地区生产总值的比例逐年减少，从 2002 年占地区生产总值的 19.23% 下降到 2013 年的 12.08%，下降了 7.15 个百分点；第二产业占地区生产总值的比例由 2002 年的 38.91%增加到了 2013 年的 48.26%，增加了 9.35 个百分点；第三产业占地区生产总值的比例从 2002 年的 41.86%下降到 2013 年的 39.66%。

表 2-4　西部地区三次产业占地区生产总值的比例（2002～2013 年）

年份	第一产业	第二产业	第三产业
2002	19.23%	38.91%	41.86%
2003	18.51%	40.23%	41.26%
2004	18.65%	41.53%	39.82%
2005	17.36%	43.20%	39.44%
2006	15.62%	45.34%	39.04%
2007	15.55%	46.12%	38.33%
2008	14.73%	47.65%	37.62%
2009	13.73%	47.46%	38.81%
2010	13.15%	49.99%	36.86%
2011	12.74%	50.92%	36.34%
2012	12.58%	50.13%	37.29%
2013	12.08%	48.26%	39.66%

资料来源：根据《中国统计年鉴》相应年份数据计算整理得到

西部地区第二产业所占比例的增加虽然带来较高的经济利润，但是也对西部地区的环境带来严峻的考验。西部地区有着丰富的煤炭、天然气和石油资源，这样得天独厚的自然资源在西部地区经济发展过程中起到了关键作用，也造成了自然资源的浪费。政府监管不严、对自然资源的管理制度不完善、企业准入门槛低、资源密集型产业与劳动密集型产业过多、对资源的过度掠夺式开发，严重破坏了生态平衡和西部地区的可持续发展，并成为制约西部地区的经济发展的重要原因。

在长期"以资源换经济"的发展过后，资源枯竭成为制约经济的重要隐忧。经过上百年的开采，西部地区的部分矿产资源已经消耗殆尽或几近枯竭。这使得一些占主导地位的依靠资源的产业的发展受到了极大的限制。而由于产业形式过于单一，一旦矿产资源消耗殆尽，西部地区的重工业将受到重大打击，整个经济也将失去前进的动力。而其他产业形成替代之前，整个西部地区的发展将处于一种失去动力的极为尴尬的局面。

同时，在高比例的第二产业和较为落后的第三产业的背后，隐藏着国有经济占比过高、非公有制经济不发达的特点。西部地区第二产业的地区生产总值增加量主要由国有企业提供，非公有制经济极度落后导致西部地区经济的延展性较差。

表 2-5 提供了 2008~2013 年江浙地区与西部地区 12 个省区市及全国民营企业单位数量变化的基本情况。

表 2-5　江浙地区与西部地区 12 个省区市及全国民营企业单位数量变化情况（2008~2013 年）

单位：个

年份	江浙地区		西部地区 12 个省区市												全国
	江苏	浙江	云南	贵州	重庆	四川	甘肃	青海	陕西	内蒙古	新疆	广西	宁夏	西藏	
2008	43 827	40 320	1 740	1 267	4 804	7 960	730	157	1 387	1 857	768	2 938	568	22	245 850
2009	40 744	41 969	1 892	1 308	4 767	7 774	768	160	1 671	2 152	843	3 200	602	22	256 031
2010	43 738	46 706	2 000	1 469	5 202	8 135	776	176	1 778	2 227	1 057	3 931	593	26	273 259
2011	27 415	22 520	1 283	1 129	3 115	7 123	405	109	1 177	1 839	636	2 648	455	8	180 612
2012	28 325	23 959	1 455	1 226	3 221	6 864	531	195	1 291	1 696	746	2 799	542	13	189 289
2013	28 676	24 268	1 544	1 415	3 386	7 138	579	223	1 366	1 761	811	2 890	593	16	194 945
平均	35 454	33 290	1 652	1 302	4 083	7 499	632	170	1 445	1 922	810	3 068	559	18	223 331

资料来源：根据《中国统计年鉴》相应年份数据计算整理得到

表 2-5 说明江苏与浙江的民营企业单位数量均一直高于西部地区 12 个省区市的民营企业单位数量，江浙地区与五个自治区的民营企业单位数量相差更大。2008~2013 年，江浙地区的民营企业单位平均数分别为 35 454 个与 33 290 个；西部地区 12 个省区市中，民营企业单位平均数最高的是四川，为 7499 个，最低的是西藏，为 18 个。江苏与浙江的民营企业单位平均数分别是四川的 4.73 倍与 4.44 倍。由此可见，江浙地区的民营企业单位数量普遍大于西部地区 12 个省区市。

受制于地理环境，西部某些偏远地区的交通还存在巨大的不便。在西部一些山区，由于地势凶险，公路和电力未能覆盖，这也为西部地区经济发展带来不便。而西北一些地区，常年降水量少，目前还处于极度干旱的恶劣环境中。这些原因同时带来了西部某些地区的教育较为落后，居民整体文化水平不高，文盲和半文盲占有极大比例。这使得劳动力的人力资本依然是西部地区的一大劣势。与东部发达地区相比，西部地区劳动生产率较低、高科技人才紧缺，严重制约西部地区的发展。同时，我国"大杂居、小聚居"的民族特点也掣肘了经济发展。西部地区分布着众多的少数民族，其分布特点以小聚居为主，主要分布在西部地区中较为落后且交通不便的区域。各个民族有着不同的民族文化。不同的民族文化及民族语言也造成了较大的交流不便。这些原因又导致了西部地区省域存在巨大的经济差异，主要表现为交通便利的城市发展较为先进，偏远地区经济发展不尽如人意，有些偏远地区甚至还以自给自足的小农经济为主。以四川为例，绵阳和攀枝花等城市作为工业城市在区域内成为经济发展的亮点，但某些偏远山区经济发展极度落后，受限于资源和地理劣势，同省的各城市经济差距极大，这也是西部地区实现全面建成小康社会的重要阻碍。这样的经济特点主要的弊病有：第一，贫富差距加大，不利于社会和谐和健康发展；第二，偏远地区人们思想落后、受教育水平低、生产力低、经济欠发达四种因素相互影响并形成恶性循环，最终导致这种现象的持续恶化，西部地区城镇化建设也相应滞后。

综合以上分析，由于历史、地理及自然条件约束，西部地区经济增长严重滞后，表现为产业结构不合理、基础设施落后、资源逐渐枯竭、教育水平低与科技创新能力不足，已严重影响西部地区经济持续增长。

参 考 文 献

陈爽. 2012. 我国西部区域经济发展研究[D]. 天津：天津大学：56-63.

胡长顺，邓志涛，王培荣. 1990. 中国西部地区经济发展战略研究[J]. 改革与战略，(5)：29-37.

刘庆岩，孙早. 2009. 国家意志、发展战略与市场制度的演进——改革开放以来中国西部地区的经济发展轨迹及展望[J]. 财经研究，35（3）：91-101.

刘烜孜. 2012. 西部地区经济发展水平的测度及省际差异分析[D]. 咸阳：西北农林科技大学：54-61.

马红瀚. 2009. 中国西部区域经济格局研究[D]. 兰州：兰州大学：39-51.

宋长青. 2009. 中国西部区域经济差异研究[D]. 西安：西北大学：101-103.

张瑾. 2013. 中国西部地区内陆开放型经济发展研究[D]. 武汉：武汉理工大学：88-91.

张跃平，徐光木. 2015. 当前西北边疆地区民族问题的特征、原因及对策[J]. 重庆社会主义学院学报，18（2）：14-19.

第二篇　西部地区各地经济发展剖析篇

本篇在第一篇概述西部整体经济发展基础上，分省（自治区、直辖市）对其经济总体增长状况、经济发展质量、经济发展潜力及金融发展水平等方面进行全方位具体分析。

第三章　甘肃经济增长篇

一、甘肃概况

(一) 基本概况

甘肃，取甘州（今张掖）、肃州（今酒泉）二地的首字而成。由于西夏曾置甘肃军司，元代设甘肃省，简称甘；又因省境大部分在陇山（六盘山）以西，而唐代曾在此设置过陇右道，故又简称为陇。甘肃地形除北山山地与祁连山地之间为狭长的河西走廊之外，其余均以山地和高原为主。河西走廊历来是通往西域的交通咽喉，是古丝绸之路的必经之路。

甘肃省位于我国西北部，地处黄河上游，西邻青藏高原、南接黄土高原、东毗蒙古高原，东通陕西，南瞰巴蜀、青海，西达新疆，北扼内蒙古、宁夏；西北出蒙古国，辐射中亚。介于东经93°8′~108°4′，北纬32°6′~42°8′，全省土地面积为42.58万平方千米。甘肃省的省会为兰州，辖12个地级市、2个自治州。截至2016年，全省总人口达到2763.65万人，其中，少数民族约241.05万人，占全省总人口的8.7%。回族、藏族、东乡族、蒙古族、撒拉族、哈萨克族、土族、裕固族、保安族、满族等16个民族人口较多，属于甘肃世居少数民族。其中，东乡族、裕固族和保安族为甘肃的三个特有少数民族。

甘肃各地气候类型多样，从北向南包括高原高寒气候、温带大陆性气候、温带季风气候、亚热带季风气候等四大气候类型。大部分地区气候干燥，年均气温为0~15℃，年均降水量为40~750毫米。

(二) 自然资源概况

1. 土地资源

甘肃省总土地面积为42.58万平方千米，居全国第7位。山地多、平地少是甘肃土地资源的基本特征，其中山地和丘陵占总土地面积的78.2%。全省土地利用率为56.93%，尚未利用的土地有28 681.4万亩（1亩≈666.67平方米），占全省总土地面积的45%，包括沙漠、戈壁、高寒石山、裸岩、低洼盐碱、沼泽等。土地资源总量为4544.02万公顷（1公顷=10^4平方米），人均占有量约2公顷，居全国第 5 位；除沙漠、戈壁、沼泽、石山裸岩、永久积雪和冰川等难以直接利用的土地外，尚有 2731.41 万公顷土地可用于生产建设，占总土地面积的 64.14%。白龙江、洮河、祁连山脉、大夏河等流域孕育了大量原始森林，面积达 396.65 万公顷，野生植物达 4000 余种，其中包括连香树、水青树、杜仲、透骨草、五福花等珍贵植物；国家稀有野生动物达 54 种，其中包括大熊猫、金丝猴、羚牛、野马、野骆驼、野驴、野牦牛、白唇鹿等珍贵物种。

2. 矿产资源

甘肃省境内成矿地质条件优越，矿产资源丰富。截至 2015 年底，全省已发现各类矿产 119 种，已探明资源储量的有 77 种。列入《甘肃省矿产资源储量表》98 种、矿产地 1370 处（含共伴生矿产），其中大型规模矿床 117 个、中型规模矿床 213 个、小型规模矿床 1040 个。在已探明的矿产中，甘肃资源储量名列全国第 1 位的有镍、钴、铂族金属等 10 种，居前 5 位的有 38 种，居前 10 位的有 71 种。甘肃阳山金矿已探明黄金蕴藏量 308 吨，是亚洲最大的金矿床。

3. 能源资源

甘肃省能源种类丰富，除煤炭、石油、天然气等传统能源外，还有太阳能、风能等清洁新能源。煤炭资源集中分布于华亭、靖远和庆阳等矿区，煤炭预测储量为 1428 亿吨，已探明储量 125 亿吨，保有资源储量 120 亿吨。石油可采储量为 6 亿吨，天然气探明储量为 31.57 亿立方米，集中分布在河西玉门和陇东长庆两油区。

甘肃省的河西西部、甘南西南部是中国太阳能资源最丰富的地区。甘肃风力资源高居全国第 5 位，总储量为 2.37 亿千瓦，可利用和季节可利用区的面积为 17.66 万平方千米，风能资源受地势影响大，因此，主要集中在河西走廊和省内部分山口地区，河西的瓜州素有"世界风库"之称。

4. 植物资源

甘肃是一个少林省区，森林主要树种有冷杉、云杉、栎类、杨类以及华山松、桦类等。草场主要分布在海拔 2400～4200 米的地区，如甘南草原、祁连山地、西秦岭等地，可利用草场面积为 427.5 万公顷，占草场总面积的 23.84%，总贮草量约 175 亿公斤（1 公斤=1 千克），年均鲜草产量为 4100 公斤/公顷，平均牧草利用率达 50%以上，约可载畜 600 万羊单位。甘肃省还是全国药材主要产区之一，现有药材品种居全国第 2 位，为 9500 多种。主要经营当归、大黄、党参、甘草、红芪、黄芪、冬虫夏草等 450 种药材，其中岷当、纹党是闻名中外的出口药材。

二、甘肃经济发展特色

甘肃省经济在 2016 年取得了巨大的发展。经初步核算，2016 年全省生产总值达到了 7152.04 亿元，比上年增长 7.6%。其中，第一产业增加值为 973.47 亿元，增长 5.5%；第二产业增加值为 2491.53 亿元，增长 6.8%；第三产业增加值为 3687.04 亿元，增长 8.9%。这种经济平稳发展的良好局面与甘肃省的特色产业发展和重大发展战略密不可分。甘肃以有色冶金、新能源产业、特色农业、旅游业等产业持续推动经济增长。与此同时，甘肃积极参与"一带一路"建设，加快经济增长转型发展。

（一）甘肃特色产业

1. 有色冶金产业

甘肃省高度重视有色冶金产业，对有色冶金新材料产业进行重点培育。在政府大力的扶持下，2016 年有色冶金总产值较上年增长了 558.2 亿元。

金川集团股份有限公司（简称金川集团）和白银集团股份有限公司（简称白银集团）是甘肃有色冶金产业的龙头。金川集团是亚洲较大的镍及铂族金属生产企业，其生产规模、技术、研发等方面都在国内有色金属行业中处于领先地位，在全球中也具有优势地位，是甘肃省最早"走出去"的企业。该集团在 24 个国家和地区均已开展了资源项目开发与业务布局等举措，其境外投资超过 20 亿美元，"金川—境内—海外"的经营格局已然形成，并搭建了境外资源项目并购整合的平台——金川香港、金川国际，在金川以外获得 12 座矿山。2016 年，金川集团投资 5793 万美元，圆满完成了印度尼西亚红土镍矿项目的股权交割，标志着实施"一带一路"建设以来甘肃首个开工建设境外项目的形成。与此同时，素有"铜城"美誉的白银集团也在不断地开发境内外的铜铅锌资源，最终实现了海外项目多点开花。2016 年，白银集团取得了丰硕的经济效益，出口钢球 2000 吨，收汇 160 万美元；2017 年出口钢球 4000 吨，收汇 320 万美元。

2. 新能源产业

甘肃省深居西北内陆，特殊的地理地貌和气候状况使之蕴藏着丰富的风能、太阳能等清洁资源。甘肃各地年太阳总辐射量为 4700~6350 兆焦/米^2，其分布趋势自西北向东南逐渐减弱，河西走廊地区是甘肃省风能、太阳能资源最为丰富的区域。这些能源如果加以开发将会产生巨大的经济效益、生态效益和社会效益。

"十二五"以来，新能源开发建设总投资1475亿元，带动装备制造业实现工业生产总值1180亿元。例如，风电产业的发展带动了风电装备制造业的快速发展，2016年风电装备制造业产值突破100亿元。甘肃省通过积极发展新能源产业，极大地改善了广大人民群众的生产生活环境。

3. 特色农业

甘肃省大力推进农业产业化经营，培育了一批颇具特色的精深加工龙头企业，打造出区域特色品牌农业，建立了区域特色产业加工集群，由此形成了区域特色农产品加工格局。

（1）中草药。甘肃以打造"中国药都"为重点。定西中药材人工种植面积近几年来一直稳定在100万亩以上，占全省的近一半。定西现有较大规模的中药材加工企业130家，其中省级以上农业产业化重点龙头企业24家，通过药品生产质量管理规范（good manufacturing practices，GMP）认证的企业50家。甘肃定西成为国内仅次于亳州的第二大药材市场。

（2）葡萄酒。武威葡萄酒历史悠久，早在张骞出使西域将葡萄引进甘肃后，武威就开始葡萄种植与葡萄酒酿造，武威葡萄酒也成为历朝历代的皇家贡品。"葡萄美酒夜光杯，欲饮琵琶马上催"，唐朝诗人王翰对甘肃葡萄酒赞不绝口。2012年，武威市被授予"中国葡萄酒城"的荣誉称号。武威的葡萄酒产业越造越大，截至2015年全市酿酒葡萄种植面积达到30.83万亩，比2014年新增0.56万亩。2010~2015年，酿酒葡萄种植面积年增长率分别为5.77%、48.56%、32.41%、11.91%、10.35%、1.85%。2015年全市葡萄酒销售额达9.72亿元，比2014年增加0.86亿元。①

4. 旅游产业

甘肃省地处丝绸之路的黄金路段，具有丰富深厚的历史文化资源，有多样的民族文化资源、神秘的宗教石窟文化资源、独具特色的自然风光资源以及革命特色的红色文化资源等。其中石窟文化游与自然风光游是甘肃旅游业的两大特色。

（1）石窟文化。中国文化的博大精深，尤其是古建筑文化、佛教文化在甘肃各大石窟展现得淋漓尽致。敦煌莫高窟、麦积山石窟、炳灵寺石窟、安西榆林窟、北石窟寺、南石窟寺、王母宫石窟、马蹄寺石窟群、东千佛洞石、西千佛洞石、拉稍寺石窟、大象山石窟、金塔寺石窟、天地山石窟、武山水帘洞石窟群、庄浪云崖寺石窟是甘肃著名的十六大石窟景区。其中敦煌莫高窟与麦积山石窟最具代

---

① 甘肃省葡萄酒产业相关数据均来自各葡萄酒企业报表，经省葡萄酒产业协会、省酒类商品管理局抽样考核后确定

表性。敦煌莫高窟被誉为"东方卢浮宫",以美轮美奂的壁画和塑像闻名于世。它始建于秦朝,历经数代王朝的修建,形成了世界上规模最大、内容最丰富的佛教艺术圣地,1987年被列为世界文化遗产;麦积山石窟被誉为"东方艺术雕塑馆",以独特的泥塑别具一格。它始建于秦朝,历经十多个朝代的修建,成为仅次于莫高窟的中国第二大佛教石窟文化圣地。

(2)自然风光。张掖五彩丹霞、陇南万象洞、景泰黄河石林、定西首阳山、甘南桑科草原、陇南太平奇石峡是甘肃著名的自然风光景区。其中张掖五彩丹霞是甘肃的旅游名片之一。2005年11月由中国地理杂志社组织的"中国最美的地方"评选活动中,它当选为"中国最美的七大丹霞"之一。各大导演也倾慕五彩丹霞的美景,姜文导演的电影《太阳照常升起》、张艺谋执导的电影《三枪拍案惊奇》、钱雁秋编导的电视连续剧《神探狄仁杰(第三部)》等著名影片均在此景区外拍取景。

近几年,旅游业已成为甘肃的支柱产业之一。2016年,甘肃省总共接待国内外游客1.9亿人次,旅游综合收入总计1220亿元,分别同比增长22.1%和25.1%,增长率分别高于全国旅游人数增长率(10.8%)11.3个百分点、收入增长率(13.6%)11.5个百分点。2016年,全省旅游人数和收入分别占全国旅游人数(45.78亿人次)和收入(4.69万亿元)的4.15%和2.6%,比上年增加0.34个和0.2个百分点。

(二)甘肃重大发展战略

甘肃,地处古丝绸之路的咽喉要道,连接着国家中部、西部新疆地区以及中西亚国家,是中国与欧亚各国交通运输、经贸往来以及文化交流的必经之道,有效地促进了中外交流与发展,具有鲜明的战略地位和区位优势。国家层面所提出的"一带一路"倡议为甘肃省的发展提供了千载难逢的历史机遇,因此甘肃省紧抓机遇,积极融入"一带一路"倡议中。2014年5月,甘肃正式印发《"丝绸之路经济带"甘肃段建设总体方案》。方案提出要建设"丝绸之路经济带"甘肃黄金段,构建兰州新区、敦煌国际文化旅游名城和"中国丝绸之路博览会"三大战略平台。重点推进道路互联互通、经贸技术交流、产业对接合作、经济新增长极、人文交流合作、战略平台建设等六大工程。

在商贸和交通方面,甘肃设立了兰州新区综合保税区以及武威保税物流中心,开通了多趟国际货运班列,正式开放兰州中川机场和敦煌机场航空口岸,由此,初步形成"一带一路"上的重要区域及物流中心。

在经贸合作方面,甘肃省积极开展特色商品走中亚系列经贸活动,先后组织了240多家企业去往国外进行洽谈合作,还有不少的企业就在当地落户生根。在以"共建'一带一路',推进互利共赢"为主题的第二十二届中国兰州投资贸易洽谈会中，沿线32个国家都派出了代表团参会参展，与甘肃签订了一批重大投资和贸易项目，有利于进一步巩固和扩大甘肃省对外经贸合作。

在文化合作方面，甘肃已与"一带一路"沿线国家和地区的25对省州缔结友好关系，并结成友好城市27对，甘肃交流学习的中西亚国家的学生近1200名。此外，甘肃的经典舞剧《丝路花语》《大梦敦煌》等先后赴21个国家进行演出，获得高度评价，这些都有力地促进了"一带一路"沿线国家和地区人民对中国甘肃的了解，有利于推动甘肃省与"一带一路"沿线国家和地区文化合作的进一步发展。

目前"丝绸之路经济带"甘肃段建设的目标已明确，将按照近期2~3年打基础、攻难点的目标，努力使全省对外开放的渠道不断拓展，与丝绸之路沿线国家和地区经贸合作进一步加强，资源开发、装备制造、新能源、特色农产品加工等产业合作取得新进展，实现向中西亚进出口额占全省进出口总值的20%以上，直接投资、开展承包工程和外派劳务年均增长10%以上的目标；建立一批中外友好城市和驻外办事机构，与中西亚国家互利共赢、合作发展的机制初步形成。这些都极大地有利于提高甘肃在"丝绸之路经济带"建设中的地位。

三、甘肃经济发展基本概况[①]

（一）甘肃地区生产总值及人均地区生产总值概况

1. 甘肃地区生产总值

20世纪90年代以来，甘肃经济增长迅速，1991~2015年，甘肃地区生产总值年均增长率保持在14.4%。2011年，甘肃地区生产总值成功突破5000亿元大关，达到5020.37亿元（图3-1）。

从图3-1可以得知，1991~2015年，甘肃地区生产总值一直处在增长的状态，地区生产总值增长率走势与全国走势几乎一致，但是在这25年间的地区生产总值增长率波动较大，经过1991~1996年的高速爆发增长后，1997年、1999年和2001年，是甘肃地区生产总值增长的低谷期，地区生产总值增长率一直在低位徘徊。2002年和2003年，甘肃地区生产总值增长反弹。到2004年，甘肃地区生产总值增长率有了明显的提升，达到了20.62%。2004年后，甘肃地区生产总值持续保持增长，但在2009年，甘肃地区生产总值增长有所减慢，地区生产总值增长率低于同期全国GDP增长率。2010~2014年，甘肃地区生产总值增长率都高于全国。2015年，甘肃地区生产总值增长率为负，地区生产总值较2014年减少46.5亿元。自20世纪90年代以来，甘肃经济发展可分为两个阶段。

---

① 资料来源：《中国统计年鉴》（1990~2016年）、《甘肃统计年鉴》（1990~2016年）

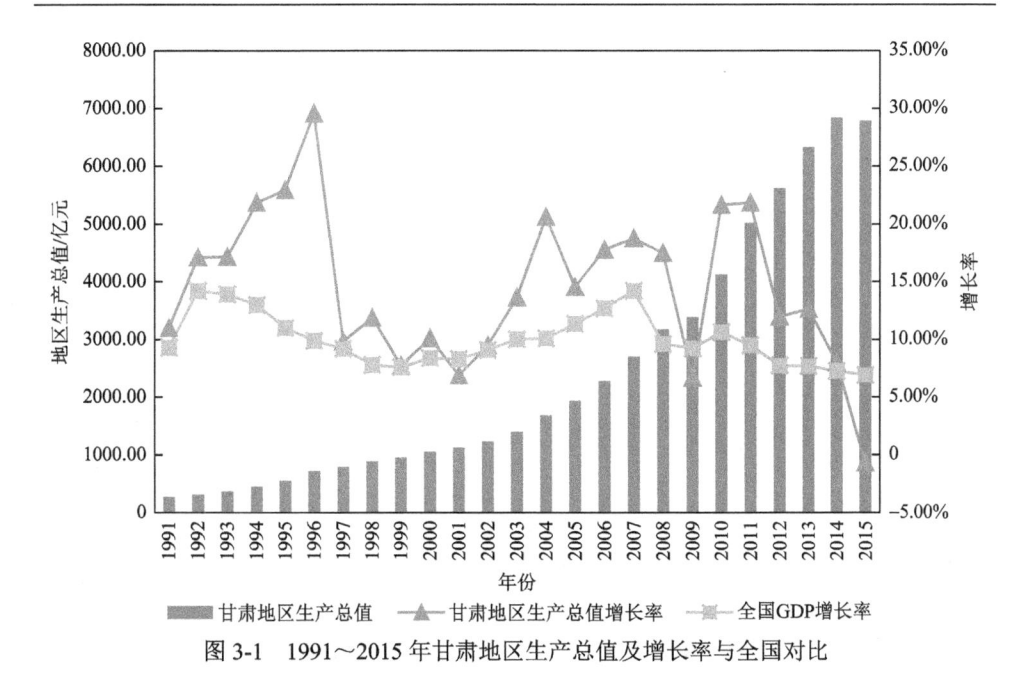

图 3-1 1991～2015 年甘肃地区生产总值及增长率与全国对比

第一阶段（1991～1999 年）：1991～1999 年，经过 9 年的发展，甘肃的地区生产总值从 271.39 亿元增长到 1999 年的 956.32 亿元，按当年价格计算，地区生产总值增长了 2.52 倍。该时期地区生产总值快速增长，增长最快的年份是 1996 年（29.54%），最慢的年份是 1999 年（7.73%）。

第二阶段（2000～2015 年）：2001 年中国加入世界贸易组织（World Trade Organization，WTO），标志着中国市场化改革正在与世界接轨，中国经济将真正参与世界竞争，加快全球化步伐。这一阶段甘肃地区生产总值增长十分迅速、增长率高且趋于稳定。从图 3-1 可以看出，这一阶段甘肃地区生产总值增长较第一阶段在量和质上都有了显著提高。2004 年、2007 年、2010 年、2011 年甘肃经济发展都取得显著的成效，甘肃经济呈现出增长速度快、效益好的良好态势。2004 年，甘肃地区生产总值达到 1688.49 亿元，比上年增长 20.62%，创 1997 年以来最高增长率。2004～2015 年，甘肃地区生产总值年均增长率达到 14%。尽管在 2015 年地区生产总值增长率稍有下降，但自 2004 年后，总体保持 6% 以上的增长率。

2. 甘肃人均地区生产总值

人均地区生产总值方面，由图 3-2 可以看出，甘肃 1991～2015 年的人均地区生产总值增长率走势与全国人均 GDP 增长率走势基本呈正相关，随着全国人均 GDP 增长率的提高而提高，随着全国人均 GDP 增长率的下降而下降。1991～2015 年甘肃人均地区生产总值年均增长率达到 13.70%，略低于同期全国人均 GDP 年均增长率。2015 年甘肃人均地区生产总值略有下降，人均地区生产总值保持在 2.6 万元。

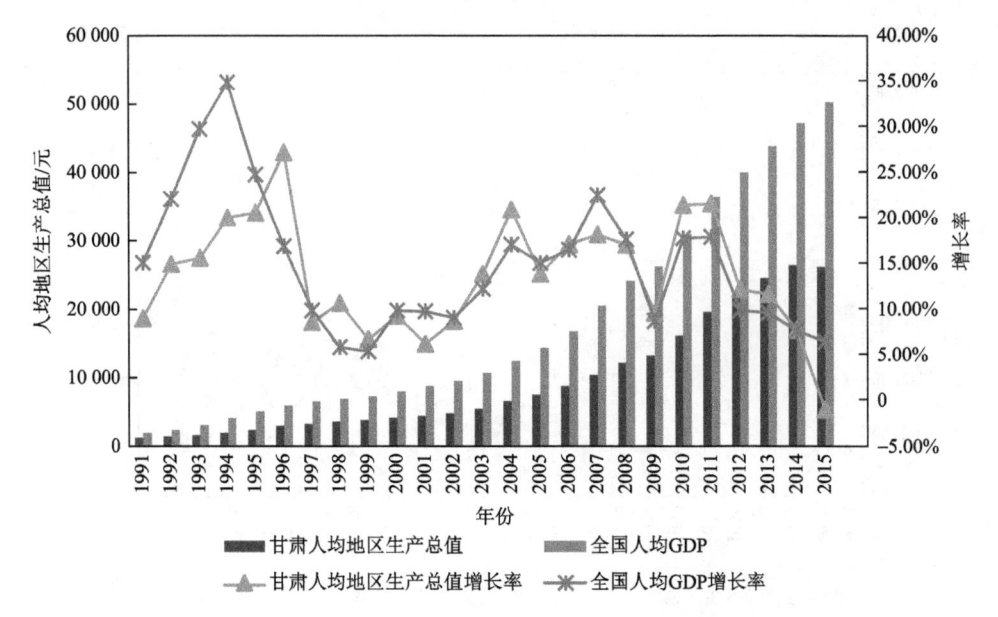

图 3-2　1991~2015 年甘肃人均地区生产总值及增长率与全国对比

第一阶段（1991~1999 年）：在确立发展社会主义市场经济的第一阶段，国民经济在探索中稳步发展，但人均 GDP 整体增长缓慢。1991~1996 年甘肃人均地区生产总值增长迅速，从 1204 元增加到 2946 元，年均增长率达 19.60%，但是 1997~1999 年人均地区生产总值增长开始逐步放缓。其中，1999 年人均地区生产总值为 3778 元，其增长率低于上年人均地区生产总值增长率 3.99 个百分点，但仍高于全国人均 GDP 增长率。

第二阶段（2000~2015 年）：进入 21 世纪，中国经济开始复苏，GDP 稳步快速发展，人均 GDP 也逐年上升。此期间，甘肃人均地区生产总值年均增长率达 13.02%，略高于全国人均 GDP 年均增长率（12.98%）。其中 2004 年、2007 年、2010 年、2011 年甘肃人均地区生产总值增长率分别达到 20.94%、18.15%、21.43%、21.61%。2012 年甘肃人均地区生产总值突破 20 000 元，达到 21 978 元。

（二）甘肃全社会固定资产投资

全社会固定资产投资是反映固定资产投资规模、速度、比例关系的指标。如图 3-3 所示，甘肃 1991~2000 年的全社会固定资产投资额增长率波动较大，1991 年全社会固定资产投资额为 68.59 亿元，1993 年全社会固定资产投资额达到 122.08 亿元，年均增长率达到 33.41%，1993 年的增长率更是达到 43.41%。1994~2000 年，甘肃全社会固定资产投资额增长放缓，此期间年均增长率仅为 20.32%，其中，1996 年全社会固定资产投资额仅为 214.83 亿元，其增长率较前一年增长率下降了 12.03 个百分点。2001年后，中国经济发展进入快车道，其中2007~2014年甘肃的全社会固定资产投资额连续8年增长率超过20%。

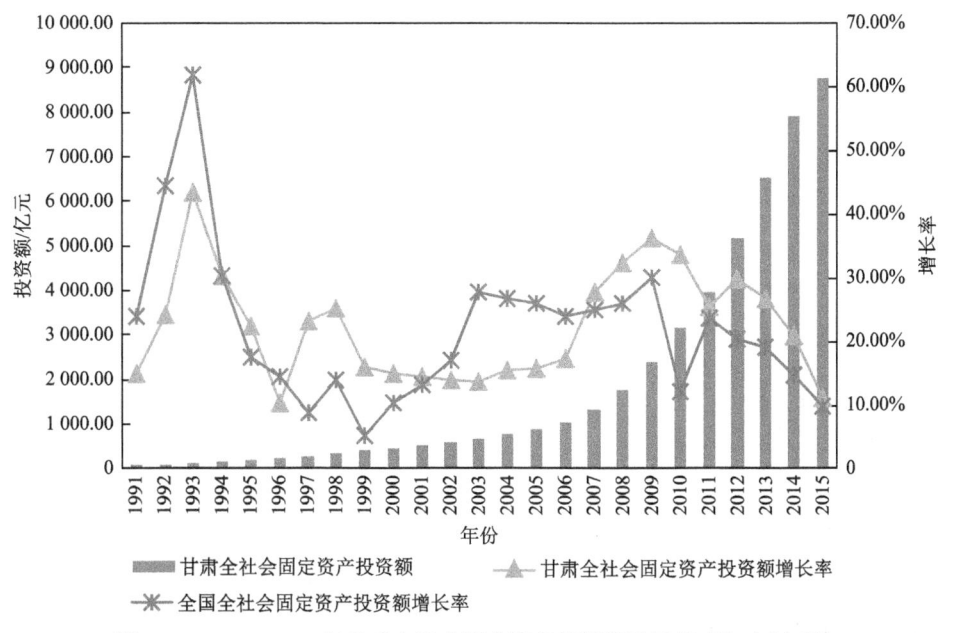

图3-3　1991~2015年甘肃全社会固定资产投资额及增长率与全国对比

（三）甘肃城镇居民人均可支配收入

城镇居民人均可支配收入是衡量国民生活质量、经济发达程度的重要指标。如图3-4所示，甘肃1991~2015年的城镇居民人均可支配收入总体呈上升趋势，从1991年的1368.80元增长到2015年的23 767.10元，年均增长率为12.63%。虽然甘肃城镇居民人均可支配收入增长较快，但是增长率波动较大。1992年与1994年是甘肃城镇居民人均可支配收入增长率最高的两年，城镇居民人均可支配收入分别达到1707.78元和2658.13元，增长率分别为24.76%和32.74%，创下改革开放以来甘肃城镇居民人均可支配收入最高增长率的纪录。随后，1995~1999年，甘肃城镇居民人均可支配收入处于缓慢增长阶段，1996年甘肃城镇居民人均可支配收入为3353.94元，其增长率较上一年增长率下降了12.21个百分点，并且1997年仍处于低增长状态。2000年后，中国经济发展进入快车道，甘肃地区生产总值增长率大幅度提高，城镇居民人均可支配收入也开始进入高增长通道，2007年，甘肃城镇居民人均可支配收入突破10 000元大关，达到10 012.30元，增长率为12.24%。经过黄金十年的高速爆发性发展，2008年后，经济增长趋于平缓，到2015年，甘肃城镇居民人均可支配收入达23 767.10元，此期间，年均增长率保持在11.45%的水平。

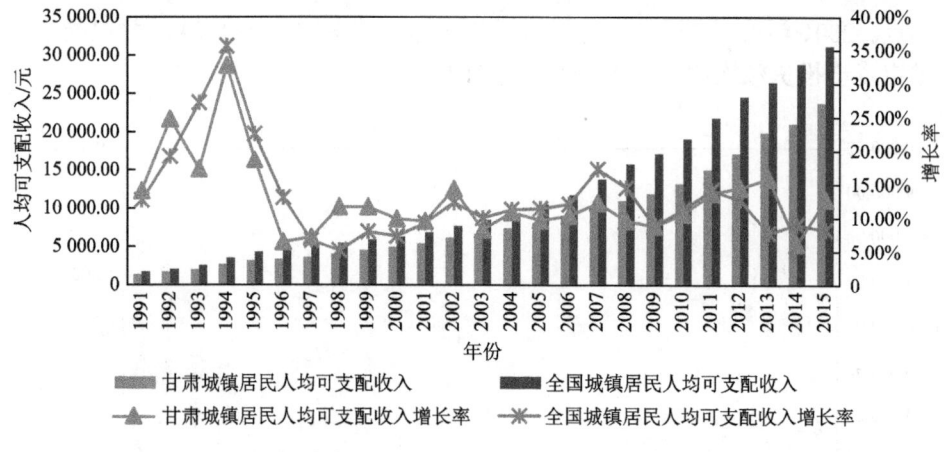

图 3-4　1991～2015 年甘肃城镇居民人均可支配收入及增长率与全国对比

（四）甘肃消费水平

1. 甘肃全社会消费总额

如图 3-5 所示，1990～2015 年，甘肃全社会消费总额呈上升趋势，其增长率与全国增长率趋势基本保持一致，从 1990 年的 109.60 亿元上升到 2015 年的 2907.20 亿元，年均增长率达到 14.01%，低于同期全国水平 0.10 个百分点。1990～1995 年，甘肃全社会消费总额增长幅度较大，年均增长率保持在 16.11% 的水平。1996 年，甘肃全社会消费总额增长率较前一年有明显的下降，下降幅度约为 10 个百分点。1997～2015 年，甘肃全社会消费总额趋于平稳增长，其间年均增长率为 13.66%。其中，2012 年甘肃的全社会消费总额达到 2064.40 亿元，突破 2000 亿元。

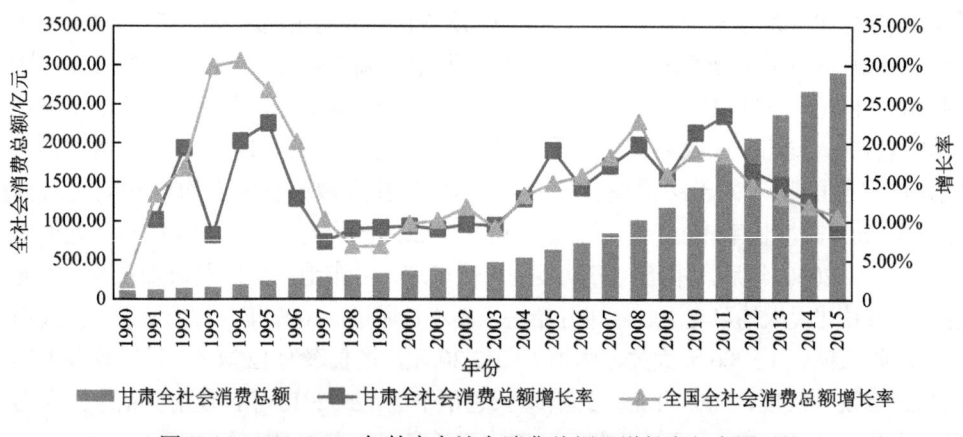

图 3-5　1990～2015 年甘肃全社会消费总额及增长率与全国对比

2. 甘肃人均消费

1）甘肃城镇居民人均消费

如图 3-6 所示，2002 年甘肃城镇居民人均消费支出为 5064.20 元，到 2015 年，甘肃城镇居民人均消费支出达到 17 450.86 元，年均增长率为 9.98%。同期，全国城镇居民人均消费支出从 2002 年的 6029.90 元增长到 2015 年的 21 392.36 元，年均增长率为 10.23%，甘肃稍落后全国水平 0.25 个百分点。甘肃城镇居民人均消费支出增长率于 2008 年出现较大的下滑，增长率为 5.50%，较上一年下降 7.43 个百分点。2011 年，甘肃城镇居民人均消费支出突破 10 000 元，达到 11 188.60 元，增长率为 13.07%，高于同期全国水平（12.54%）。

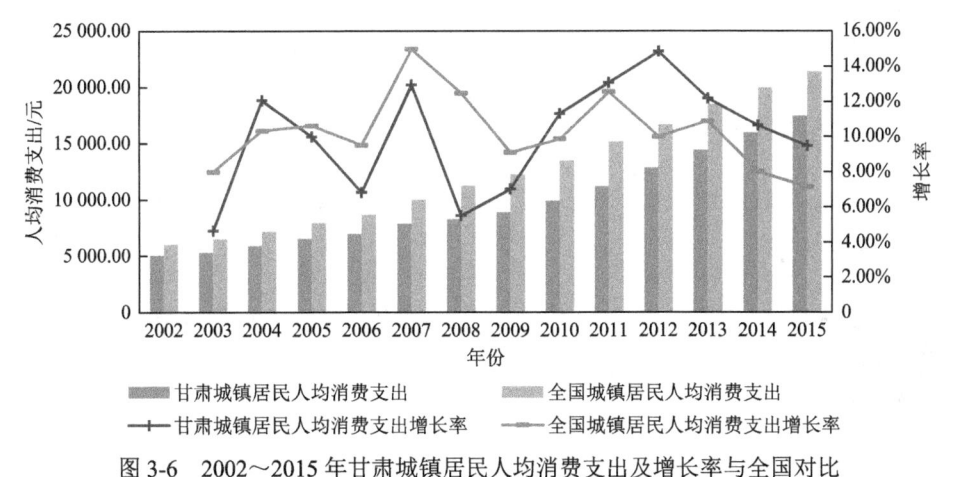

图 3-6 2002～2015 年甘肃城镇居民人均消费支出及增长率与全国对比

2）甘肃农村居民人均消费

相较于城镇居民人均消费水平，农村居民人均消费水平依然处于较低发展阶段。如图 3-7 所示，2002 年甘肃农村居民人均消费支出为 1153.30 元，2015 年甘

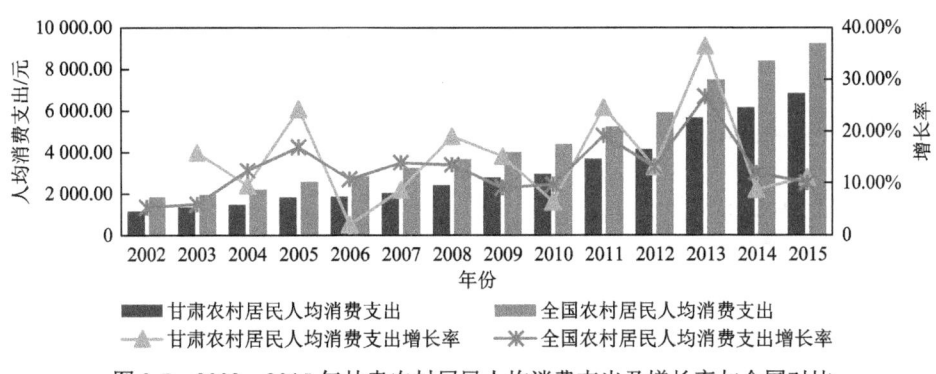

图 3-7 2002～2015 年甘肃农村居民人均消费支出及增长率与全国对比

肃农村居民人均消费支出为 6829.79 元，年均增长率为 14.66%。同期，全国农村居民人均消费支出从 2002 年的 1834.30 元增加到 2015 年的 9222.59 元，年均增长率为 13.23%。甘肃农村居民人均消费支出的年均增长率高于全国水平 1.43 个百分点。甘肃农村居民人均消费支出增长率在 2013 年达到最高值，为 36.36%；2006 年出现农村居民人均消费支出增长率最低值，仅为 1.97%。

（五）甘肃一般公共财政收入

如图 3-8 所示，1991～2015 年，甘肃一般公共财政收入由 37.89 亿元增长到 743.86 亿元，年均增长率达 13.21%。其中 1993 年，甘肃一般公共财政收入为 52.11 亿元，增长率为 30.37%。与 1993 年的巨大增长率形成鲜明对比，1994 年甘肃一般公共财政收入下降到 29.08 亿元，较前一年下降 44.20%，也成为甘肃一般公共财政收入降幅最大的一年。1995～2015 年，甘肃一般公共财政收入稳中有升，均保持 4% 以上的增长率。

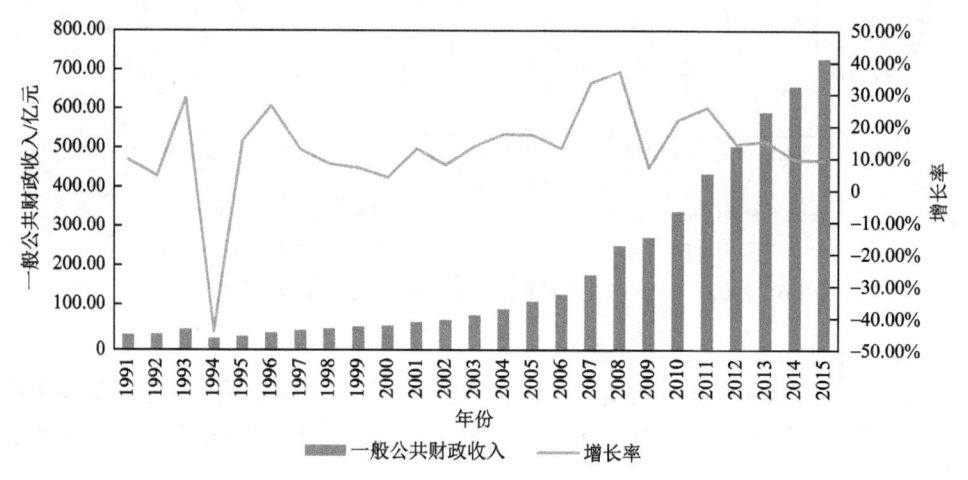

图 3-8　1991～2015 年甘肃一般公共财政收入与增长率

四、甘肃经济发展质量分析

（一）甘肃产业结构

如图 3-9 所示，1991～2015 年，甘肃的经济结构持续优化，第一产业稳中有降，第二产业占主导地位，第三产业稳步发展。甘肃三次产业结构由 1990 年的 24∶42∶34 调整为 2015 年的 14∶37∶49，第一产业的比例由 24% 降低至 14%，第二产业由42%调整到37%,第三产业由34%增长到49%。目前甘肃的第二产业和第三产业是拉动经济发展的主力,相比全国产业结构,甘肃的产业结构仍有较大的调整需求,特别是第三产业还有较大的发展潜力。2015年甘肃第二产业增加值为2494.77亿元。受全球经济周期影响,甘肃第二产业的比例从2010年的48%下降到2015年的37%,但依然高于同期全国水平。近年来,甘肃第三产业规模不断扩大,经济贡献率持续提升,吸纳就业人数快速增加。

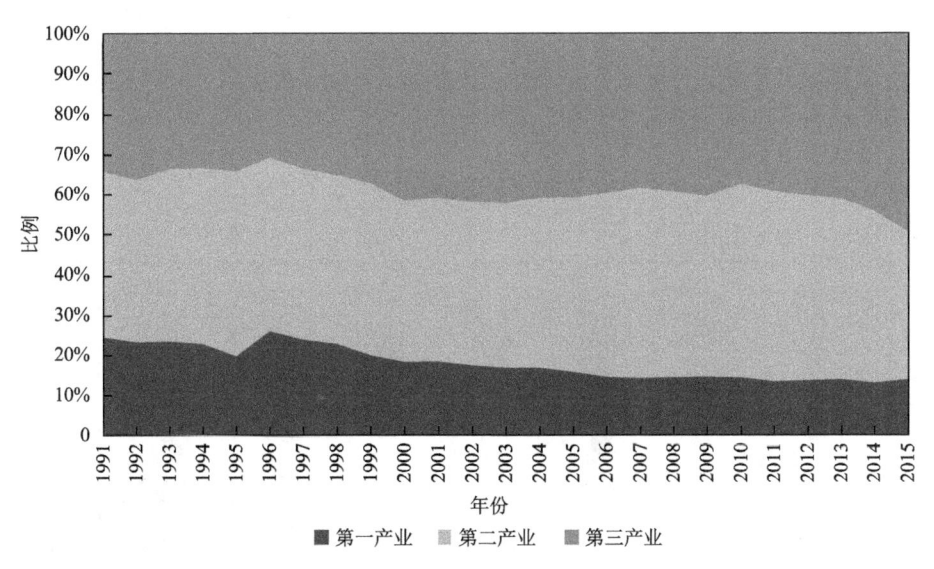

图3-9 1991~2015年甘肃三次产业结构

(二) 甘肃能源消耗

如图3-10所示,1990~2012年甘肃的能源消耗总量呈现出递增趋势,从1990年的2172万吨标准煤上升到2012年的7007万吨标准煤。能源消耗总量的年均增长率为5.47%,增长比较平稳。其中,增长率最高值出现在2003年,为16.80%,其次是2005年与2004年,增长率分别为11.77%与10.87%。

(三) 甘肃单位地区生产总值能耗

如图3-11所示,2005~2011年甘肃单位地区生产总值能耗呈现不断下降的趋势,由2005年的2.260吨标准煤/万元下降到2011年的1.402吨标准煤/万元,年均增长率为–7.65%。全国单位GDP能耗年均增长率为–7.31%,甘肃单位地区生产总值能耗下降速度略快于全国水平。其中,2009年甘肃单位地区生产总值能耗首次低于2吨标准

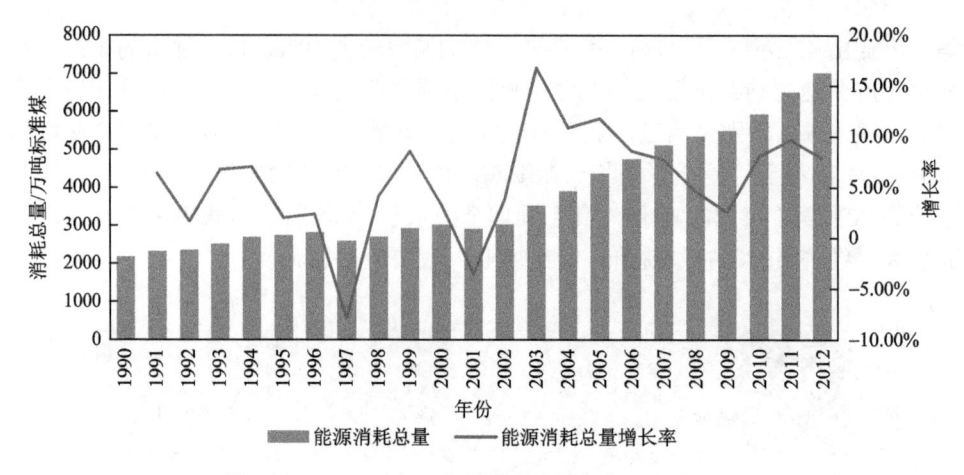

图 3-10 1990~2012 年甘肃能源消耗总量与增长率

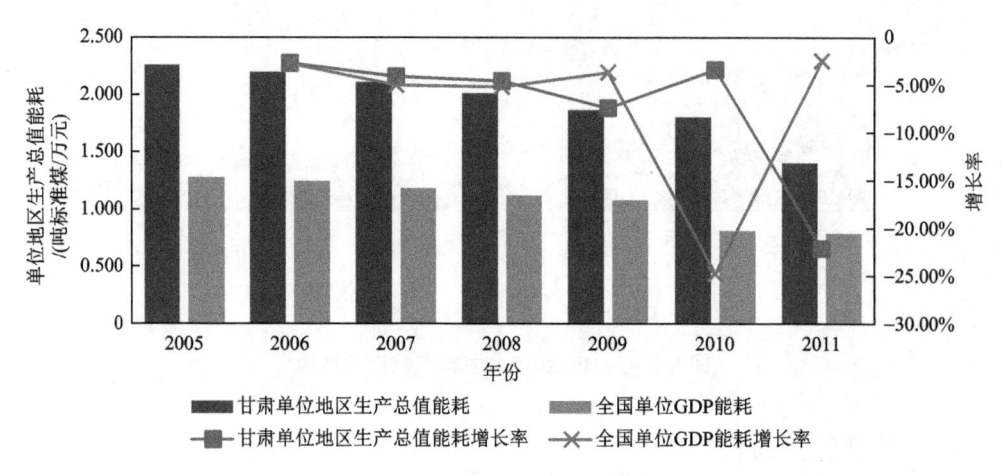

图 3-11 2005~2011 年甘肃单位地区生产总值能耗及增长率与全国对比

煤/万元,为 1.864 吨标准煤/万元。整体来看,2006~2010 年,甘肃单位地区生产总值能耗增长率波动较小,2011 年,甘肃单位地区生产总值能耗增长率波动较大,单位地区生产总值能耗为 1.402 吨标准煤/万元,较上年增长率下降 18.77 个百分点。

五、甘肃经济发展潜力分析

(一)甘肃教育水平

1. 甘肃教育经费

如图 3-12 所示,甘肃的教育经费呈上升趋势,从 2000 年的 535 287.20 万元增加到 2014 年的 5 181 631.00 万元，年均增长率为 17.60%。全国教育经费的年均增长率为 16.64%，甘肃的教育经费年均增长率高于全国水平 0.96 个百分点。整体上看，2000～2014 年，甘肃的教育经费稳中有增，但增长率波动较大。其中，2008 年甘肃教育经费的增长率为 38.12%，达到 2000～2014 年的最高值，2003 年和 2014 年甘肃教育经费的增长率分别仅为 9.32% 和 7.70%。

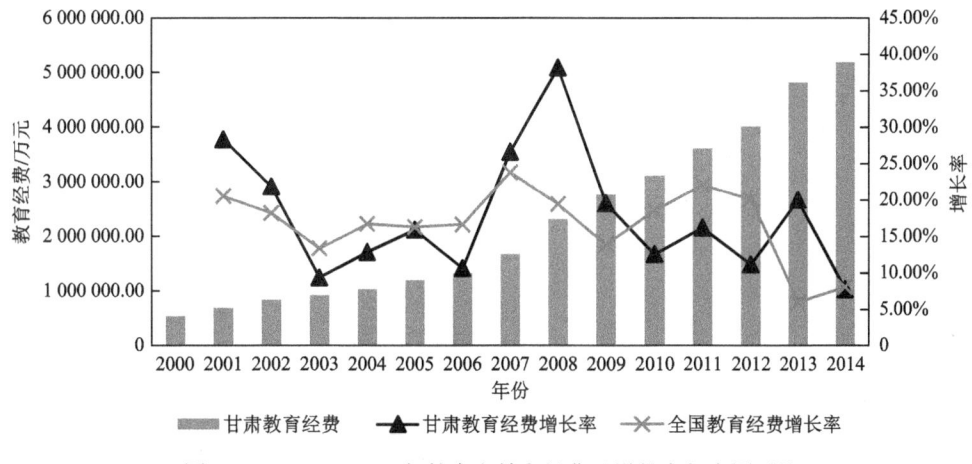

图 3-12　2000～2014 年甘肃省教育经费及增长率与全国对比

2. 甘肃人均教育经费

2000～2014 年，甘肃人均教育经费增长较快，但与全国水平仍有差距。如图 3-13 所示，2000 年，甘肃人均教育经费为 234.27 元，全国人均教育经费为 303.69 元。到 2014 年，甘肃人均教育经费达 1997.27 元，全国人均教育经费达

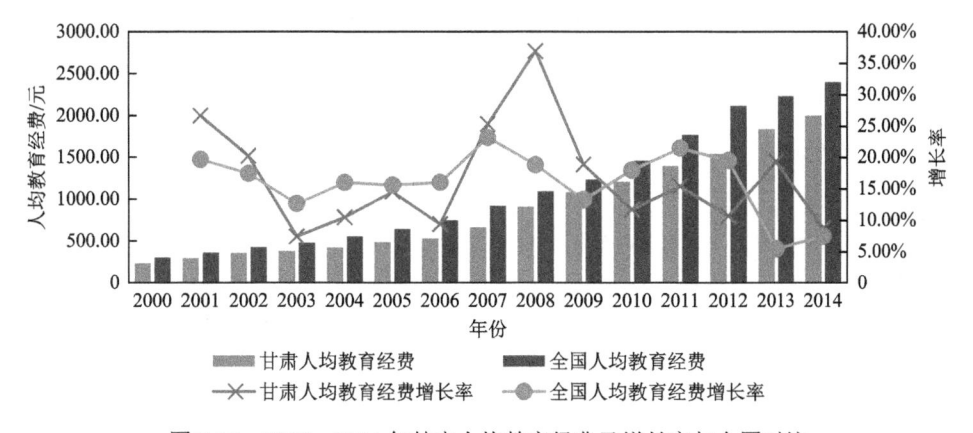

图 3-13　2000～2014 年甘肃人均教育经费及增长率与全国对比

2398.45 元。甘肃人均教育经费年均增长率为 16.54%，全国人均教育经费年均增长率为 15.91%，甘肃的人均教育经费年均增长率高于全国水平 0.63 个百分点。其中 2003 年、2006 年以及 2009 年甘肃的人均教育经费增长率降幅较大，分别为较前一年降低 12.79 个百分点、5.14 个百分点和 10.57 个百分点。

3. 甘肃平均受教育年限

如图 3-14 所示，甘肃的平均受教育年限从 1991 年的 5.43 年增长到 2014 年的 8.32 年，平均受教育年限增加了 2.89 年。同期，全国的平均受教育年限从 1991 的 6.25 年增长到 2014 年的 9.04 年，平均受教育年限增加了 2.79 年。整体来看，甘肃的平均受教育年限增长幅度较为稳定，但均落后全国水平。

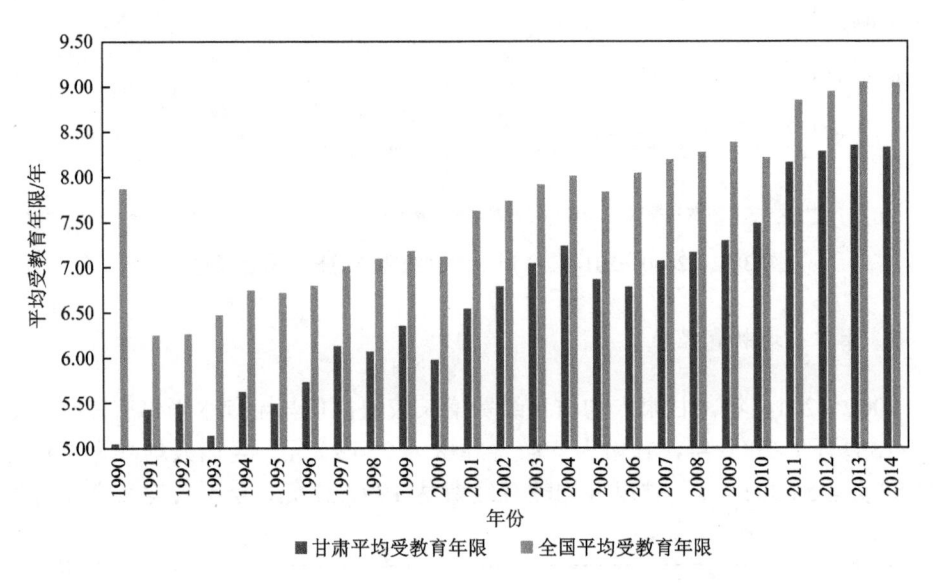

图 3-14　1990~2014 年甘肃平均受教育年限与全国对比

（二）甘肃科研水平

2008~2015 年，甘肃科研经费从 168 606.50 万元增长到 486 077.30 万元，年均增长率为 16.33%。如图 3-15 所示，甘肃规模以上工业企业的人均科研经费由 2008 年的 17.81 万元增长到 2015 年的 38.64 万元，年均增长率为 11.70%。同期，全国规模以上工业企业的人均科研经费由 2008 年的 24.98 万元增长到 2015 年的 37.96 万元，年均增长率为 6.16%。其中，甘肃的规模以上工业企业的人均科研经费增长率在 2010 年与 2015 年均高于全国水平，分别为 42.40%、19.66%。

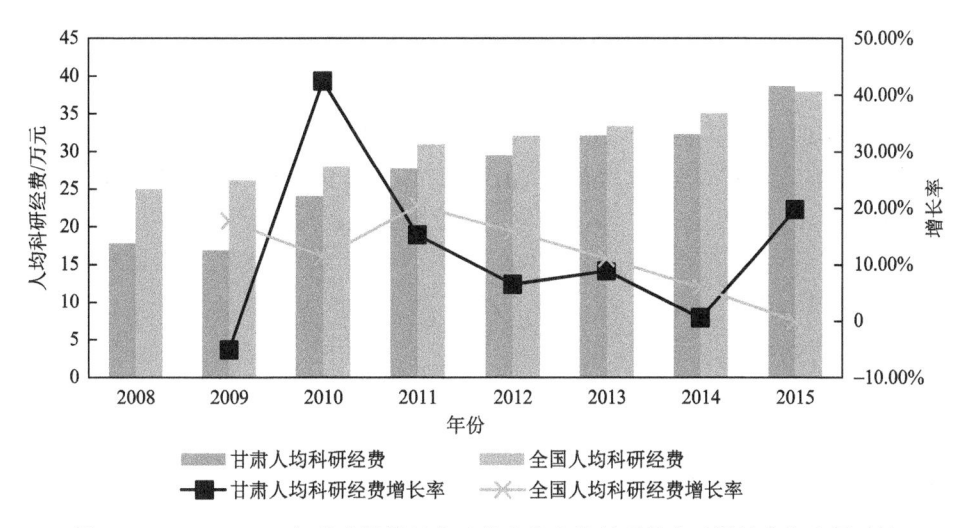

图 3-15 2008～2015 年甘肃规模以上工业企业人均科研经费及增长率与全国对比

（三）甘肃创新水平

1. 甘肃专利申请数量

1990～2015 年甘肃的专利申请数量总体在不断上升，如图 3-16 所示，从 1990 年的 307 件上升到 2015 年的 14 584 件，年均增长件数 571 件，创新能力在不断增强。其中 1999～2007 年，甘肃专利申请数量每年都在稳步提升，年均增长件数达到 72 件；2008 年后，专利申请数量增长加快，年均增长件数为 1550 件。同时，2005 年和 2013 年，甘肃专利申请数量分别首次突破 1000 件和 10 000 件，分别为 1759 件和 10 976 件，较上一年分别增长了 849 件和 2715 件。

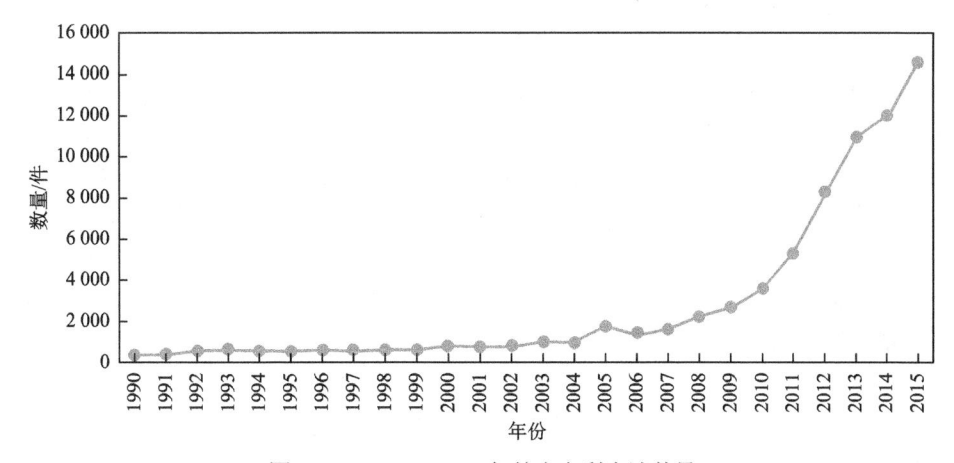

图 3-16 1990～2015 年甘肃专利申请数量

2. 甘肃技术市场成交额

如图 3-17 所示，1995～2015 年，甘肃的技术市场成交额增长了 50.55 倍，从 1995 年的 25 157.00 万元增加到 2015 年的 1 296 957.95 万元，年均增长额为 63 590.05 万元。其中 2014 年与 2015 年的成交额巨大，分别达到 1 145 162.25 万元、1 296 957.95 万元。值得一提的是，2004 年甘肃技术市场成交额首次突破 100 000 万元大关，经过 10 年，在 2014 年其技术市场成交额再次突破 1 000 000 万元大关。整体来看，1995～2015 年甘肃的技术市场成交额不断增加。

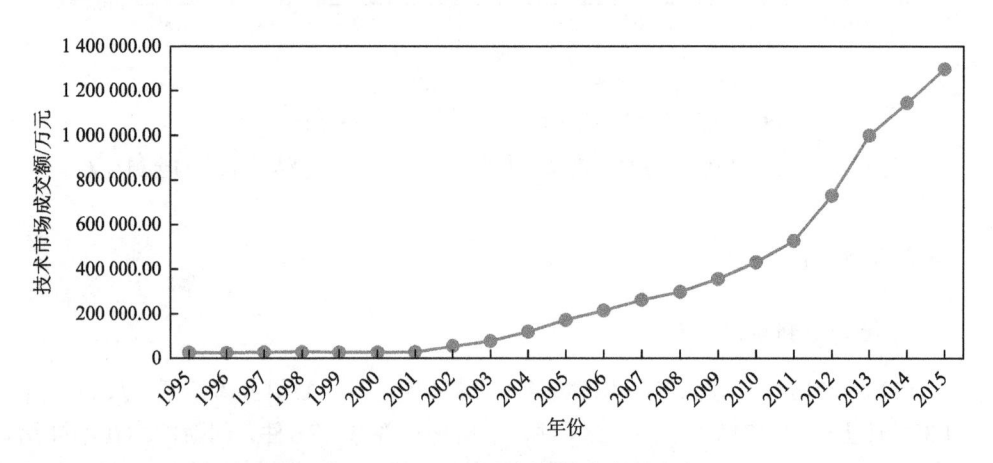

图 3-17　1995～2015 年甘肃技术市场成交额

六、甘肃金融发展水平分析

（一）甘肃银行业金融机构存贷款余额

如图 3-18 所示，1991～2015 年，甘肃存款余额不断攀升，由 1991 年的 241.40 亿元上升至 2015 年的 16 299.80 亿元。存款余额年均增长率为 19.19%，增长率呈波浪形发展。其中，1995 年的增长率最高，达 34.93%，其次是 1996 年与 1992 年，增长率分别为 29.53%与 28.83%，其余年份的增长率比较平稳，均在 10%以上。

此外，1991～2015 年甘肃贷款余额总体上也呈现上升趋势，从 1991 年的 283.82 亿元增长到 2015 年的 13 728.89 亿元。贷款余额的年均增长率为 17.54%，但是增长率波动较存款余额增长率波动大。2009 年的增长率达到最高，为 36.90%，其次是 1995 年，其增长率为 29.51%，2000 年则出现了负增长，增长率为-3.31%，贷款余额相比 1999 年减少了 40.08 亿元。整体来看，1990～2015 年，甘肃存款余额与贷款余额的增长趋同，只是贷款余额的增长率波动更大。

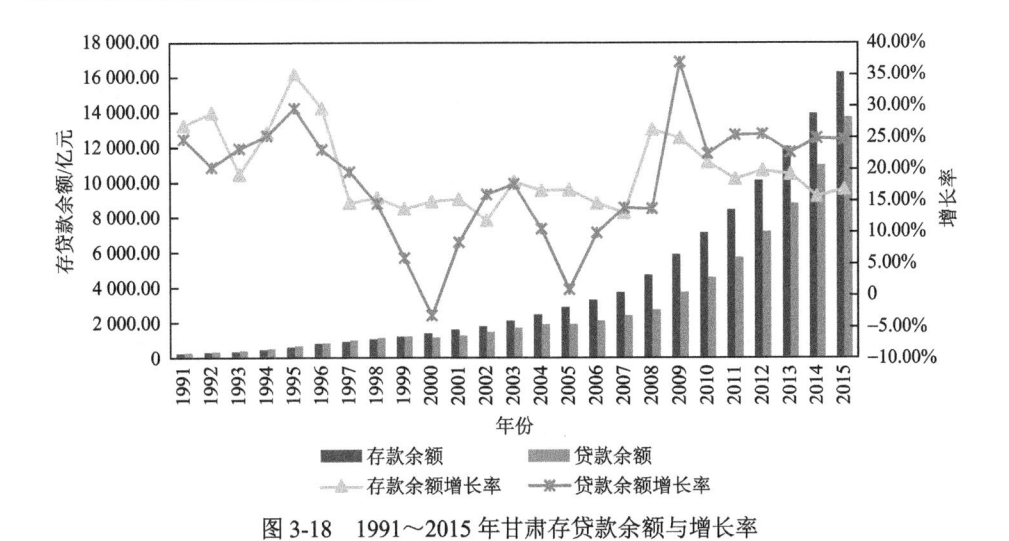

图 3-18　1991~2015 年甘肃存贷款余额与增长率

（二）甘肃保险保费收支

如图 3-19 所示，1991~2015 年甘肃的保费收入呈现递增趋势，从 1991 年的 2.26 亿元增长到 2015 年的 256.89 亿元。保费收入的年均增长率为 21.80%，2002 年出现了增长最高峰，增长率为 46.18%，与其他高峰相差不大。1991~2015 年，甘肃保险赔付额整体上也处于上升趋势，从 1991 年的 0.74 亿元增至 2015 年的 92.75 亿元。保险赔付额的年均增长率为 22.30%，但是增长率波动较大，2010 年出现负增长，为 –2.08%。

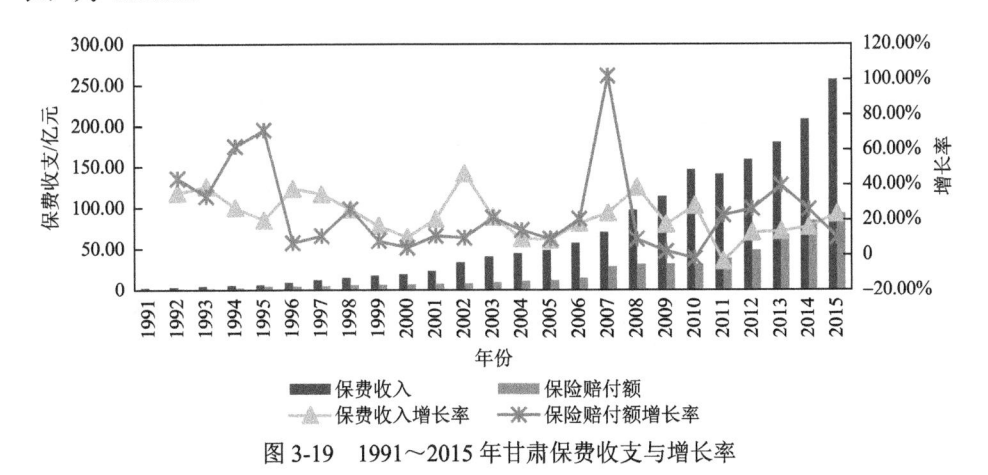

图 3-19　1991~2015 年甘肃保费收支与增长率

（三）甘肃上市公司规模

如表 3-1 所示，1993 年，甘肃仅有一家公司成功登陆人民币普通股票（即 A 股）

上市，首发股本为 0.5003 亿股，首发募集资金为 0.195 75 亿元。截至 2016 年，甘肃上市公司数量总计 30 家，首发股本共计 53.0726 亿股，首发募集资金总计 112.790 75 亿元。其中，2000 年甘肃共有 3 家公司登陆 A 股上市，首发股本为 10.29 亿股，首发募集资金为 18.46 亿元，成为甘肃历史上首发股本最多和首发募集资金最多的年份。

表 3-1　甘肃上市公司情况（1993～2016 年）

年份	上市公司数量	首发股本/亿股	首发募集资金/亿元
1993	1	0.500 3	0.195 75
1994	1	1.23	1.38
1996	3	1.715	2.135
1997	4	4.78	11.09
1998	1	2.95	4.62
1999	1	0.982	3.47
2000	3	10.29	18.46
2001	1	2	6.88
2002	1	2	4.85
2004	2	3.24	7.44
2007	2	3.64	7.99
2008	1	0.934	1.45
2009	1	0.696 5	2.52
2010	1	0.64	5.28
2011	2	4.007 8	12.03
2014	1	5.91	1.68
2015	2	3.89	10.7
2016	2	3.667	10.62

注：未列出年份上市公司数量为 0，余表同

第四章 广西经济增长篇

一、广西概况

（一）基本概况

广西得名于岭南西道、广南西路，是岭南文化传承的主要地区之一，又因境内大部分地区属于秦统一岭南时期桂林郡的管辖范围而简称桂。1949年12月11日，广西全境解放。1950年2月8日，广西省人民政府成立。1958年3月5日，经第一次全国人大第四次会议决议通过，成立省一级广西僮族自治区。1965年10月，经国务院批准，广西僮族自治区更名为广西壮族自治区。

广西壮族自治区地处祖国南疆，位于东经104°28′~112°04′，北纬20°54′~26°24′，北回归线横贯中部。东连广东省，南邻北部湾且与海南省隔海相望，西靠云南省，东北接湖南省，西北毗邻贵州省，西南与越南接壤。行政区域土地面积为23.76万平方千米，管辖北部湾海域面积约4万平方千米。

广西壮族自治区通称广西，简称桂，首府为南宁，南邻北部湾，是中国第三个民族自治区，也是唯一的沿海自治区。截至2016年末，全区常住人口为4838万人，共14个地级市，8个县级市，65个县（包含12个民族自治县），37个市辖区，773个镇，350个乡（含59个民族乡），128个街道办事处。

广西壮族自治区是典型的少数民族地区，主要少数民族有壮族、瑶族、苗族、侗族、仫佬族、毛南族、回族、京族等，少数民族总人数居全国第一位。广西是瑶族、仫佬族、毛南族、京族人口最多的区域，占比都在60%以上。其中，广西是京族的唯一居住地，京族也是最富裕的少数民族之一。

（二）自然资源概况

1. 土地资源

广西土地资源丰富，海陆兼备，总土地面积为23.76万平方千米，占全国土地面积的2.5%，居全国第9位。海岸线长1595千米，管辖海域面积为4万平方千米。广西地处云贵高原与东南丘陵、平原的过渡地带，地形状况复杂多样，有山地、丘陵、平原、石山、台地多种地质结构，总体呈现山多平地少的特征，山地、丘陵和石山面积占广西总面积的 69.7%，平原和台地面积占 27%，淡水水域面积占 3.3%。耕地面积为 442.54 万公顷（2013 年度土地利用变更调查数据），人均耕地约 0.09 公顷。

2. 矿产资源

广西矿产资源丰富，种类繁多、储量巨大，以有色金属矿藏为主，是全国十大重点有色金属产区之一，素有"有色金属之乡"之称，其中铝、锡的储量最为丰富。全区发现矿种共有 145 种（含亚矿种），已探明资源储量 97 种，占全国探明资源储量矿种的 45.8%，其中 64 种储量位居全国前 10，12 种储量位居全国第 1。在 45 种国民经济发展支柱性矿藏中，广西探明资源储量的有 35 种，其中，锡、铝、锌、铅、锰、锑、钨储量位居全国前 10。广西矿产资源虽然探明储量大、种类多、分布广，但是成矿规模以中小型为主，缺乏大型矿床，地域差异明显，桂北、桂南多沉积矿产和岩浆热液型矿产，桂东多岩浆热液型矿产，桂西则多岩浆热液型矿产和高温热液型矿产。

3. 水力资源

广西属于亚热带湿润季风气候，常年雨量充沛，河流众多，河网密度大，水资源丰富。2014 年全区地表水资源量为 1978.06 亿立方米，地下水资源量为 402.97 亿立方米。流域面积为 23.67 万平方千米，常年径流量约 1978.10 亿立方米，水力资源蕴藏量为 2133 万千瓦。境内主要河流有红水河、郁江、西江、桂江、南流江、柳江等，分属珠江水系、长江水系、桂南独流入海水系、百都河水系等四大水系。丰富的水资源以及地质条件的特殊性使得广西的水能资源蕴藏量巨大，理论蕴藏量达 2133 万千瓦，可装机容量为 1751 万千瓦。其中，珠江水系在广西的流域面积为 20.24 万平方千米，占广西总面积的 85.2%；干流西江在广西境内总长 1239 千米，其中红水河段为 658 千米，滩多水急，水能资源丰富，被誉为中国水电资源的"富矿"。

4. 海洋资源

在民族地区与少数民族自治区中，广西是唯一拥有海域的省区。广西南邻北部湾，海岸线曲折，溺谷多且面积广阔，天然港湾众多，沿海可开发的大小港口为 21 个，滩涂面积约 10 万公顷，其中红树林滩涂是热带海洋滩涂特有的资源，红树林面积达到 5654 平方千米，占全国红树林总面积的 40%，是广西沿海的特色资源和重要的海岸防护林。北部湾是我国热带海洋生物资源的宝库，也是我国著名的四大热带渔场之一。生长有已知鱼类 500 余种、虾类 200 余种、头足类 50 余种、蟹类 190 余种、浮游植物 140 余种、浮游动物 130 余种，举世闻名的合浦珍珠也产于这一带海域。

二、广西经济发展特色

2015年,广西地区生产总值达到1.68万亿元,增长率为7.21%,地区生产总值占全国GDP的2.5%,地区生产总值增长率排名第15位,发展势头良好。经济新常态下,广西经济发展稳中有升,产业结构日趋合理,区域发展更加均衡,居民生活水平不断提高,这些成就都离不开北部湾经济区、中国-东盟自由贸易区等重大战略方针的确立。与此同时,也离不开广西因地制宜,发挥比较优势,坚持发展特色产业。目前,广西的汽车产业、旅游产业、核电产业、特色种植业、边境贸易成为推动广西经济可持续增长的核心动力。

(一)广西特色产业

1. 广西汽车产业

广西的工业是驱动广西经济发展的主要动力,2015年广西工业总产值为2.24万亿元,对经济增长的贡献率超过50%。在供给侧改革去产能、去杠杆、去库存的大背景下,广西的汽车产业扛起广西工业发展的大旗。柳州是中国汽车零部件生产、出口基地,是我国七大汽车产业示范基地之一,汽车产业是广西工业的支柱性产业。目前,柳州的汽车生产与零部件生产企业超过500家,包括通用汽车公司、上海汽车集团股份有限公司、东风汽车集团有限公司、中国第一汽车集团有限公司、中国重型汽车集团有限公司等。汽车巨头在柳州都有投资合作,年整车生产能力达250万辆。宝骏、乘龙、风行菱智、风行景逸等具有自主知识产权的全国知名汽车品牌都出自广西制造。其中位于柳州的上汽通用五菱汽车股份有限公司是广西汽车工业的代表企业,其生产的五菱系列轿车被称为"神车",2106年销售量达137万辆,稳坐国内微型客货车型、单一车型销售量冠军,全球保有量达1400万辆。

2. 广西旅游产业

"千里景千变,一山一诗篇""江作青罗带,山如碧玉簪",这些经典诗句都是古人对广西独特的自然风光的赞美。广西依托其独特的自然生态资源优势,正在成为国际旅游胜地之一。主要精品旅游资源包括:以桂林山水为代表的喀斯特地貌所形成的青山秀水、洞奇石美的观光资源;以北海银滩为代表的亚热带滨海风光资源;以南宁为代表的商务会展绿都文化旅游资源;以兴安岭区、容县真武阁、桂平金田太平天国起义旧址、百色起义旧址为代表的历史文化资源。在此资源上,形成了众多以风景或文化生态为主体的旅游区,如桂东宗教名胜历史文化旅游区,贺州山水古镇生态文化旅游区,乐业大石围天坑群旅游区,德天跨国瀑布旅游区,来宾、金秀"三圣"旅游区,以凭祥、靖西为重点的南国边关风情旅游区，以柳州为中心的桂中壮瑶苗侗民族风情生态旅游区。

2016年，广西壮族自治区接待旅游总人数为4.09亿人次，同比增长19.9%，实现旅游总消费4191.36亿元，同比增长28.8%，高于全国旅游总消费增长率15.2个百分点，对地区生产总值的综合贡献率为13.8%。旅游业已成为广西国民经济战略性支柱产业，旅游综合效应更加凸显。

3. 广西核电产业

广西经济快速发展，对电力的需求也越来越大，由于对环保的要求越来越严格，火电的产能在逐步缩小，而水电的发电能力已经无法满足区域经济发展的需求，电力供需矛盾日趋明显。广西的水电资源开发已接近饱和，又缺乏煤炭、天然气等能源，在这种背景下，广西防城港核电站应运而生。

广西防城港核电站位于广西壮族自治区防城港市港口区，地处企沙半岛东侧，由中国广核集团与广西投资集团共同投资，中国广核集团为主，负责工程建设和运营管理，规划建设6台百万千瓦级核电机组，是中国在西部地区开工建设的首个核电项目。广西防城港核电站设备国产化比例达90%以上，其中"华龙一号"机组是中国首个具有自主知识产权、可独立出口的第三代百万千瓦级压水堆核电机型。截至2018年，已有20多个国家有意向引进"华龙一号"，而英国将率先参考防城港"华龙一号"3、4号机组兴建，这意味着广西防城港核电站开始向世界输出行业标准及人才。

2015年广西防城港核电站正式开始发电，每年可提供150亿千瓦·时清洁电力能源，与同等规模的燃煤电站相比，每年可减少标准煤消耗482万吨、二氧化碳排放量1482万吨、二氧化硫和氮氧化物排放量19万吨，对广西保护生态环境、保障北部湾经济区电力供应发挥了积极作用。同时，拉动广西全社会总产出增长约142亿元，有力地促进广西社会经济发展。

4. 广西特色种植业

广西地处低纬度，北回归线横贯全区中部，属亚热带季风气候区。全区大部分地区气候温暖，热量丰富，雨水丰沛，干湿分明，季节变化不明显，日照适中，冬少夏多，特别适合植物生长。得益于良好的气候环境，广西的种植业一直保持其独有特色。

（1）糖料甘蔗。广西甘蔗自1992年以来无论种植面积还是产蔗量和产糖量都连续25年居全国第一。2016年，广西糖料甘蔗种植面积为1120万亩，产糖量为600万吨，占全国总产量的60%以上。

（2）桑蚕。目前广西是世界上较大的桑蚕丝生产地。2016年广西桑蚕丝产量为4.65万吨，占全国总产量的27.49%，常年保持全国第一。宜州、象州、忻城、横县、宾阳、柳城、环江、鹿寨8个县市排在全国蚕茧产量十强县之列，其中宜州是全国桑蚕第一大县（县级市）。

（3）茉莉花茶。广西拥有全国较大的茉莉花生产基地，茶产量占全国一半以上。广西横县茉莉花种植面积为10万亩，年产鲜花为8万吨，年加工花茶为6万吨，茉莉花产量和花茶产量均占全国总产量的80%以上，占世界总产量的60%以上，茉莉花茶成为欧盟免检产品，远销国内外。

（4）亚热带水果。砂糖橘、芒果、火龙果等亚热带水果常年产量位居全国第一，其中广西是全国砂糖橘种植面积较大、产量较高、品质较好的主产区。2016年全区园林水果产量为1526.88万吨，同比增长11.5%；果用瓜产量达357.21万吨，增长2.2%；香蕉产量增长8.2%，荔枝产量增长4.7%，芒果产量增长19.3%，桃、李等其他水果产量增长8.5%。

5. 广西边境贸易

广西地处中国西南沿海，与越南接壤。发展边境贸易，广西具有得天独厚的优势。中国-东盟合作的快速发展以及"一带一路"倡议的实施给中越边境贸易带来机遇，不仅广西的边境贸易搭上了顺风车，找到了新的发力点，而且8000元边民互市贸易免税政策让更多边民享受到国家政策福利，越来越多的越南民众来中国工作。截至2017年9月，中越跨境劳务合作广西先行试点共批准12 000名越南边民在广西工作，跨境人民币累计结算总额超过8000亿元，外贸进出口年均增长率达16%。2016年出入境人员也首次突破1000万人次，边境小额贸易进出口额为786.8亿元，全国占比为36.3%；边民互市贸易进出口额为667亿元，全国占比为70%。广西目前已开通14条国际道路运输线，其中包括越南、缅甸、老挝、泰国、柬埔寨等国家。广西的边境贸易成为广西经济发展的新特色。

（二）广西重大发展战略

1. 北部湾经济区

广西壮族自治区北部湾经济区地处我国沿海西南端，由南宁、北海、钦州、防城港四市所辖行政区域及玉林、崇左两市的交通和物流组成，陆地面积为4.25万平方千米，海岸线长1500千米，是我国西南最便捷的出海通道。依据党的十七大精神、《中华人民共和国国民经济和社会发展第十一个五年规划纲要》以及国家《西部大开发"十一五"规划》编制了《广西北部湾经济区发展规划》。2008年1月16日，国家批准实施《广西北部湾经济区发展规划》。中华人民共和国国家发展和改革委员会（简称国家发展改革委）通知强调指出：广西北部湾经济区是我国西部大开发和面向东盟开放合作的重点地区，对于国家实施区域发展总体战略和互利共赢的开放战略具有重要意义。要把广西北部湾经济区建设成为中国-东盟开放合作的物流基地、商贸基地、加工制造基地和信息交流中心，成为带动、支撑西部大开发的战略高地和开放度高、辐射力强、经济繁荣、社会和谐、生态良好的重要国际区域经济合作。党的十八大以后,广西北部湾经济区进一步调整产业结构以适应经济发展新常态,坚持创新发展、协调发展、绿色发展、开放发展、共享发展及"四个全面"战略布局,积极落实自治区"双核驱动"战略,坚持创新驱动原则、开放合作原则、升级绿色发展原则、聚集发展原则,以加快推进工业结构调整为主攻方向,打造北部湾经济区升级版。党的十九大报告指出,实施区域协调发展战略,加大力度支持革命老区、民族地区、边疆地区、贫困地区加快发展,强化举措推进西部大开发形成新格局。当前,广西正大力加强民族团结进步模范区建设,深入实施兴边富民行动,改善少数民族聚居区生产生活条件,进一步加强与周边省区市合作,共同推进滇桂黔民族文化旅游示范区,百色-文山、河池环江-黔南荔波跨省扶贫合作产业园区建设,形成兄弟民族和兄弟地区抱团发展合力。广西还将充分发挥与东盟陆海相邻的独特优势,进一步深化拓展与东盟的开放合作,大力发展沿海临港产业集群,培育沿边口岸贸易走廊,携手西部地区省区市同新加坡一起推进中新互联互通南向通道建设,共享"一带一路"建设红利。

2. 中国-东盟自由贸易区

东南亚国家联盟(Association of Southeast Asian Nations, ASEAN),简称东盟。1967年印度尼西亚、泰国、新加坡、菲律宾四国外交部长和马来西亚副总理在曼谷联合发表《曼谷宣言》,正式宣告东南亚国家联盟成立。成员国有泰国、菲律宾、新加坡、文莱、马来西亚、印度尼西亚、越南、老挝、缅甸和柬埔寨。中国和东盟对话始于1991年,1996年成为东盟的全面对话伙伴国。2010年中国-东盟自由贸易区建设全面启动。自由贸易区建成后,东盟和中国的贸易占世界总贸易的13%,成为一个涵盖11个国家、19亿人口、地区生产总值达6万亿美元的巨大经济体。2016年,东盟的地区生产总值达到2.6万亿美元,与英国经济规模相当。按人口计算,中国-东盟自由贸易区是世界上最大的自由贸易区;从经济规模上看,是仅次于北美自由贸易区和欧洲联盟(简称欧盟)的全球第三大自由贸易区,同时是发展中国家组成的最大的自由贸易区。

在此背景下,广西创新与拓展"南宁渠道",使之成为中国-东盟合作大事进程的主要沟通渠道,把中国-东盟博览会打造为中国-东盟合作大事的"作为平台"。尤其聚焦如何成为"钻石升级、陆路东线互联互通、海上合作、人民币东盟化与民之亲"等大事的主要承担者。广西积极开放北部湾经济区、西江经济带、东兴重点开发开放试验区、中越跨境经济合作区和凭祥综合保税区等资源,并与周边国家或国内省区整合开放资源,优化广西与东盟国家间的贸易结构,积极扩大广西与马来西亚、泰国、新加坡间的贸易规模,升级产业结构,特别是升级产业内价值环节地位,提升对外开放的能力,在货物贸易的基础上,扩大广西与东盟国家间的服务贸易和双向投资规模。

三、广西经济发展基本概况[①]

（一）广西地区生产总值及人均地区生产总值概况

1. 广西地区生产总值

从图 4-1 可以得知，1990～2015 年，广西地区生产总值一直处在增长的状态，地区生产总值增长率走势与全国走势几乎一致，但是在这 26 年间的地区生产总值增长率波动较大，1990～1995 年广西地区生产总值增长率总体呈高速增长，1996～2001 年，广西地区生产总值增长率一直在低位徘徊。2002 年和 2003 年，广西地区生产总值增长开始加速，但加速不明显。2004～2013 年，广西地区生产总值增长率总体有了明显的提升，2004 年地区生产总值增长率达 21.73%，2004～2013 年，广西地区生产总值增长率一直保持在 10%以上。根据历史数据，可以将这 26 年分成两个发展阶段：第一阶段为 1990～1999 年，第二阶段为 2000～2015 年。

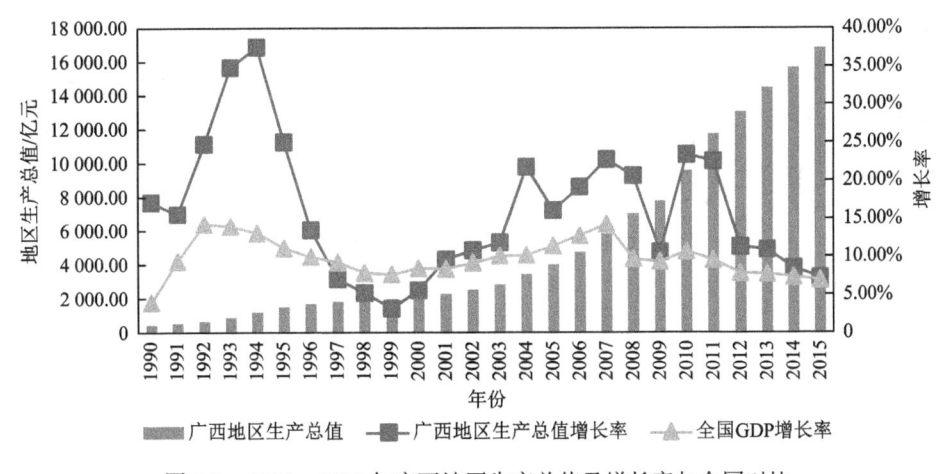

图 4-1　1990～2015 年广西地区生产总值及增长率与全国对比

第一阶段（1990～1999 年）：20 世纪 90 年代，中国开始明确提出建设社会主义市场经济体制的改革目标，改革开放进入新的阶段。此时期，中国经济正在改革开放的摸索阶段，再加上 1998 年亚洲金融危机的影响，中国 GDP 增长率一直处于低位运转，1999 年 GDP 增长率更是下降到 7.60%的最低点。从图 4-1 可以看出，1990～1999 年，经过 10 年的发展，广西的地区生产总值从 449.06 亿元增长到 1971.00 亿元，年均增长率达 17.86%。该时期地区生产总值增长的一个显著特点

[①] 资料来源：《中国统计年鉴》（1990～2016 年）、《广西统计年鉴》（1990～2016 年）

是增长率高，其中增长率最高的年份为1994年，增长率达37.47%。

第二阶段（2000～2015年）：进入21世纪，中国经济发展翻开新的篇章，2001年中国加入WTO，标志着中国市场化改革正在与世界接轨，中国经济将真正参与世界竞争，加快全球化步伐。在此阶段广西地区生产总值增长十分迅速、增长率高且趋于稳定。从图4-1可以看出，在此阶段广西地区生产总值增长较第一阶段在质和量上都有了显著提高。2004年、2007年与2010年广西经济发展都取得显著的成效，呈现出增长速度快、效益好的良好趋势。2004年广西地区生产总值达到3433.50亿元。2004～2015年，广西地区生产总值年均增长率达15.53%。2011年，广西地区生产总值达11 720.87亿元，突破了万亿元大关，成功加入万亿元地区生产总值省区市行列。2015年，广西地区生产总值达到16 803.00亿元，增长率达7.21%，略高于全国6.90%的增长率。

2. 广西人均地区生产总值

人均地区生产总值方面，由图4-2可以看出，广西1990～2015年的人均地区生产总值增长率走势与全国人均GDP增长率走势呈完全正相关，随着全国人均GDP增长率的提高而提高，随着全国人均GDP增长率的下降而下降。1990～2015年广西人均地区生产总值年均增长率达到15.77%，高于同期全国人均GDP年均增长率1.14个百分点。

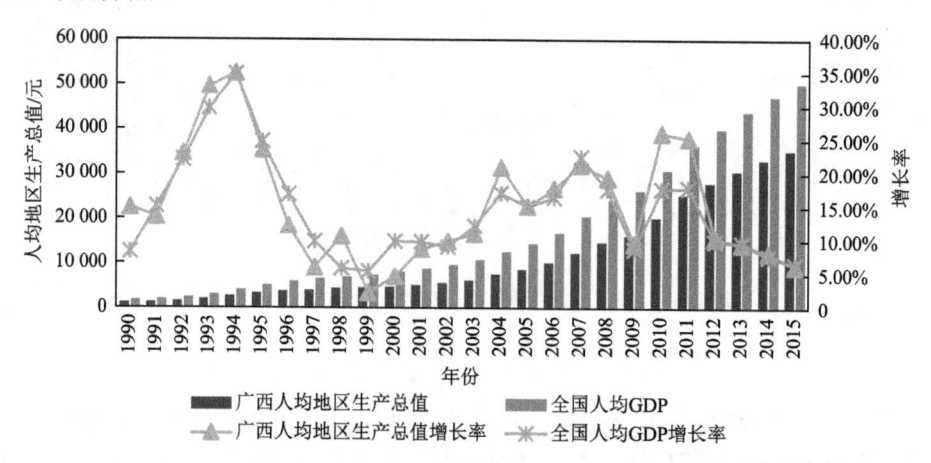

图4-2　1990～2015年广西人均地区生产总值及增长率与全国对比

第一阶段（1990～1999年）：在确立发展社会主义市场经济的第一阶段，国民经济在探索中稳步发展，但人均GDP整体增长缓慢。1990～1994年广西人均地区生产总值增长迅速，从1066元增加到2675元，年均增长率达25.86%，但是1995～1999年人均地区生产总值增长开始逐步放缓。其中，1999年人均地区生产总值为4444元，较上年仅增加2.25%，增长率为历史最低。

第二阶段（2000～2015 年）：进入 2000 年，中国经济开始复苏，GDP 稳步快速增长，人均 GDP 也逐年上升。此期间，广西人均地区生产总值年均增长率达 14.75%，高于全国人均 GDP 年均增长率 1.77 个百分点。其中 2004 年、2007、2010 年及 2011 年人均地区生产总值增长率分别达到 20.94%、21.30%、26.01%和 25.26%。2013 年，广西人均地区生产总值突破 30 000 元大关，达到 30 588 元。2015 年，广西人均地区生产总值达到 35 150 元。

（二）广西全社会固定资产投资

全社会固定资产投资是反映固定资产投资规模、速度、比例关系的指标。如图 4-3 所示，广西 1990～2000 年的全社会固定资产投资额增长率经历了较大的波动，1990 年全社会固定资产投资额为 68.57 亿元，1993 年全社会固定资产投资额达到 278.07 亿元，年均增长率达到 59.47%。1994～2000 年，广西全社会固定资产投资额增长放缓，此期间年均增长率仅为 13.65%，其中，1997 年全社会固定资产投资额仅为 479.80 亿元，较前一年增长仅 0.70%。2001 年后，中国经济发展进入快车道，2004～2013 年广西的全社会固定资产投资额增长率连续 10 年超过 20%。

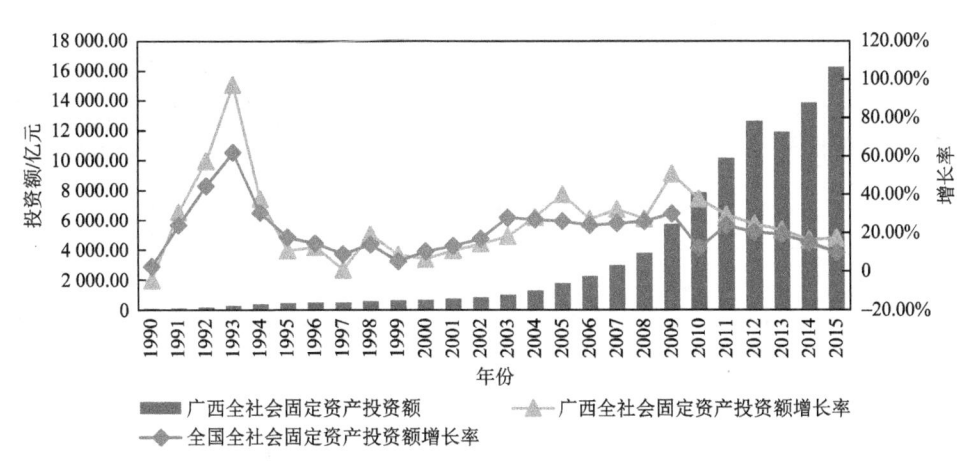

图 4-3　1990～2015 年广西全社会固定资产投资额及增长率与全国对比

广西的全社会固定资产投资额增长趋势与全国水平趋同，其中 1993 年广西全社会固定资产投资额增长率达到 97.16%，高于全国水平 35.38 个百分点。

（三）广西城镇居民人均可支配收入

如图 4-4 所示，城镇居民人均可支配收入是衡量国民生活质量、经济发达程度的重要指标。广西1990~2015年的城镇居民人均可支配收入总体呈上升趋势，从1990年的1448.06元增长到2015年的26 415.87元，年均增长率为12.32%。虽然广西城镇居民人均可支配收入增长较快，但是增长率波动较大。1993年与1994年是广西城镇居民人均可支配收入增长率最高的两年，城镇居民人均可支配收入分别达到2895.23元和3981.09元，增长率分别为37.62%和37.51%，创下改革开放以来广西城镇居民人均可支配收入最高增长率的纪录。随后，1995~2000年，广西城镇居民人均可支配收入处于缓慢增长阶段，1997年广西城镇居民人均可支配收入为5110.30元，较上一年增长1.53%，并且连续4年处于低增长状态。2000年后，中国经济发展进入快车道，广西地区生产总值增长率大幅度提高，城镇居民人均可支配收入也开始进入高增长通道，2007年，广西城镇居民人均可支配收入突破10 000元大关，达到12 200.40元，较前一年增长23.25%。经过2000~2007年的高速爆发性发展，2008年后，经济增长趋于平缓，到2015年，广西城镇居民人均可支配收入达26 415.87元，此期间，年均增长率回归到10.17%的水平。

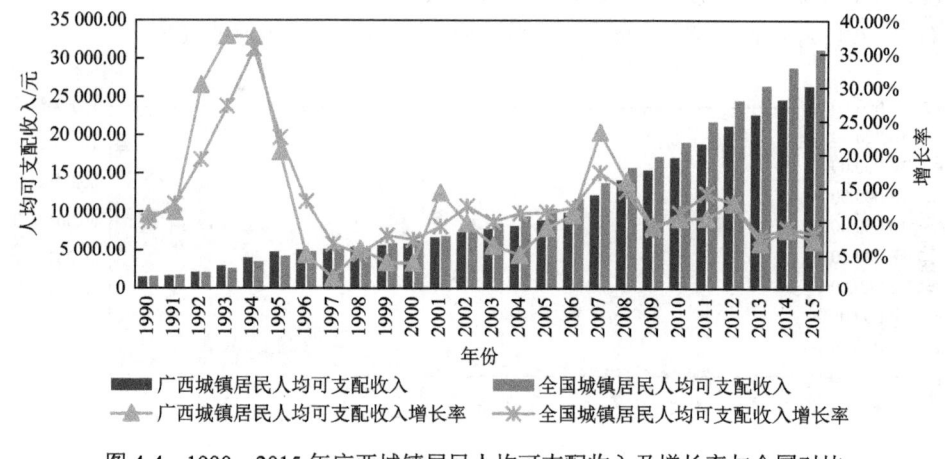

图4-4　1990~2015年广西城镇居民人均可支配收入及增长率与全国对比

（四）广西消费水平

1. 广西全社会消费总额

如图4-5所示，1990~2015年，广西全社会消费总额呈上升趋势，其增长率与全国增长率趋势基本保持一致，从1990年的206.50亿元上升到2015年的6348.10亿元，年均增长率达到14.69%，但是低于全国水平0.42个百分点。1990~1995年经过一轮较快增长后，年均增长率保持在10%左右的水平，2003年广西全社会消费总额为 857.70 亿元，较前一年减少 16.36%，第一次出现负增长。2005 年广西全社会消费总额猛增到 1405.50 亿元，增长率达到 44.39%。2003~2015 年，广西的全社会消费总额保持高速增长，年均增长率达到 18.43%，高于全国水平 2.73 个百分点。

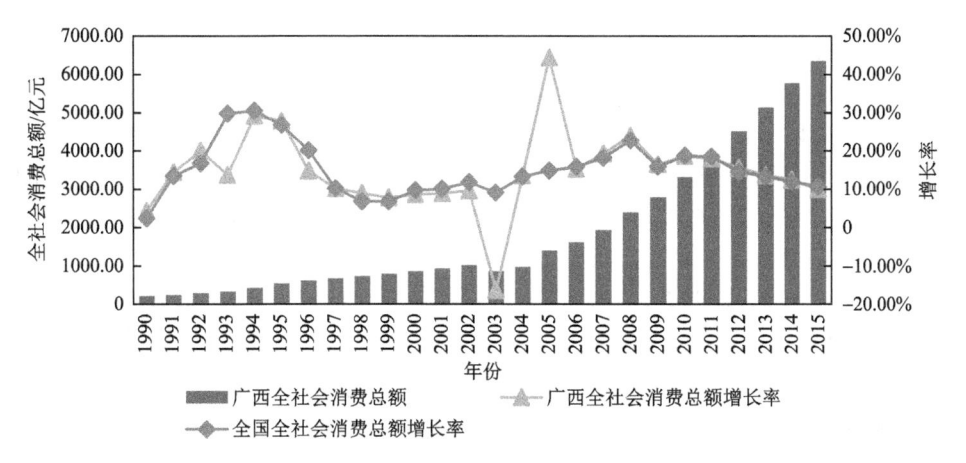

图 4-5　1990~2015 年广西全社会消费总额及增长率与全国对比

2. 广西人均消费

1）广西城镇居民人均消费

如图 4-6 所示，2001 年广西城镇居民人均消费支出为 5224.73 元，到 2015 年，广西城镇居民人均消费支出达到 16 321.16 元，年均增长率为 8.48%。全国城镇居民人均消费支出从 2002 年的 6029.90 元增长到 2015 年的 21 392.36 元，年均增长率为 10.23%，广西落后全国水平 1.75 个百分点。2001~2015 年，广西城

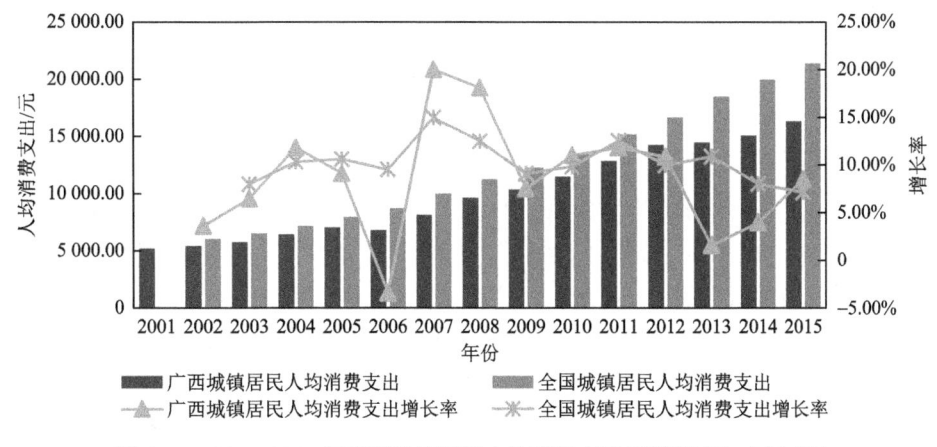

图 4-6　2001~2015 年广西城镇居民人均消费支出及增长率与全国对比

镇居民人均消费支出增长率整体滞后，其中2006年和2013年出现较大的下滑，增长率分别为-3.42%和1.59%。2007年和2008年，广西城镇居民人均消费支出分别达到8151.30元和9627.40元，增长率分别为20.01%和18.11%，分别高于同期全国水平5.05个和5.65个百分点。

2）广西农村居民人均消费

如图4-7所示，相较于城镇居民人均消费水平，广西农村居民人均消费水平依然处于较低发展阶段。2001年广西农村居民人均消费支出为1550.62元，2015年广西农村居民人均消费支出为7581.98元，年均增长率为12.00%。同期，全国农村居民人均消费支出从2001年的1741.10元增加到2015年的9222.59元，年均增长率为12.65%。广西农村居民人均消费支出的年均增长率与全国水平基本持平。但是绝大多数年份，广西农村居民人均消费支出的增长率低于全国水平，仅有2002年、2005年、2011年、2012年、2015年高于全国水平。

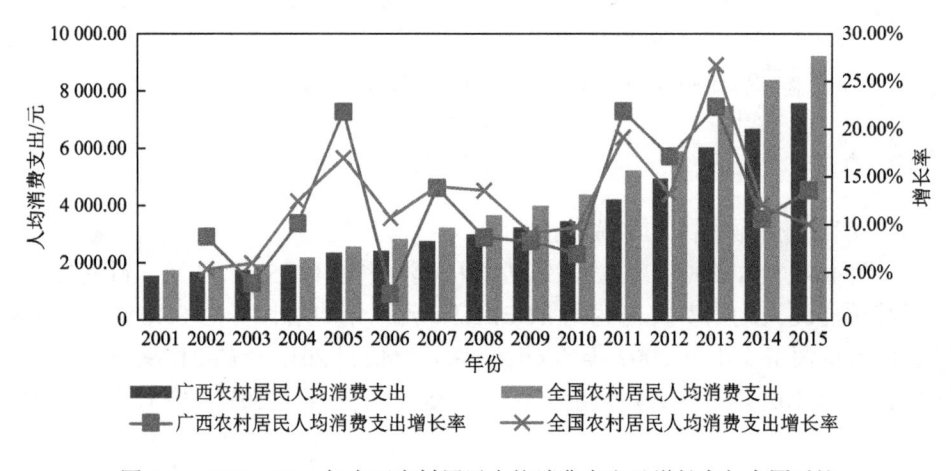

图4-7 2001～2015年广西农村居民人均消费支出及增长率与全国对比

（五）广西一般公共财政收入

如图4-8所示，1990～2015年，广西一般公共财政收入由46.83亿元增长到1515.16亿元，年均增长率达14.92%，其中1993年，广西一般公共财政收入为95.93亿元，较前一年增长56.75%，创下历史最高增长率纪录。与1993年的巨大增长率形成鲜明对比，1994年广西一般公共财政收入下降到62.26亿元，降幅达到35.10%，1994年也成为广西一般公共财政收入降幅最大的一年。1995～2015年，广西一般公共财政收入稳中有升，均保持6%以上的增长率（2002年除外）。

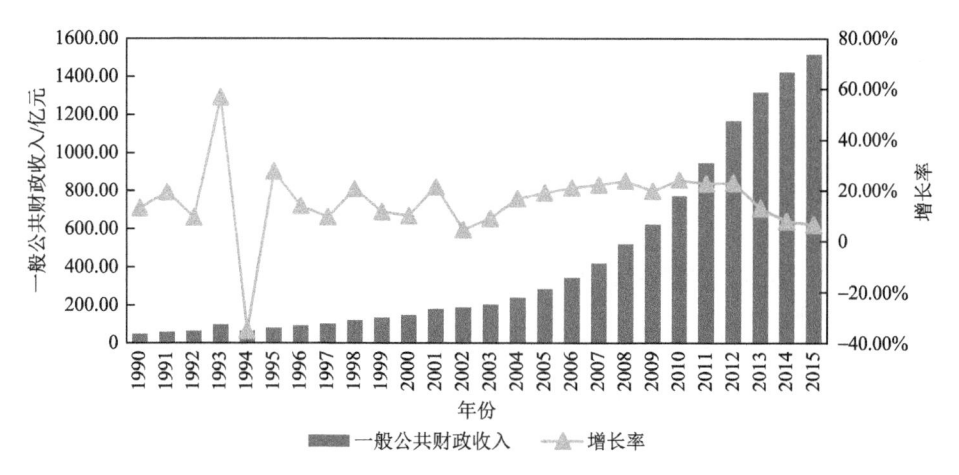

图 4-8　1990～2015 年广西一般公共财政收入与增长率

四、广西经济发展质量分析

（一）广西产业结构

如图 4-9 所示，1990～2015 年，广西的经济结构持续优化，第一产业稳中有降，第二产业占主导地位，第三产业实现快速增长。广西三次产业结构由 1990 年的 39∶26∶35 调整为 2015 年的 15∶46∶39，第一产业的比例由 39% 降低到 15%，第二产业的比例由 26% 增长到 46%，第三产业的比例由 35% 增长到 39%。相比全国产业结构，广西的产业结构仍有很大的调整需求，特别是第三产业还有巨大的发展潜力。但目前广西处于工业化中期，工业仍是拉动经济

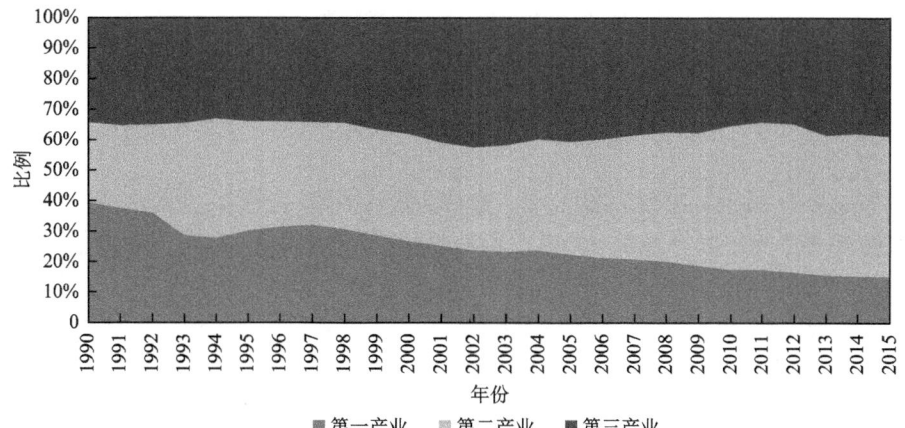

图 4-9　1990～2015 年广西三次产业结构

发展的主力。2015年广西第二产业增加值为7717.52亿元。近年来，广西第三产业规模不断扩大，经济贡献率持续提升，吸纳就业人数快速增加。

（二）广西能源消耗

如图4-10所示，1990~2012年广西的能源消耗总量呈增大趋势，从1990年的1309万吨标准煤上升到2012年的9155万吨标准煤。能源消耗的年均增长率为9.24%，增长率波动较大。其中，增长率最高值出现在2004年，为19.30%，其次是2003年与1993年，增长率分别为18.14%与16.79%。1998年，广西能源消耗总量出现大幅下滑，全年能源消耗总量为2438万吨标准煤，降幅为6.41%，首次出现负增长。

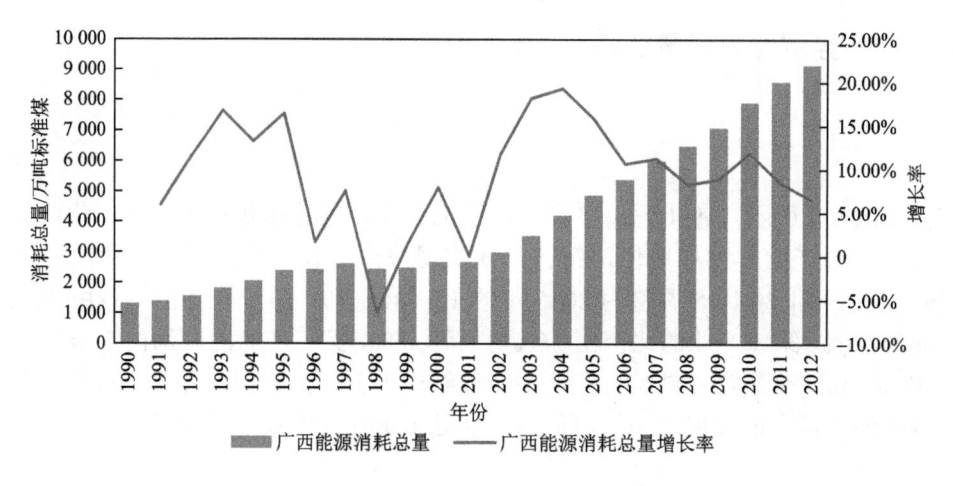

图4-10　1990~2012年广西能源消耗总量与增长率

（三）广西单位地区生产总值能耗

如图4-11所示，2005~2011年，随着能源利用率的提高，广西单位地区生产总值能耗在不断下降。2005年，广西单位地区生产总值能耗为1.220吨标准煤/万元，到2011年，单位地区生产总值能耗降低到0.800吨标准煤/万元，年均降幅为6.79%，但是低于全国水平0.52个百分点。2005~2009年，广西单位地区生产总值能耗均低于同期全国水平，2010年全国单位GDP能耗大幅下降，广西则是在2011年实现单位地区生产总值能耗的大幅降低，滞后全国水平一年。

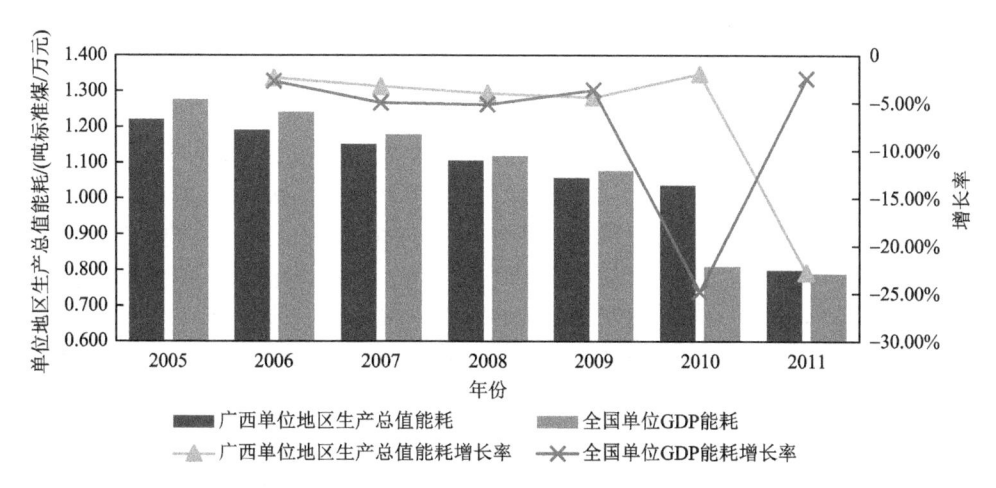

图 4-11　2005~2011 年广西单位地区生产总值能耗及增长率与全国对比

五、广西经济发展潜力分析

（一）广西教育水平

1. 广西教育经费

如图 4-12 所示，广西的教育经费呈上升趋势，从 2000 年的 934 719.00 万元增加到 2014 年的 8 586 224.00 万元，年均增长率为 17.16%。全国教育经费的年均增长率为 16.64%，广西的教育经费年均增长率高于全国水平 0.52 个百分点。整体上看，2000~2014 年，广西的教育经费不断增长，但增长率波动较大。其中 2003 年、2009 年、2012 年和 2014 年广西教育经费的增长率远低于年均增长率。

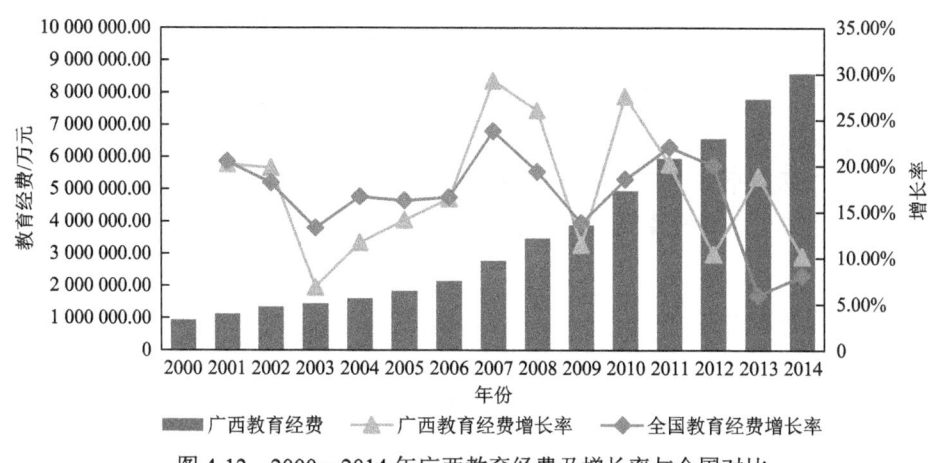

图 4-12　2000~2014 年广西教育经费及增长率与全国对比

2. 广西人均教育经费

2000~2014年，广西人均教育经费增长较快，但与全国水平仍有差距。如图4-13所示，2000年，广西人均教育经费为196.74元，全国人均教育经费为303.69元。到2014年，广西人均教育经费达1806.11元，全国人均教育经费达2398.45元。广西人均教育经费年均增长率为17.16%，全国人均教育经费年均增长率为15.91%，广西人均教育经费年均增长率略高于全国水平1.25个百分点。其中2003年、2009年广西的人均教育经费增长率降幅较大，分别为较前一年降低12.91个和14.24个百分点。

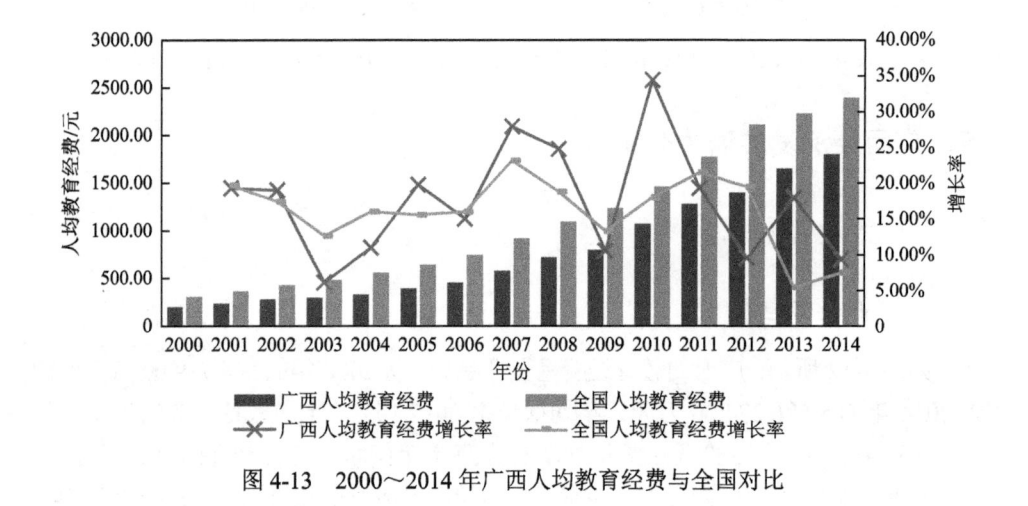

图4-13 2000~2014年广西人均教育经费与全国对比

3. 广西平均受教育年限

如图4-14所示，广西的平均受教育年限从1991年的6.35年增长到2014年的8.75年，平均受教育年限增加了2.40年。同期，全国的平均受教育年限从1991的6.25年增长到2014年的9.04年，平均受教育年限增加了2.79年。其中1991年和1992年，广西的平均受教育年限高于全国水平0.10年和0.14年，但是从1993年开始，广西的平均受教育年限落后全国水平。

（二）广西科研水平

2008~2015年，广西规模以上工业企业科研人员投入从7083人增加到19 000人，科研经费从196 087.30万元增长到769 189.70万元，科研经费年均增长率为21.56%。

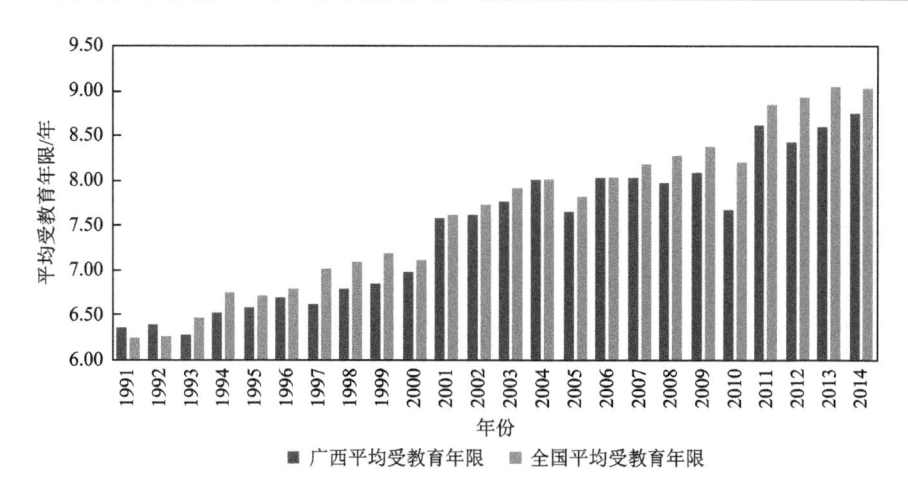

图 4-14　1991~2014 年广西平均教育年限与全国对比

如图 4-15 所示，广西规模以上工业企业的人均科研经费由 2008 年的 27.68 万元增长到 2015 年的 40.48 万元，年均增长率为 5.58%。同期，全国规模以上工业企业的人均科研经费由 2008 年的 24.98 万元增长到 2015 年的 37.96 万元，年均增长率为 6.16%。广西规模以上工业企业的人均科研经费仅在 2009 年、2011 年低于全国水平，其余年份均高于全国水平。

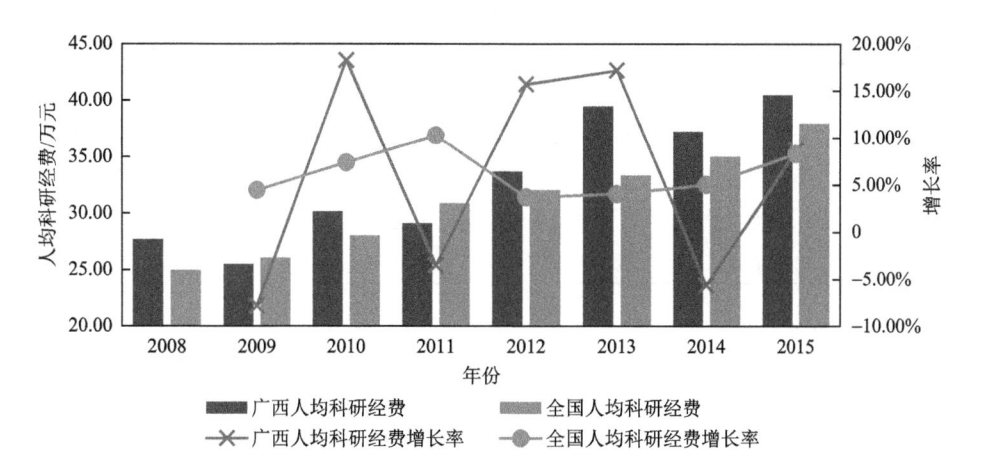

图 4-15　2008~2015 年广西规模以上工业企业人均科研经费及增长率与全国对比

（三）广西创新水平

1. 广西专利申请数量

1990~2015 年广西的专利申请数量在不断上升，如图 4-16 所示，从 1990 年的

650 件上升到 2015 年的 43 696 件，年均增长件数为 1722 件，年均增长率为 18.33%，创新能力在不断增强。尤其从 2011 年开始，专利申请数量增长率提高，此期间年均增长率达到 54.3%。

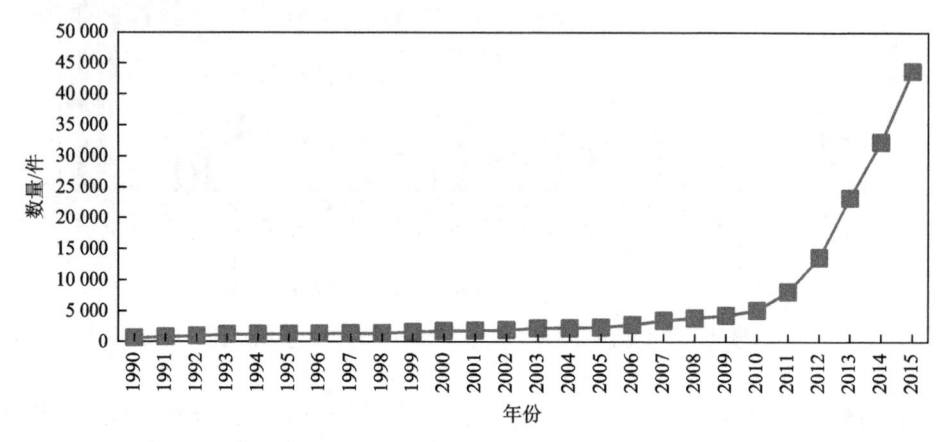

图 4-16 1990～2015 年广西专利申请数量

2. 广西技术市场成交额

如图 4-17 所示，1995～2015 年，广西的技术市场成交额增长了 2.54 倍，从 1995 年的 20 622.00 万元增加到 2015 年的 73 131.69 万元，年均增长额为 2625.48 万元。其中 2004 年、2005 年、2014 年的成交额巨大，分别达到 90 954.59 万元、94 059.28 万元、115 833.13 万元，值得一提的是，2014 年广西技术市场成交额首次突破 100 000 万元大关。但是 1997 年、2000 年、2006 年、2007 年、2009 年广西的技术市场成交额均低于 20 000 万元，处于较低迷状态，分别为 17 293.00 万元、17 741.00 万元、9423.41 万元、9969.52 万元、17 661.82 万元。

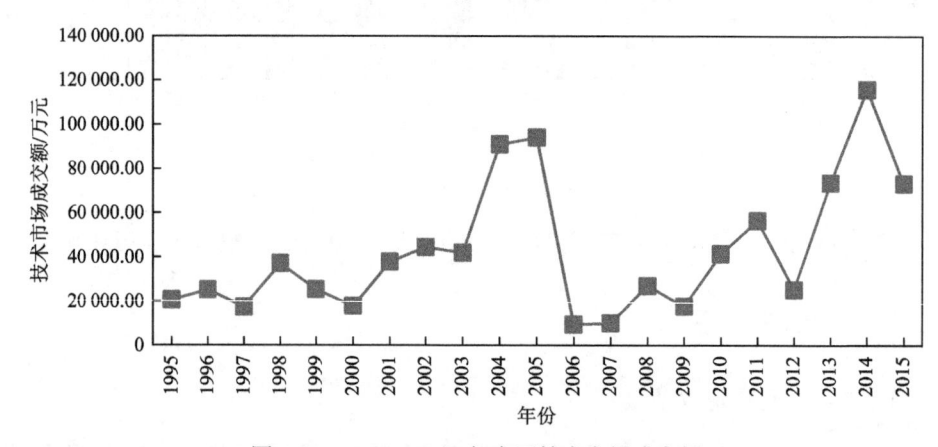

图 4-17 1995～2015 年广西技术市场成交额

六、广西金融发展水平分析

(一) 广西银行业金融机构存贷款余额

如图 4-18 所示，1990~2015 年，广西存款余额不断攀升，由 1990 年的 271.71 亿元上升至 2015 年的 22 793.54 亿元。存款余额年均增长率为 19.38%，增长率呈波浪形发展。其中，1992 年的增长率最高，达到 42.57%，其次是 1994 年与 2009 年，增长率分别为 38.10% 与 37.23%，其余年份的增长率比较平稳，大多在 10%~20%。

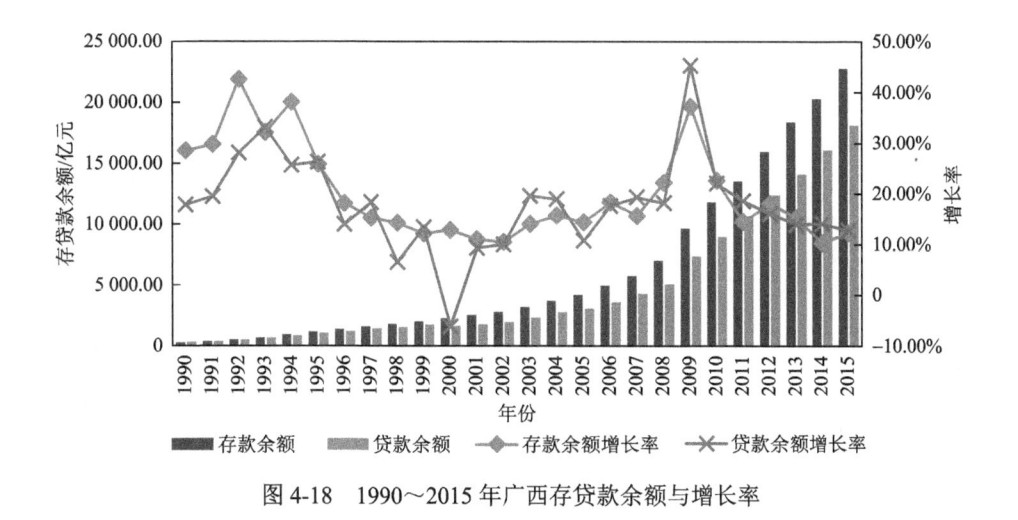

图 4-18　1990~2015 年广西存贷款余额与增长率

此外，广西贷款余额 1990~2015 年总体上也呈现上升趋势，从 1990 年的 326.29 亿元增长到 2015 年的 18 119.03 亿元。贷款余额的年均增长率为 17.43%，但是增长率波动较大。2009 年的增长率达到最高，为 45.27%，其次是 1993 年，增长率为 33.15%，2000 年则出现了负增长，增长率为 -6.16%，贷款余额相比 1999 年减少了 105.94 亿元。整体来看，1990~2015 年，广西存款余额与贷款余额的增长趋同，只是贷款余额的增长率波动更大，2000 年呈现出负增长，在经济形势较好期间贷款余额增长率还高于存款余额增长率。

(二) 广西保险保费收支

如图 4-19 所示，1990~2015 年广西的保费收入呈现递增趋势，从 1990 年的 3.79 亿元增长到 2015 年的 385.75 亿元。保费收入的年均增长率为 20.31%，增长率波动不大，2002 年出现了增长最高峰，增长率为 37.81%，但也与其他高峰时期的增长率相差不大。1990~2015 年，广西保险赔付额整体上也处于上升形势，从 1990 年的 1.28 亿元增至 2015 年的 132.77 亿元。整个保险赔付额的年均增长率为 20.40%，但是波动较大，多次出现负增长，如 1995 年、1997 年、1998 年、1999 年以及 2002 年均出现负增长率，分别为-25.35%、-27.54%、-0.27%、-8.66%与-18.01%。保险赔付额增长率的最高点出现在 1996 年，为 127.08%，其次是 1992 年，为 116.05%。

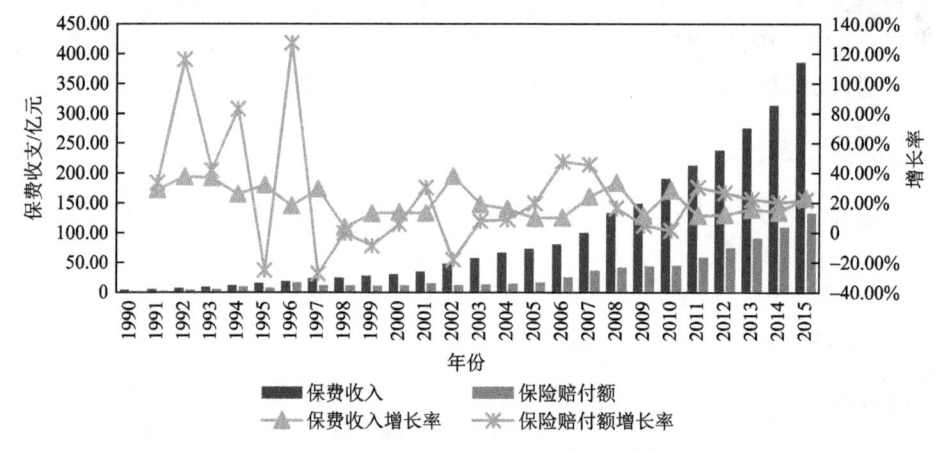

图 4-19　1990~2015 年广西保费收支与增长率

（三）广西上市公司规模

如表 4-1 所示，1993 年，广西柳工机械股份有限公司成功登陆 A 股，首发股本为 2.00 亿股，首发募集资金为 2.10 亿元，成为广西第一家上市公司。截至 2016 年，广西上市公司数量达 36 家，首发股本共计 86.48 亿股，首发募集资金总计 141.94 亿元。其中，2000 年，广西共有 5 家公司登陆 A 股，首发股本为 15.14 亿股，首发募集资金为 18.39 亿元，成为广西历史上登陆 A 股最多、募集资金最多的年份。

表 4-1　广西上市公司情况（1993~2016 年）

年份	上市公司数量	首发股本/亿股	首发募集资金/亿元
1993	1	2.00	2.10
1995	1	0.66	0.20
1996	3	2.22	2.96
1997	3	2.66	5.25
1998	2	3.35	4.52
1999	2	3.73	4.44

续表

年份	上市公司数量	首发股本/亿股	首发募集资金/亿元
2000	5	15.14	18.39
2001	2	2.47	8.31
2003	2	2.58	7.19
2004	1	1.50	6.80
2007	3	8.34	14.00
2009	1	4.54	9.11
2010	1	1.07	5.43
2011	2	3.10	11.44
2012	1	0.80	5.26
2014	2	5.47	8.42
2015	3	10.14	13.72
2016	1	16.71	14.40

第五章　贵州经济增长篇

一、贵州概况

（一）基本概况

贵州省地处中国西南部，位于北纬 24°37′～29°13′、东经 103°36′～109°35′。全省总土地面积为 17.61 万平方千米，贵州省的整个地势走向为西高东低，平均海拔在 1100 米左右。贵州地貌总共有高原、山地、丘陵和盆地四种基本类型，其中以山地和丘陵为主，两种类型的地貌面积占全省土地面积的 92.5%。全省喀斯特地貌面积为 109 084 平方千米，占全省土地面积的 61.9%，是全国唯一没有平原支撑的省份。贵州省以亚热带湿润季风气候为主，具有温暖湿润的特征，年均气温为 15℃左右，年降水量为 1000～1400 毫米。1 月是贵州省的最冷月，该月平均气温也有 4～6℃，7 月作为贵州省的最热月，其平均气温也只有 15～23℃，因此贵州无酷暑严寒。

贵州，简称黔、别称贵，与湖南、云南、重庆、四川相邻，是西南地区重要的交通枢纽，省会城市为贵阳，分为 9 个地级行政区划单位和 88 个县级行政区划单位。截至 2016 年末，贵州省常住人口为 3555.00 万人，比上年末增加 25.50 万人。其中，城镇人口为 1569.53 万人，乡村人口为 1985.47 万人，城镇人口占年末常住人口比例为 44.15%，比上年提高 2.14 个百分点；贵州是一个多民族的省份，根据第六次人口普查公布数据，全省常住人口中少数民族人口占 36.1%。其中，世居民族有汉族、壮族、畲族、毛南族、苗族、蒙古族、仫佬族、羌族、布依族、侗族、土家族、彝族、仡佬族、水族、回族、白族、瑶族、满族等 18 个民族。

（二）自然资源概况

1. 矿产资源

贵州的矿产资源极为丰富，是全国著名的矿产资源大省之一。全省已发现各类矿产（含亚矿种）137 种，查明有资源储量的矿产 87 种，其中有 53 种矿产资源储量排名全国前 10 位。查明矿产地 3189 处，其中能源矿产 810 处，金属矿产

1146 处，非金属矿产 1233 处。煤、磷、铝土、锑、金、锰、重晶石、稀土等矿产资源优势明显，其中锰矿、汞矿、重晶石、化肥用砂岩、砖瓦用砂岩等保有资源储量居全国第 1 位。作为中国新崛起的黄金生产基地，贵州金矿储量居全国第 12 位。贵州素有"西南煤海"之称，煤炭资源储量达 497.28 亿吨，居全中国第 5 位。煤炭资源储量大，超过西部地区 12 个省区市煤炭资源储量的总和，煤种齐全、煤质优良。这为煤化工、实施"煤变油"工程提供了资源条件，同时为发展火电、实施"西电东送"奠定了坚实的基础。

2. 水力资源

贵州河流众多，处于长江和珠江两大水系的上游交错地带，总共有 984 条长度在 10 千米以上的河流。全省水系顺地势由西部、中部向东、南、北三面分流。苗岭是长江和珠江两流域的分水岭，苗岭以北的地方属于长江流域，具有较大的流域面积，具体为 115 747 平方千米，占据全省总流域面积的 65.7%，境内的主要河流有锦江、松桃河、松坎河、乌江、赤水河、清水江、洪州河等。珠江流域在苗岭以南的地方，流域面积小于苗岭以北的长江流域，总计 60 420 平方千米，占全省总流域面积的 34.3%，主要河流有红水河、都柳江、南盘江、北盘江等。

2002 年贵州省河川径流量达到 1145.2 亿立方米。贵州省以山地居多，因此，其河流也相应地具有明显的山区性特征，具体表现为：在大多数河流的上游地带，水量小，水流较为平缓，河谷开阔宽广；中游河谷束放相间，致使水流湍急；下游的河谷深切狭窄，因此，下游的水量很大，水力资源极其丰富。横贯全省的乌江是水能"富矿"。贵州省的水资源总量达 1062 亿立方米，水能资源蕴藏量为 1874.5 万千瓦，水能资源高居全国第 6 位，水位落差集中的河段多，开发条件优越，其中可开发水能达 1683.3 万千瓦，占中国总水能的 4.4%。

3. 生物资源

贵州省独特的自然环境，如山地地形、亚热带湿润季风气候以及多类型的土壤等，使其拥有种类繁多的生物资源。贵州省的树木植被众多，森林覆盖率高达 50%，活立木总蓄积量达 2.1 亿立方米，野生动物资源总计 1000 余种。全省有维管束植物 9982 种；列入国家一级保护的珍稀植物有冷杉、银杉、珙桐、贵州苏铁等 16 种。野生动物资源丰富，有脊椎动物 1053 种；列入国家一级保护的珍稀动物有黔金丝猴、黑叶猴、黑颈鹤等 15 种。"夜郎无闲草，黔地多良药。"贵州是中国四大中药材产区之一，全省有药用植物 4419 种、药用动物 301 种，天麻、杜仲、黄连、吴萸、石斛是贵州五大名药。在野生经济植物资源中，有 600 余种的工业用植物，该类以纤维、芳香油、油脂植物资源为主；500 余种食用植物，包括淀粉、维生素、蛋白质、油脂植物等；200 余种园林植物可供绿化、美化环境及进行观赏；另有40余种环保植物，该类植物具有抗污能力。此外，贵州还有丰富的农作物植物品种（近600个），包括粮食作物、油料作物、其他经济作物以及纤维植物。其中，粮食作物以水稻、小麦、玉米为主，油料作物主要有大豆、花生、向日葵、芝麻等，经济作物以烤烟、油菜籽为主。全省共有30多种饲养的主要畜品种，且具有2500余种优良牧草资源，对于发展畜牧业极为有利。

二、贵州经济发展特色

2015年，贵州省地区生产总值突破万亿元大关，达到10 502.56亿元，比上年增长10.7%，增长率高于全国3.8个百分点，增长率在全国排名第3，经济高速发展。贵州地区生产总值在全国的占比由2010年的1.13%提高到2015年的1.55%。贵安新区和黔中经济区的建设为贵州省的经济发展起了领头的作用。贵州省凭借旅游、白酒、煤炭和矿产等特色产业，以及大扶贫、大数据、大生态的发展战略，拉动经济迅猛发展，人民的生活水平也得到显著提高。

（一）贵州特色产业

1. 旅游业

贵州的旅游资源极为丰富，以其众多秀美的喀斯特山水景观以及淳朴的民俗文化吸引了无数国内外旅客。世界旅游组织高度赞誉贵州为"生态之州、文化之州、歌舞之州、美酒之州"。经过20多年的持续发展，贵州现有"中国南方喀斯特"世界自然遗产1个，国家5A级旅游区2个，国家4A级旅游区3个，黄果树等13个国家级风景名胜区，梵净山等8个国家级自然保护区，百里杜鹃等21个国家森林公园，织金洞等6个国家地质公园，六枝梭戛等4个国际性民族生态博物馆，青龙洞等39个全国重点文物保护单位，侗族大歌等31项54个国家级非物质文化遗产，56个省级风景名胜区和1.8万个民族文化旅游村寨。截至2015年，贵州省旅游收入已达到3512.82亿元，在全省地区生产总值中占比33%。2006~2015年贵州省旅游收入在全省地区生产总值中占比从17%增长到33%。旅游产业已经成为贵州省的支柱产业之一。"十二五"期间，贵州旅游业带动就业人数为234万人，受益人数超过470万人。2016年贵州旅游呈现出井喷式增长，全年接待旅游总人数为5.31亿人次，同比增长41.2%，其中国内旅游人数为5.30亿人次。旅游总收入达到5027.51亿元，同比增长43.1%。《中华人民共和国国民经济和社会发展第十三个五年规划纲要》中计划到2020年，全省将建成4A级及以上的旅游景区100个以上，国家旅游度假区、国家旅游产业集聚区和文化旅游产业园区10个以上。

2. 大数据产业

大数据产业在贵州省取得了骄人成绩，成为拉动经济发展的重要产业。近年来，贵州把发展大数据产业作为后发赶超的战略举措，依托国家大数据贵州综合试验区，重点培育以大数据为引领的电子信息产业，坚持数据中心、芯片等集成电路、云平台运用等全链条推进，围绕商用、政用、民用开发大数据核心业态、关联业态、衍生业态，助力大数据产业加快发展，力促试验区变成示范区、大数据变成大产业、大机遇变成大红利。

贵州省发展大数据产业有以下的优势：贵州省大部分地区的年均气温为8～21℃，气温较低；贵州省拥有丰富的水力和煤炭资源，电力成本相对全国较低；贵州省已经有中国三大电信运营商——中国联合网络通信集团有限公司、中国移动通信集团有限公司、中国电信集团有限公司入驻，阿里巴巴网络技术有限公司、微软公司、华为技术有限公司、深圳市腾讯计算机系统有限公司、苹果公司等众多数据中心也纷纷入驻贵州。贵州省大数据战略的实施，可以帮助贵州吸引众多的高新技术人才，带动相关产业的快速发展，让"互联网+"的模式更加普及，推动三次产业转型升级。2014年2月，贵州省人民政府印发了《关于加快大数据产业发展应用若干政策的意见》和《贵州省大数据产业发展应用规划纲要（2014～2020年）》，规划了未来7年贵州省大数据产业发展。2014年贵州地区生产总值首次超过9000亿元，提前完成《中华人民共和国国民经济和社会发展第十二个五年规划纲要》的目标，其中，由大数据引领的电子信息产业实现规模总量1460亿元。2015年8月31日，国务院发布《促进大数据发展行动纲要》，大数据行业成为国家战略，在此纲要中明确提出要在贵阳设立大数据综合试验区。同年，全国首家大数据交易所——贵阳大数据交易所、众筹金融交易所、大数据战略重点实验室也在贵阳成立。贵州的大数据电子信息产业规模总量在2015年达到了2000亿元，年均增长率为37%。预计在"十三五"期间，贵州大数据产业规模总量将达到5000亿元。2016年1月15日，《贵州大数据发展应用促进条例》出台，该年贵州省大数据电子信息企业销售收入超过500万元的达到322家。

3. 白酒行业

依靠悠久的酿酒历史和精巧的技艺，贵州的白酒行业闻名全国。白酒行业也成为贵州省的支柱产业和特色产业。截至2015年末，贵州省共有酒类制造企业1207户，占全国的5%左右。全省规模以上酒类行业主营业务收入达到561.43亿元，利润总额达到240.44亿元，位列全国第一。白酒出口额约占全国酒类产品出口额的30%，占全国白酒出口额的51%，其中贵州茅台及其系列产品占全省白酒出口额的99%以上。2016年全省规模以上的白酒企业累计产量为49万千升（折65度[①]，

[①] 表示酒精含量

商品量），比上年增长 10.5%，增长值为 735 亿元，比上年增长 11.6%，在全省工业增加值中的占比为 18.2%，位居全省产业增加值第一。其中，贵州茅台 2016 年完成增加值 444 亿元，占全省白酒产业增加值的 60.4%，其营业收入为 388.62 亿元，利润总额为 239.58 亿元。贵州省拥有老八大名酒，即董酒、习酒、鸭溪、珍酒、匀酒、眉窖、贵阳大曲（黔春酒）以及新锐名酒品牌群。贵州茅台等白酒企业靠其规模化的经济优势，继续保持着中国高端白酒市场的领先地位。

4. 矿业

以贵州省丰富的矿产资源为根基发展起来的贵州矿业是全省工业的支柱，产值多年保持在工业总产值的 30%。贵州已经成为全国最重要的铝化工和磷化工基地，贵州建成了全国重要的蒙西铁合金的生产基地和亚洲最大的碳酸钡生产基地。全省已探明储量的矿产地中，已有 1/3 以上被开发。截至 2015 年，贵州矿业经济总产值已达 1363.09 万元，占全省规模以上工业企业总产值的 33.81%，占全省地区生产总值的 12.98%。贵州省矿业经济经过近十年的经济转型，已从最初的粗放型增长方式转变为高效集约型增长方式。西南能矿集团股份有限公司是贵州省最具代表性的矿产业龙头企业之一。从 2012 年组建以来，截至 2015 年，西南能矿集团股份有限公司的经济发展势头强劲，经营收入每年递增 40% 以上，先后投入 18 亿元实施勘查项目 100 多个，新增固体矿产资源量 160 多亿吨；与地方政府合作组建 10 家区域性、项目性公司，共同开展煤电磷等资源深加工和就地转化；与 10 多家金融机构开展合作，已获得审批授信 70 亿元；与福建紫金矿业集团股份有限公司等 10 多家企业签订战略合作协议，合作开展黄金、天然气、辉绿岩、煤电磷等资源深加工。

（二）贵州重大发展战略

2017 年 4 月 16 日，贵州省今后五年的发展目标与发展战略在中国共产党贵州省第十二次代表大会上明确提出。主要奋斗目标是决胜脱贫攻坚、同步全面小康、开创多彩贵州新未来。发展战略为大扶贫、大数据、大生态，充分彰显出贵州特色。

1. 大扶贫战略

近年贵州省的经济保持着较高速度的增长，但是贵州省依然是我国比较贫困的省份。贵州是我国贫困人口最多的省份，扶贫任务迫在眉睫。因此，大扶贫战略成为贵州省的重大发展战略。2016 年，大扶贫第一次被写进贵州省政府工作报告。2016 年，全省总计减少贫困人口 120.8 万人，农村的贫困人口数减到 372.2 万人。但是，贵州省扶贫的路依然十分艰辛，需要贵州全省人民共同努力，才能摘掉贫困的标签。

大扶贫战略需要在实际行动中深入细致地做好精准识别、精准退出，防止数字脱贫、虚假脱贫。因此，要紧密结合产业扶贫、农业供给侧结构性改革以及深化农村改革，选准主攻产业以及方向，坚持实施创品牌、强龙头、带农户的脱贫举措，并积极创新产销对接机制，强化配套服务，促进贫困群众稳定脱贫。此外，要更加精准有力地做好搬迁扶贫、更精准地管好用好扶贫资金、更加深入地落实基层帮扶责任、更加注重贫困群众教育医疗住房等保障。以高标准的要求切实做好各项扶贫工作，确保各项政策措施落到实处、见到实效。

2. 大数据战略

科技革命带来了前所未有的思维方式、生活方式以及工作方式，人们目前已经无法避免地处在了一个网络时代、大数据时代。大数据作为科技革命重要组成部分，对经济社会发展有着深刻影响。大数据迎来大机遇，大数据带动大产业，大数据驱动经济转型升级，大数据支撑政府决策。贵州省在大数据的浪潮中紧抓机遇，创造性地贯彻落实习近平总书记的重要指示精神，将大数据上升为全省的经济发展战略，对以大数据为引领的电子信息产业进行大力培育，坚定不移地走绿色低碳循环发展的新路。贵州将全力支持、推动大数据知名企业进军贵州投资兴业，支持全国性商协会组织到贵州参与大数据相关产业发展，鼓励东部发达地区工商联及商协会考察贵州大数据产业，支持贵州建设中国南方数据基地，引导民营龙头企业在贵州建设数据中心。

贵州省将围绕建设国家大数据综合试验区的契机，加快推动全省大数据全产业链发展和大数据全领域应用，并对大数据的商业价值、管理价值和社会价值进行深入挖掘。贵州全力培育大数据核心业态、关联业态和衍生业态，以期促进大数据与三次产业融合发展；建立"用数据说话、用数据决策、用数据管理、用数据创新"的机制，提高政府决策、管理和服务的水平；在脱贫攻坚等民生领域提供精准的数据产品和服务。与此同时，贵州省还将积极探索大数据安全技术保障体系，加强数据保护，提升网络安全监测、预警和应急处理能力。

3. 大生态战略

大生态战略也是贵州省的重大发展战略，其核心是绿色发展，该战略密切结合贵州省独特优美的自然环境，努力将绿色生态财富转变为物质财富。中国共产党贵州省第十二次代表大会指出，要深入推进大生态战略行动，经济社会发展各方面都融入"绿色+"的发展理念，大力发展绿色经济、着力打造绿色家园、构建绿色制度、筑牢绿色屏障、培育绿色文化，让绿色红利惠及人民。

贵州省在大生态战略下，积极深入地推进生态文明建设，坚持实施绿色富省、绿色惠民的理念，加快形成绿色发展方式，始终秉持"绿水青山就是金山银山"

的发展理念，积极推动生态要素向生产要素、生态财富向物质财富进行转变。此外，全力实施绿色经济倍增计划，加快发展环境质量优、技术含量高、就业容量大的绿色产业，提供更多优质生态产品和服务，提高绿色经济在全省经济中的比例。完善多元化投入保障和生态保护补偿机制，健全绿色发展市场规则和管控机制。大生态战略高度体现出循环经济、可持续发展的理念，势必在全省经济发展中发挥越来越大的作用。

三、贵州经济发展基本概况[①]

（一）贵州地区生产总值及人均地区生产总值概况

1. 贵州地区生产总值

20 世纪 90 年代以来，贵州经济增长迅速，1991～2015 年，贵州地区生产总值年均增长率保持在 16.08%，2015 年，全省地区生产总值成功突破万亿元大关，达到 10 502.56 亿元，成功加入万亿元地区生产总值省区市行列。2011～2015 年，贵州地区生产总值增长率均高于全国 GDP 增长率，其中，2015 年贵州地区生产总值增长率高于全国 GDP 增长率 6.89 个百分点（图 5-1）。

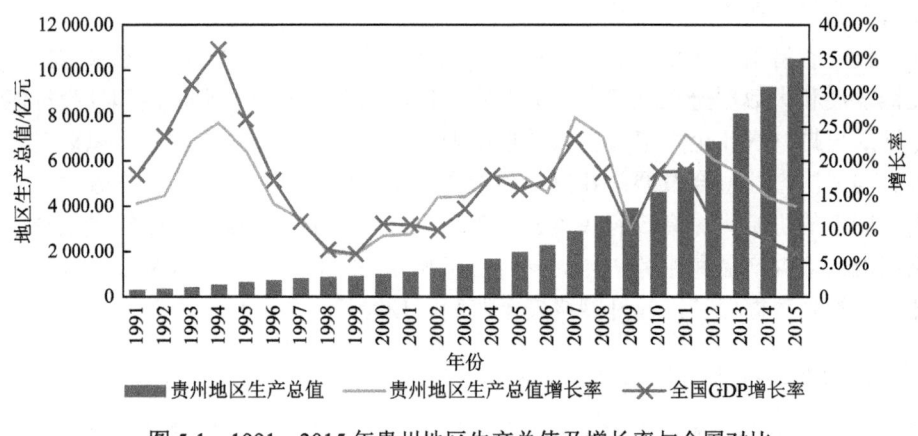

图 5-1　1991～2015 年贵州地区生产总值及增长率与全国对比

由图 5-1 可以得知，1991～2015 年，贵州地区生产总值一直处在增长的状态，地区生产总值增长率走势与全国走势几乎一致，在这 25 年间的地区生产总值增长率波动性较大，1991～1994 年是高速爆发增长期，1998～2002 年贵州地区生产总

---

① 资料来源：《中国统计年鉴》（1990～2016 年）、《贵州统计年鉴》（1990～2016 年）

值增长率一直在低位徘徊。2002 年，贵州地区生产总值增长开始加速。到 2007 年，贵州地区生产总值增长率有了明显的提升，达到了 26.39%的水平，2002 年后，贵州地区生产总值增长率一直保持在 9%以上。根据历史数据，可以把这 25 年分成两个阶段。第一阶段为 1991~2001 年，第二阶段为 2002~2015 年。

第一阶段（1991~2001 年）：20 世纪 90 年代，中国开始明确提出建设社会主义市场经济体制的改革目标，改革开放进入新的阶段。此时期，中国经济正在改革开放的摸索阶段，再加上 1998 年亚洲金融危机的影响，中国 GDP 增长率一直处于低位运转。由图 5-1 可以看出，1991~2001 年，贵州地区生产总值从 295.90 亿元增长到 1084.90 亿元。该时期地区生产总值增长最快的年份是 1994 年（25.56%），最慢的年份是 1999 年（6.23%）。

第二阶段（2002~2015 年）：进入 21 世纪，中国经济发展翻开新的篇章，2001 年中国加入 WTO，标志着中国市场化改革正在与世界接轨，中国经济将真正参与世界竞争，加快全球化步伐。这一阶段贵州地区生产总值增长十分迅速，增长率高且趋于稳定。由图 5-1 可以看出，这一阶段贵州地区生产总值增长较第一阶段在量和质上都有了显著提高。2007 年、2008 年、2011 年贵州经济呈增长速度快、效益好的良好态势。2007 年地区生产总值达到 2884.11 亿元，比上年增长 26.39%，创 1991 年以来最高增长率。2002~2015 年，贵州地区生产总值年均增长率达到 17.68%，2002 年后连续 7 年保持 14%以上的增长率。

2. 贵州人均地区生产总值

人均地区生产总值方面，由图 5-2 可以看出，贵州 1991~2015 年的人均地区生产总值增长率走势与全国人均 GDP 增长率走势呈正相关，随着全国人均 GDP 增长率的提高而提高，随着全国人均 GDP 增长率的下降而下降。

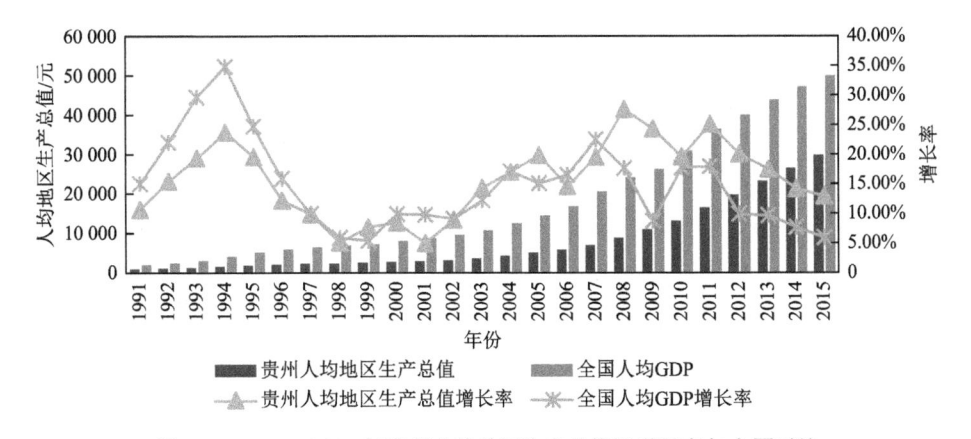

图 5-2　1991~2015 年贵州人均地区生产总值及增长率与全国对比

第一阶段（1991～2001年）：在确立发展社会主义市场经济的第一阶段，国民经济在探索中稳步发展，但人均GDP整体增长缓慢。1991～1995年贵州人均地区生产总值增长迅速，从896元增加到1826元，年均增长率达19.48%，但是1996～2002年人均地区生产总值增长开始逐步放缓。其中，2001年人均地区生产总值为2895元，较上年仅增加4.94%，增长率为历史最低。

第二阶段（2002～2015年）：进入21世纪，中国经济开始复苏，GDP稳步快速增长，人均GDP也逐年上升。此期间，贵州人均地区生产总值年均增长率达18.96%，高于全国人均GDP年均增长率5.24个百分点。其中2008年、2009年、2011年人均地区生产总值增长率分别达到27.61%、24.33%、25.11%。2013年人均地区生产总值突破20 000元大关，达23 151元。

2015年贵州人均地区生产总值达到2.98万元，1991～2015年人均地区生产总值年均增长率达到15.68%，高于同期全国人均GDP年均增长率0.87个百分点。

（二）贵州全社会固定资产投资

全社会固定资产投资是反映固定资产投资规模、速度、比例关系的指标。如图5-3所示，1991～2000年贵州的全社会固定资产投资额增长率经历了较大的波动，1991年全社会固定资产投资额为58.44亿元，经过1992～1994年的高速增长，1994年全社会固定资产投资额达到140.95亿元，三年增长率均超过30%。1995～2000年，贵州全社会固定资产投资额增长放缓，此期间年均增长率为19.20%，其中，1999年全社会固定资产投资额仅为333.90亿元，较上年增长仅9.51%。2015年，贵州全社会固定资产投资额为10 945.54亿元，比上年增长21.27%。

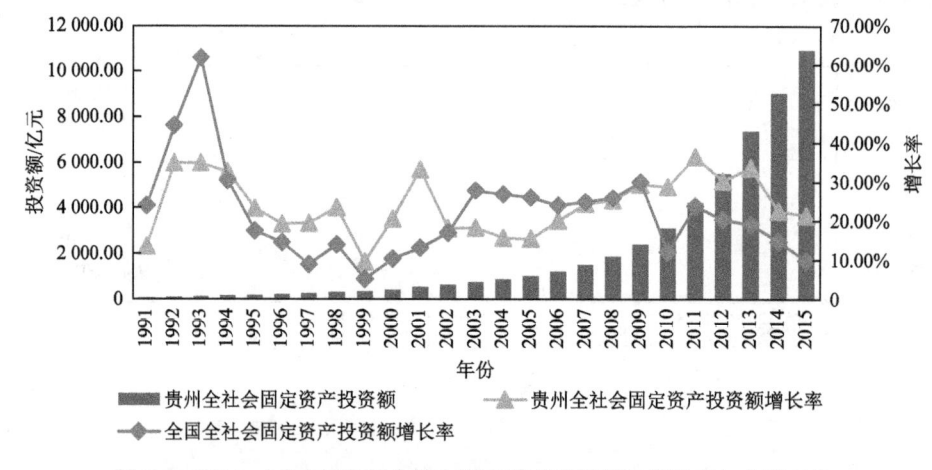

图5-3 1991～2015年贵州全社会固定资产投资额及增长率与全国对比

（三）贵州城镇居民人均可支配收入

如图 5-4 所示，城镇居民人均可支配收入是衡量国民生活质量、经济发达程度的重要的指标。1991~2015 年贵州的城镇居民人均可支配收入总体呈上升趋势，从 1991 年的 1593.54 元增长到 2015 年的 24 579.64 元，年均增长率为 12.08%。虽然贵州城镇居民人均可支配收入增长较快，但是增长率波动较大。1994 年与 1995 年是贵州城镇居民人均可支配收入增长率最高的两年，城镇居民人均可支配收入分别达到 3196.06 元和 3916.25 元，增长率分别为 38.94%和 22.53%，创下改革开放以来贵州城镇居民人均可支配收入最高增长率的纪录。随后，1996~2001 年，城镇居民人均可支配收入处于缓慢增长阶段，2000 年贵州城镇居民人均可支配收入为 5121.22 元，较上一年增长 3.76%。2002 年后，中国经济发展进入快车道，贵州 GDP 增长率大幅度提高，城镇居民人均可支配收入也开始进入高增长通道，2007 年，贵州城镇居民人均可支配收入突破 10 000 元大关，达到 10 678.40 元，较上一年增长 17.13%。经过 2001~2007 年的高速爆发性发展，2008 年后，经济增长趋于平缓，到 2015 年，贵州城镇居民人均可支配收入达 24 579.64 元，此期间，年均增长率回归到 10.78%的水平。

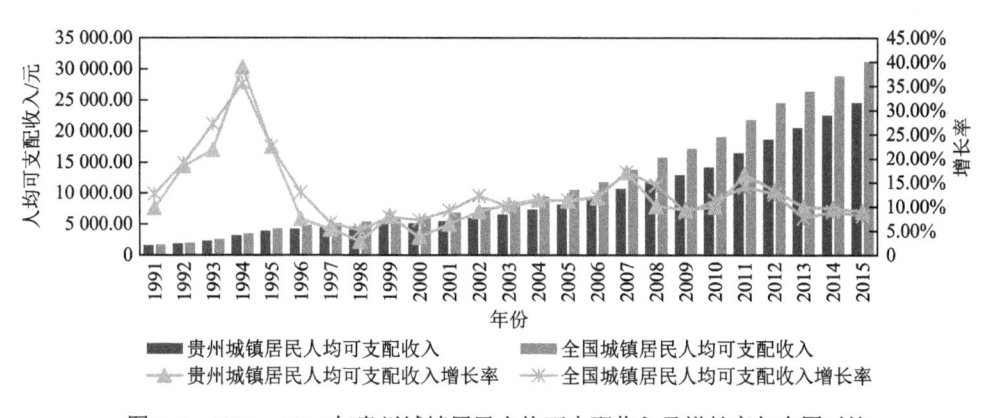

图 5-4 1991~2015 年贵州城镇居民人均可支配收入及增长率与全国对比

（四）贵州消费水平

1. 贵州全社会消费总额

如图 5-5 所示，1990~2015 年，贵州全社会消费总额呈上升趋势，其增长率与全国增长率趋势基本保持一致，从 1990 年的 96.40 亿元上升到 2015 年的 3283.00 亿元，年均增长率达到 15.16%，略高于全国水平 0.05 个百分点。1991~1995 年经过一轮较快增长后，年均增长率保持在 15.53%左右的水平。2008 年，贵州全社会消费总额猛增到 1075.20 亿元，增长率达到 25.29%。

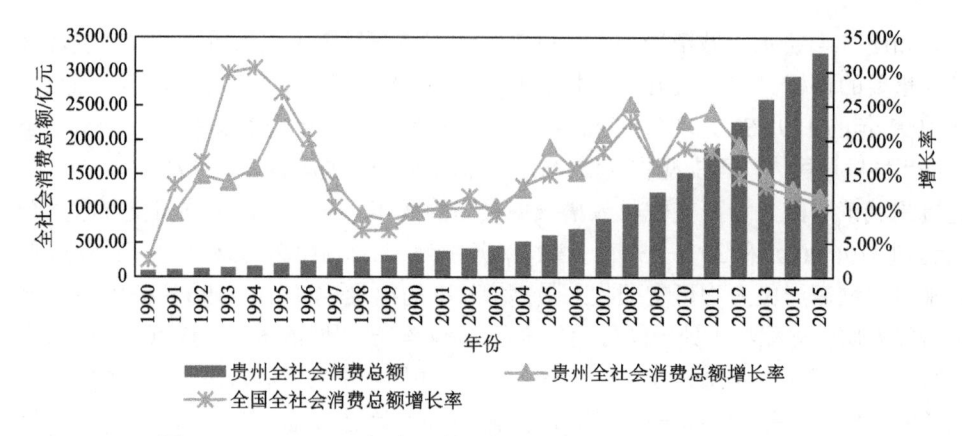

图 5-5　1990～2015 年贵州全社会消费总额及增长率与全国对比

2. 贵州人均消费

1）贵州城镇居民人均消费

如图 5-6 所示，2002 年贵州城镇居民人均消费支出为 4598.30 元，到 2015 年，贵州城镇居民人均消费支出达到 16 914.20 元，年均增长率为 10.54%。同期，全国城镇居民人均消费支出从 2002 年的 6029.90 元增长到 2015 年的 21 392.36 元，年均增长率为 10.23%，贵州比全国水平高 0.31 个百分点。2003 年和 2008 年，贵州城镇居民人均消费支出增长率分别为 7.63%和 7.61%。2014 年和 2015 年，贵州城镇居民人均消费支出分别达到 15 254.64 元和 16 914.20 元，增长率分别

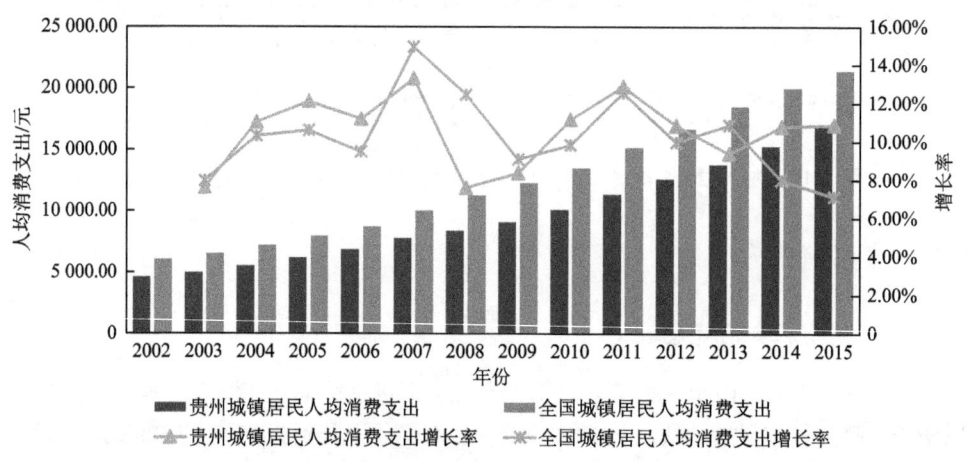

图 5-6　2002～2015 年贵州城镇居民人均消费支出及增长率与全国对比

为 10.80%和 10.88%，分别高于同期全国水平 2.79 个和 3.75 个百分点。

2）贵州农村居民人均消费

如图 5-7 所示，2002 年贵州农村居民人均消费支出为 1137.60 元，2015 年贵州农村居民人均消费支出为 6644.93 元，年增长率为 14.54%。同期，全国农村居民人均消费支出从 2002 年的 1834.30 元增加到 2015 年的 9222.59 元，年均增长率为 13.23%。贵州农村居民人均消费支出的年均增长率与全国走势基本保持一致。但是绝大多数年份，贵州农村居民人均消费支出的增长率高于全国水平，仅有 2003 年、2004 年、2006 年、2008 年和 2012 年低于全国水平。

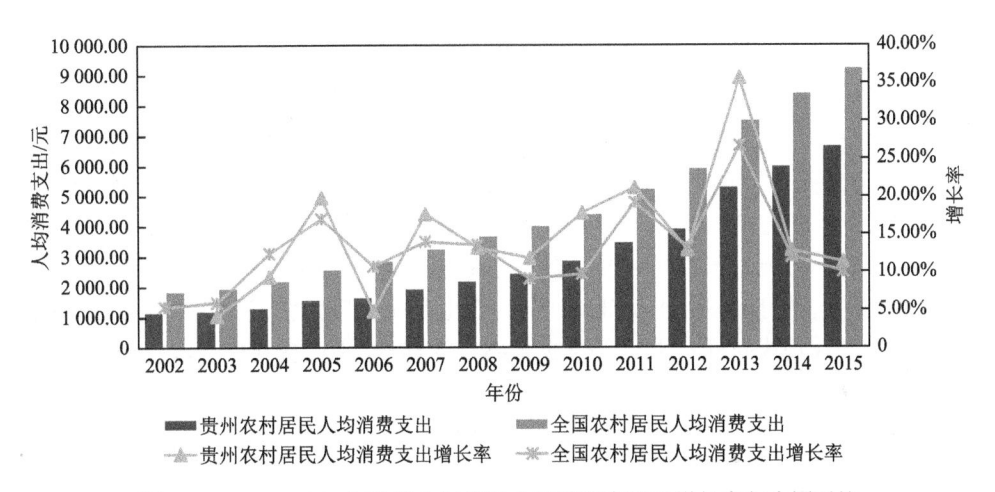

图 5-7　2002～2015 年贵州农村居民人均消费支出及增长率与全国对比

（五）贵州一般公共财政收入

如图 5-8 所示，1991～2015 年，贵州一般公共财政收入由 42.80 亿元增长到

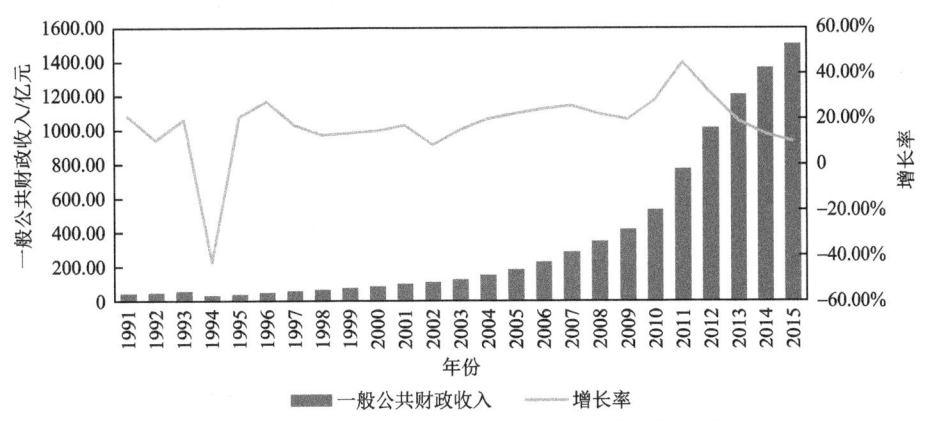

图 5-8　1991～2015 年贵州一般公共财政收入与增长率

1503.38亿元，年均增长率达15.98%，其中2011年，贵州一般公共财政收入为773.08亿元，较前一年增长44.84%，创下历史最高增长率纪录。1994年贵州一般公共财政收入下降到32.14亿元，降幅达到43.11%，1994年也成为贵州一般公共财政收入降幅最大的一年。1995～2015年，贵州一般公共财政收入稳中有升，均保持8%以上的增长率。

四、贵州经济发展质量分析

（一）贵州产业结构

如图5-9所示，1990～2015年，贵州的经济结构持续优化，第一产业稳中有降，第二产业占主导地位，第三产业实现稳步增长。贵州三次产业结构由1990年的39∶36∶25调整为2015年的16∶39∶45，第一产业的比例由39%降低至16%，第二产业的比例由36%增长到39%，第三产业的比例由25%增长到45%。相比全国产业结构，贵州的产业结构仍有很大的调整需求，特别是第三产业还有巨大的发展潜力。但目前贵州处于工业化中期，工业仍是拉动经济发展的主力。近年来，贵州第三产业规模不断扩大，经济贡献率持续提升，吸纳就业人数快速增加。

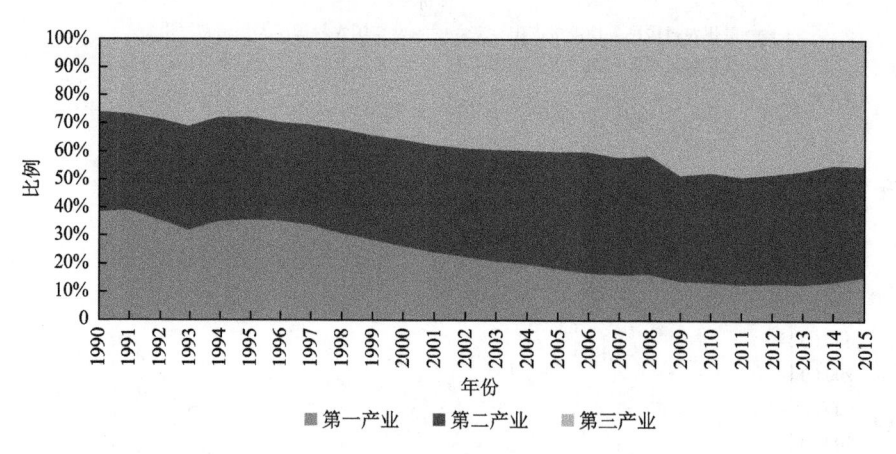

图5-9 1990～2015年贵州三次产业结构

（二）贵州能源消耗

如图5-10所示，1990～2012年贵州的能源消耗总量呈递增趋势，从1990年的2133万吨标准煤上升到2012年的9878万吨标准煤。能源消耗的年均增长率为7.22%，且增长率波动较大。其中，增长率最高值出现在2003年，为23.80%，其次是1996年，增长率为15.93%。1999年，贵州能源消耗总量出现大幅下滑，全年能源消耗总量为4018万吨标准煤，降幅为6.88%，首次出现负增长。

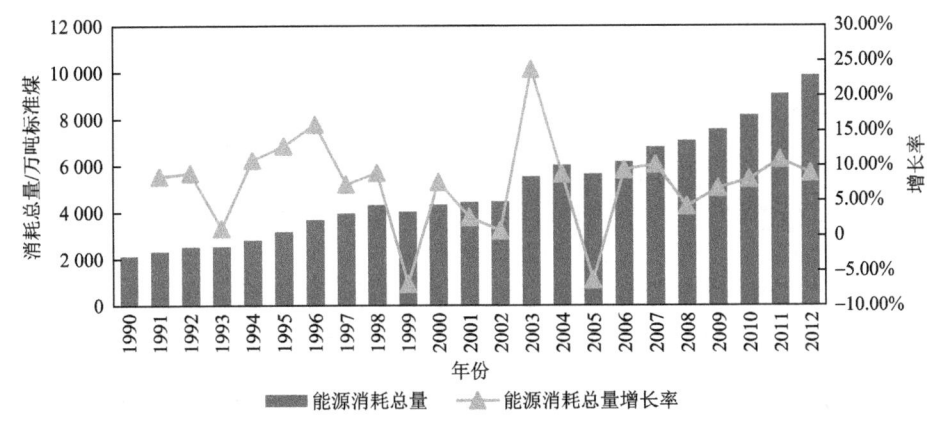

图5-10　1990～2012年贵州能源消耗总量与增长率

（三）贵州单位地区生产总值能耗

如图5-11所示，2005～2011年，随着能源利用率的提高，贵州单位地区生产总值能耗在不断下降。2005年贵州单位地区生产总值能耗为3.250吨标准煤/万元，到2011年，单位地区生产总值能耗降低到1.714吨标准煤/万元，年均降幅为10.11%，高于全国水平2.80个百分点。2005～2009年，贵州单位地区生产总值能耗均高于同期全国水平，2010年后，全国单位GDP能耗大幅下降，贵州则是在2011年后实现单位地区生产总值能耗的大幅降低，滞后全国水平一年。

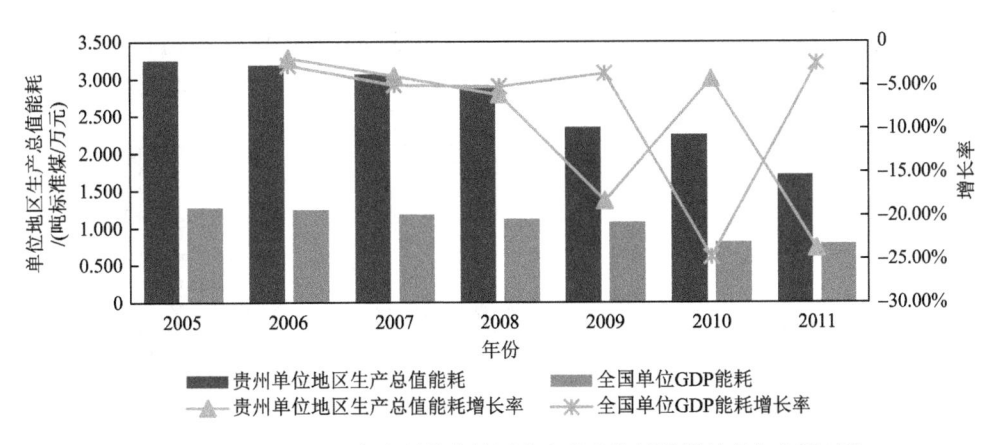

图5-11　2005～2011年贵州单位地区生产总值能耗及增长率与全国对比

五、贵州经济发展潜力分析

（一）贵州教育水平

1. 贵州教育经费

如图 5-12 所示，贵州的教育经费呈上升趋势，从 2001 年的 672 764.10 万元增加到 2014 年的 7 700 061.00 万元，年均增长率为 20.62%。全国教育经费的年均增长率为 16.64%，贵州的教育经费年均增长率高于全国水平 3.98 个百分点。整体上看，2001～2014 年，贵州的教育经费稳中有增，但增长率波动较大。其中 2003 年和 2006 年贵州教育经费的增长率分别仅为 9.96% 和 11.10%，远低于年均增长率。

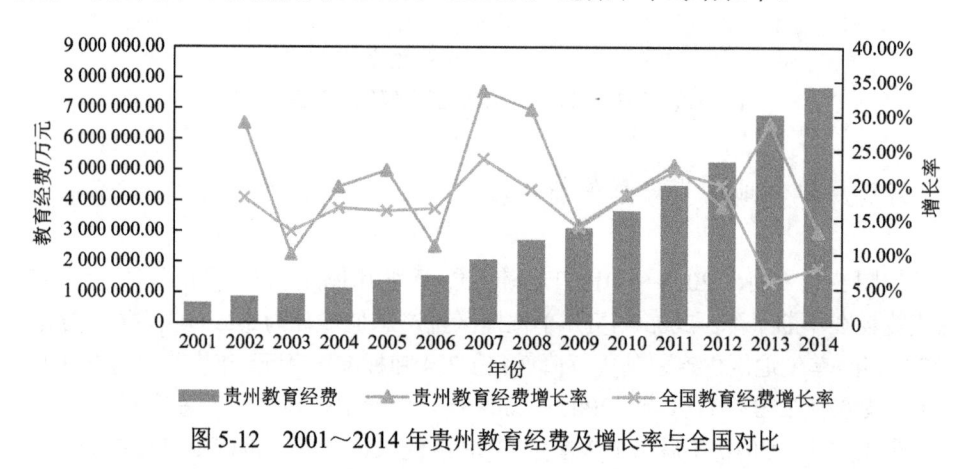

图 5-12　2001～2014 年贵州教育经费及增长率与全国对比

2. 贵州人均教育经费

2001～2014 年，贵州人均教育经费增长较快，但与全国水平仍有差距。如图 5-13 所示，2001 年，贵州人均教育经费为 177.11 元，全国人均教育经费为

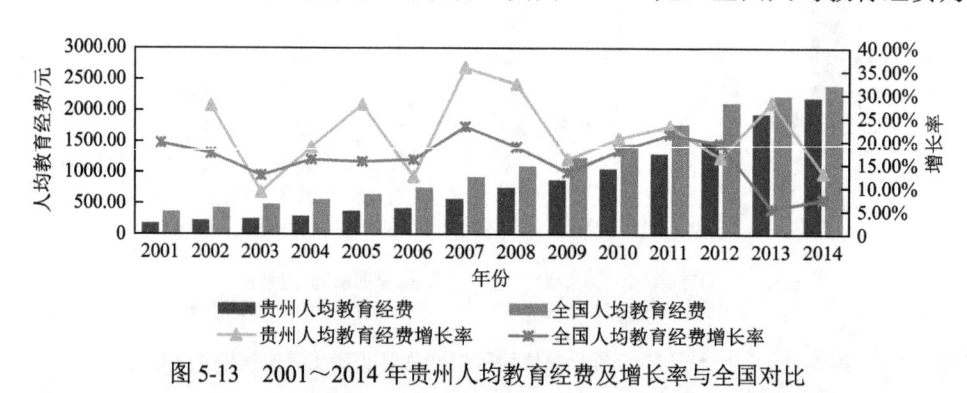

图 5-13　2001～2014 年贵州人均教育经费及增长率与全国对比

363.38 元。到 2014 年,贵州人均教育经费达 2194.98 元,全国人均教育经费达 2398.45 元。贵州人均教育经费年均增长率为 21.36%,全国人均教育经费年均增长率为 15.62%,贵州人均教育经费年均增长率高于全国水平 5.74 个百分点。

3. 贵州平均受教育年限

如图 5-14 所示,贵州的平均受教育年限从 1991 年的 5.27 年增长到 2014 年的 8.09 年,平均受教育年限增加了 2.82 年。同期,全国的平均受教育年限从 1991 的 6.25 年增长到 2014 年的 9.04 年,平均受教育年限增加了 2.79 年。1991~2014 年,贵州的平均受教育年限一直落后于全国水平,1993 年出现最大差距,落后全国水平 1.79 年。

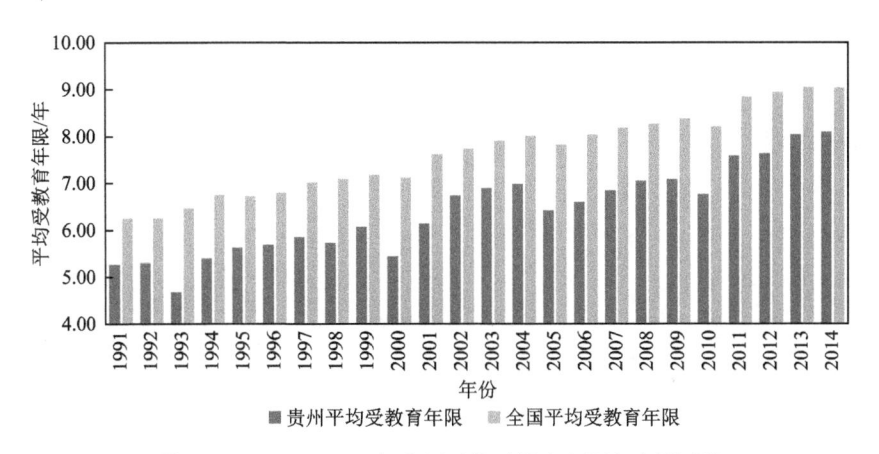

图 5-14 1991~2014 年贵州平均受教育年限与全国对比

(二) 贵州创新水平

1. 贵州专利申请数量

1991~2015 年贵州的专利申请数量总体在不断上升,如图 5-15 所示,从 1991 年的 316 件上升到 2015 年的 18 295 件,年均增长件数为 749 件,年均增长率为 18.43%,创新能力在不断增强。其中 2000~2014 年,贵州专利申请数量每年都在稳步提升,年均增长件数达到 1432 件。但是在 2015 年,贵州专利申请数量下降较快,为 18 295 件,降幅达到 6.64%。

2. 贵州技术市场成交额

如图 5-16 所示,1996~2015 年,贵州的技术市场成交额增长了 3.86 倍,从 1996 年的 53 397.00 万元增加到 2015 年的 259 626.01 万元,年均增长额为

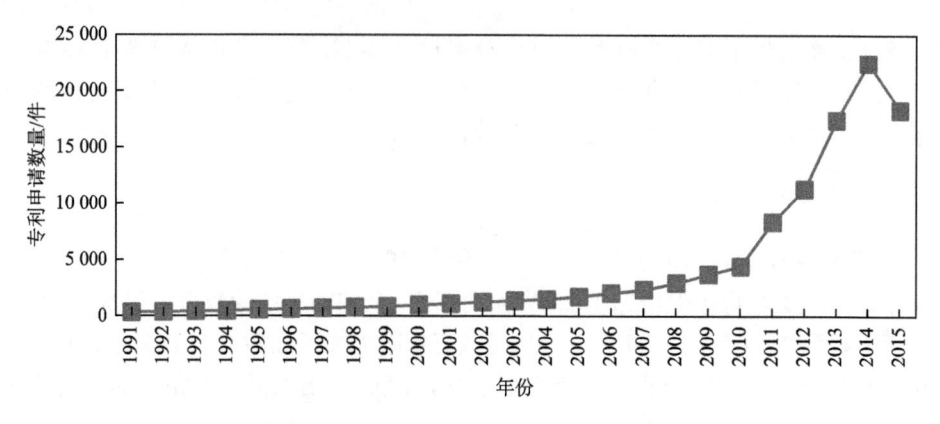

图 5-15　1991～2015 年贵州专利申请数量

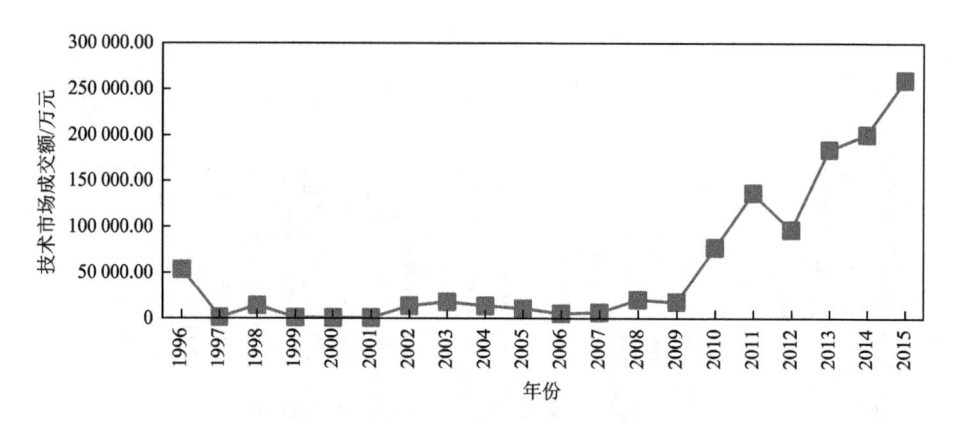

图 5-16　1996～2015 年贵州技术市场成交额

10 854.16 万元。其中 1998 年、2002 年技术市场成交额迅速增大，增长率分别达到 1123.57%和 2151.09%，成交额分别达到 14 071.00 万元和 13 484.00 万元。值得一提的是，2011 年贵州技术市场成交额首次突破 100 000 万元大关，达到 136 483.37 万元。但是 1999～2001 年的技术市场成交额均低于 1000 万元，处于较低迷状态，分别为 762.00 万元、620.00 万元、599.00 万元。

六、贵州金融发展水平分析

（一）贵州银行业金融机构存贷款余额

如图 5-17 所示，1991～2015 年，贵州存款余额不断攀升，由 1991 年的 187.16 亿元上升至 2015 年的 19 537.12 亿元。存款余额年均增长率为 21.37%，增长率呈波浪形发展。其中，1995 年的增长率最高，达到 31.07%，其次是 1991 年与

2015 年，增长率分别为 29.62%与 27.63%，其余年份的增长率比较平稳，大多在 15%~25%。

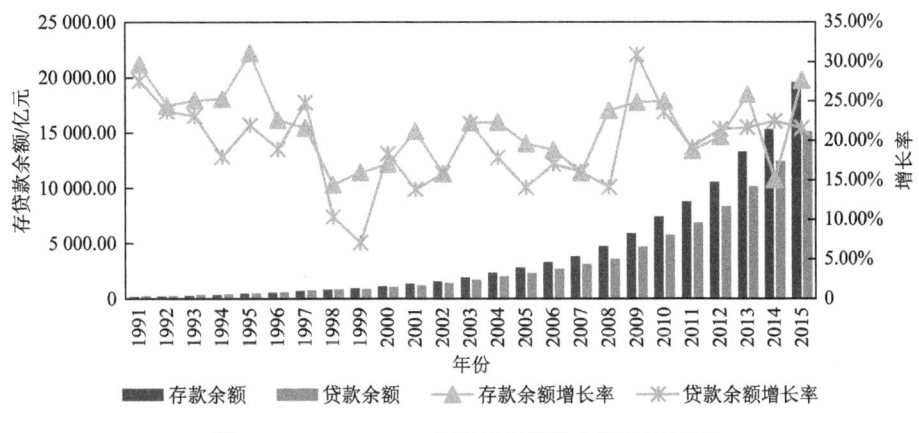

图 5-17　1991~2015 年贵州存贷款余额与增长率

此外，贵州贷款余额在 1991~2015 年总体上也呈现上升趋势，从 1991 年的 234.56 亿元增长到 2015 年的 15 120.99 亿元。贷款余额的年均增长率为 18.96%，但是增长率的波动较大。2009 年的增长率达到最高，为 30.84%，其次是 1991 年，其增长率为 27.54%，1999 年则增长率首次低于 10%，为 7.04%。整体来看，1991~2015 年，贵州存款余额与贷款余额的增长趋同，只是贷款余额的增长率波动更大，在经济低迷期呈现低增长，在经济形势较好期间贷款余额增长率还高于存款余额增长率。

（二）贵州保险保费收支

如图 5-18 所示，1991~2015 年贵州的保费收入呈现递增趋势，从 1991 年的 2.00 亿元增长到 2015 年的 257.80 亿元。保费收入的年均增长率为 22.44%，增长率波动较大，1997 年出现了增长最高峰，增长率为 59.22%。1991 年出现了增长最低值，增长率为–2.02%。1991~2015 年，贵州保险赔付额整体上也处于上升形势，从 1991 年的 0.96 亿元增至 2015 年的 106.97 亿元。整个保险赔付额的年均增长率为 21.7%，但是波动较大，如 1997 年和 2009 年均出现负增长率，分别为–7.69%和–12.07%。保险赔付额增长率的最高点出现在 2008 年，为 67.89%，其次是 1996 年，增长率为 53.01%。由此可见，增长率在 1996 年达到较高值后，在 1997 年为负，2008 年达到最高值后，2009 年也为负，致使波动呈现戏剧性的起伏，形成巨大落差。

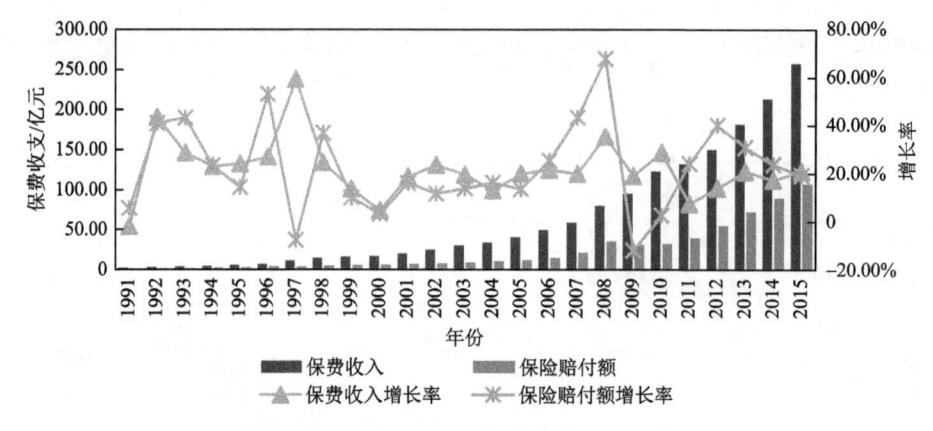

图 5-18　1991~2015 年贵州保费收支与增长率

（三）贵州上市公司规模

如表 5-1 所示，1994 年，黔中天有限公司成功登陆 A 股，后改名为中天金融集团股份有限公司，首发股本为 0.64 亿股，首发募集资金为 0.93 亿元，成为贵州第一家上市公司。截至 2016 年，贵州上市公司数量达 23 家，首发股本共计 68.55 亿股，首发募集资金为 161.75 亿元。其中，2001 年和 2004 年，贵州各有 4 家公司登陆 A 股，成为贵州历史上登陆 A 股最多的年份。2001 年上市的贵州茅台酒股份有限公司的首发股本为 2.5 亿股，首发募集资金为 22.44 亿元。2016 年，贵州茅台酒股份有限公司已经成为贵州总市值最大的上市公司。

表 5-1　贵州上市公司情况（1994~2016 年）

年份	上市公司数量	首发股本/亿股	首发募集资金/亿元
1994	1	0.64	0.93
1996	2	1.70	2.67
1997	2	3.35	7.19
1998	1	1.73	1.63
1999	1	3.90	3.89
2000	1	1.70	5.04
2001	4	9.41	36.89
2004	4	4.21	12.51
2005	1	1.40	2.89
2010	2	2.34	21.96
2012	1	0.53	3.01
2016	3	37.64	63.14

第六章 内蒙古经济增长篇

一、内蒙古概况

(一)基本概况

内蒙古自治区位于中国的北部边疆地区,呈现东北—西南的狭长地形,地域广袤,所处纬度较高,具体位于东经 97°12′~126°04′,北纬 37°24′~53°23′,东西直线距离为 2400 千米,南北直线距离为 1700 千米。全区总土地面积达到 118.3 万平方千米,占全国陆地面积的 12.3%,是中国土地面积第三大省区。内蒙古自治区与多个省区毗邻,且与多个国家接壤,东、南、西依次与黑龙江、吉林、辽宁、河北、山西、陕西、宁夏和甘肃 8 个省区毗邻,跨越三北(东北、华北、西北),靠近京津地区;北部同蒙古国和俄罗斯联邦接壤,整个国境线长达 4200 千米。内蒙古自治区平均海拔为 1000 米左右,基本上属于高原型地貌,称内蒙古高原,是中国第二大高原。全区的内部结构之间又有着明显差异,地形多样,有高原、山地、丘陵、平原与滩川地等。其中高原面积最广,占总土地面积的 53.4%。气候以温带大陆性季风气候为主,体现为降水量少而不匀,风大,寒暑变化剧烈。内蒙古自治区具有以中温带为主的寒暑剧变大陆性季风气候特征。大兴安岭北段属于寒温带大陆性季风气候,贺兰山以西具有暖温带大陆性气候特点,介于两者之间的广大地区属于温带半干旱大陆性季风气候。内蒙古自治区气温年变化属于正态分布,年初和年末低,年中高,呈单波形。最冷月全区各地均出现在 1 月。最冷旬一般出现在 1 月中旬,少数地区出现在 1 月下旬或 12 月下旬,但与 1 月中旬的气温差别很小。最热旬一般出现在 7 月中、下旬,少数地区出现在 8 月上旬,但与 7 月中、下旬气温差值也不大。

内蒙古自治区简称内蒙古,首府为呼和浩特,内蒙古是一个多民族聚居地。主要民族为蒙古族、汉族,其次还有回族、满族、朝鲜族、达斡尔族、鄂温克族、壮族、锡伯族、俄罗斯族、鄂伦春族、藏族、苗族、维吾尔族、彝族、布依族、侗族、瑶族、白族、土家族、哈尼族等多个民族。

（二）自然资源概况

1. 土地资源

内蒙古的耕地面积大，人均耕地面积居中国首位。据统计，2010年，内蒙古共有耕地549万公顷，人均占有耕地为0.24公顷，是中国人均占有耕地的3倍，实际可利用的耕地面积超过800万公顷。在大兴安岭和阴山山脉以东与以南是内蒙古主要的农业区与半农半牧区。适于农作物生长的黑土、黑钙土、栗钙土等多样性土壤地带和可利用的地上地下资源集中分布在内蒙古的河套、土默川、西辽河、嫩江西岸平原及广大的丘陵地区，形成了内蒙古自治区乃至中国北方的重要粮仓。

2. 矿产资源

内蒙古地域辽阔，物产丰富。内蒙古的矿产资源丰富，以煤、天然气资源为主。全区已查明煤炭资源储量突破万亿吨大关，高居全国首位。截至2016年底，全区累计查明煤炭资源储量约10 246亿吨。内蒙古是世界最大的"露天煤矿"之乡，有伊敏、霍林河、元宝山和准格尔露天煤矿。全区天然气地质储量总计为7903亿立方米，并具有为数不多的陆上特大型气田——鄂尔多斯盆地苏里格天然气田。其他的矿产资源还有硅砂、玛瑙、芒硝等。例如，通辽市的天然硅砂储量约为550亿吨；呼伦贝尔市莫力达瓦达斡尔族自治旗的宝山玛瑙矿储量总计2775吨；鄂尔多斯市达拉特旗埋藏着世界罕见的超大型芒硝矿。此外，内蒙古发现的新矿物是全国最多的，其中包括索伦石、锡林郭勒矿、二连石、白云鄂博矿、汞铅矿、钡铁钛石、包头矿、黄河矿、兴安石等，而且拥有世界上最大的稀土矿山——包头白云鄂博矿山。

3. 畜牧资源

内蒙古是中国重要的畜牧业生产基地，具有辽阔的天然草场，草原总面积达8666.7万公顷，位居中国五大草原之首。草场中的可利用面积十分可观，高达6800万公顷，是整个中国草场面积的1/4。内蒙古有呼伦贝尔、科尔沁、乌兰察布、锡林郭勒、鄂尔多斯等著名的大草原。在广袤的草原上生长着众多有饲用价值的植物，达1000多种，其中有100多种具有较高的饲用价值与较强的适口性，如羊草、冰草、羊茅、野燕麦等禾本和豆科牧草的饲用价值颇高，十分有利于饲养牲畜。

4. 森林资源

内蒙古的森林面积宽广。据第八次全国森林资源清查结果显示，内蒙古有3.73亿亩森林，位于全国之首，是国家极为重要的森林基地之一。全区森林覆盖率达17.57%，高于全国水平（13.40%）4.17个百分点。整个森林的总蓄积量高达12.9亿立方米，位居中国第四。其间，树木种类繁多，全区乔灌树种就达350多种，用途不一，如有耐风沙的防护林树种、经济树种以及材质坚硬的优良用材林树种等，此外，还有列入国家保护的珍贵树种。内蒙古森林资源都集中在大兴安岭北部山地，其中，全区林地面积的50%都是原始森林，整个林木蓄积量占到全区林地活立木蓄积量的75%以上，被誉为"祖国的绿色宝库"，拥有较高的环境价值与经济价值。

二、内蒙古经济发展特色

2015年，内蒙古地区生产总值达到18 032.79亿元，增长率为7.7%。按年末平均常住人口计算的人均地区生产总值为71 903元，同比增长7.4%，增长强劲。目前，能源经济、畜牧业、旅游业以及边境贸易是内蒙古经济发展的特色核心产业，因此要把握好草原丝绸之路的发展机遇，进一步促进特色产业的发展。

（一）内蒙古特色产业

1. 内蒙古资源产业

1）能源产业

能源是物质生产的重要基础，是国民经济发展不可或缺的重要条件。内蒙古自治区的能源丰富，能源经济是其特色产业之一，主要有煤炭产业以及油气产业。

（1）煤炭产业。煤炭产业在内蒙古能源经济中仍占有较大比例，截至2016年，有煤矿589处、产能13亿吨。2016年，全区销售煤炭8.3亿吨，其中，销往区外4.5亿吨，占总销售量的54%；区内销售3.8亿吨，占总销售量的46%。2016年，全区煤炭开采和洗选业实现产值3506.7亿元，同比增长6.2%，占全区工业总产值的17%。与此同时，内蒙古煤炭产业也在积极地进行相关转型与升级，以煤炭为基点，对煤炭进行加工增值和多元转化，推动煤炭的清洁高效利用。现代煤化工产业便是典型例证，如中天合创煤炭深加工项目总投资590多亿元，设计年产360万吨甲醇、137万吨烯烃（聚乙烯、聚丙烯），每年可转化煤炭800万吨。内蒙古正逐步成为现代煤化工产业加工示范基地。

（2）油气产业。油气资源从东至西遍及全区，形成星罗棋布的含油盆地群，已探明13个大油气田，石油远景储量为20亿～30亿吨，天然气最高储量约1万亿立方米。内蒙古的油气产业在"十二五"期间稳步发展，2015年全区原油产量为179万吨；天然气产量则从2010年的203亿立方米上升到2015年的290亿立方米，年均增长7.4%。

2）清洁能源产业

内蒙古独特的地理位置与气候条件使其拥有丰富的绿色清洁能源，其中风能与太阳能蕴藏量居全国前列。

（1）风能产业。内蒙古海拔较高，且位于季风区内，常年受西伯利亚季风影响，年均风速在3米/秒以上，风能储量高居全国第一。风能理论储量为2.7×10^{12}千瓦·时，可利用风能总功率为1.01亿千瓦，占我国风能理论储量的20%以上。独特的风能优势成为内蒙古经济腾飞的引擎。锡林郭勒风电厂是绿色清洁能源企业的典型代表，其海拔高，风力资源丰富，有效风场面积达到6828平方千米，矗立着1300多个风机，可开发电量达到6800万千瓦，占全国风力发电的10%，实现了"风从草原来，电送全中国"的愿景。

（2）光伏产业。内蒙古的太阳能资源丰富，位居全国第二，太阳能总辐射为1331~1722千瓦·时/（米^2·年）。由于太阳能资源丰富，衍生出光伏产业。截至2012年底，具备生产能力的11家太阳能光伏制造企业以及15个项目入驻内蒙古，包括8个硅材料制造项目、3个硅片生产项目、1个电池片制造项目以及3个电池组件制造项目，设计年产能分别为24 400吨、95万千瓦、5.5万千瓦以及20.5万千瓦。2016年底，内蒙古光伏发电新增装机容量为148万千瓦，累计装机容量为637万千瓦。

3）沙产业

内蒙古有大约1/5的土地是沙漠和沙地，勤快聪明的内蒙古人不但能有效治理沙漠，而且能将沙子变废为宝。2011~2016年，内蒙古沙产业的投入增长了5倍。2016年，沙产业的产值超过480亿元。内蒙古不仅把沙子直接做成产品，还能利用沙漠中生长的植物打造出致富的产业，如甘草、葡萄等。目前，内蒙古的沙生植物深加工产品有1000多种，销往全球各地。

2. 内蒙古特色农业

马铃薯是内蒙古三大粮食作物之一，是内蒙古的传统作物、优势作物。其中，乌兰察布市被赞誉为"中国马铃薯之都"，已成为中国地理标志产品（农产品地理标志），这主要得益于乌兰察布市地处黄土高原、晋冀山地和内蒙古高原的交错地带，土壤为沙性土，昼夜温差大，降雨集中，极大地有利于马铃薯的生长。当前，内蒙古马铃薯种植业已经形成种植、深加工、销售一条龙的成熟链条，产品远销东亚及东南亚各国，成为内蒙古最具特色的产业之一。马铃薯产业的蓬勃发展离不开龙头企业的带动作用，截至2016年，拥有国家级龙头企业2家，自治区级龙头企业10家，年加工能力达300万吨。

3. 内蒙古畜牧业

内蒙古草场资源丰富，畜牧业成为另一大特色产业。无牛羊，不草原。2017年，内蒙古共有1.07亿只羊，为全国提供93万吨羊肉，占全国总量的1/5。此外，还提供了大量的牛肉以及牛奶。畜牧业产值在"十二五"末跨越了1000亿元大关，产值达到1160.9亿元，农牧民收入突破万元大关。高速发展的畜牧业成为全区经济社会发展的支柱性产业，极大地改善全区居民的膳食营养，保障国家畜产品特别是牛奶、牛羊肉供给。

内蒙古发达的畜牧业孕育了亚洲最大的乳制品加工基地。内蒙古伊利实业集团股份有限公司（简称伊利集团）和内蒙古蒙牛乳业（集团）股份有限公司（简称蒙牛集团）是最具内蒙古特色的企业。其中，伊利集团作为亚洲乳制品行业的龙头，2017年上半年实现营业总收入334.94亿元，同比增长11.32%；净利润33.68亿元，同比增长4.52%。与业绩的持续增长相对应的是，伊利集团的净资产收益率连续几年保持在20%以上，位居全球乳业第一。荷兰合作银行发布的2017年度"全球乳业20强"中，伊利集团位居全球乳业第8位，蝉联亚洲乳业第一的宝座，连续第四次入围全球乳业前十，为内蒙古的经济增长做出了巨大的贡献。

4. 内蒙古羊绒产业

内蒙古的天然草场资源成就了内蒙古发达的畜牧业，而发达的畜牧业使得内蒙古成为全球最大的羊绒产地。作为重要民生产业的羊绒产业也因此成为内蒙古自治区的特色优势产业，并在繁荣市场、扩大出口、吸纳就业和增加农牧民收入等方面发挥着重要作用。2012年全区原绒产量为7642吨，约占全国原绒产量的50%；羊绒产业从业人员约7万人，规模以上羊绒制品加工企业约150家，实现工业增加值60亿元；生产羊绒衫1155万件，羊绒围巾4000多万条，位居全国第一。全区拥有近60个知名品牌商标，包括"鄂尔多斯""鹿王"等。2014年，在中国举办的亚洲太平洋经济合作组织（Asia-Pacific Economic Cooperation，APEC）峰会上，"鄂尔多斯"的羊绒围巾和披肩作为国礼赠予各国政要。

5. 内蒙古旅游业

内蒙古旅游资源得天独厚，"天苍苍，野茫茫，风吹草低见牛羊"，豪迈壮美的草原风光、浓郁的民族风情、悠久的历史文化吸引着无数中外游客。草原是内蒙古旅游资源中的支柱，内蒙古拥有辽阔的草原，位居全国五大草原之首；全区的文物遗址有1.5万余处；拥有世人瞩目的红山文化、大窖文化等。内蒙古的旅游业发展前景广阔。

内蒙古打造了一批特色品牌旅游景区与旅游品牌，具体如下：进入首批国家旅游改革创新先行区创建名单的有呼伦贝尔市与鄂尔多斯市；通过文化和旅游部5A级景区资源评价的有阿尔山—柴河旅游区与满洲里市中俄边境旅游区；阿尔山市成为"中国国际养生度假旅游目的地"创建单位等。此外，全区集中力量打造了旅游商品品牌——"内蒙古博乐歌"，其中，旅游购物消费比例较大，占据旅游总消费的23%。与此同时，内蒙古自治区利用各种网络媒介，积极打造全国知名旅游节庆品牌，如中国游牧文化旅游节、内蒙古草原旅游那达慕、冰雪旅游那达慕、蒙古族服装服饰艺术节、中俄蒙（满洲里）旅游节等。

内蒙古在"十二五"期间累计接待国内外游客34 241万人次，累计旅游收入为7482亿元，旅游业对国民经济的综合贡献率高达11.8%，对第三产业综合贡献率达到31%，并以此带动就业人数160万人。

（二）"一带一路"——草原丝绸之路

"一带一路"是"丝绸之路经济带"和"21世纪海上丝绸之路"的简称，2013年9月和10月由中国国家主席习近平分别提出建设"新丝绸之路经济带"和"21世纪海上丝绸之路"的合作倡议。内蒙古处于中俄蒙经济走廊的重要节点，该经济带正是"一带一路"的四条线路之一。因此，内蒙古紧抓"一带一路"的机遇，将草原丝绸之路置于重要位置，深度融入"一带一路"建设。

"一带一路"倡议涉及多个领域，包括公共基建、能源、文化旅游等多个行业，这对内蒙古经济而言是强劲的增长动力，能从整体上提高内蒙古的经济发展水平。内蒙古在"一带一路"中处于重要地位，除加大基础设施建设之外，还应大力发展电能，清洁、可再生能源以及跨境电子商务等各种新兴产业。著名的草原丝绸之路有利于进一步拓展内蒙古文化出口产业市场，极大地促进内蒙古向北开放、与俄罗斯和蒙古国交往。文化产业"走出去"发展战略近年来受到全区的高度重视，在对外经济发展中，草原文化产品的出口优势凸显。与此同时，内蒙古以草原丝绸之路为核心纽带，与俄罗斯、蒙古国积极合作，深入开发中俄蒙三国的跨境旅游线路，加强旅游产业方面的合作，积极完善跨境旅游合作机制。总之，"一带一路"倡议开启了内蒙古经济发展的新格局，该倡议使得内蒙古产业和贸易"双提速"，抓住"一带一路"这一历史机遇能够进一步推动内蒙古经济持续稳步发展。

三、内蒙古经济发展基本概况[①]

（一）内蒙古地区生产总值及人均地区生产总值概况

1. 内蒙古地区生产总值

1990～2015 年，内蒙古地区生产总值年均增长率保持在 17.46%。2010 年，内蒙古地区生产总值成功突破万亿元大关，达到 11 672 亿元。1990～2012 年，内蒙古的地区生产总值增长率都高于全国 GDP 增长率，并在 2008 年达到最高值，为 32.27%。2013 年开始低于全国 GDP 增长率。

如图 6-1 所示，1990～2015 年，内蒙古地区生产总值一直处在增长的状态，地区生产总值增长率走势与全国走势几乎一致，但普遍高于全国走势，在这 26 年间的地区生产总值增长率波动较大，经过 1990～1994 年的高速爆发增长后，1995 年内蒙古的地区生产总值增长率开始降低，1997～2002 年是内蒙古地区生产总值增长的低谷期，地区生产总值增长率一直在低位徘徊。2003 年，内蒙古地区生产总值增长开始加速，且加速幅度较大。到 2008 年，内蒙古地区生产总值增长率达到最高点（32.27%）。2009 年内蒙古地区生产总值增长率出现大幅度回落，低至 14.64%。2010 年、2011 年内蒙古地区生产总值增长率有了小幅度的回升，但是从 2012 年开始迅速跌落，2013 年开始低于全国 GDP 增长率，2015 年降至最低点，仅为 0.35%。

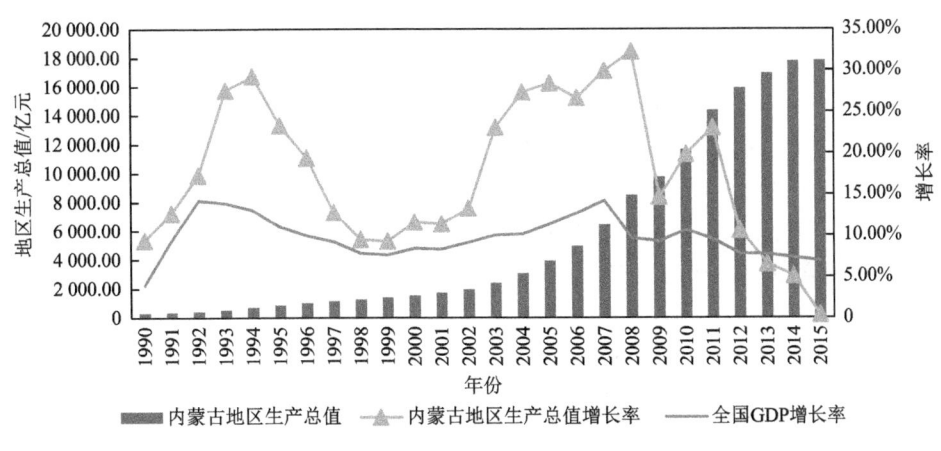

图 6-1 1990～2015 年内蒙古地区生产总值及增长率与全国对比

[①] 资料来源：《中国统计年鉴》（1990～2016 年）、《内蒙古统计年鉴》（1990～2016 年）

2. 内蒙古人均地区生产总值

人均地区生产总值方面，由图 6-2 可以看出，1990~2015 年内蒙古的人均地区生产总值增长率走势与全国人均 GDP 增长率走势呈完全正相关，随着全国人均 GDP 增长率的提高而提高，随着全国人均 GDP 增长率的下降而下降。

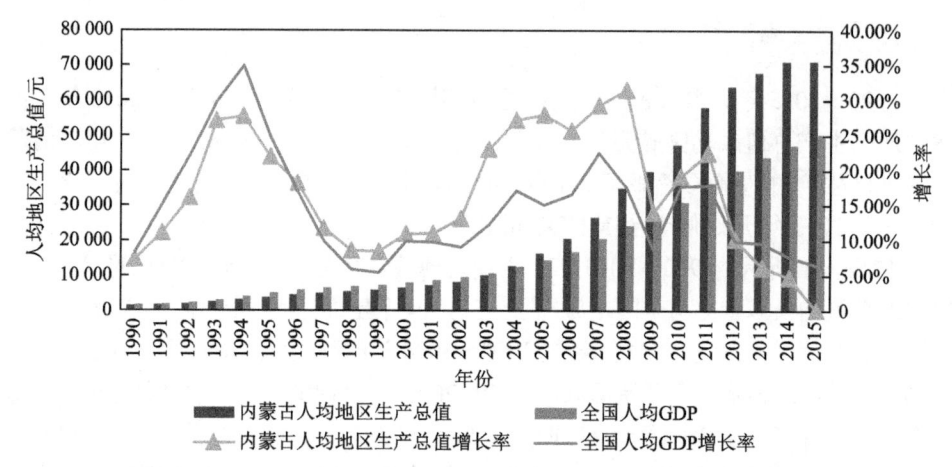

图 6-2　1990~2015 年内蒙古人均地区生产总值及增长率与全国对比

第一阶段（1990~1999 年）：在确立发展社会主义市场经济的第一阶段，国民经济在探索中稳步发展。1990~1994 年内蒙古人均地区生产总值增长迅速，从 1478 元增加到 3094 元。但是 1997~1999 年内蒙古人均地区生产总值增长开始逐步放缓。其中，1999 年人均地区生产总值为 5861 元，较上年仅增加 8.42%。

第二阶段（2000~2012 年）：进入 21 世纪，中国经济开始复苏，GDP 稳步快速发展，人均 GDP 也逐年上升。此期间，内蒙古人均地区生产总值年均增长率达 20.40%，同期全国人均 GDP 年均增长率仅为 13.52%，内蒙古高于全国水平 6.88 个百分点。其中 2005 年、2007 年、2008 年内蒙古人均地区生产总值增长率分别达到 27.92%、29.23%、31.48%。2009 年内蒙古人均地区生产总值迅速回落，随后两年有了小幅度回升，但 2012 年又开始跌落，增长率为 10.20%。

第三阶段（2013~2015 年）：此阶段是内蒙古人均地区生产总值增长率的低谷时期，均低于全国人均 GDP 增长率，人均地区生产总值增长率持续跌落，在 2015 年出现了人均地区生产总值增长率的最低点，仅为 0.08%。

（二）内蒙古全社会固定资产投资

全社会固定资产投资是反映固定资产投资规模、速度、比例关系的指标。如

图 6-3 所示，1990～2015 年内蒙古的全社会固定资产投资额增长率经历了较大的波动，年均增长率为 24.93%。1990 年内蒙古全社会固定资产投资额为 70.77 亿元，1991～1993 年内蒙古全社会固定资产投资额增长率都很高，分别为 42.24%、48.26%、45.67%。1994～2001 年，内蒙古全社会固定资产投资额增长放缓，此期间年均增长率仅为 10.97%，1996 年内蒙古全社会固定资产投资额仅为 275.54 亿元，较前一年增长仅 0.91%。2002 年后，中国经济发展进入快车道，2003 年内蒙古全社会固定资产投资额增长率达到最高点，为 69.13%，此后全社会固定资产投资额持续增加，到 2015 年全社会固定资产投资额增长率出现了负增长，为-22.11%。

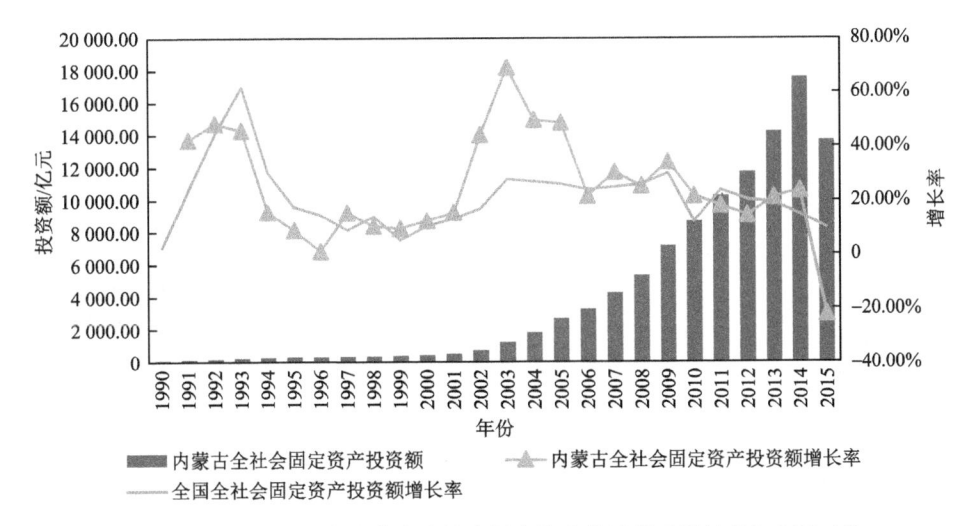

图 6-3　1990～2015 年内蒙古全社会固定资产投资额及增长率与全国对比

内蒙古的全社会固定资产投资额增长率与全国水平趋同，仅在 2002～2005 年增长率明显高于全国水平。2003 年内蒙古全社会固定资产投资额增长率达到 69.13%，高于全国水平 41.39 个百分点。然而在 2015 年则低于全国水平 31.87 个百分点。

（三）内蒙古城镇居民人均可支配收入

居民可支配收入是居民可用于最终消费支出和储蓄的总和，即居民可用于自由支配的收入，包含四项：工资性收入、经营性净收入、财产性净收入和转移性净收入。城镇居民人均可支配收入是衡量国民生活质量、经济发达程度的重要指标。如图 6-4 所示，1990～2015 年内蒙古的城镇居民人均可支配收入总体呈上升趋势，从 1990 年的 1155.00 元增长到 2015 年的 30 594.10 元，年均增长率为 14.00%。

内蒙古城镇居民人均可支配收入增长率在 1990~1995 年波动较大。1994 年内蒙古城镇居民人均可支配收入达到 2503.01 元，增长率最高，为 32.91%，创下改革开放以来最高增长率的纪录。随后，1995~2015 年，内蒙古城镇居民人均可支配收入处于缓慢增长阶段，2000 年内蒙古城镇居民人均可支配收入为 5129.05 元，较上一年增长 7.52%，处于增长率最低点。2000 年后，中国经济发展进入快车道，内蒙古地区生产总值增长率提高，城镇居民人均可支配收入也开始小幅度增长，2006 年，内蒙古城镇居民人均可支配收入突破 10 000 元大关，达到 10 358 元，较前一年增长 13.37%。但整体来说，内蒙古城镇居民人均可支配收入增长率在 2000~2015 年都是小幅度波动，城镇居民人均可支配收入持续上涨。到 2015 年，内蒙古城镇居民人均可支配收入增长率回落到 7.92%的水平。

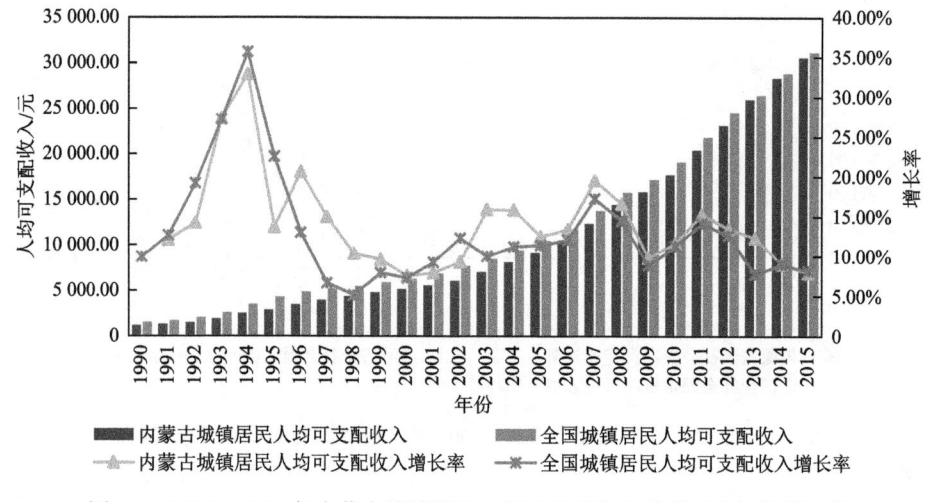

图 6-4　1990~2015 年内蒙古城镇居民人均可支配收入及增长率与全国对比

（四）内蒙古消费水平

1. 内蒙古全社会消费总额

如图 6-5 所示，1990~2015 年，内蒙古全社会消费总额呈上升趋势，但波动较大，从 1990 年的 146.20 亿元上升到 2015 年的 6107.70 亿元，年均增长率达到 16.10%，高于全国水平 0.99 个百分点。1990~1994 年经过一轮较快增长后，年均增长率保持在 10%左右的水平。2005 年内蒙古全社会消费总额猛增到 1358.10 亿元，增长率达到 52.25%。2006 年内蒙古的全社会消费总额达到 1628.60 亿元，增长率较前一年下降，为 19.92%。2007 年之后，内蒙古的全社会消费总额保持平稳增长，年均增长率达到 15.93%，略低于全国水平。

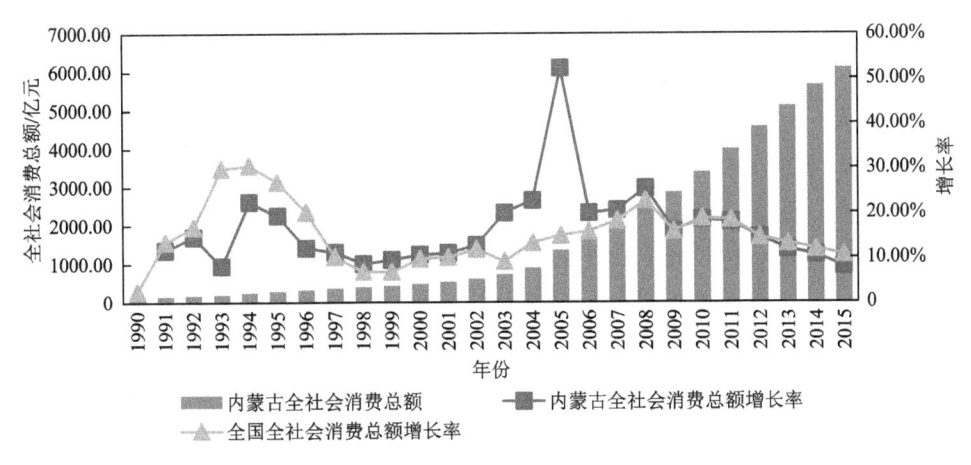

图 6-5　1990~2015 年内蒙古全社会消费总额及增长率与全国对比

2. 内蒙古人均消费

1) 内蒙古城镇居民人均消费

如图 6-6 所示，2002~2015 年内蒙古城镇居民人均消费支出呈现递增趋势，增长率有较小波动，与全国水平趋同。从 2002 年的 4859.90 元上升到 2015 年的 21 876.47 元，年均增长率为 12.27%。同期，全国城镇居民人均消费支出从 2002 年的 6029.90 元增长到 2015 年的 21 392.36 元，年均增长率为 10.23%，内蒙古领先全国水平 2.04 个百分点。2007 年，内蒙古城镇居民人均消费支出增长率达到最高点，为 21.06%，之后内蒙古城镇居民人均消费支出增长率持续下滑，在 2015 年仅为 4.75%，是 2002~2015 年内蒙古城镇居民人均消费支出增长率的最低点。

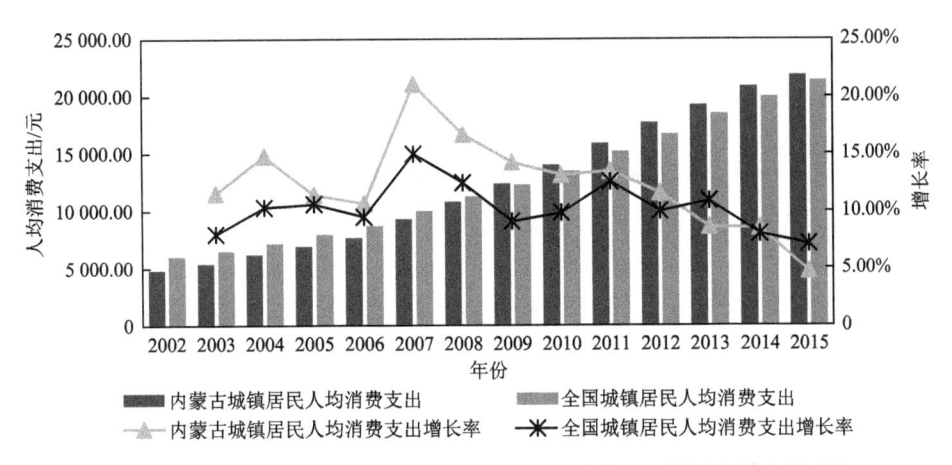

图 6-6　2002~2015 年内蒙古城镇居民人均消费支出及增长率与全国对比

2）内蒙古农村居民人均消费

相较于城镇居民人均消费水平，农村居民人均消费水平依然处于较低发展阶段。如图 6-7 所示，2002 年内蒙古农村居民人均消费支出为 1647.00 元，2015 年内蒙古农村居民人均消费支出为 10 637.39 元，年均增长率为 15.43%。同期，全国农村居民人均消费支出从 2002 年的 1834.30 元增加到 2015 年的 9222.59 元，年均增长率为 13.23%。内蒙古农村居民人均消费支出的年均增长率高于全国水平 2.20 个百分点。2013 年内蒙古农村居民人均消费支出为 9079.59 元，增长率为 42.27%，达到增长率最高点，高出同期全国水平 29.11 个百分点。2014 年迅速回落，增长率为 9.83%，2015 年增长率仅为 6.67%，跌落至最低点。

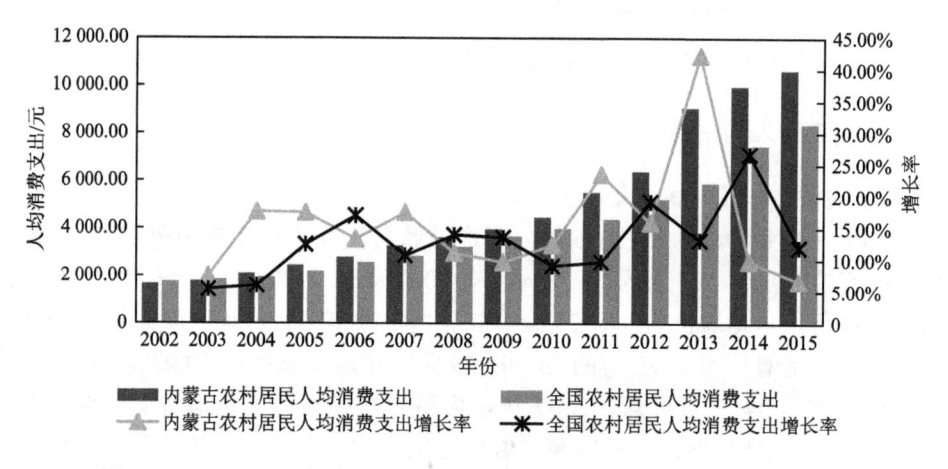

图 6-7　2002～2015 年内蒙古农村居民人均消费支出及增长率与全国对比

（五）内蒙古一般公共财政收入

如图 6-8 所示，1990～2015 年，内蒙古一般公共财政收入持续上升，由 1990 年的 32.98 亿元增长到 2015 年的 1964.48 亿元，年均增长率达 17.76%，其中 1993 年，内蒙古一般公共财政收入为 56.12 亿元，较前一年增长 43.60%，创下历史最高增长率纪录。与 1993 年的巨大增长率形成鲜明对比，1994 年内蒙古一般公共财政收入下降到 36.30 亿元，出现负增长，增长率为 -35.32%，也成为内蒙古一般公共财政收入降幅最大的一年。1995 年内蒙古一般公共财政收入增长率迅速回升，达到 20.39%，1996～2015 年，内蒙古一般公共财政收入稳中有升，此期间的年均增长率为 21.51%。

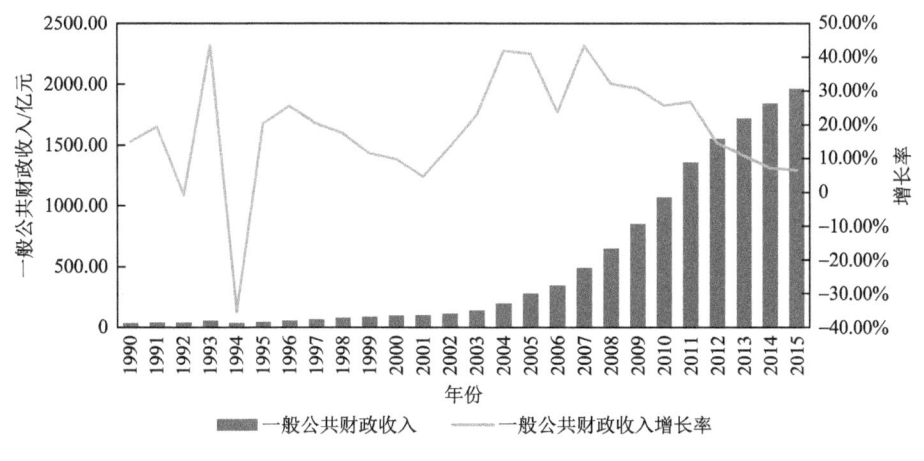

图 6-8　1990～2015 年内蒙古一般公共财政收入与增长率

四、内蒙古经济发展质量分析

（一）内蒙古产业结构

如图 6-9 所示，1990～2015 年，内蒙古的经济结构持续优化，第一产业的比例逐年下降，第二产业占主导地位，第三产业大致不变，所占比例较大。内蒙古三次产业结构由 1990 年的 35∶33∶32 调整为 2015 年的 9∶50∶41，第一产业的比例由 35%降低到 9%，第二产业的比例由 33%增长到 50%，第三产业的比例由 32%上升到 41%。由此可见，内蒙古的产业结构中充分发挥了第三产业的巨大潜力。但目前内蒙古处于工业化中期，工业仍是拉动经济发展的主力。2015 年内

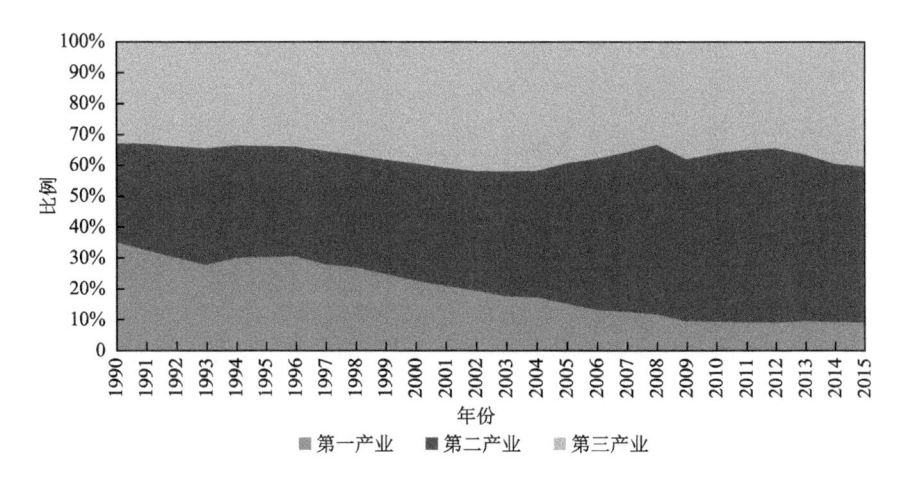

图 6-9　1990～2015 年内蒙古三次产业结构

蒙古第二产业增加值为9000.58亿元。受全球经济周期影响，第二产业产值增长率从2013年的9.50%下降到2015年的9.07%，近年来，内蒙古第三产业规模不断扩大，经济贡献率持续提升，吸纳就业人数快速增加。

（二）内蒙古能源消耗

如图6-10所示，1990~2012年内蒙古能源消耗总量呈现出递增趋势，从1990年的2424万吨标准煤上升到2012年的19 786万吨标准煤。能源消耗的年均增长率为10.01%，但波动幅度较大。其中，1995年、1998年和2000年出现负增长，增长率分别为-6.40%、-9.60%与-6.92%。2001~2012年，内蒙古能源消耗总量持续增长，最高增长率出现在2004年，为31.93%。

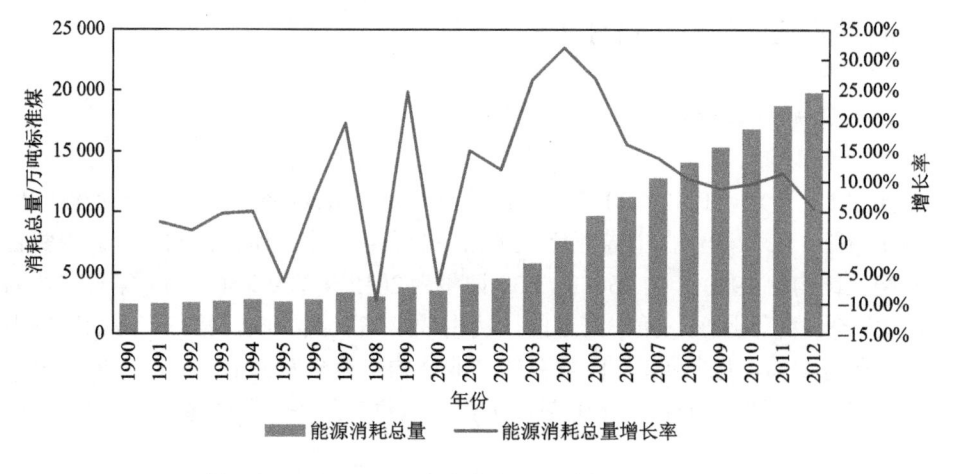

图6-10 1990~2012年内蒙古能源消耗总量与增长率

（三）内蒙古单位地区生产总值能耗

如图6-11所示，2005~2011年内蒙古单位地区生产总值能耗呈现下降的趋势，由2005年的2.480吨标准煤/万元下降到2011年的1.405吨标准煤/万元，年均增长率为-9.04%。全国单位GDP能耗年均增长率为-7.31%，内蒙古单位地区生产总值能耗下降速度稍快于全国水平。2011年，内蒙古单位地区生产总值能耗迅速滑落，增长率为-26.63%。整体来看，2005~2010年，内蒙古单位地区生产总值能耗增长率波动幅度较为平缓，2011年单位地区生产总值能耗下降最快。

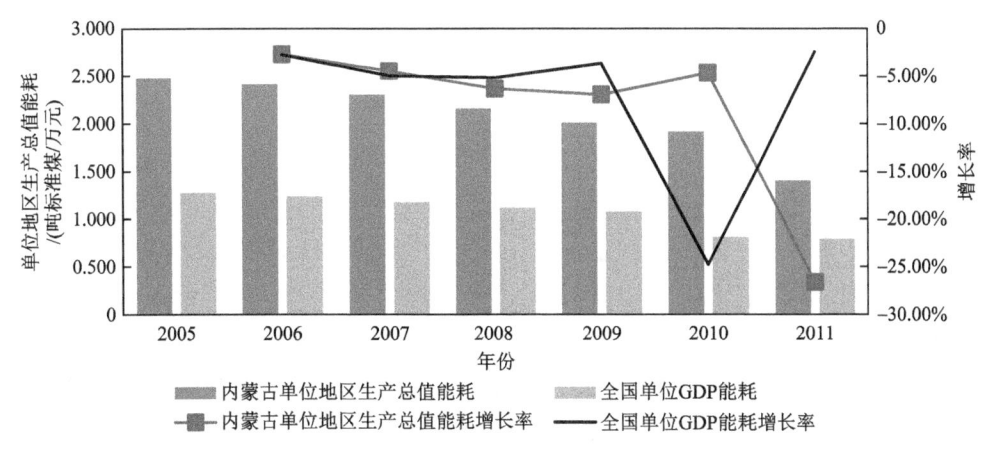

图 6-11　2005～2011 年内蒙古单位地区生产总值能耗及增长率与全国对比

五、内蒙古经济发展潜力分析

(一) 内蒙古教育水平

1. 内蒙古教育经费

如图 6-12 所示，内蒙古的教育经费呈上升趋势，从 2000 年的 580 861.60 万元增加到 2014 年的 6 393 778.00 万元，年均增长率为 18.69%。全国教育经费的年均增长率为 16.64%，内蒙古的教育经费高于全国水平 2.05 个百分点。2000～2014 年，内蒙古的教育经费不断增加，但增长率波动较大。其中 2007 年内蒙古教育经费达到 2 019 986.60 万元，增长率为 36.39%，增长率达到历史最高点，远高于同时期全

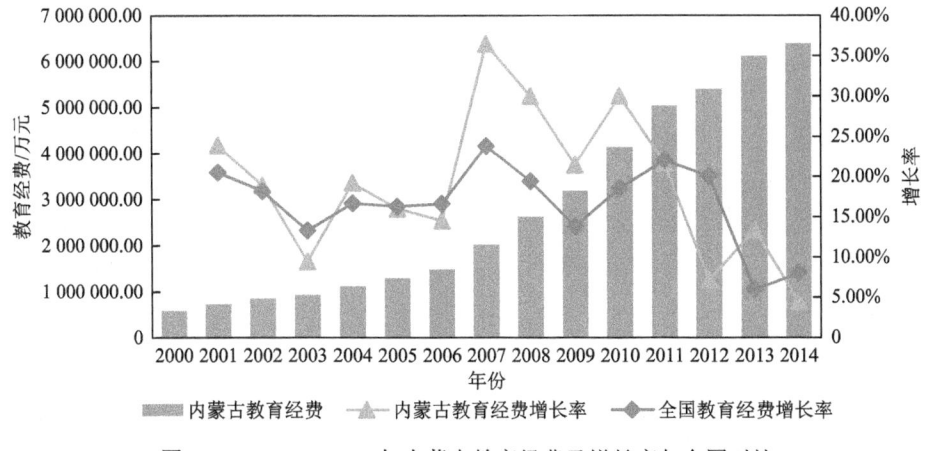

图 6-12　2000～2014 年内蒙古教育经费及增长率与全国对比

国水平，2014年内蒙古教育经费的增长率出现了历史最低点，仅为4.45%，远低于年均增长率以及同时期全国水平。

2. 内蒙古人均教育经费

如图6-13所示，2000~2014年，内蒙古人均教育经费持续增长。从2000年的244.84元上升到2014年的2552.60元。同期，全国人均教育经费从303.69元上升到2398.45元。内蒙古人均教育经费年均增长率为18.23%，全国人均教育经费年均增长率为15.91%，内蒙古的人均教育经费年均增长率高于全国水平2.32个百分点。其中，2007年内蒙古人均教育经费增长率到达最高点，为35.67%，2014年则出现历史新低，仅为4.15%，这个趋势与内蒙古教育经费的增长率是一致的。

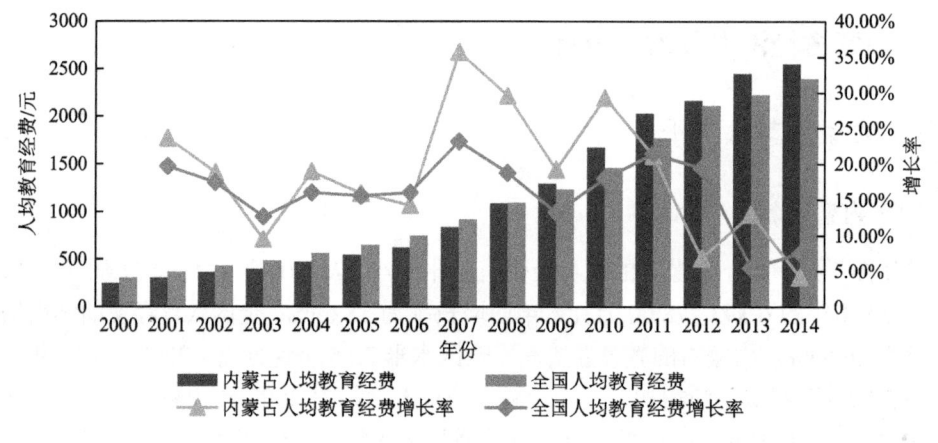

图6-13 2000~2014年内蒙古人均教育经费及增长率与全国对比

3. 内蒙古平均受教育年限

如图6-14所示，内蒙古的平均受教育年限从1991年的6.51年增长到2014年的9.00年，平均受教育年限增加了2.49年。同期，全国的平均受教育年限从1991的6.25年增长到2014年的9.04年，平均受教育年限增加了2.79年。整体来看，内蒙古的平均受教育年限要高于全国水平，仅在2003年、2013年、2014年低于全国水平，分别低0.14年、0.04年与0.03年。由此可见，内蒙古自治区对教育高度重视。

（二）内蒙古科研水平

如图6-15所示，2008~2015年，内蒙古规模以上工业企业的人均科研经费从23.77万元增长到40.64万元，人均科研经费的年均增长率为7.96%。同期，全国

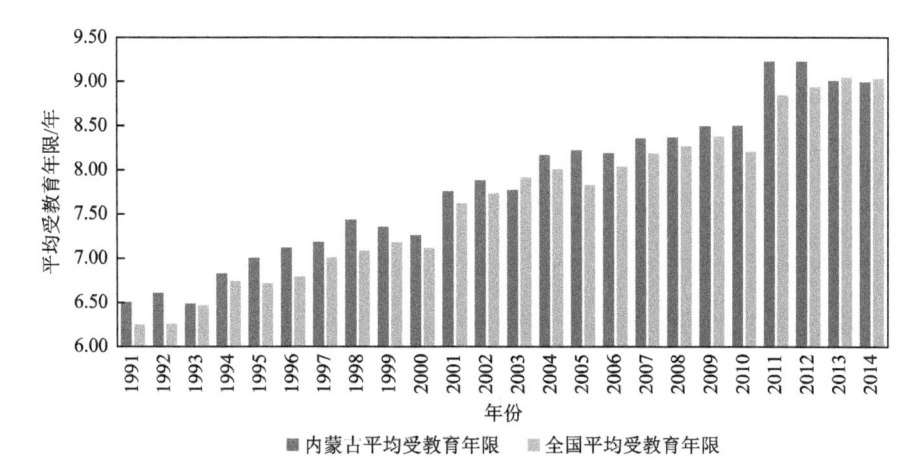

图 6-14　1991~2014 年内蒙古平均受教育年限与全国对比

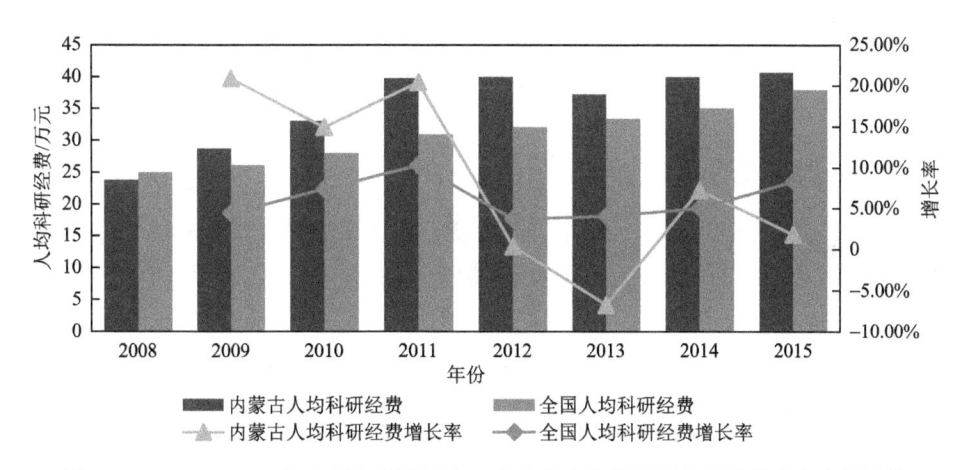

图 6-15　2008~2015 年内蒙古规模以上工业企业人均科研经费及增长率与全国对比

规模以上工业企业的人均科研经费由 2008 年的 24.98 万元增长到 2015 年的 37.96 万元，年均增长率为 6.16%。内蒙古的规模以上工业企业的人均科研经费年均增长率高于全国水平 1.80 个百分点，但在 2012 年、2013 年以及 2015 年低于全国水平，人均科研经费增长率分别为 0.37%、-6.76% 以及 1.83%。

(三) 内蒙古创新水平

1. 内蒙古专利申请数量

如图 6-16 所示，1990~2015 年内蒙古的专利申请数量总体在不断上升，从 1990 年的 347 件上升到 2015 年的 8876 件，年均增长件数为 341 件，创新能力不断增强。1990～2010年专利申请数量平稳缓慢地增长,从2011年开始,专利申请数量有了显著提高,增长加快。2015年达到专利申请数量的最高值。

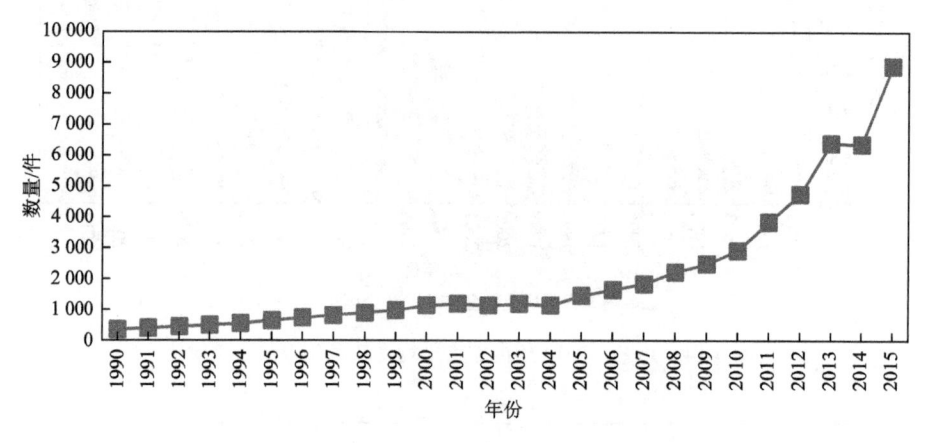

图6-16　1990～2015年内蒙古专利申请数量

2. 内蒙古技术市场成交额

如图6-17所示,1995～2015年,内蒙古的技术市场成交额整体上呈上升趋势,从1995年的12 601.00万元增加到2015年的153 871.52万元,年均增长额为7063.53万元。1995～2011年,内蒙古的技术市场成交额的波动不大,但在2012年出现大幅增长,达到1 060 961.77万元,2013年又迅速回落,跌至387 389.68万元,随后一直处于低迷状态。

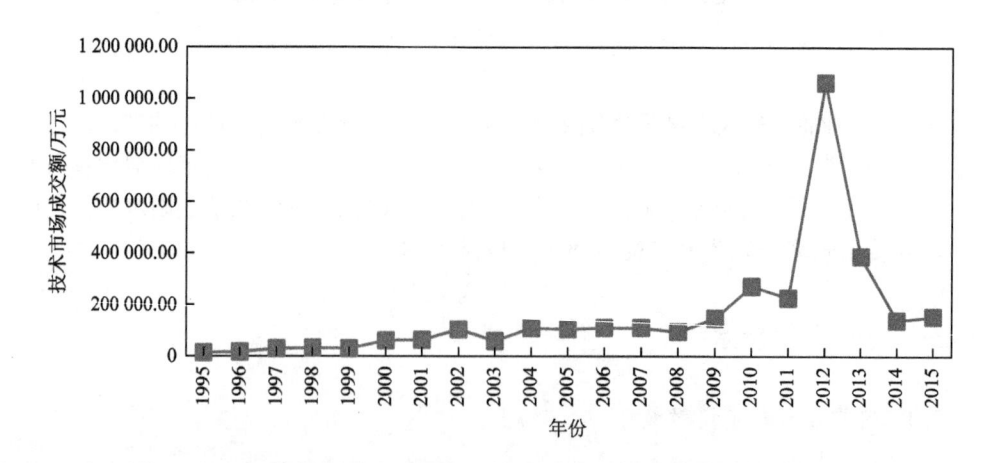

图6-17　1995～2015年内蒙古技术市场成交额

六、内蒙古金融发展水平分析

（一）内蒙古银行业金融机构存贷款余额

如图 6-18 所示，1990~2015 年，内蒙古存款余额不断攀升，由 1990 年的 169.77 亿元上升至 2015 年的 18 172.17 亿元。存款余额年均增长率为 20.55%，增长率波动较大。其中，1993 年的增长率最高，达 33.37%，2014 年的增长率最低，仅为 6.73%。

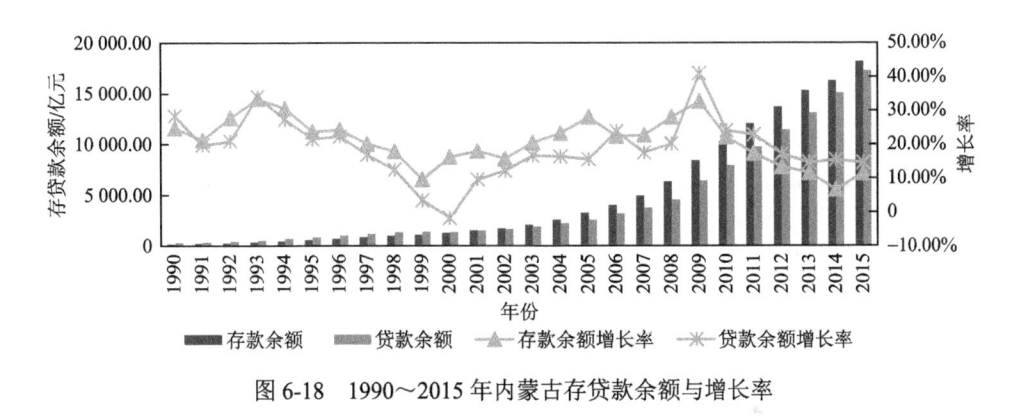

图 6-18　1990~2015 年内蒙古存贷款余额与增长率

此外，内蒙古贷款余额 1990~2015 年总体上也呈现上升趋势，从 1990 年的 272.92 亿元增长到 2015 年的 17 264.33 亿元。贷款余额的年均增长率为 18.04%，但是增长率波动较大。2009 年的增长率达到最高，为 41.03%，2000 年出现了负增长，增长率为-1.72%，贷款余额相比 1999 年减少了 23.43 亿元。

整体来看，1990~2015 年，内蒙古存款余额与贷款余额的增长趋同，只是贷款余额增长率波动更大。在经济低迷期贷款余额增长率为负，低于同时期的存款余额增长率；在经济形势较好期间贷款余额增长率还高于存款余额增长率。

（二）内蒙古保险保费收支

如图 6-19 所示，1993~2015 年内蒙古的保费收入呈现上升趋势，从 1993 年的 9.11 亿元增长到 2015 年的 395.48 亿元。保费收入的年均增长率为 18.70%，增长平稳，只在 1996~1998 年出现了较大波动，1997 年出现了增长最高峰，增长率为 538.99%，1996 年则是保费收入增长率的最低点，为-75.18%，出现负增长，此外，1994 年与 2001 年也出现了负增长，分别为-21.76%、-0.01%。1993~2015 年，内蒙古保险赔付额整体上也处于上升形势，从 1993 年的 4.71 亿元增至 2015 年的 124.54 亿元。整个保险赔付额的年均增长率为 16.05%，但是波动较大，多次出现负增长，如 1994 年、1996 年、1998 年、2001 年以及 2002 年均出现负增长率，分别为 −22.58%、−34.31%、−0.03%、−9.59% 与 −6.08%。保险赔付额增长率的最高点出现在 2007 年，为 172.48%，其次是 1997 年，为 112.13%。

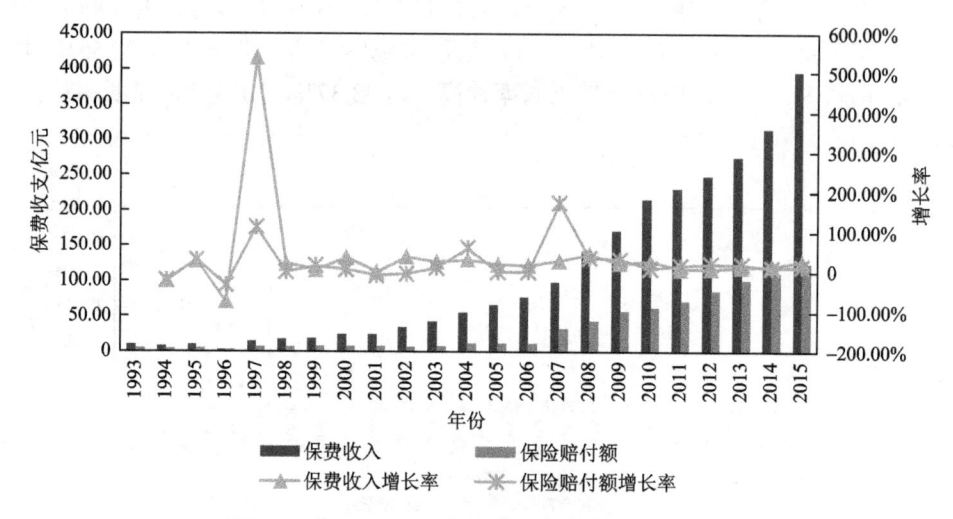

图 6-19　1993～2015 年内蒙古保费收支与增长率

（三）内蒙古上市公司规模

如表 6-1 所示，1994～2012 年，内蒙古每年上市公司的数量在 5 个以内，2000 年上市公司的数量达到 5 个，为历史最高。首发股本在 2001 年达到最高点，为 13.3 亿股，2010 年最低，仅为 0.74 亿股。尽管在 2011 年内蒙古的上市公司只有 2 个，但是首发募集资金达到最高值，为 31.71 亿元，1994 年则处于最低点，仅 1.76 亿元。

表 6-1　内蒙古上市公司情况（1994～2012 年）

年份	上市公司数量	首发股本/亿股	首发募集资金/亿元
1994	1	4.12	1.76
1996	3	1.77	2.87
1997	4	7.16	11.07
1998	1	2.4	3.01
1999	1	0.97	2.39
2000	5	8.64	23.39

续表

年份	上市公司数量	首发股本/亿股	首发募集资金/亿元
2001	2	13.3	31.57
2004	2	2.21	5.87
2007	1	6.54	7.64
2010	1	0.74	5.51
2011	2	7.16	31.71
2012	2	2.46	8.95

第七章　宁夏经济增长篇

一、宁夏概况

（一）基本概况

宁夏简称宁，全称宁夏回族自治区，于1958年10月25日成立，是中国五大少数民族自治区之一，首府为银川。宁夏位于中国西部黄河上游，与陕西省、内蒙古自治区、甘肃省相毗邻。位于北纬35°14′～39°14′，东经104°17′～109°39′。区域南北相距约456千米，东西相距约250千米，呈十字形，总土地面积为6.64万平方千米。宁夏是我国最大的回族聚居区，辖5个地级市，22个县（县级市、市辖区）。宁夏因黄河水灌溉形成了悠久的黄河文明，早在三万年前就已存在人类生息的痕迹。公元1038年，党项族的首领李元昊在此建立了西夏王朝。历史上宁夏也是"丝绸之路"的要道，素有"塞上江南"之美誉。

宁夏回族自治区位于西北内陆高原，属温带大陆性半湿润半干旱气候，宁夏平均海拔在1000米以上，日照时间长，太阳辐射强，具有冬寒长、夏暑短、雨雪少、气候干燥、风大沙多、昼夜温差大、南寒北暖等特点。宁夏夏季基本没有酷暑，年均气温在5～9℃，1月平均气温在-8℃以下，极端低温在-22℃以下。宁夏降水量南多北少，分布不均，雨季为6～9月，干旱山区年均降水量为400毫米，引黄灌区年均降水量为157毫米。

2016年末全区常住人口为674.90万人，比上年末增加7.02万人。其中，城镇人口为379.87万人，占常住人口的56.29%，比上年提高1.07个百分点。人口出生率为13.69‰，死亡率为4.72‰，人口自然增长率为8.97‰，比上年上升0.93个千分点。

（二）自然资源概况

1. 矿产资源

宁夏矿产资源以化石燃料和非金属矿产为主，已获探明储量的矿产种类达34种。宁夏人均自然资源潜在价值为全国水平的163.5%。已探明煤炭储量300多亿吨，预测储量2020多亿吨，位居全国第六，人均占有量是全国水平的10.6倍。

宁夏化石燃料中以煤为主，且煤种齐全，煤质优良，分布广泛，含煤地层分布面积约占宁夏土地面积的1/3，主要分布在贺兰山、宁东、香山和固原四个区域。宁夏石油、天然气也有相当储量，主要分布于灵武、盐池地区，具备发展大型石油天然气化工的良好条件。非金属矿产主要有石膏、石灰岩、白云岩、石英岩（砂岩）、黏土、磷、铸型用砂、硫铁矿、铸石原料和膨润土等，其中石膏、石灰岩、石英岩及黏土均为宁夏优势矿产。宁夏的石膏矿藏量位居中国第一，探明储量为45亿吨以上，一级品占总储量的50%以上。同心县贺家口子大型石膏矿床，石膏层多达20余层，总厚度为100米左右，储量达20亿吨，是我国罕见的大型石膏矿床。

2. 水资源

宁夏处中部偏北，距海遥远，降水量稀少，是中国水资源最少的省区，无论大气降水、地表水还是地下水都十分匮乏。其水资源有空间上、下分布不均，时间变化大的突出特点。黄河干流在宁夏的过境量虽达到525亿立方米，但仅有40亿立方米可供宁夏利用，且可使用量在逐年减少。水利资源在地区上分布也极度不均，绝大部分水资源集中在北部引黄灌区，南部属于半干旱半湿润山区，河系较为发育，主要河流有清水河、苦水河、葫芦河、泾河等。而中部高原丘陵区最为干旱缺水，不仅地表水量小，而且水质含盐量高，多数地下水属苦水，或因地下水埋藏较深而难以灌溉，利用价值较低。

3. 湿地资源

宁夏回族自治区总湿地面积为20.72万公顷，可分为河流湿地、湖泊湿地、沼泽湿地和人工湿地四大类。其中河流湿地占宁夏总湿地面积的47.25%，河流湿地包括永久性河流湿地、季节性或间歇性河流湿地和洪泛平原湿地3个类型，总面积为1041平方千米。湖泊湿地、沼泽湿地、人工湿地各占16.17%、18.38%和18.20%。黄河斜贯中北部，穿过银川平原，流程为397千米，主要支流有清水河、苦水河、葫芦河等，全区年均径流量为266亿立方米，在黄河两岸和清水河流域形成了丰富的湿地资源。宁夏湿地类型的多样性形成了湿地植被、动物种类的多样性，是全球重要的鸟类迁徙繁衍地。

二、宁夏经济发展特色

（一）宁夏特色产业

1. 葡萄酒产业

宁夏葡萄酒产业主要集中于贺兰山东麓，贺兰山东麓葡萄酒产区位于北纬

37°43′~39°23′，是世界酿酒葡萄种植的优势地带，属温带半干旱半湿润气候，独特的地理位置和气候条件使之成为世界少数可以生产优质高端葡萄酒的产区之一。该地区在2002年被确定为国家地理标志产品保护区，是我国最大的葡萄酒地理标志产品保护区。

贺兰山东麓葡萄酒近些年发展势头迅猛，在各项国际葡萄酒大赛中斩获300余个奖项，获奖葡萄酒种类多、酒庄数量大，由此可见宁夏葡萄酒产业已非常富有竞争力，跻身于世界高品质葡萄酒行列。其中"宁夏贺兰山东麓葡萄酒"以其140.96亿元的品牌价值从数百个国家地理标志产品中脱颖而出。截止到2016年，宁夏葡萄种植总面积超过62万公顷，建成酒庄86个，在建酒庄98个，年产葡萄酒1.2亿瓶，同比增长20%；实现销售收入50亿元，占2016年全区私营企业收入的4.24%，同比增长67%；实现综合产值200亿元，占2016年宁夏地区生产总值的6.87%，同比增长20%。截至2017年10月，宁夏葡萄种植面积已超过82万公顷，位居世界第二。

葡萄酒产业取得重大成果的同时带动了当地的旅游产业、文化产业等第三产业的发展，为当地失业群众创造就业岗位，截止到2016年底，为区域内群众提供12万个就业岗位，工资收入超过9亿元，人均收入达到2788元，占当地农民人均收入的28%，成为区域内农民增收的主导产业。葡萄酒产业同时带领当地农民脱贫致富，为扶贫工作做出了很大的贡献。旅游产业每年接待游客30余万人次，且逐年递增，为当地第三产业的发展带来巨大潜力。

2. 宁东煤化产业——煤制油

宁东是全国能源化工"金三角"的重要一极，是"西气东输"中继枢纽，也是连接中亚地区的重要纽带，在油气管网通道上具有显著的区位优势。宁东能源化工基地是宁夏最大的产业基地，同时是重要的国家级能源基地，是国家规划建设的六大坑口电力基地和六大煤化基地之一。2015年，已建成25万吨/年煤基甲醇、21万吨/年煤基二甲醚项目，还在建设60万吨/年煤基甲醇及52万吨/年煤基烯烃项目。2003年至今，宁东肩负着宁夏全面建成小康社会"一号工程"的使命，为我国经济发展及能源战略的实施做出巨大贡献。

神华宁夏煤业集团公司是宁东最具规模的企业。原煤产量由2002年的1574万吨增长到2017年上半年的3182万吨，生产和在建矿井总规模突破1亿吨；营业总收入由2002年的30亿元增长到2017年的289亿元，增长了近9倍；利润由2002年的1500万元增长到2017年的63亿元，增长了419倍。

2016年12月28日，经过数万工人耗时39个月的工作，总投资550亿元、年转化煤炭2036万吨的世界单套装置规模最大的煤制油项目，神华宁夏煤业集团公司400万吨煤炭间接液化示范项目A线一次试车成功打通全流程，可年产油品405万吨。其中柴油273万吨，石脑油98万吨，液化气34万吨。这一项目在环境保护方面有利于降低二氧化硫、氮氧化物、碳氢化合物和颗粒物等污染物的排放，降低空气污染，减少雾霾的发生。宁东煤制油项目超标完成了国产化装备任务，国产化率达到 98.5%，国内装备制造业的技术和制造能力有了显著的提升，从而提高了市场竞争力，实现了突破性的发展。

2017 年宁东煤制油项目进入全面商业化运营，建成达产后年均销售收入为 266 亿元，年均利税总额为 153 亿元。到 2020 年按照宁夏"一号蓝图"的发展，基地每年将产出 800 万吨油品和 200 万吨聚烯烃，总产值将突破 800 亿元，新增就业岗位 10 万多个，地区生产总值达到 2000 亿元，在促进宁夏经济发展方面有着重大意义。

中共中央总书记、国家主席、中央军委主席习近平发来贺电指出，这一重大项目建成投产，对我国增强能源自主保障能力、推动煤炭清洁高效利用、促进民族地区发展具有重大意义，是对能源安全高效清洁低碳发展方式的有益探索，是实施创新驱动发展战略的重要成果。

3. 云产业基地

宁夏中卫市位于中国地理位置的几何中心，到全国各大城市距离均在 2000 千米以内，成本优势明显，电力能源富集，年均气温为 8.8℃，可以最大地降低能耗，是光纤网络覆盖全国的最优选择点。目前亚马逊公司等龙头企业落地宁夏，建设全球最大云产业基地。中国移动通信集团有限公司、北京奇虎科技有限公司、北京三快在线科技有限公司（美团）等一批云制造、云服务、云应用企业也在中卫落户。使中卫从一个不知名的小城市一跃而成一个拥有 140 家云计算企业的大数据聚集地，带动当地经济迅速发展。其中亚马逊公司总投资 15 亿美元，一期建成 3 栋机房，其中 900 个机架 3.5 万台服务器已完成测试；微软公司一期投资 17 亿美元建设数据中心；中国移动通信集团有限公司投资 25 亿元。西部云基地计划未来几年在中卫工业园区、迎水桥、宣和寺口子三个地方建设大型数据中心，总规划占地 4200 亩，部署 210 万台服务器，规划总投资为 630 亿元。2017 年年底建成 30 万台服务器，总投资超过 96 亿元，建成后年新增产值约 180 亿元，实现利税为 14 亿元；远期规划建成后年新增用电为 110 亿千瓦·时，新增产值为 1000 亿元，实现利税为 100 亿元，带动本地相关产业新增产业值 9.4 亿元。中卫未来将会成为中国信息产业的"凤凰城"。

4. 光伏产业

世界光伏看中国，中国光伏看西北，西北光伏看宁夏。宁夏海拔较高，日照时间长，辐射强度高，属于高辐射区，可开发量达 2000 万千瓦，截止到 2015 年底，全区建设 306 万千瓦的并网光伏电站，相比于 2011 年增长了 33 倍，光伏发电量超过 35 亿千瓦·时，比 2010 年增长了 35 倍，位居全国前列。

世界最大单体光伏 2000 兆瓦发电项目目前正在宁夏盐池县分期建设，首期

800 兆瓦已经建成。这个世界最大单体光伏电站由中国民生投资公司投资建设，计划总投资 156 亿元。盐池县一期首批 380 兆瓦于 2016 年 6 月 28 日并网发电，发电 5.75 亿千瓦·时左右，产值为 4.66 亿元，并且为 1700 户村民建设屋顶光伏电站，签订协议：向农户每年支付 2800 元电费收益，全部建成后 20 年可以为 1700 户农民累计提供收益 9520 万元，这一项目有力地带动当地经济发展。

5. 特色旅游业

宁夏地处中国西北，有"塞上江南"的美称。宁夏依托其地理位置、历史文化，以及宗教氛围逐渐打造其地方品牌旅游产业。其中主要有"六盘山上高峰"的红色生态旅游资源；"晨曦初升照南关，同心清真灯火暖"的以同心清真大寺、南关清真大寺以及回族文化园为代表的回族宗教文化旅游资源；"玉带天降隔沙海，白塔列阵镇山川"的以沙坡头、沙湖为代表的黄河金岸旅游资源；已寂寞千年的西夏王陵这一西夏文化旅游资源。近年来随着贺兰山葡萄酒产业的雄起，酒庄旅游也成为越来越多游客的选择。2013 年宁夏被美国《纽约时报》评为全球 46 个必去的旅游目的地之一。

截至 2016 年底，宁夏回族自治区接待游客总人数提升到 2159.95 万人次，突破了 2000 万人次，同比增长 12.22%；旅游总收入增长至 210.02 亿元，突破 200 亿元，同比增长 20.63%。旅游产业占全区生产总值的 6.73%。在带动全区经济发展的同时带动了乡村扶贫工作。2016 年，全区乡村旅游接待人数为 578 万人次，旅游收入达 3.88 亿元，相比 2015 年及 2014 年同比增长 55.81%和 44.09%，直接就业人数为 1 万人，带动就业人数为 7 万人。未来宁夏旅游业将会成为经济发展之路的中坚力量。

（二）宁夏重大发展战略

1. 内陆开放型经济试验区

宁夏内陆开放型经济试验区涵盖宁夏全境 6.26 万平方千米地域，633 万人口，是在 2012 年 9 月由国务院发文《国务院关于宁夏内陆开放型经济试验区规划的批复》建立的中国第一个内陆开放型经济试验区。宁夏地处中国陆地几何中心，拥有"丝绸之路"古道、承接东西的地理优势；是中国唯一的省级回族自治区，具有中阿博览会永久举办地的文化优势；宁夏地处半湿润半干旱气候，蜿蜒的黄河穿流而过，具有日照时间长、风力资源丰富的资源优势；宁夏位处沿黄经济区，是中阿博览会的举办地，同时建有银川综合保税区，三大平台优势将其作为向西开放的战略高地。同时宁夏回族聚居人口众多，具有得天独厚的区位优势，是国家重要的清真食品和穆斯林用品产业集聚区、承接产业转移的示范区。通过经济、政治、文化、社会、生态五位一体协调发展，将宁夏北部沿黄经济区定位为城市化与经济发展先行区，宁夏中南部地区定位为生态文明先行区，使南北统筹协调发展。

2. "一带一路"倡议

2015年3月28日，国家发展改革委、外交部、商务部联合发布《推动共建丝绸之路经济带和21世纪海上丝绸之路的愿景与行动》。作为我国最大的回族聚居区，宁夏是我国与阿拉伯国家和地区等进行经贸、文化交流的重要媒介。随着内陆开放型经济试验区的开放和银川综合保税区的建立，宁夏成为"一带一路"的战略支点，它位于中国地理的几何中心，东连新亚欧大陆桥，西连西北华北的交通要道，是我国向西开放的"桥头堡"，内有包兰铁路、中宝铁路陆地交通轨道及以河东机场、固原机场、沙湖机场作为重要交通枢纽，完善的交通体系让世界丝绸之路沿线各国家及地区可以从宁夏开始了解中国。

宁夏参与"一带一路"倡议的目的：一是与阿拉伯国家和地区构建以能源合作为主，以基础设施建设、贸易往来为辅，以航天航空、新能源及核能为突破点的"1+2+3"的合作格局；二是确定首要项目（如中海自由贸易区、中阿共同投资基金等）的落地及远期项目（如北斗卫星导航系统阿拉伯项目）的规划；三是利用中海战略对话平台，逐步推进与埃及、阿拉伯联合酋长国、苏丹、伊拉克、沙特阿拉伯、阿尔及利亚六个国家的双边合作；四是吸引中东客商在宁夏进行经济投资、经济合作及贸易往来；五是在安全反恐方面展开合作；六是促进西部边陲的少数民族地区的发展，促进我国经济转型，实现中华民族伟大复兴。

三、宁夏经济发展基本概况[①]

（一）宁夏地区生产总值及人均地区生产总值概况

1. 宁夏地区生产总值

从图7-1可以得知，1990~2015年，宁夏地区生产总值一直处在增长的状态，宁夏地区生产总值年均增长率保持在16.40%，远高于同期全国GDP年均增长率。但是此期间地区生产总值增长率波动较大，经过1990~1995年的高速爆发增长，1996~2002年，宁夏地区生产总值增长率一直在低位徘徊。2003年和2004年，宁夏地区生产总值增长开始加速。自2006年起，宁夏地区生产总值

---

① 资料来源：《中国统计年鉴》（1990~2016年）、《宁夏统计年鉴》（1990~2016年）

增长率明显提升，同年达到 19.77%。宁夏的经济发展可以分为两个阶段：第一阶段为 1990~1999 年，第二阶段为 2000~2015 年。

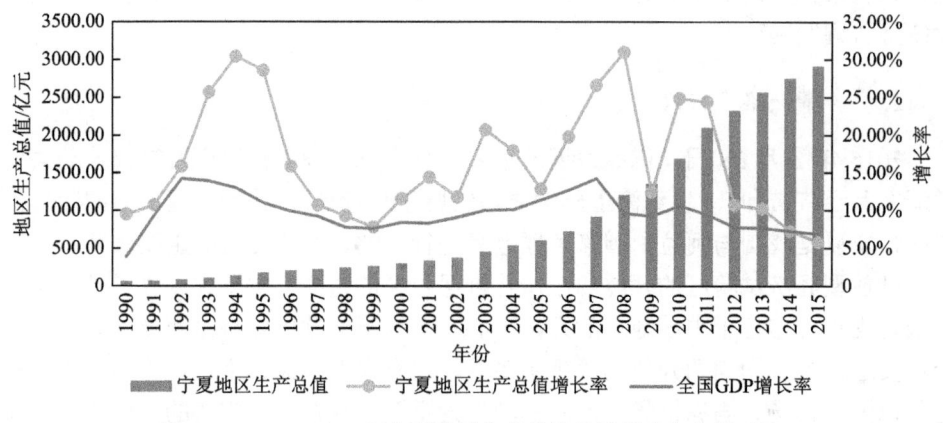

图 7-1 1990~2015 年宁夏地区生产总值及增长率与全国对比

第一阶段（1990~1999 年）：20 世纪 90 年代，中国开始明确提出建设社会主义市场经济体制的改革目标，改革开放进入新的阶段。此时期，中国经济正在改革开放的摸索阶段，再加上 1998 年亚洲金融危机的影响，中国 GDP 增长率一直处于低位运转，1999 年 GDP 增长率更是下降到 7.7%的最低点。从图 7-1 可以看出，1990~1999 年，宁夏地区生产总值从 64.84 亿元增长到 1999 年的 264.58 亿元。该时期地区生产总值增长率波动较大，增长最快的年份为 1994 年（30.40%），最慢的年份为 1999 年（7.80%）。

第二阶段（2000~2015 年）：进入 21 世纪，中国经济发展进入了新的时期，2001 年中国加入 WTO，标志着中国市场化改革正在与世界接轨，中国经济将正式参与世界竞争。这一阶段宁夏地区生产总值增长十分迅速，增长率高且趋于稳定。从图 7-1 可以看出，这一阶段宁夏地区生产总值增长较第一阶段在质和量上都有了显著提高。2003 年、2008 年、2010 年和 2011 年宁夏地区生产总值呈现出增长率高、效益好的良好态势。2003 年地区生产总值达到 455.36 亿元，同比增长 20.73%，创 1996 年以来最高增长率。2004 年后连续 10 年保持 10%以上的增长率。到 2011 年，宁夏地区生产总值突破 2000 亿元，达到 2102.21 亿元。2015 年宁夏地区生产总值达到 2911.77 亿元，增长率为 5.80%，略低于全国 6.90%的增长率。

2. 宁夏人均地区生产总值

人均地区生产总值方面，由图 7-2 可以看出，宁夏 1990~2015 年的人均地区生产总值增长率走势与全国人均 GDP 增长率走势呈完全正相关，随着全国人均 GDP

增长率的提高而提高，随着全国人均 GDP 增长率的下降而下降。1990～2015 年人均地区生产总值年均增长率达到 14.65%，与同期全国人均 GDP 年均增长率基本持平。2015 年宁夏人均地区生产总值达到 43 805 元，较上一年增长 4.71%。

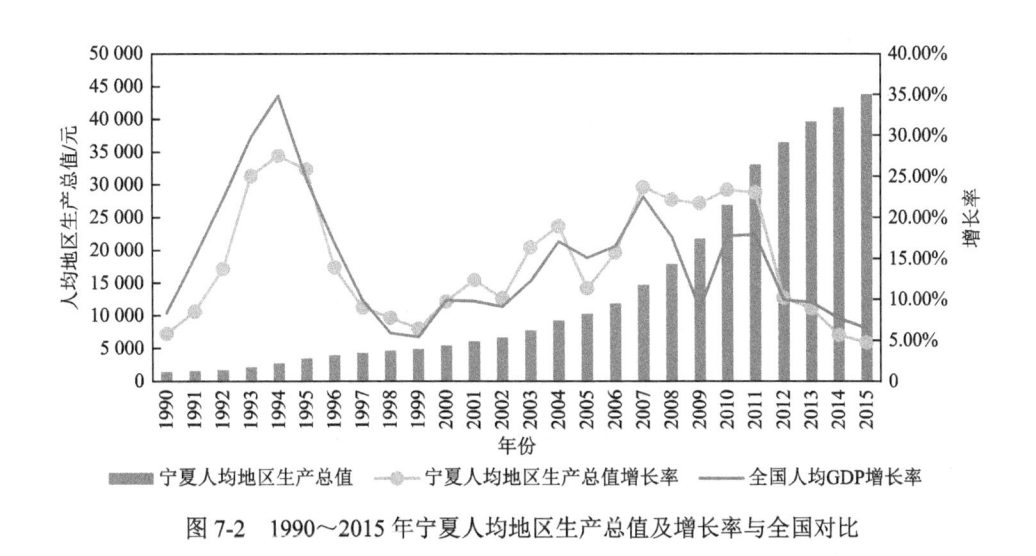

图 7-2　1990～2015 年宁夏人均地区生产总值及增长率与全国对比

第一阶段（1990～1999 年）：在确立发展社会主义市场经济的第一阶段，国民经济在探索中稳步发展，但人均 GDP 整体增长缓慢。宁夏人均地区生产总值在 1990～1994 年增长迅速，从 1393 元增加到 2740 元，年均增长率达 18.43%，但是 1995～1999 年人均地区生产总值增长率开始逐步降低。

第二阶段（2000～2015 年）：进入 21 世纪，中国经济开始复苏，GDP 稳步快速发展，人均 GDP 也逐年上升。此期间，宁夏人均地区生产总值年均增长率达 14.85%，高于全国水平。其中 2004 年、2007 年、2010 年人均地区生产总值增长率分别达到 18.94%、23.66%、23.34%。2014 年人均地区生产总值突破 40 000 元大关，达 41 834 元。

（二）宁夏全社会固定资产投资

全社会固定资产投资是反映固定资产投资规模、速度、比例关系的指标。如图 7-3 所示，1990～1999 年宁夏的全社会固定资产投资额增长率经历了较大的波动，1990 年全社会固定资产投资额为 21.96 亿元，1993 年全社会固定资产投资额达到 52.67 亿元，年均增长率达到 33.86%。1994～2000 年，宁夏全社会固定资产投资额增长放缓。2001 年后，中国经济发展进入快车道，宁夏的全社会固定资产投资额连续 10 年增长率超过 15%。

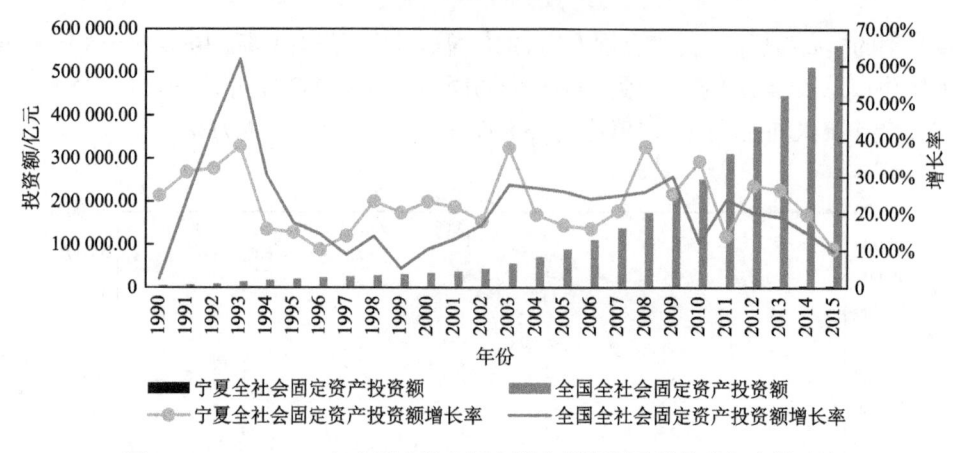

图 7-3　1990～2015 年宁夏全社会固定资产投资额及增长率与全国对比

宁夏的全社会固定资产投资额增长率趋势与全国水平趋同，但是年均增长率略高于全国水平，其中 2008 年宁夏全社会固定资产投资额增长率达到 38.12%，高于全国水平 13.73 个百分点。

（三）宁夏城镇居民人均可支配收入

如图 7-4 所示，城镇居民人均可支配收入是衡量国民生活质量、经济发达程度的重要指标。1990～2015 年宁夏的城镇居民人均可支配收入总体表现为上升趋势，从 1990 年的 1421.20 元增长到 2015 年的 25 186.01 元，年均增长率为 12.19%。宁夏城镇居民人均可支配收入增长率波动较大。1993 年和 1994 年是宁夏城镇居民人均可支配收入增长率最高的两年，城镇居民人均可支配收入分别为 2170.56 元

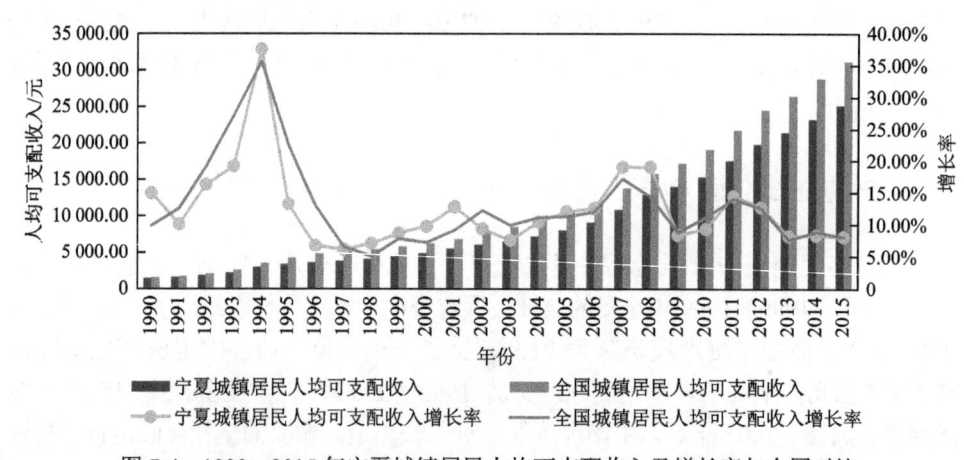

图 7-4　1990～2015 年宁夏城镇居民人均可支配收入及增长率与全国对比

和 2985.86 元,增长率分别为 19.21%和 37.56%。但是在 1995~2000 年,宁夏城镇居民人均可支配收入处于缓慢增长阶段,1997 年宁夏城镇居民人均可支配收入为 3836.56 元,较上一年仅增长 6.21%,并且连续 3 年处于低增长状态。2000 年后,中国经济开始加速增长,城镇居民人均可支配收入也开始进入增长之路,2007 年,宁夏城镇居民人均可支配收入突破 10 000 元,达到 10 859.00 元,较前一年增长 19.11%。2008 年后,经济增长趋于平缓,到 2015 年,宁夏城镇居民人均可支配收入达 25 186.01 元,此期间,年均增长率回归到 8.17%的水平。

(四)宁夏消费水平

1. 宁夏全社会消费总额

如图 7-5 所示,1990~2015 年,宁夏全社会消费总额呈上升趋势,其增长率与全国增长率趋势基本保持一致,从 1990 年的 30.00 亿元上升到 2015 年的 789.60 亿元,年均增长率达到 13.98%,但是低于全国水平 1.13 个百分点。在经过 1990~1995 年一轮较快增长后,年均增长率保持在 10%左右的水平,2005 年宁夏全社会消费总额猛增到 175.80 亿元,增长率达到 27.58%。2003~2015 年,宁夏的全社会消费总额保持高速增长,年均增长率达到 16.62%,高于全国水平 1.42 个百分点。

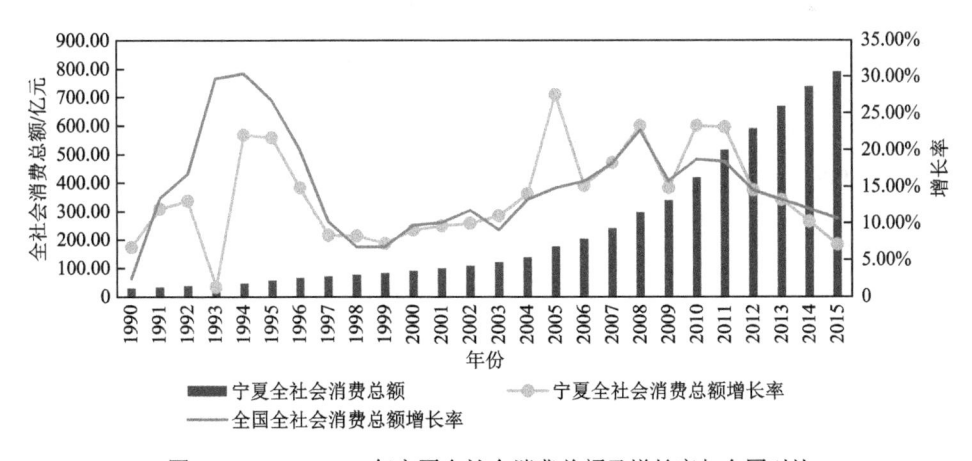

图 7-5 1990~2015 年宁夏全社会消费总额及增长率与全国对比

2. 宁夏人均消费

1)宁夏城镇居民人均消费

如图 7-6 所示,宁夏城镇居民人均消费支出从 2002 年的 5104.90 元增加至

2015 年的 18 983.88 元，年均增长率为 10.63%。同期，全国城镇居民人均消费支出从 2002 年的 6029.90 元增长到 2015 年的 21 392.36 元，年均增长率为 10.23%，低于宁夏 0.40 个百分点。2002~2015 年，宁夏城镇居民人均消费支出增长平稳，增长率整体在 10%左右。其中 2008 年宁夏城镇居民人均消费支出增长率最高，达到 22.27%，高于全国水平 9.81 个百分点。

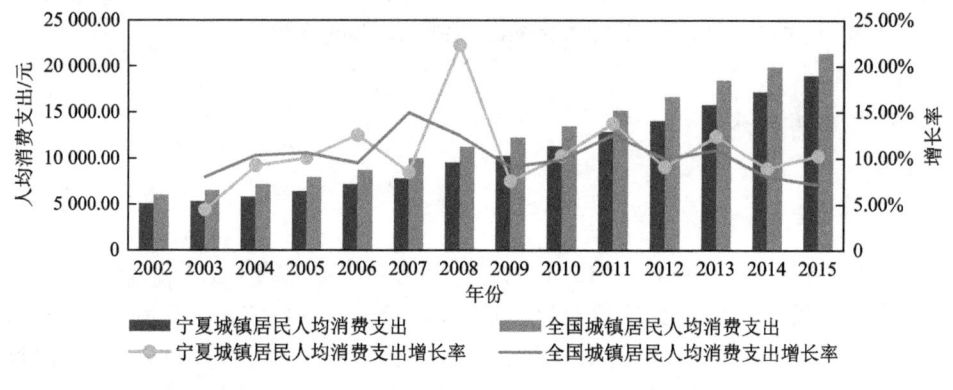

图 7-6　2002~2015 宁夏城镇居民人均消费支出及增长率与全国对比

2）宁夏农村居民人均消费

相较于城镇居民人均消费水平，农村居民人均消费水平依然处于较低发展阶段。如图 7-7 所示，2002 年宁夏农村居民人均消费支出为 1418.10 元，2015 年宁夏农村居民人均消费支出为 8414.87 元，年均增长率为 14.68%。同期，全国农村居民人均消费支出从 2002 年的 1834.30 元增加到 2015 年的 9222.59 元，年均增长率为 13.23%。宁夏农村居民人均消费支出的年均增长率与全国水平基本持平，2003 年、2004 年、2008 年、2010 年、2012 年、2014 年高于全国水平，其他年份落后全国水平。

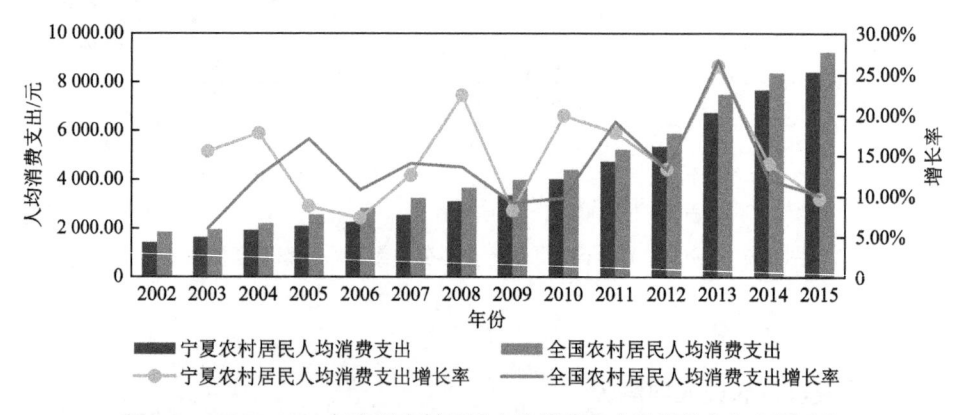

图 7-7　2002~2015 年宁夏农村居民人均消费支出及增长率与全国对比

（五）宁夏一般公共财政收入

如图 7-8 所示，1990~2015 年，宁夏一般公共财政收入由 6.23 亿元增长到 373.45 亿元，年均增长率达 17.79%，2011 年，宁夏一般公共财政收入为 219.98 亿元，较前一年增长 43.26%，为增长率最高的一年。1993 年宁夏一般公共财政收入增长率达 40.36%，1994 年收入出现负增长，较上年减少 33.92%，是宁夏一般公共财政收入降幅最大的一年。虽然在 2002 年再次出现负增长，但是只有 -3.99%，总体上在 2000 年后宁夏一般公共财政收入增长较迅速，年均增长率达到 21.09%。

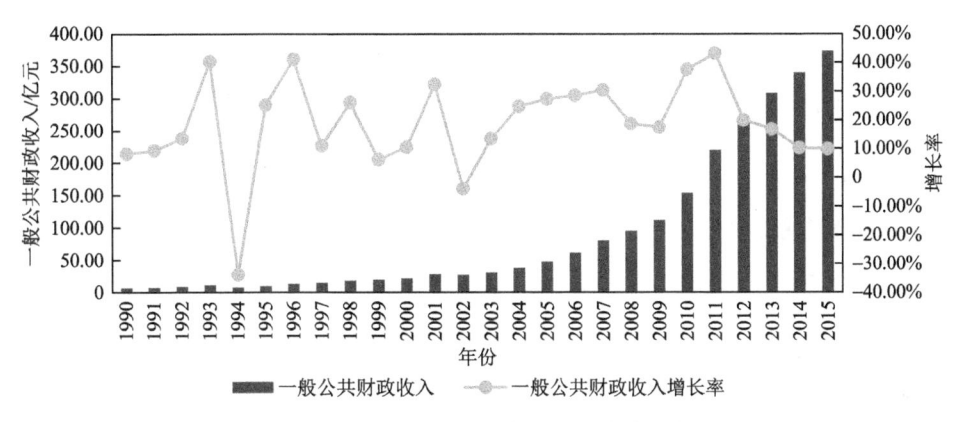

图 7-8　1990~2015 年宁夏一般公共财政收入与增长率

四、宁夏经济发展质量分析

（一）宁夏产业结构

如图 7-9 所示，1990~2015 年，宁夏第一产业发展平稳，第二产业处于主导地位，第三产业增长速率较快。宁夏三次产业结构由 1990 年的 26∶39∶35 调整到 2015 年的 8∶47∶45。第一产业的比例降低 18 个百分点，第二产业的比例由 39% 增长到 47%，第三产业的比例由 35% 增长到 45%。目前宁夏第二产业依旧是主导产业。2015 年宁夏第二产业增加值为 1379.60 亿元。受全球经济周期影响，第二产业在 GDP 的占比在 2010~2015 年有所下降，但依然高于同期全国水平。

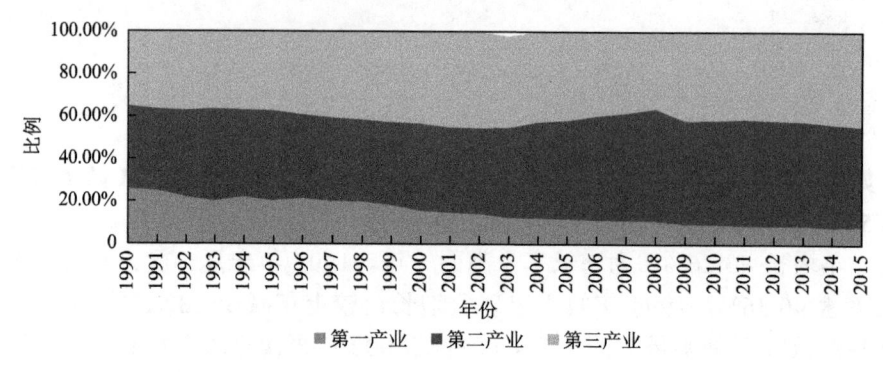

图 7-9　1990～2015 年宁夏三次产业结构

（二）宁夏能源消耗

如图 7-10 所示，宁夏能源消耗总量总体呈上升趋势，1990～2001 年能量消耗总量差距不大，增长较为缓慢，年均增长率为 2.40%。2002 年能源消耗总量突破 1000 万吨标准煤。2003 年开始，能源消耗总量增加速度较快。2002～2012 年，能源消耗总量由 1041 万吨标准煤增加到 4562 万吨标准煤，年均增长率达到 15.92%。其中 2003 年能消耗总量为 2015 万吨标准煤，相比前一年增加 93.56%，增长率最高。

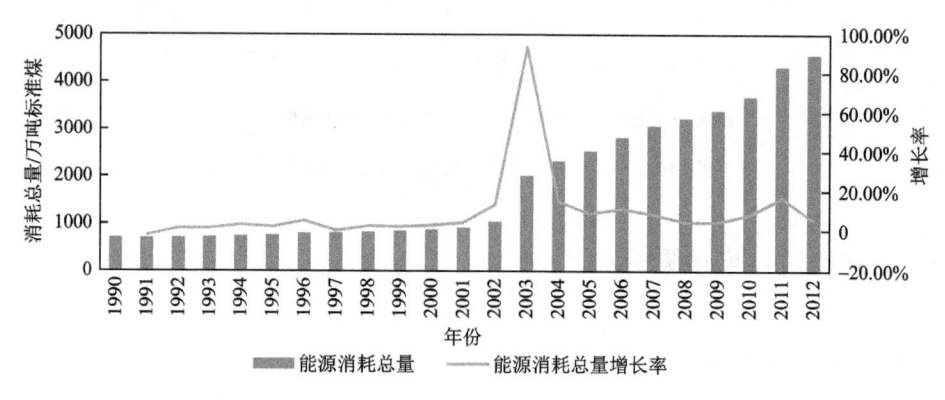

图 7-10　1990～2012 年宁夏能源消耗总量与增长率

（三）宁夏单位地区生产总值能耗

如图 7-11 所示，宁夏单位地区生产总值能耗逐年降低，由 2005 年的 4.140 吨标准煤/万元减少到 2011 年的 2.050 吨标准煤/万元，单位地区生产总值能耗年均增长率为 –11.05%。其中 2008 年增长率最低，单位地区生产总值能耗为 2.680 吨标准煤/万元，比 2007 年降低了 19.89%。宁夏在 2005～2011 年单位地区生产总值能耗远高于全国单位 GDP 能耗，年均增长率比全国水平（–7.31%）低 3.74 个百分点。

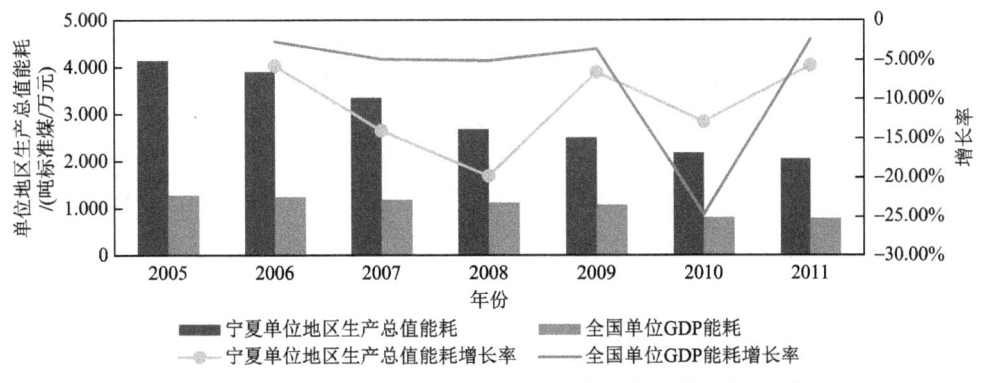

图 7-11　2005~2011 年宁夏单位地区生产总值能耗及增长率与全国对比

五、宁夏经济发展潜力分析

（一）宁夏教育水平

1. 宁夏教育经费

如图 7-12 所示，宁夏的教育经费呈上升趋势，从 2000 年的 148 649.00 万元增加到 2014 年的 1 697 964.00 万元，年均增长率为 19.00%。全国教育经费的年均增长率为 16.64%，宁夏的教育经费年均增长率高于全国水平 2.36 个百分点。整体上看，2000~2014 年，宁夏的教育经费增长率波动较大。其中 2003 年、2006 年、2012 年和 2014 年宁夏教育经费的增长率分别仅为 6.59%、9.70%、6.73% 和 7.54%，远低于年均增长率。

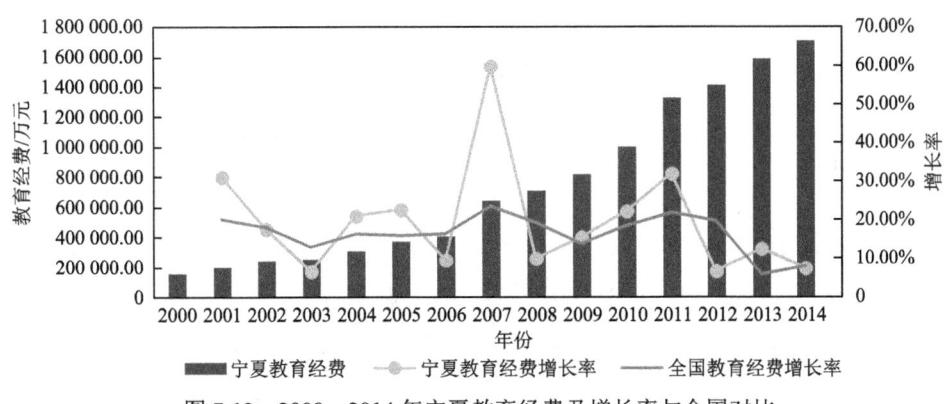

图 7-12　2000~2014 年宁夏教育经费及增长率与全国对比

2. 宁夏人均教育经费

2000~2014 年，宁夏人均教育经费增长较快，从 2007 年开始超过全国水平。

如图 7-13 所示，2000 年，宁夏人均教育经费为 268.16 元，全国人均教育经费为 303.69 元。到 2014 年，宁夏人均教育经费达 2566.68 元，全国人均教育经费达 2398.45 元。宁夏人均教育经费年均增长率为 17.51%，全国人均教育经费年均增长率为 15.91%，宁夏人均教育经费年均增长率高于全国水平 1.60 个百分点。其中 2003 年、2012 年宁夏的人均教育经费增长率较低，分别为 5.00%和 5.45%，2007 年增长率最高，达到 58.05%。

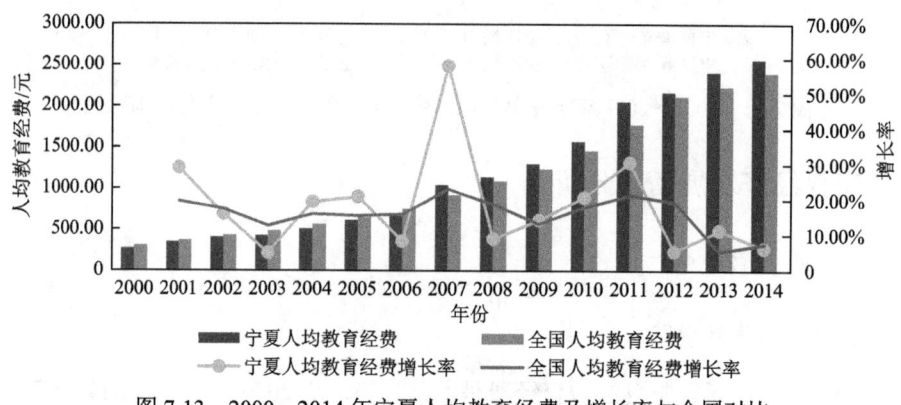

图 7-13　2000~2014 年宁夏人均教育经费及增长率与全国对比

3. 宁夏平均受教育年限

如图 7-14 所示，宁夏的平均受教育年限从 1991 年的 5.82 年增长到 2014 年的 8.55 年，平均受教育年限增加了 2.73 年。同期，全国的平均受教育年限从 1991 的 6.25 年增长到 2014 年的 9.04 年，平均受教育年限增加了 2.79 年。宁夏平均受教育年限增加值与全国平均受教育年限增加值基本持平。1991 年以来，宁夏的平均受教育年限均落后于全国平均受教育年限。

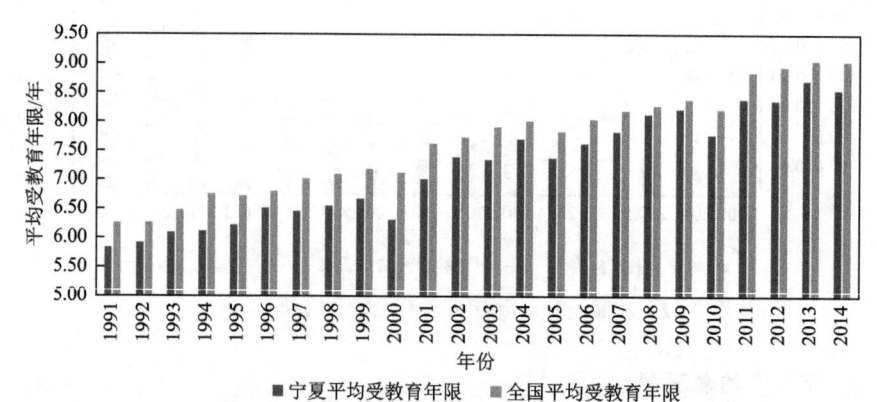

图 7-14　1991~2014 年宁夏平均受教育年限及增长率与全国对比

（二）宁夏科研水平

2008~2015年，宁夏规模以上工业企业科研人员从2831人增加到5470人。如图7-15所示，宁夏规模以上工业企业的人均科研经费由2008年的6.00万元增长到2015年的20.05万元，年均增长率为18.81%。同期，全国规模以上工业企业的人均科研经费由2008年的24.98万元增长到2015年的37.96万元，年均增长率为6.16%。2008年以来，宁夏人均科研经费一直低于全国人均科研经费，且差距较大。

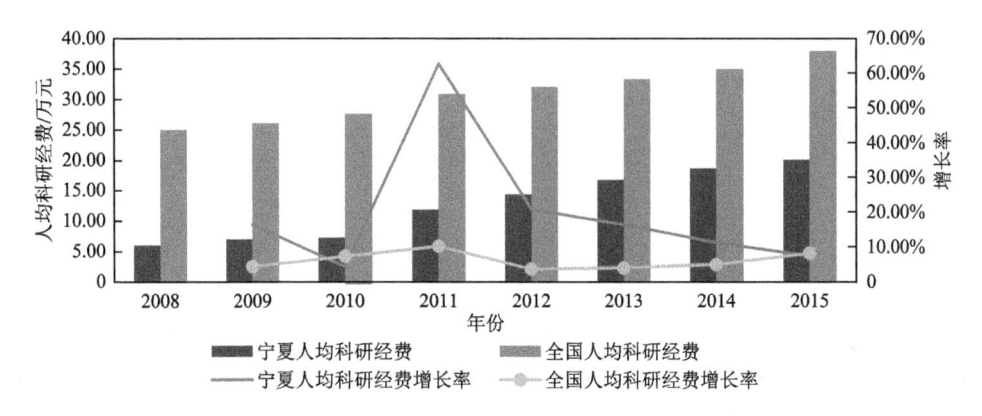

图7-15　2008~2015年宁夏规模以上工业企业人均科研经费及增长率与全国对比

（三）宁夏创新水平

1. 宁夏专利申请数量

1990~2015年宁夏的专利申请数量总体在不断上升，如图7-16所示，从1990年的

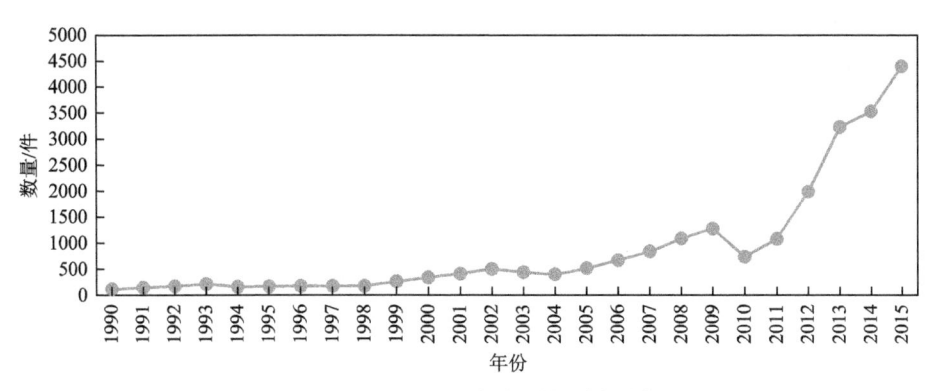

图7-16　1990~2015年宁夏专利申请数量

114 件上升到 2015 年的 4394 件，年均增长件数为 171 件，年均增长率为 15.73%，创新能力在不断增强。其中 1999~2009 年，宁夏专利申请数量基本上逐年提升，年均增长件数达到 285 件。2010 年虽有小幅度下降，但 2011 年后持续高速增长。

2. 宁夏技术市场成交额

如图 7-17 所示，宁夏技术市场成交额在 1995~2015 年波动性较大，但总体呈上升趋势，其中 1999 年、2011 年、2014 年增长率较大，技术市场成交额分别为 4700.00 万元、39 400.00 万元和 31 800.00 万元。在 2002 年出现了负增长情况，技术市场成交额为 8500.00 万元，同期下降 4.49%；2006 年、2013 年下降幅度较大，技术市场成交额分别较前一年下降 62.41% 和 50.86%；2014 年后又继续上升。

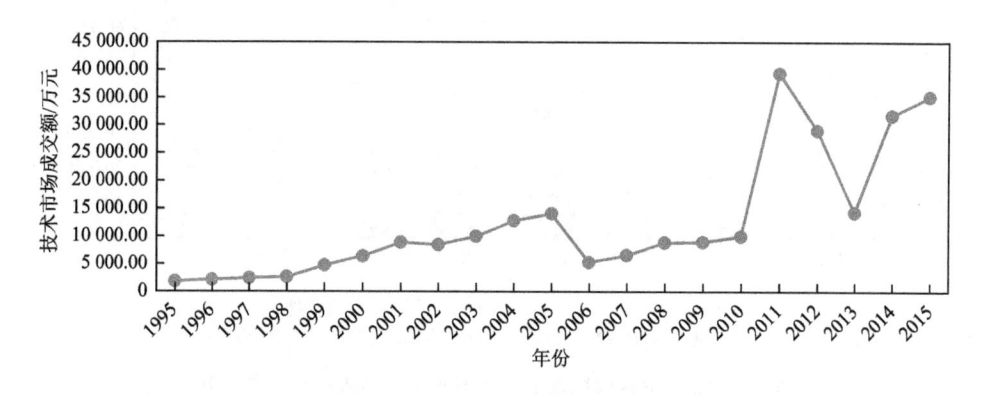

图 7-17　1995~2015 年宁夏技术市场成交额

六、宁夏金融发展水平分析

（一）宁夏银行业金融机构存贷款余额

如图 7-18 所示，1990~2015 年，宁夏存款余额不断上升，由 1990 年的 55.78 亿元上升至 2015 年的 4822.96 亿元。存款余额年均增长率为 19.53%，增长率波动。其中，1994 年的增长率最高，达 36.67%，其次是 2009 年、1990 年、2003 年与 1995 年，增长率分别为 30.04%、29.93%、29.09% 与 28.30%，其余年份的增长率比较平稳，大多在 10%~20%。

此外，宁夏贷款余额在 1990~2015 年总体上也呈现上升趋势，从 1990 年的 71.93 亿元增长到 2015 年的 5150.32 亿元。贷款余额的年均增长率为 18.63%，增长率较大。2009 年的增长率达到最高，为 37.51%，其次是 1991 年，其增长率为 30.03%，整体来看，1990~2015 年，宁夏存款余额与贷款余额的增长趋同。贷款余额增长率大多在 10%~20%。

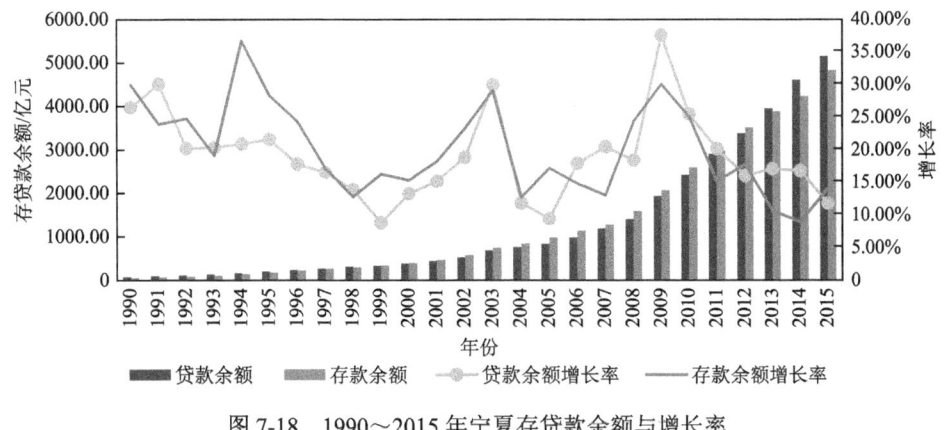

图 7-18　1990~2015 年宁夏存贷款余额与增长率

（二）宁夏保险保费收支

如图 7-19 所示，宁夏的保费收入在 1990~2015 年呈现递增趋势，从 1990 年的 0.44 亿元增长到 2015 年的 103.31 亿元。保费收入的年均增长率为 24.40%，增长率波动不大，在 1992 年出现了增长率最高峰，增长率为 59.38%，但也与其他高峰时期的增长率相差不大。1990~2015 年，宁夏保险赔付额整体上也处于上升形势，从 1990 年的 0.14 亿元增至 2015 年的 34.21 亿元。整个保险赔付额的年均增长率为 24.60%，但是波动较大，多次出现负增长，如 1999 年的 -3.22% 和 2000 年的 -12.75%。保险赔付额增长率的最高点出现在 1992 年，为 75.39%，其次是 2001 年，增长率为 58.75%。自 2013 年以来保险赔付额增长率都在 15%~22%，相对平稳。

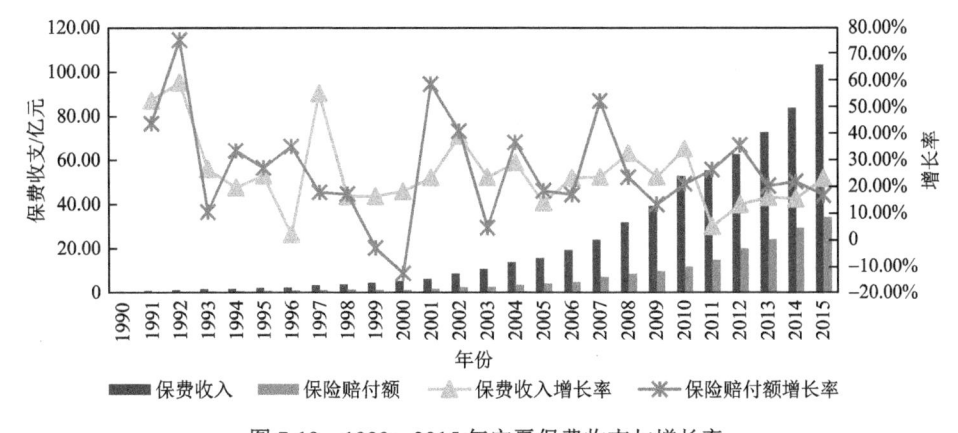

图 7-19　1990~2015 年宁夏保费收支与增长率

（三）宁夏上市公司规模

如表 7-1 所示，1994 年，宁夏西部创业公司首发股本为 0.74 亿股，首发募集资金为 1.19 亿元，成为宁夏第一家上市公司。截至 2010 年，宁夏上市公司数量达 12 家，首发股本共计 13.518 亿股，首发募集资金为 34.82 亿元。其中，1998 年，宁夏共有 3 家公司登陆 A 股，首发股本为 3.75 亿股，首发募集资金为 7.42 亿元，成为宁夏历史上登陆 A 股最多、首发股本最多的年份。

表 7-1　宁夏上市公司情况（1994～2010 年）

年份	上市公司数量	首发股本/亿股	首发募集资金/亿元
1994	1	0.74	1.19
1996	2	1.498	2.15
1997	1	0.51	1.03
1998	3	3.75	7.42
1999	1	2	2.37
2000	2	2.39	8.69
2003	1	1.23	3.22
2010	1	1.4	8.75

第八章　青海经济增长篇

一、青海概况

(一) 基本概况

青海简称青，居中国西部，位于具有世界屋脊之称的青藏高原的东北部。青海省土地面积为69.66万平方千米，东西长约1200千米，南北宽约800千米，其位置介于东经89°24′3″～103°4′10″，北纬31°36′2″～39°12′45″。

青海的省会为西宁，青海省与甘肃、四川、西藏、新疆接壤，辖西宁市、海东市两个地级市和玉树藏族自治州、海西蒙古族藏族自治州、海北藏族自治州、海南藏族自治州、黄南藏族自治州、果洛藏族自治州等6个民族自治州，共44个县级行政单位。青海省常住人口为593.46万人（2016年），全省的少数民族众多，共有藏族、回族、土族、蒙古族、撒拉族等43个少数民族。

青海省地处中纬度地带，属于高原大陆性气候，其气候特点表现为气温低、昼夜温差大、日照长、太阳辐射强、降水少而集中等。夏季凉爽且时间短促，冬季严寒且时间漫长。全省各地区降水量不一，最多的属于东部湟水谷地，其年降水量为250～550毫米，降水集中在7～9月。其次为柴达木盆地，年降水量近200毫米。而东北部高山区和青南高原，除祁连山、阿尔金山和江河源头以西的山地外，年降水量一般在100～500毫米。青海省气象灾害主要有冰雹、霜冻、雪灾、干旱和大风。

(二) 自然资源概况

1. 水能资源

青海省的水资源丰富，全省较大河流共有270多条，水量丰沛，因此水能很大，其储量在1万千瓦以上的河流就有108条。这些河流所流经之地，大多属于山大沟深的地形，落差大且集中，极其适宜建水电站，因此共有178处水电站坝址，总装机容量为2166万千瓦，位居西北之首、全国第五。黄河上游从龙羊峡至寺沟峡的276千米河段是我国水能资源的"富矿"带，其间水流落差大，地质条件好，且淹没损失小，投资成本低，水电站单位造价比全国水平低20%～40%，预计可建设 6 座大型电站和 7 座中型电站，总装机容量为 1100 万千瓦，年发电量为 368 亿千瓦·时。

省内有 230 多个湖泊，总面积约 7136 平方千米，咸水湖占 50 个，如茶卡、柯柯、察尔汗等盐湖蕴藏着极为丰富的盐化资源，有 52 个淡水湖的面积在 1 平方千米以上。其中，有号称中国第一大内陆湖的青海湖，其海拔为 3200 米，成为青海省重要的渔业基地。

2. 土地资源

青海省的土地类型垂直分异明显。大体上以日月山、青南高原北部边缘为界，该界线以西地区为牧区，以东地区为农耕区，自西而东呈现出冰川、戈壁、沙漠、草地、水域、林地、耕地的梯形状态分布。东部耕地占全省总耕地面积的 90.8%，宜耕后备资源主要分布在柴达木盆地、海南台地、环青海湖地区及东部地区。

3. 矿产资源

青海的矿产资源丰富，成矿的地质作用多样，这与其地处欧亚板块与印度板块的衔接部位密不可分。因此，形成了多个具有特点的矿区（带），由南而北依次划分为东昆仑成矿带、柴达木盆地成矿区、柴达木盆地北缘成矿带、祁连成矿带等。东昆仑成矿带的矿产资源以有色金属、贵金属为主；柴达木盆地成矿区的矿产资源以盐类、石油、天然气为主；柴达木盆地北缘成矿带的矿产资源以煤炭、贵金属、有色金属为主；祁连成矿带的矿产资源则以有色金属、石棉、煤为主。整个青海省大致有"北部煤，南部有色金属，西部盐类和油气，中部有色金属、贵金属，东部非金属"的特点。截至 2015 年底，青海省共有 831 家矿山，年产矿石总量为 10 466.09 万吨，2015 年矿产资源开发工业总产值为 551.61 亿元，利润总额为 66.39 亿元。

全省盐湖类矿产资源（钾、镁、钠、锂、锶、硼等）储量相对丰富。石油、天然气、钾盐、石棉及有色金属（铜、铅、锌、钴等）矿产品的供应已在全国占有重要地位。现有各类矿产 135 种，查明矿产 88 种，单矿种产地数 1121 个，其中，大型矿种产地 184 个，中型矿种产地 224 个，小型矿种产地 713 个。在已探明的矿种保有资源储量中，有 56 个矿种居全国前十位，镁盐（氯化镁和硫酸镁）、钾盐、锂矿、锶矿、石棉矿、饰面用蛇纹岩、电石用灰岩、化肥用蛇纹岩、冶金用石英岩、玻璃用石英岩等 11 种矿产居全国第一位，有 25 种排在前三位。2010 年，青海冻土带地区发现了"可燃冰"资源，有望成为未来的新型能源。中国也由此成为世界上第三个在陆地上发现"可燃冰"的国家。

4. 林业资源

青海省的林地总面积达到1096万公顷,占全省土地面积的15.73%。森林面积为452万公顷,森林覆盖率为6.3%,其中,东部地区的森林覆盖率达到35.29%。天然林资源管护面积为367.8万公顷,国家级公益林管护面积为496万公顷。现有森林公园23处,总面积为54万公顷,其中国家级森林公园7处,面积为29万公顷;省级森林公园16处,面积为25万公顷。国家级良种基地4个,面积为0.11万公顷。

5. 畜牧业资源

青海省的畜牧业资源较为丰富,2015年底共有2261.64万头(只)存栏大小牲畜,品种主要有八眉猪、海东鸡、青海高原牦牛、青海白牦牛、大通牦牛、柴达木山羊、柴达木绒山羊、贵德黑裘皮羊、欧拉羊、蒙古羊、青海毛肉兼用细毛羊、青海高原毛肉兼用半细毛羊、河曲马、玉树马、柴达木马、大通马、青海挽乘马、青海骆驼、青海毛驴、青海白唇鹿、青海马鹿等。

二、青海经济发展特色

2016年青海省实现地区生产总值2572.49亿元,比上年增长8%;高于全国水平1.3个百分点。全省经济运行总体保持平稳增长,呈现出稳中有进、好于预期的良好态势,主要经济指标的增长均超过全年预期目标。青海经济发展稳中有升,产业结构日趋合理,区域发展更加均衡,居民生活水平不断提高。这些成就得益于青海大力发展盐湖化工产业、提锂产业、新能源产业、农牧业,并通过循环经济战略以及"一屏两带"生态安全格局战略推动青海省经济走向新高点。

(一)特色产业

1. 盐湖化工及提锂产业

青海盐湖富含各类资源,因此延伸形成了盐湖化工产业链条。据青海省国土资源厅2017年7月18日对外披露数据,青海省有合计99.15万亿元的盐湖矿产潜在总值。截至2017年,青海全省共有矿产资源潜在总值104.56万亿元。其中,芒硝、钾盐、镁盐、钠盐、锂矿等11种盐湖矿产潜在总值为99.15万亿元。

青海省有不少优秀企业自2003年以来积极探索盐湖提锂技术,青海盐湖工业股份有限公司(简称盐湖股份)便是典型例证,其成功生产出碳酸锂及相关系列产品，形成了具有较完备锂电产业的上游产业。

青海现已成为全球最大的碳酸锂生产基地，碳酸锂产能为 4 万吨。依托此得天独厚的锂资源，青海提出打造千亿元锂电产业，大力发展新能源、新材料，不断加快全省产业结构转型升级。盐湖股份与比亚迪股份有限公司联手控股蓝科锂业，基于蓝科锂业盐湖提锂技术革新，预计盐湖提锂技术成熟后将会给青海带来巨大的经济贡献。

2. 新能源产业

青海省高度重视新能源与可再生能源资源的利用。自 2016 年以来，全省 50 万元及以上工业项目固定资产投资中，新能源产业投资为 335.69 亿元，比上年增长 19.7%；盐湖化工产业投资为 126.05 亿元，比上年增长 15.3%。

由于得天独厚的地理位置，青海新能源资源丰富，如水能资源、太阳能资源、风能资源以及光能资源等。水能资源中有 2314 万千瓦水电资源可供开发利用，2016 年全年总发电量为 487.07 亿千瓦·时，目前青海形成的电力格局有力地带动了全省经济的发展和人民生活的改善。青海省拥有 10 亿千瓦太阳能资源，全省日光辐射为 160~175 千卡/厘米²[1]，著名的阳光地带——柴达木地区年日照时数为 3533.9 小时。青海省风能资源丰富，年均风速总的地域分布趋势是西北部大、东南部小，有 7500 万千瓦风能资源。

青海省是中国重要的区域能源接续基地。新能源产业的发展将继续推动青海省经济增长，青海省资源的合理使用及新能源的使用减少了当地的生态污染，使青海省高原生态得以保护。

3. 种植业

种植业是青海省的特色产业之一，种植品种丰富。2016 年，全省枸杞种植面积为 3.62 万公顷，干果产量为 5.83 万吨；沙棘为 16 万公顷，可采果利用面积为 6.6 万公顷；核桃为 1.55 万公顷，年产量为 1388 吨；大果樱桃为 0.17 万公顷；树莓为 0.38 万公顷。林业年产值为 42 亿元以上。2016 年农作物总播种面积为 56.133 万公顷，比上年增加 0.294 万公顷。粮食作物播种面积为 28.105 万公顷，比上年增加 0.399 万公顷。其中，全省共有 102 家小麦种植农场，小麦种植面积为 8.627 万公顷；青稞种植面积为 4.543 万公顷；玉米种植面积为 2.662 万公顷；豆类种植面积为 2.850 万公顷；马铃薯种植面积为 9.311 万公顷。经济作物播种面积为 17.740 万公顷，蔬菜及食用菌播种面积为 5.036 万公顷。2016 年粮食产量为 103.45 万吨，比上年增长 0.7%。

---

① 1 千卡≈4186.8 焦

4. 畜牧业

截至 2011 年，青海省牧草地面积为 4034 万公顷，可利用面积为 3161 万公顷，分为 173 个草地型，28 个草地组，9 个草地类，7 个草地亚类。其中，以莎草科牧草为优势品种的草地型有 40 个，面积为 2091 万公顷，占全省牧草地总面积的 51.8%，由此足见青海省的草地资源优势。据不完全统计，可供动物采食的主要牧草为 75 种，全省可利用草原每年总产牧草约 7980 万吨。这些草地资源极大地有利于畜牧业的发展。牲畜品种多样，包括牦牛、黄牛、大通马、河曲马、柴达木马、玉树马、藏羊、蒙古羊、哈萨克羊、山羊、驴、骆驼等品种。

2016 年末全省牛存栏 483.68 万头，比上年末增长 6.2%；羊存栏 1390.69 万只，下降 3.1%；猪存栏 123.60 万头，增长 4.4%；家禽存栏 299.85 万只，增长 7.6%。2016 年全省牛出栏 125.23 万头，比上年增长 8.4%；羊出栏 676.22 万只，增长 3.0%；猪出栏 138.34 万头，增长 0.6%；家禽出栏 463.33 万只，增长 7.8%。2016 年全省猪牛羊肉产量为 34.67 万吨，增长 3.9%。青海省畜牧业发展良好，青海省 2016 年农林畜牧业总产值为 224.69 亿元，对地区生产总值的贡献率为 8.7%。

（二）重大发展战略

1. 循环经济

循环经济是青海省一大重要发展战略，这建立在新能源利用的基础上。目前，青海正积极融入国家循环经济试验区建设。主要有以下四点：一是促进产业迈向中高端。坚持走绿色低碳循环发展道路，坚持创新驱动，促进产业迈向中高端。把园区作为循环化改造的主阵地，支持国家低碳工业园试点建设，进一步推进企业循环式发展。二是积极融入国家能源革命战略体系。适应能源发展新趋势，积极融入国家能源革命战略体系，启动国家绿色能源示范省建设，打造"两个千万千瓦级"可再生能源基地，推进特高压外送通道前期工作，建设国家重要的新型能源产业基地。三是将盐湖资源开发利用上升为国家战略。以更宽广的视野谋划建设我国盐化工产业基地，引导盐湖化工企业重组整合，按照"走出钾、抓住镁、发展锂、整合碱、优化氯"的战略布局，向系列化、高质化、多样化发展，提升全产业链竞争力，构建在全国具有重要影响力的千亿元盐湖资源综合利用产业集群和千亿元锂电产业基地。四是发展高原特色动植物资源加工产业。积极利用现代生物技术，以健康制品和药品两大系列为方向，研发具有较高科技含量、无污染的系列产品，构筑具有鲜明地域优势和高原特色的生物产业链和产业集群。

柴达木循环经济试验区是国家首批 13 个循环经济产业试点园区之一，是目前国内面积最大、资源丰富、唯一布局在青藏高原少数民族地区的循环经济产业试点园区。2017 年有客户 266 户，报装容量为 272.3654 万千伏安。2017 年 1~6 月，柴达木循环经济试验区售电量为 21.2555 亿千瓦·时，同比增长 7.8174 亿千瓦·时，增长率为 58.17%；受理新装、增容、临时用电客户 17 户，报装容量为 2.574 万千伏安。柴达木循环经济试验区积极响应政府节能减排政策，推进海西地区自备电厂客户"直购电"交易相关要求，主动作为，热心服务符合"直购电"交易条件的客户。

2."一屏两带"生态安全格局

《青海省"四区两带一线"发展规划纲要》中明确提出，落实生态立省战略，构建以三江源草原草甸湿地生态功能区为屏障，以青海湖草原湿地生态带、祁连山地水源涵养生态带为骨架的"一屏两带"生态安全格局。青海省根据国家主体功能区战略部署，坚持秉承"绿水青山就是金山银山"的理念，将生态文明建设放置于突出位置上，积极完善"一屏两带"生态安全格局。加强"五大生态板块"重点区域生态建设，出台国家重点生态功能区产业准入负面清单，划定并颁布生态保护红线，加快实施三江源生态保护二期、祁连山保护建设、环青海湖综合治理、湟水河流域南北山绿化等重点生态工程，进一步巩固青海省生态地位。着力打造三江源国家公园品牌，使三江源国家公园成为中国生态文明建设的典范，成为绿色中国走向世界的形象大使。

2017 年，三江源国家公园持证上岗的牧民生态管护员共有 9975 名，五口以下的相关贫困家庭已达脱贫标准。这种由牧民"点成线、网成面"构成的管护体系正发挥着重要作用，既保护了生态又摘了"贫困帽"，有利于青海省整体经济的发展。

三、青海经济发展基本概况[①]

（一）青海地区生产总值及人均地区生产总值概况

1. 青海地区生产总值

从图 8-1 可知，1991~2015 年，青海地区生产总值一直处在增长的状态，地区生产总值增长率走势与全国走势几乎一致，青海地区生产总值年均增长率保持在 15.56%，但是地区生产总值增长率波动较大。经过 1991~1995 年的高速爆发增长后，从 1996 年开始青海地区生产总值增长放缓，增长较为平稳，2009 年青海地区

---

① 资料来源：《中国统计年鉴》（1990~2016 年）、《青海统计年鉴》（1990~2016 年）。

生产总值增长达到另一个低谷期，地区生产总值增长率仅为 12.45%，较前一年增长率下降了 10.25 个百分点，在 2010 年又迅速回升。2014 年和 2015 年，青海地区生产总值增长再次放缓，2015 年青海地区生产总值增长率仅为 4.81%，低于同时期全国水平 2.09 个百分点。青海经济发展可分为两个阶段，第一阶段为 1991～1999 年，第二阶段为 2000～2015 年。

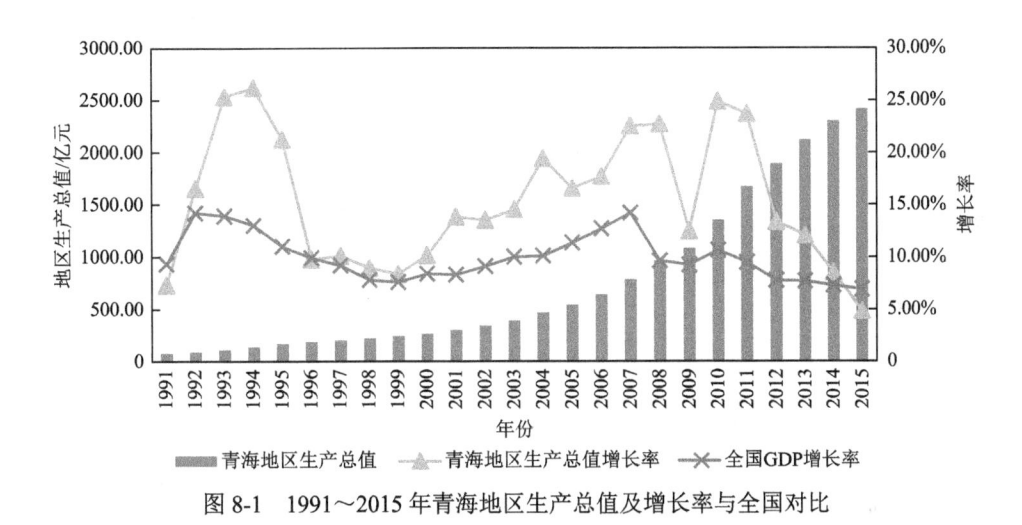

图 8-1　1991～2015 年青海地区生产总值及增长率与全国对比

第一阶段（1991～1999 年）：从图 8-1 可以看出，1991～1999 年，青海的地区生产总值从 75.10 亿元增长到 239.38 亿元。该时期地区生产总值增长率最高的年份是 1994 年，达到 26.18%，1996～1999 年地区生产总值增长率相差不大，均保持在 10% 左右的水平。

第二阶段（2000～2015 年）：进入 21 世纪，青海地区生产总值增长十分迅速，增长率高且趋于稳定。从图 8-1 可以看出，这一阶段青海地区生产总值增长率较为平稳，2007 年、2008 年与 2010 年青海经济发展都取得显著的成效，青海经济呈现出增长速度快、效益好的良好态势。2007 年和 2008 年青海地区生产总值分别达到 783.61 亿元与 961.52 亿元，地区生产总值增长率均保持在 20% 以上；2010 年青海地区生产总值达到 1350.43 亿元，地区生产总值增长率为 24.89%。2004～2015 年，青海地区生产总值年均增长率达到 15.70%，2004 年后连续 10 年保持 12% 以上的增长率。到 2013 年，青海地区生产总值达到 2122.06 亿元，突破 2000 亿元大关。2015 年青海地区生产总值达到 2414.05 亿元，增长率为 4.81%。

2. 青海人均地区生产总值

人均地区生产总值方面，由图 8-2 可以看出，青海 1991～2015 年的人均地区生产总值增长率走势与全国人均 GDP 增长率走势呈完全正相关，随着全国人均 GDP 增长率的提高而提高，随着全国人均 GDP 增长率的下降而下降。1991～2015 年青海人均地区生产总值年均增长率达到 14.14%，略低于同期全国人均 GDP 增长率（14.89%）。2015 年青海人均地区生产总值达到 41 252 元。

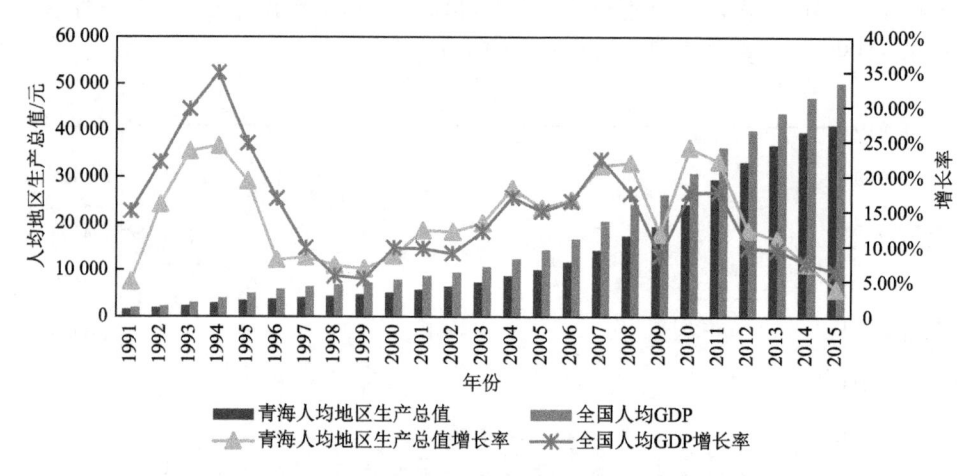

图 8-2　1991～2015 年青海人均地区生产总值及增长率与全国对比

第一阶段（1991～1999 年）：在确立发展社会主义市场经济的第一阶段，国民经济在探索中稳步发展，但人均 GDP 整体增长缓慢。青海人均地区生产总值在 1991～1995 年增长迅速，从 1647 元增加到 3513 元，年均增长率达 20.85%，但是 1996～1999 年人均地区生产总值增长率开始逐步降低。其中，1999 年人均地区生产总值为 4728 元，人均地区生产总值增长率仅为 6.84%。

第二阶段（2000～2015 年）：中国经济开始复苏，GDP 稳步快速发展，人均 GDP 也逐年上升。此期间，青海人均地区生产总值年均增长率达 14.64%，高于全国水平 1.66 个百分点。2008 年、2010 年、2011 年人均地区生产总值增长率分别达到 21.97%、24.16%、22.22%。2012 年青海人均地区生产总值突破 30 000 元大关，达到 33 181 元。

（二）青海全社会固定资产投资

全社会固定资产投资是反映固定资产投资规模、速度、比例关系的指标。如图 8-3 所示，1991～2000 年青海的全社会固定资产投资额增长率经历了较大的波动，1991 年全社会固定资产投资额为 23.94 亿元；1993 年全社会固定资产投资额达到 44.73 亿元，增长率达到 47.77%；2010 年全社会固定资产投资额突破 1000 亿元，达到 1016.90 亿元，增长率为 27.40%。2009～2014 年，青海经济持续快速发展，全省固定资产投资额增长率均超过 20%。2009 年后，青海的全社会固定资产投资额增长趋势与全国水平趋同，但是同期增长率都略高于全国水平，其中 2011 年青海全社会固定资产投资额增长率达到 41.17%，高于全国水平 17.41 个百分点。

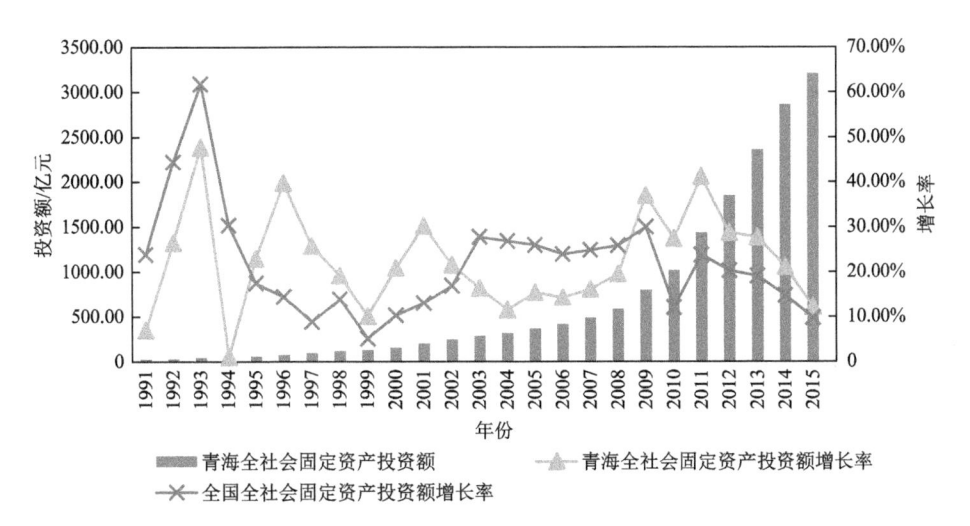

图 8-3　1991~2015 年青海全社会固定资产投资额及增长率与全国对比

（三）青海城镇居民人均可支配收入

城镇居民人均可支配收入是衡量国民生活质量、经济发达程度的重要指标。如图 8-4 所示，1991~2015 年青海的城镇居民人均可支配收入总体呈上升趋

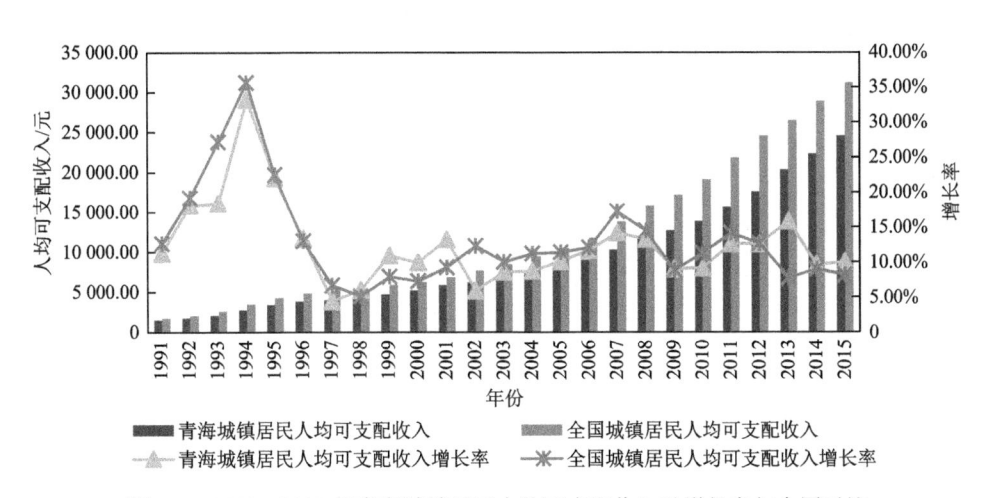

图 8-4　1991~2015 年青海城镇居民人均可支配收入及增长率与全国对比

势，从 1991 年的 1486.60 元增长到 2015 年的 24 542.30 元，年均增长率为 12.39%。虽然青海城镇居民人均可支配收入增长较快，但是增长率波动较大。1994 年是青海城镇居民人均可支配收入增长率最高的一年，城镇居民人均可支配收入达到 2769.36 元，增长率为 33.21%，创下改革开放以来最高增长率的纪录。随后，1997～2015 年，青海城镇居民人均可支配收入处于缓慢增长阶段，1997 年青海城镇居民人均可支配收入为 3999.36 元，增长率仅为 4.43%，创自 1991 年以来的最低。2007 年，青海城镇居民人均可支配收入突破 10 000 元大关，达到 10 276.10 元，其增长率相较于前一年增长率高 2.47 个百分点。2007～2015 年，青海城镇居民人均可支配收入增长率均保持在 10%左右的水平，该期间年均增长率为 11.81%，略高于全国水平（11.49%）。

（四）青海消费水平

1. 青海全社会消费总额

如图 8-5 所示，1990～2015 年，青海全社会消费总额呈上升趋势，其增长率与全国增长率趋势基本保持一致，全社会消费总额从 1990 年的 30.70 亿元上升到 2015 年的 691.00 亿元，年均增长率达到 13.26%，但是低于全国水平 1.85 个百分点。1990～1995 年经过一轮较快增长后，年均增长率保持在 13.62%的水平，直到 2003 年全社会消费总额为 102.70 亿元，其增长率仅为 1.68%，较前一年减少 10.05 个百分点，达到自 1990 年以来的最低点。2005 年青海全社会消费总额猛增到 161.60 亿元，增长率达到 39.79%。2004～2015 年，青海的全社会消费总额保持快速增长，年均增长率达到 17.42%，高于全国水平 1.72 个百分点。

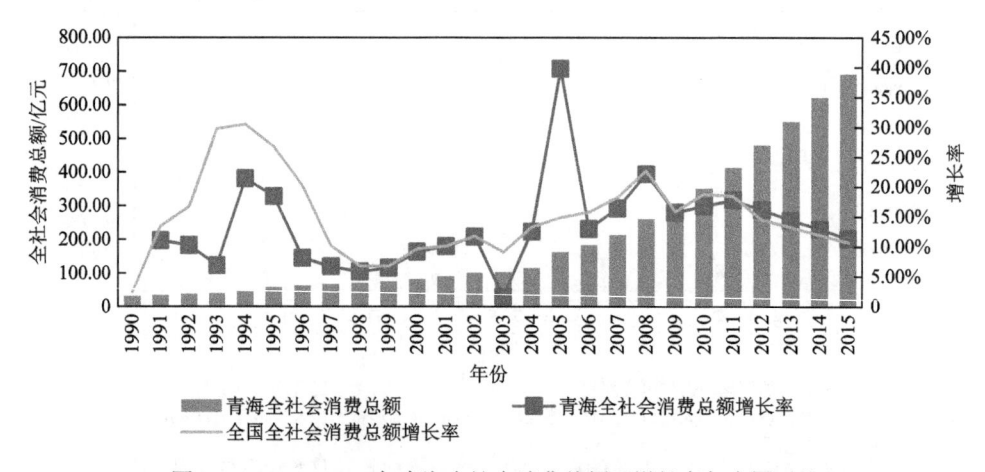

图 8-5 1990～2015 年青海全社会消费总额及增长率与全国对比

2. 青海人均消费

1）青海城镇居民人均消费

如图 8-6 所示，2002 年青海城镇居民人均消费支出为 5042.50 元，到 2015 年，青海城镇居民人均消费支出达到 19 200.65 元，年均增长率为 10.83%。同期，全国城镇居民人均消费支出从 2002 年的 6029.90 元增长到 2015 年的 21 392.36 元，年均增长率为 10.23%，青海领先全国水平 0.60 个百分点。其中，2013 年青海省的城镇居民人均消费支出增长率达到最高值，为 31.40%；2006 年增长率出现历史最低，仅为 4.56%。2012 年和 2013 年，青海城镇居民人均消费支出分别达到 12 346.30 元和 16 223.36 元，增长率分别为 12.69%和 31.40%。

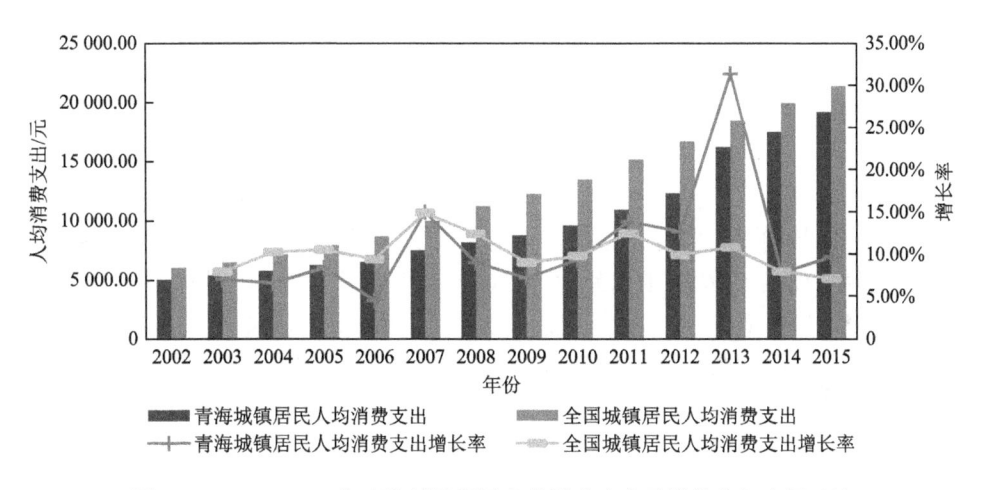

图 8-6　2002～2015 年青海城镇居民人均消费支出及增长率与全国对比

2）青海农村居民人均消费

相较于城镇居民人均消费水平，农村居民人均消费水平依然处于较低发展阶段。如图 8-7 所示，2002 年青海农村居民人均消费支出为 1386.10 元，2015 年青海农村居民人均消费支出为 8566.49 元，年均增长率为 15.04%。同期，全国农村居民人均消费支出从 2002 年的 1834.30 元增加到 2015 年的 9222.59 元，年均增长率为 13.23%。青海农村居民人均消费支出的年均增长率略高于全国同期水平。2014 年和 2015 年，青海农村居民人均消费支出增长率稍有回落，且增长率低于全国同期水平。

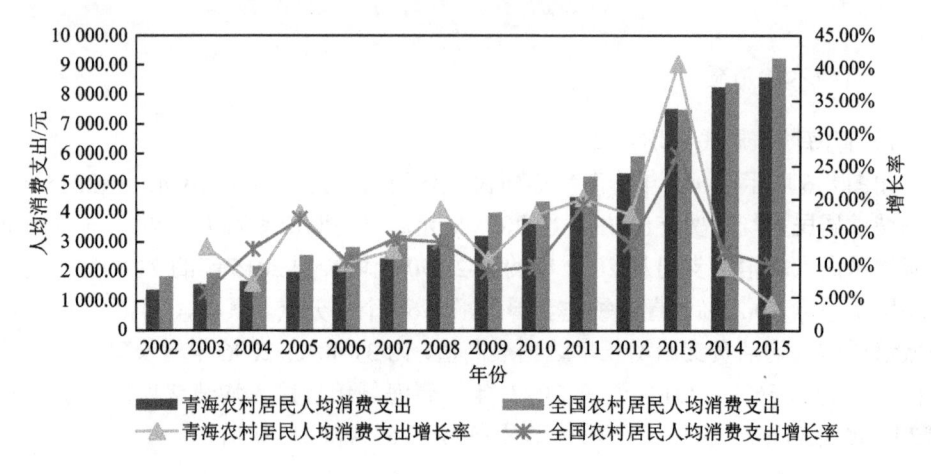

图 8-7　2002～2015 年青海农村居民人均消费支出及增长率与全国对比

（五）青海一般公共财政收入

如图 8-8 所示，1991～2015 年，青海一般公共财政收入由 8.79 亿元增长到 267.13 亿元，年均增长率达 15.29%。其中，1992 年和 1994 年青海一般公共财政收入分别为 8.16 亿元和 7.01 亿元，均较前一年出现了负增长，且与 1993 年的巨大增长率形成鲜明对比，1994 年增长率达到了-38.35%，1994 年成为自 1991 年来青海一般公共财政收入降幅最大的一年。整体来看，1995～2015 年青海一般公共财政收入稳中有升，增长率均保持在 6% 以上。

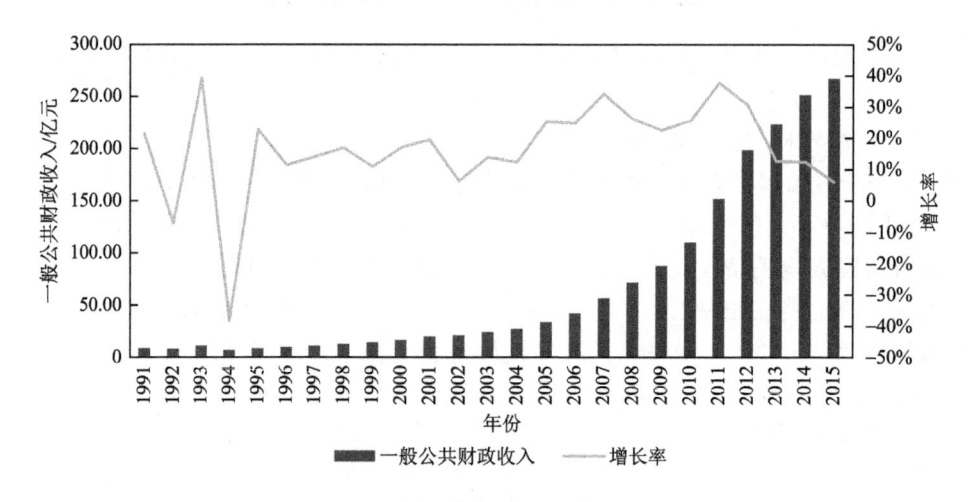

图 8-8　1991～2015 年青海一般公共财政收入与增长率

四、青海经济发展质量分析

（一）青海产业结构

如图 8-9 所示，1991~2015 年，青海的经济结构持续优化，第一产业稳中有降，第二产业占主导地位，第三产业实现快速增长。青海三次产业结构由 1991 年的 24：40：36 调整为 2015 年的 9：50：41，第一产业的比例由 24%降低到 9%，第二产业的比例由 40%增长到 50%，第三产业的比例由 36%增长到 41%。相比全国产业结构，青海的产业结构仍有很大的调整需求，特别是第三产业还有巨大的发展潜力。但目前青海处于工业化中期，工业仍是拉动经济发展的主力。2015 年青海第二产业增加值为 1207.31 亿元。受全球经济周期影响，第二产业的比例自 2011 年的 58%下降到 2015 年的 50%，但依然维持在较高水平。近年来，青海第三产业规模不断扩大，经济贡献率持续提升，吸纳就业人数快速增加。

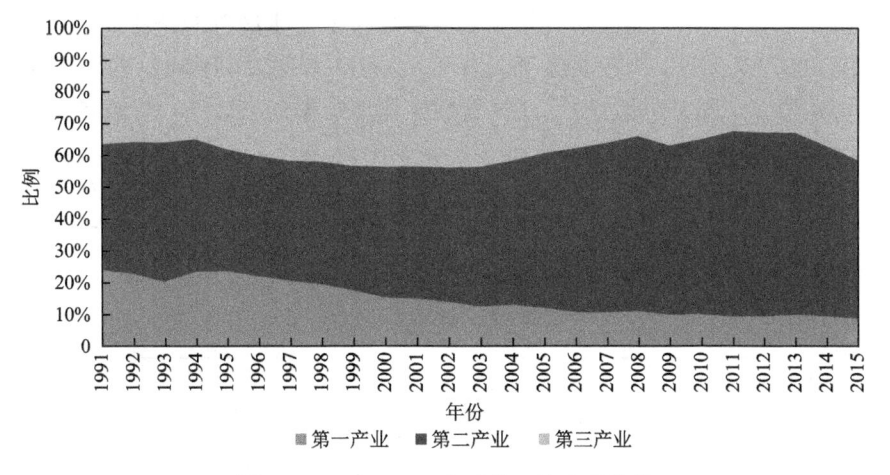

图 8-9 1991~2015 年青海三次产业结构

（二）青海能源消耗

如图 8-10 所示，1990~2012 年青海能源消耗总量呈现出上升趋势，从 1990 年的 507 万吨标准煤上升到 2012 年的 3524 万吨标准煤。能源消耗总量的年均增长率为 9.21%。其中，增长率最高值出现在 1999 年，为 27.06%，其次是 2011 年与 2005 年，增长率分别为 24.18%与 22.43%，其余大部分年份增长率维持在年均增长率左右。

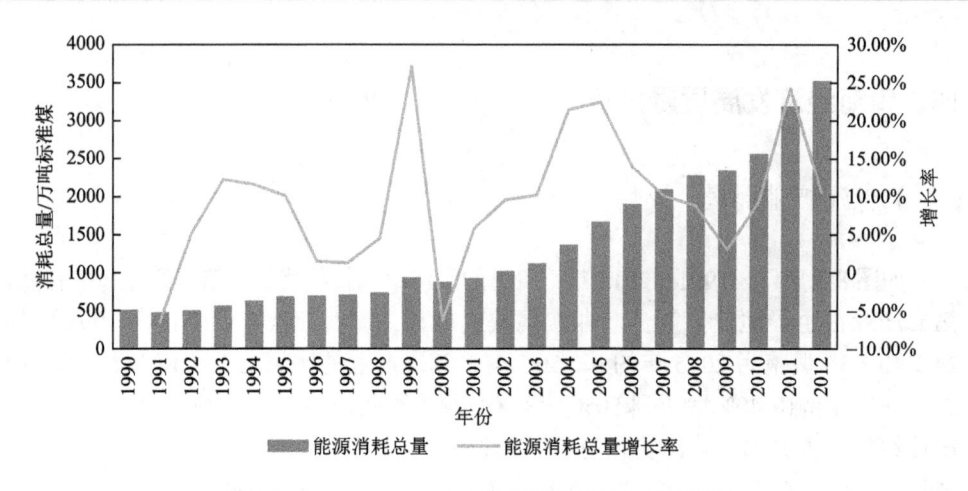

图 8-10　1990~2012 年青海能源消耗总量与增长率

（三）青海单位地区生产总值能耗

如图 8-11 所示，2005~2011 年青海省单位地区生产总值能耗呈现下降的趋势，由 2005 年 3.070 吨标准煤/万元下降到 2011 年的 2.081 吨标准煤/万元，年均增长率为-6.27%。全国单位 GDP 能耗年均增长率为-7.31%，青海单位地区生产总值能耗下降速度慢于同期全国水平。其中，2009 年，青海单位地区生产总值能耗为 2.689 吨标准煤/万元。整体来看，2005~2010 年，青海单位地区生产总值能耗增长率波动较小，2011 年，增长率波动较大，单位地区生产总值能耗为 2.081 吨标准煤/万元，较上年下降 18.39%。

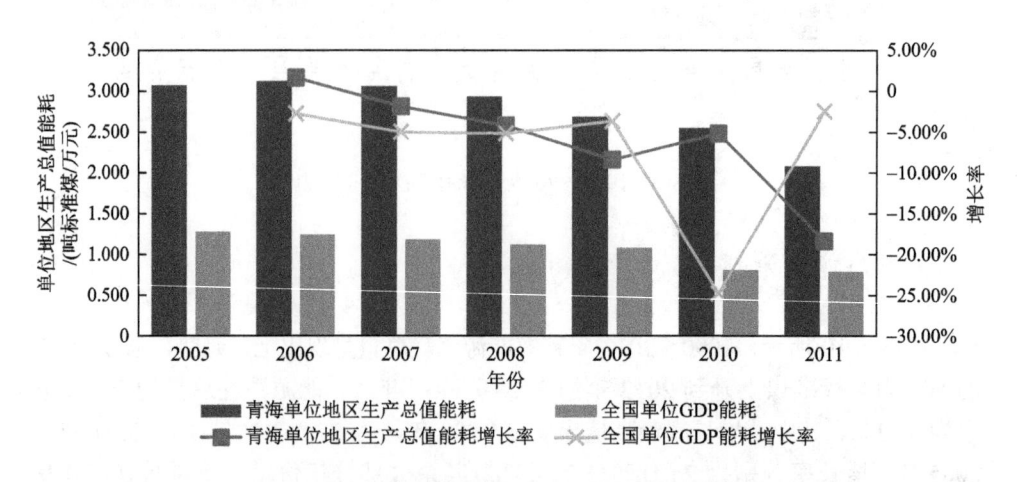

图 8-11　2005~2011 年青海单位地区生产总值能耗及增长率与全国对比

五、青海经济发展潜力分析

(一) 青海教育水平

1. 青海教育经费

如图 8-12 所示,青海的教育经费呈上升趋势,从 2000 年的 128 177.50 万元增加到 2014 年的 1 976 886.00 万元,年均增长率为 21.58%。全国教育经费的年均增长率为 16.64%,青海的教育经费年均增长率高于全国水平 4.94 个百分点。整体上看,2000～2014 年,青海的教育经费不断增加,但增长率波动较大。其中 2012 年和 2013 年青海教育经费的增长率分别为 0.36%和 0.73%,远低于年均增长率。

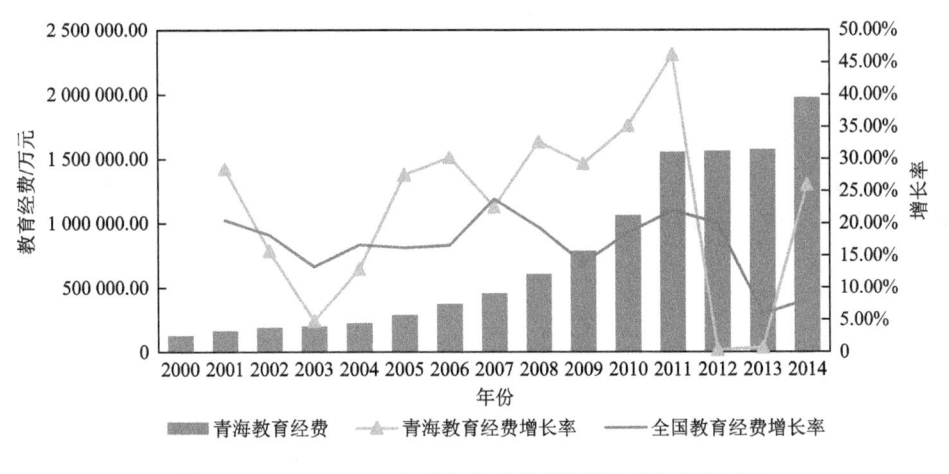

图 8-12 2000～2014 年青海教育经费及增长率与全国对比

2. 青海人均教育经费

如图 8-13 所示,2000～2014 年,青海人均教育经费增长较快。2000 年,青海人均教育经费为 282.06 元,全国人均教育经费为 303.69 元。到 2015 年,青海人均教育经费达 3639.33 元,全国人均教育经费达 2398.45 元。青海人均教育经费年均增长率为 20.04%,全国人均教育经费年均增长率为 15.91%,青海人均教育经费年均增长率高于全国水平 4.13 个百分点。从 2008 年开始,青海人均教育经费一直高于全国水平。其中,2012 年、2013 年青海的人均教育经费出现负增长,2012 年增长率较前一年降低 45.24 个百分点。

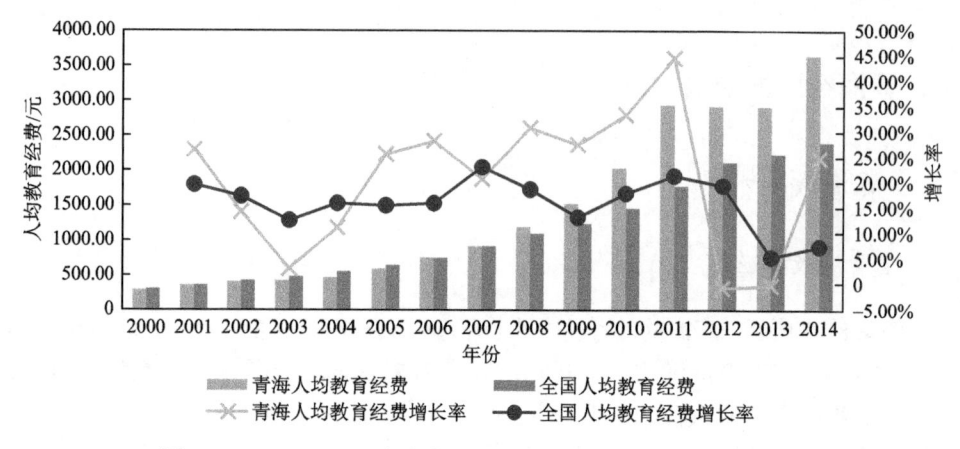

图 8-13　2000～2014 年青海人均教育经费及增长率与全国对比

3. 青海平均受教育年限

如图 8-14 所示,青海的平均受教育年限从 1990 年的 5.03 年增长到 2014 年的 8.04 年,平均受教育年限增加了 3.01 年。同期,全国的平均受教育年限从 1990 的 7.87 年增长到 2014 年的 9.04 年,平均受教育年限增加了 1.17 年。其中,平均受教育年限相差较大的年份是 1990 年、1997 年和 1998 年,青海平均受教育年限分别低于全国水平 2.84 年、2.32 年和 2.18 年,其余年份落后均不超过 2 年。

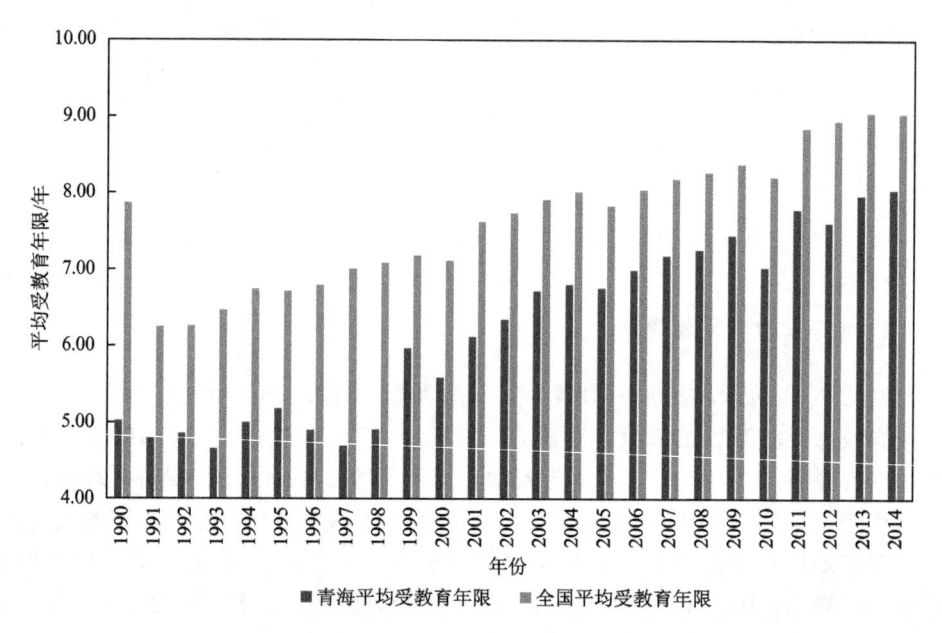

图 8-14　1990～2014 年青海平均受教育年限与全国对比

（二）青海科研水平

2008~2015 年，青海规模以上工业企业科研人员从 784 人增加到 1285 人，年均增长率为 7.31%；科研经费从 25 125.60 万元增长到 65 029.00 万元，年均增长率为 14.55%。如图 8-15 所示，青海规模以上工业企业的人均科研经费由 2008 年的 32.05 万元增长到 2015 年的 50.61 万元，年均增长率为 6.74%。同期，全国规模以上工业企业的人均科研经费由 2008 年的 24.98 万元增长到 2015 年的 37.96 万元，年均增长率为 6.16%。其中，青海的规模以上工业企业的人均科研经费增长率在 2010 年、2011 年大幅超过全国水平，在 2009 年、2012 年远低于全国水平。

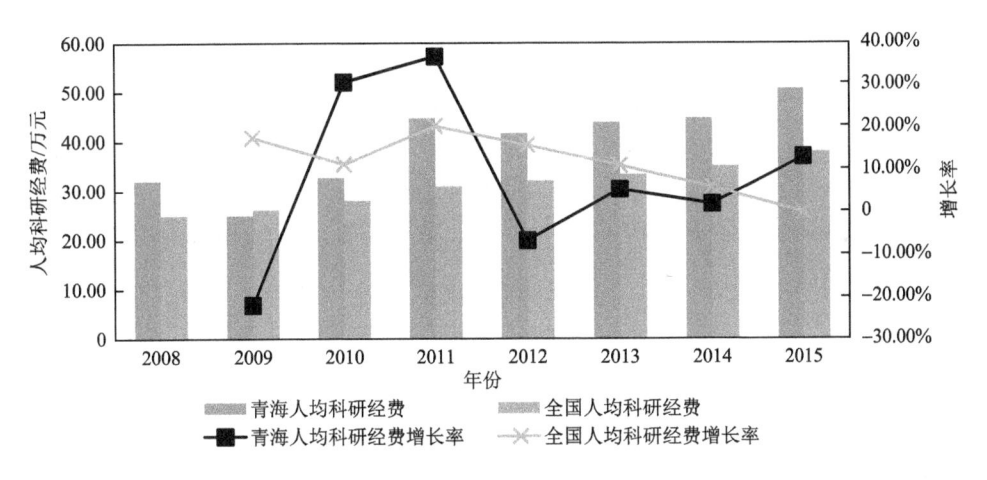

图 8-15　2008~2015 年青海规模以上工业企业人均科研经费及增长率与全国对比

（三）青海创新水平

1. 青海专利申请数量

1990~2015 年青海的专利申请数量总体在不断上升，如图 8-16 所示，从 1990 年的 111 件上升到 2015 年的 2590 件，年均增长件数为 99 件，创新能力在不断增强。其中 2004~2015 年，青海专利申请数量增长率不断提高，年均增长件数达到 782 件。2013 年和 2015 年，青海专利申请数量较前一年分别增加了 255 件和 1056 件。

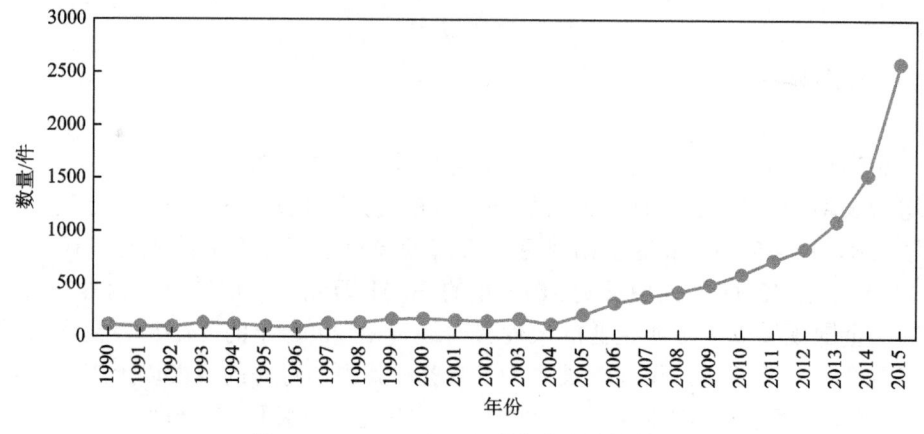

图 8-16　1990～2015 年青海专利申请数量

2. 青海技术市场成交额

如图 8-17 所示，1995～2015 年，青海的技术市场成交额增长了近 340 倍，从 1995 年的 1375.00 万元增加到 2015 年的 468 848.70 万元，年均增长额为 23 373.69 万元。其中 2010 年青海技术市场成交额首次突破 100 000 万元大关，2010～2015 年，增长率不断提高，年均增长额达到 70 959.58 万元，2015 年相较于 2014 年，增长幅度达到 177 847.62 万元，超过青海 2010 年及 2010 年以前各年技术市场成交额总量。

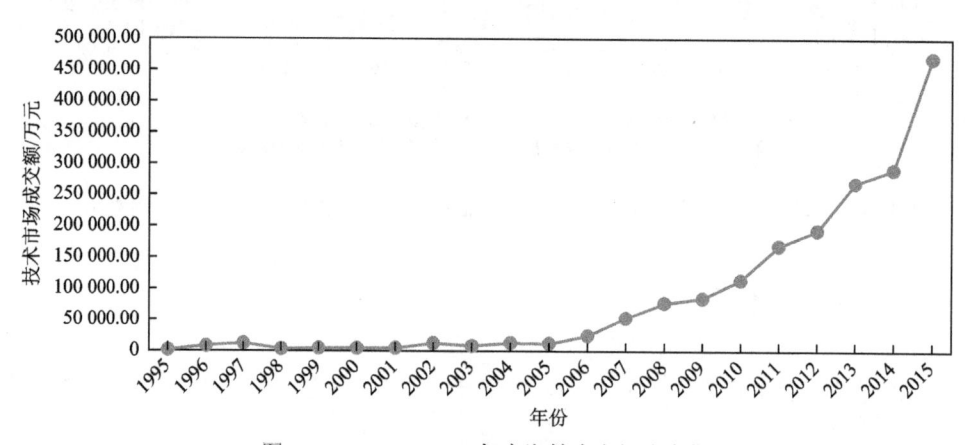

图 8-17　1995～2015 年青海技术市场成交额

六、青海金融发展水平分析

(一) 青海银行业金融机构存贷款余额

如图 8-18 所示，1991～2015 年，青海存款余额不断攀升，由 1991 年的 64.72 亿元上升至 2015 年的 5212.80 亿元。存款余额年均增长率为 20.06%，增长率呈波浪形发展。其中，2010 年的增长率最高，达 29.92%，其次是 2009 年与 1994 年，增长率分别为 29.44% 与 28.21%，其余年份的增长率比较平稳，均保持在 10% 以上的水平。

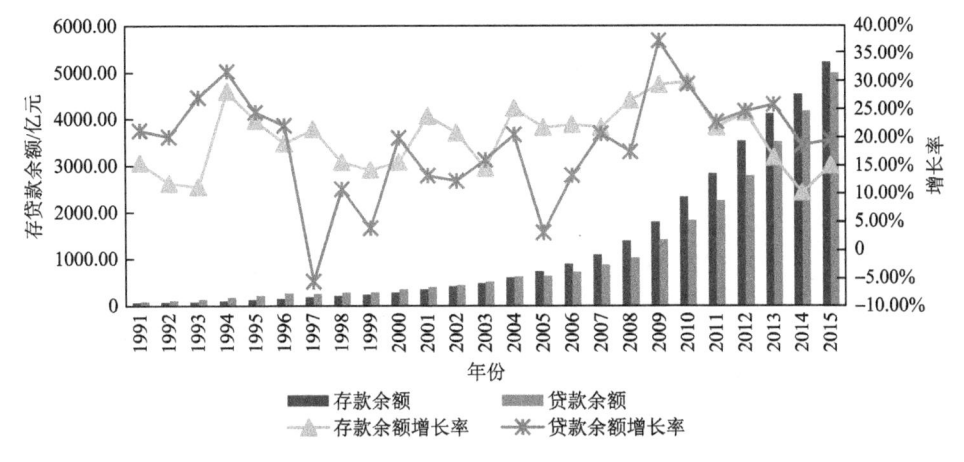

图 8-18 1991~2015 年青海存贷款余额与增长率

此外，青海贷款余额在 1990~2015 年总体上也呈现上升趋势，从 1991 年的 87.54 亿元增长到 2015 年的 4988.01 亿元。贷款余额的年均增长率为 18.35%，但是增长率波动较大。2009 年的增长率最高，为 37.31%，其次是 1994 年，其增长率为 31.79%；1997 年则出现了负增长，增长率为 -5.71%，贷款余额相比 1996 年减少了 15.30 亿元。

（二）青海保险保费收支

如图 8-19 所示，青海的保费收入在 1991~2015 年呈现递增趋势，从 1991 年的 0.50 亿元增长到 2015 年的 56.30 亿元。保费收入的年均增长率为 21.75%，增长率波动不大，在 1994 年出现了增长最高峰，增长率为 48.52%。在 1991~2015 年，青海保险赔付额整体上也处于上升形势，从 1991 年的 0.18 亿元增至 2015 年的 20.32 亿元。整个保险赔付额的年均增长率为 21.77%，但是波动较大，多次出现负增长，如 1996 年、1998 年、2002 年以及 2005 年均出现负增长率，分别为 -12.93%、-18.80%、-18.71% 和 -19.44%。

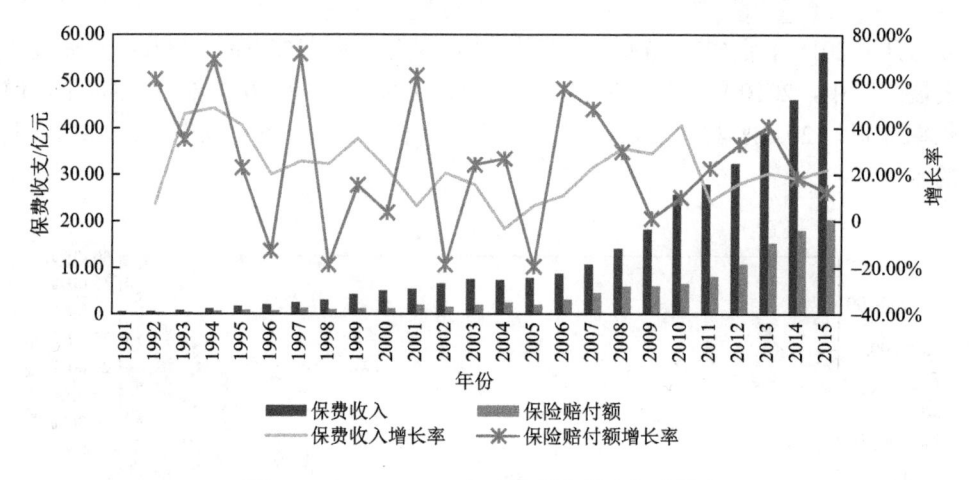

图 8-19　1991~2015 年青海保费收支与增长率

（三）青海上市公司规模

如表 8-1 所示，1995 年，青海省仅有 1 家公司成功登陆 A 股上市，首发股本为 0.6 亿股，首发募集资金为 1.44 亿元。截至 2016 年，青海上市公司数量共计 12 家，首发股本共计 43.155 亿股，首发募集资金共计 92.425 亿元。其中，1996 年，青海共有 4 家公司登陆 A 股，发行股本为 2.355 亿股，首发募集资金为 3.055 亿元，成为青海历史上登陆 A 股最多的年份。2007 年，青海省虽然仅有 1 家上市公司，其首发股本达到 23.83 亿股，首发募集资金为 62.01 亿元，成为青海历史上首发股本、首发募集资金最多的年份。

表 8-1　青海上市公司情况（1995~2016 年）

年份	上市公司数量	首发股本/亿股	首发募集资金/亿元
1995	1	0.6	1.44
1996	4	2.355	3.055
1997	2	5.2	6.82
2000	1	1.57	2.5
2001	1	1.1	1.99
2007	1	23.83	62.01
2011	1	4.5	9.6
2016	1	4	5.01

第九章　陕西经济增长篇

一、陕西概况

(一) 基本概况

陕西省，简称陕或秦，位于中国西北内陆腹地，地理位置介于东经105°29′~111°15′，北纬31°42′~39°35′。全省总土地面积为20.56万平方千米，南北长约870千米，东西宽200~500千米。陕西地域狭长，地形多样，有盆地、平原、山地和高原等，地势南北高、中间低。全省从北到南可以分为陕北高原、关中平原、秦巴山地三个地貌区，其中高原面积为926万公顷，山地面积为741万公顷，平原面积为391万公顷。主要山脉有秦岭、大巴山等。秦岭在陕西境内有许多闻名全国的峰岭，如华山、终南山、太白山、骊山。陕西横跨三个气候带，南北气候差异较大。陕南属北亚热带气候，关中及陕北大部属暖温带气候，陕北北部长城沿线属中温带气候。其总特点是：春暖干燥，降水较少，气温回升快而不稳定，多风沙天气；夏季炎热多雨，间有伏旱；秋季凉爽较湿润，气温下降快；冬季寒冷干燥，气温低，雨雪稀少。全省年均气温为13.7℃，自南向北、自东向西递减。

陕西省横跨黄河、长江两大流域，是中国西北、西南、华北、华中和新亚欧大陆桥之间的门户，周边与甘肃、宁夏、内蒙古、山西、河南、湖北、四川、重庆8个省区市接壤，是国内接壤省区市最多的省份，具有承东启西、连接西部的区位之便。截至2015年底，全省设10个省辖市和杨凌农业高新技术产业示范区，有3个县级市、77个县和27个市辖区，其首府为古都西安市。截至2015年末，全省常住人口为3792.87万人，除汉族外，有42个少数民族在全省散居、杂居。少数民族中，回族人口最多。此外，千人以上的少数民族有满族、蒙古族、壮族、藏族；百人以上的少数民族有朝鲜族、苗族、侗族、土家族、白族、锡伯族；其他少数民族均在百人以下。

(二) 自然资源概况

1. 土地资源

陕西省总土地面积为2056万公顷。截至2017年，农用地为18 562 648.53公顷，占总土地面积的90.27%（耕地为3 982 887.32公顷，占总农用地面积的21.46%；园地为816 367.18公顷，占总农用地面积的4.40%；林地为11 166 810.16公顷，占总农用地面积的60.16%；牧草地为2 169 378.13公顷，占总农用地面积的11.69%；其他农用地为427 205.74公顷，占总农用地面积的2.30%）；建设用地为968 015.38公顷，占总土地面积的4.71%（其中，交通用地为109 274.18公顷，占总建设用地面积的11.29%；城镇村及点工矿用地为822 247.88公顷，占总建设用地面积的84.94%；水利设施用地为36 493.32公顷，占总建设用地面积的3.77%）；未利用地为1 031 724.38公顷，占总土地面积的5.02%。由于长期的耕种和自然力的侵蚀，褐土、粟钙土、黑垆土等地带性自然土壤已演变成复杂多样的农业土壤。

2. 矿产资源

陕西省拥有丰富的矿产资源，这主要是由于其地质成矿条件优越。陕西矿产资源分布具有明显的区域特色。例如，陕南有丰富的贵金属、有色金属、黑色金属以及非金属矿产；关中地区蕴藏着煤、地热、非金属建材以及钼等；陕北地区的矿产则主要有优质煤、石油以及天然气。全省已发现各类矿产138种（含亚矿种），已查明有资源储量的矿产为92种。其中能源矿产为5种，水气矿产为3种，金属矿产为27种，非金属矿产为57种。陕西省已查明矿产资源储量潜在总价值为42万亿元，高居全国之首。盐矿、煤、石油、天然气、钼、汞、金、水泥用石灰岩、玻璃石英岩，不仅资源储量可观，且质量较好，在国内、省内市场具有明显的优势。这些都是陕西省保有资源储量居全国前列的重要矿产。

3. 水力资源

横跨黄河、长江两大流域的陕西省，全省平均年降水量为702.1毫米，水资源总量达到416.49亿立方米。全省最大年水资源量可达847亿立方米，最小年只有168亿立方米，丰枯比在3.0以上。全省的水资源丰富，但却有着时间与空间上分布不均的问题。例如，全省年降水量的60%~70%都集中在7~10月，容易引发洪灾和旱情。水资源在地域空间上的分布不均则体现在占全省土地面积63.3%秦岭以北的黄河流域，其水资源量却仅占全省的29%。然而，占全省土地面积36.7%的秦岭以南的长江流域，其水资源量却高达全省的71%。

二、陕西经济发展特色

2016年陕西省实现地区生产总值19 165.39亿元，比上年增长7.6%，高于全国0.9个百分点。其中，第一产业增加值为1693.84亿元，增长4%，第二产业增加值为9390.88亿元，增长7.3%，第三产业增加值为8080.67亿元，增长8.7%。其中，非公有制经济占地区生产总值比例为53.8%，战略性新兴产业占比为10.7%。这些成就与陕西的特色产业发展以及重要发展战略的推动密切相关，特色产业包括旅游产业、能源产业、军工产业、种植业以及教育产业。陕西省主要有两大发展机遇，分别为"一带一路"倡议以及陕西军民融合。

（一）陕西特色产业

1. 陕西旅游产业

旅游业是陕西优势突出的特色产业。陕西是中国旅游资源最富集的省份之一，资源品位高、存量大、种类多、文化积淀深厚，地上地下文物遗存极为丰富，被誉为"天然的历史博物馆"。全省现有各类文物点3.58万处、博物馆151座、馆藏各类文物90万件（组），文物点密度之大、数量之多、等级之高，均居全国首位。拥有被誉为"世界第八大奇迹"的秦始皇兵马俑、女皇帝武则天及其丈夫唐高宗李治的合葬墓乾陵、佛教名刹法门寺等。文物方面有着西周青铜器、秦代铜车马、汉代石雕、唐代金银器、宋代瓷器及历代碑刻等，从中可一探历史渊源，管窥昔日风采。陕西省拥有1处世界文化遗产（即西安秦始皇陵及兵马俑坑）和5处国家级风景名胜区（华山风景名胜区、宝鸡天台山风景名胜区、黄帝陵风景名胜区、合阳洽川风景名胜区、临潼骊山风景名胜区）。此外，陕西省拥有6座中国优秀旅游城市，4个中国旅游强县；各类等级（A级）旅游景区81处，其中5A级景区3处，4A级景区18处。"十二五"期间全省共接待境内外旅游者14.14亿人次，旅游总收入为1.07万亿元，分别比"十一五"期间增长了180%和226%，年均增长率分别为21%和25%。旅游者人均花费753.6元，比"十一五"期间增长16%。红色旅游接待人数突破1亿人次，收入达到740亿元。观光与休闲度假产品比例由"十一五"的5∶1增加到5∶3.5。全省A级旅游景区由2010年的101家增加到2015年的288家。建立了4个旅游商品研发基地，2015年全省旅游商品年销售收入为600多亿元。星级饭店由353家增加到382家。旅行社由614家增加到775家。旅游企业由1600家增加到3000余家，全省旅游产业规模达到了一个新的发展水平。旅游业在陕西的支柱产业地位进一步得到巩固。

2. 陕西能源产业

陕西省是我国的能源大省，其煤、油、气资源等能源丰富。陕西省煤炭资源主要集中于陕北、渭北，并拥有世界七大煤田之一的神府煤田。陕北榆林地区具有2000平方千米的气田。近年来能源市场需求旺盛，带动了陕西省能源产业的高速发展。全国各地的能源企业被其资源和区位优势吸引，纷纷来陕西投资并建设能源项目，投资主体变得多元化。此外，陕西拥有中国唯一的国家级能源化工基地——陕北能源化工基地。2015 年陕西煤炭产量为 5.02 亿吨，原油产量为 2838 万吨，天然气产量为 186 亿立方米。全省煤矿单井平均产能为 120 万吨以上，采煤机械化率为 95%，采区回采率为 70%，原油采收率达到 17%。火电装机为 3268 万千瓦，发电煤耗为 325 克/（千瓦·时），60 万千瓦以上机组占比达到 42%。煤制烯烃、煤制油产能分别达到 310 万吨、275 万吨。汽、柴油产品质量达到国 V 标准。电网形成"关中一环、两回纵联陕北"的 750 千伏骨干网架。天然气管网形成了"五纵两横一环线"的骨架。输油管线总长度约 1823 千米。可再生能源总装机规模达到 745 万千瓦，其中水电、风电、光伏发电、生物质能分别为 300 万千瓦、258 万千瓦、180 万千瓦和 7 万千瓦。风电主流机型单机容量提高到 2500 千瓦，可利用风速下降到 5.5 米/秒，商用光伏发电组件转化效率提高到 16.5%。截至 2015 年底，全省水电、风电、光伏发电、生物质能发电合计装机规模达到 745 万千瓦，是 2010 年累计装机规模的 2.7 倍。全行业 2010~2015 年合计完成投资约 530 亿元，年均增长 30% 以上。可再生能源装机占全部发电装机比例达到 18.5%。

3. 陕西军工产业

陕西省为全国第一军工产业大省。陕西省拥有强劲的国防军工系统科技综合实力，包括核、航空、航天、兵器、船舶和地方军（不含电子、部队在陕企业）共有近二百家企事业单位。其中，生产企业 61 家、研究院所 27 家；职工 28 万人，各类科技人员 9.7 万人；拥有各种电子试验设备 10 万多台（套），基本形成了我国重要的国防工业科研、设计、试验、生产基地。承担着中国大中型飞机研制光荣使命的中航飞机股份有限公司，将预研、研制、生产、销售和服务融为一体，拥有核心技术资源，如国内大中型飞机、全系列起落架及刹车系统，该公司的总资产为 335 亿元，员工为 3.5 万人。"十二五"时期，陕西省国防科技工业总收入合计 7329.34 亿元，年均增长 11%；累计实现利润 387.87 亿元，年均增长 4.8%；累计完成工业总产值 5493.08 亿元，年均增长 15.7%。其中，军品产值占 49.8%，年均增长 16.2%；民品产值占 50.2%，年均增长 15%。累计完成出口交货值 317.43 亿元，年均增长 6.5%。在"十二五"时期，陕西军工产业规模最大的要属航空工业，其工业总产值占整个军工产业总值的 38.4%，年均增长率为 11.6%。航天工业的总产值年均增长率高达 36.1%，发展极其迅速。航空、航天工业是军工产业创收的主要来源，两者的营业收入占总收入近 60%，其次，核、船舶和军工电子工业的营业收入呈现两位数年均增长率。在盈利方面，航天、核和兵器工业保持了良好的利润水平，特别是航天工业效益最好，利润年均增长率达 16.9%。从出口情况看，航空、兵器工业是出口的主力军，其中，航空工业出口交货值占比为 64.6%，兵器工业占比超过 20%。从军工企业的单位数量看，关中地区占 82.5%，陕南地区占17.5%,西安市是全省军工工业企业最集中的地区,并且在"十二五"时期军工企业数增长最高。军工产业极大地拉动了陕西的经济发展,是全省最具特色与优势的产业。

4. 陕西特色种植业

陕西地处中国西北内陆腹地,是中国农耕文明的重要发祥地。陕西渭河以北的黄土高原地区是世界上公认的苹果生产最佳适宜区,也是中国农业部确定的中国苹果优势产业带的重点建设地区。陕西作为苹果大省,其苹果产量约占全国的1/3、全球的1/7。2015年,陕西果业增加值达到375亿元,占到全省农业增加值的24%,44个苹果基地县的农民人均收入均超过万元,尤其在洛川、白水等重点县,苹果收入占到农民人均纯收入的75%~90%。2017年5月,在陕西西咸新区空港新城自贸大都汇举行"世界苹果中心"签约仪式,形成"互联网+产业"项目。该项目重点围绕"一带一路"农副产品交易,意在搭建市场化、信息化、全球化、生态化的企业链集群式一体化平台,将陕西苹果的产量优势转化为产业优势,使之走向世界,将"陕西苹果(互联网+产业)"这一项目打造成为具有世界影响力的苹果交易平台。

5. 陕西教育产业

教育是陕西全面建设西部强省的重要支撑和标志。近年来,陕西省委、省政府坚持教育优先发展战略,不断深化教育综合改革,推动教育事业发展进入快车道,全省教育公共服务体系日臻完善,全面进入内涵发展的新阶段。截至2017年,全省共有各级各类学校15 426所,在校学生751.8065万人,教职工总数62.4186万人,师生总数占全省人口的近1/4。高等学校108所,其中普通高校93所、成人高校15所。普通高校中,有民办高校18所(本科9所、高职9所)、独立学院12所。高等教育在学人数155.2994万人,其中普通高等教育在学人数118.1295万人。教职工10.6250万人,专任教师68 229人,副高级以上职称占41.38%。特殊教育学校56所,在校学生10 560人,教职工1452人,专任教师1067人。高等教育核心竞争力不断增强。有"985工程"高校3所,"211工程"高校8所(含第四军医大学),有博士学位授权高校19所(含5所军队院校)、硕士学位授权高校31所(含6所军队院校)。教育质量的核心指标,如国家级教学成果、教学名师、教学团队、精品资源共享课程等,居全国第3~5位。2016年在第二届全国"互联网+"大学生创新创业大赛总决赛中,获金奖数居全国第3位、总成绩居全国第2位。截至2017年,全省高校有国家重点实验室11个,教育部重点实验室45个,建有陕西省重点实验室98个,2016年高校科研经费达到87亿元。民办高校多项指标位居全国前列,成为西部地区科技人才云集的大省。

（二）重大发展战略

1."一带一路"倡议

丝绸之路经济带的提出对陕西的经济发展有着重要的战略地位。抓住丝绸之路经济带的发展机遇，有利于加强陕西与中亚各国及地区的合作，互通有无，进一步拉动经济发展。借助丝绸之路经济带来的契机，陕西着力发展共享经济，大力推动互联网和金融发展。陕西民营经济活力日益显现，各类共享经济组织产生。陕西为促进中小微企业的发展，大力推动互联网和金融产业双向融合发展，培育陕西新型金融业态和陕西新的经济增长点。大力推进互联网与金融的发展一方面能够完善和创新陕西金融体系，另一方面能够深化金融运行改革，有助于解决中小微企业融资问题。通过互联网和金融体系，构建互联网和金融信息服务平台，完善配套措施，优化企业发展环境。由此，刺激经济的高速发展。陕西省政府针对"一带一路"倡议，制定了2017年的详细行动计划，大致包括以下方面：着力构建交通商贸物流中心、着力构建国际产能合作中心、着力构建科技教育中心、着力构建国际旅游中心、着力构建区域金融中心及搭建人文交流平台。

2.陕西军民融合

2017年，陕西省在追赶超越第一季度点评会议上提出亟待解决的"八大难题"，其中一个重要问题就是"要着力破解军民深度融合发展不够的难题"。陕西省是军工大省，在全国首屈一指，然而，近年来陕西军工产值占工业总产值的比例一直较低，对经济总量的贡献偏小，因此，更需要冲破体制性障碍、结构性矛盾、政策性问题来实行军民融合。"十二五"时期，陕西军工民品产值持续保持增长态势，生产规模不断扩大，涌现了一批有规模、有水平、有效益、有影响的军转民产品，成为支撑军工经济持续健康发展的重要力量。从军民融合企业的整体发展看，军民融合创新企业得到快速成长，"十二五"时期，军民融合创新型企业已经发展至500余家。在陕军工单位投资或参股的各类民品企业300多家，其中总收入过10亿元的企业2家，过5亿元的企业12家，过亿元的企业50多家。同时，陕西有300余家民口单位参与军品科研生产配套，其中民营单位60余家。截至2012年，已有近300种民用产品形成一定规模，其中，有39种民品已经成为企业的支柱产品。此外，陕西还拥有一批军民共用的资源，包括技术中心27个、各类专业计量检测机构15个、各类国家重点实验室7个，为推动军民融合的快速发展搭建了平台。

陕西的军工企业在积极实施军民融合战略后，效果显著，具有民品研发生产管理的单位数量大幅度增加，且相关的投资规模不断加大。截至2015年底，航天科技集团在西安航天基地内累计完成投资58.34亿元。西安航天基地发起成立了省级卫星应用产业联盟，与政府合作设立1000万元专项资金，用于加强企业合作和支持技术创新。在兵器领域，截至2017年，中国兵器工业集团在陕单位原值7.93亿元的大型仪器设备共292台套和23个重点实验室纳入陕西省科技资源统筹西安兵器基地军民融合中心。截至2017年，陕西军工企业事业单位中，具有民品开发能力的单位占比近70%，其中，航空占36%；兵器占26%；航天占18%；核工业、船舶等占20%。由此可见，军民融合战略极大地促进了陕西军工产业的发展。

三、陕西经济发展基本概况[①]

（一）陕西地区生产总值及人均地区生产总值概况

1. 陕西地区生产总值

从图9-1可以得知，1990~2015年，陕西地区生产总值一直处在增长的状态，地区生产总值增长率走势与全国走势几乎一致，地区生产总值年均增长率保持在16.45%，但是地区生产总值增长率波动较大，1990~1995年是高速爆发增长期，1998年陕西地区生产总值增长率在低位徘徊。2000年，陕西地区生产总值增长率

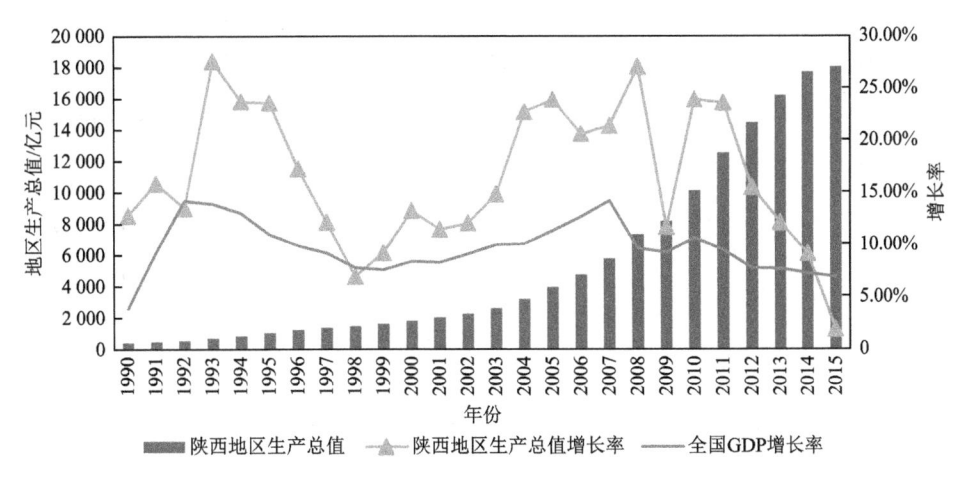

图9-1 1990~2015年陕西地区生产总值及增长率与全国对比

---

① 资料来源：《中国统计年鉴》（1990~2016年）、《陕西统计年鉴》（1990~2016年）。

开始回升。2004 年，陕西地区生产总值增长率有了明显的提升，达到了 22.72%的水平，2004~2013 年（除 2009 年外），陕西地区生产总值增长率一直保持在 12%以上。从 20 世纪 90 年代以来，陕西经济发展大致分为两个阶段，第一阶段为 1990~1999 年，第二阶段为 2000~2015 年。

第一阶段（1990~1999 年）：从图 9-1 可以看出，1990~1999 年，陕西地区生产总值从 404.30 亿元增长到 1592.64 亿元。该时期地区生产总值增长的一个显著特点是 1990~1997 年增长率在 10%以上，在 1998 年和 1999 年增长率回落到 10%以下，增长最快的年份是 1993 年（27.57%），最慢的年份是 1998 年（6.95%）。

第二阶段（2000~2015 年）：进入 21 世纪，中国经济发展翻开新的篇章，2001 年中国加入 WTO，标志着中国市场化改革正在与世界接轨，中国经济将真正参与世界竞争，加快全球化步伐。从图 9-1 可以看出，这一阶段陕西地区生产总值相较于第一阶段，增长率高且趋于稳定。2004 年、2008 年与 2010 年陕西经济发展都取得显著的成效，陕西经济呈现出增长速度快、效益好的良好态势。2004 年陕西地区生产总值达到 3175.58 亿元，其增长率比上年增长 7.88 个百分点。2004~2015 年，陕西地区生产总值年均增长率达到 16.57%，且 2004~2008 年，陕西地区生产总值连续保持在 20%以上的增长率。到 2010 年，陕西地区生产总值突破了万亿元大关，达到 10 123.48 亿元，成功加入万亿元地区生产总值省区市行列。2015 年地区生产总值达到 18 021.86 亿元，增长率仅为 1.88%，低于全国 6.90%的增长率。

2. 陕西人均地区生产总值

人均地区生产总值方面，由图 9-2 可以看出，陕西 1990~2015 年的人均地区生产总值增长率走势与全国人均 GDP 增长率走势基本一致，随着全国人均 GDP 增长率的提高而提高，随着全国人均 GDP 增长率的下降而下降。

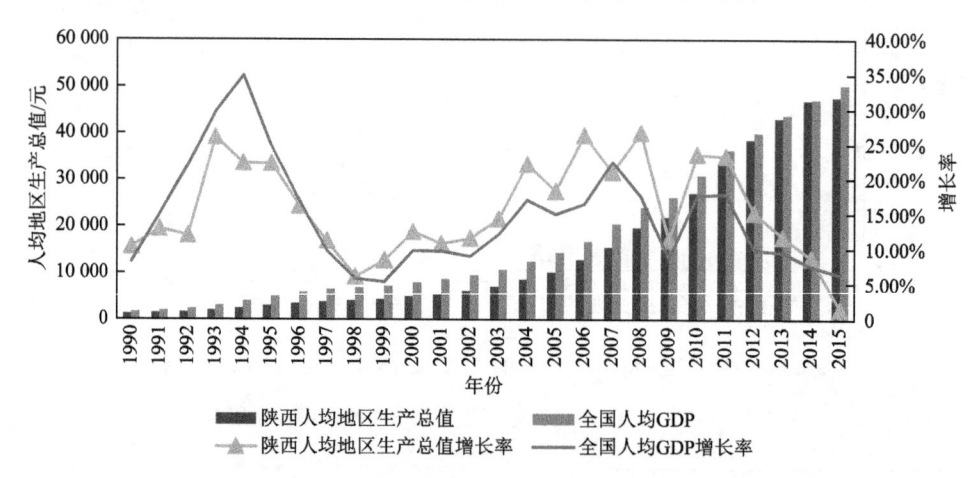

图 9-2　1990~2015 年陕西人均地区生产总值及增长率与全国对比

1990～2015 年人均地区生产总值年均增长率达到 15.70%，高于同期全国人均 GDP 增长率 1.07 个百分点。2015 年陕西人均地区生产总值达到 47 626 元。

第一阶段（1990～1999 年）：在确立发展社会主义市场经济的第一阶段，国民经济在探索中稳步发展，但人均 GDP 整体增长缓慢。陕西人均地区生产总值在 1990～1995 年增长迅速，从 1241 元增加到 2965 元，年均增长率达 19.03%，但是 1995～1999 年人均地区生产总值增长率开始逐步降低。其中，1999 年人均地区生产总值为 4415 元，其增长率仅为 8.48%。

第二阶段（2000～2015 年）：进入 21 世纪，中国经济开始复苏，GDP 稳步快速发展，人均 GDP 也逐年上升。此期间，陕西人均地区生产总值年均增长率达 16.23%，高于全国水平 3.25 个百分点。其中 2006 年、2008 年、2010 年人均地区生产总值增长率分别达到 26.37%、26.72%、23.63%。2013 年人均地区生产总值突破 40 000 元大关，达到 43 117 元。

（二）陕西全社会固定资产投资

全社会固定资产投资是反映固定资产投资规模、速度、比例关系的指标。如图 9-3 所示，1990～2000 年陕西的全社会固定资产投资额增长率经历了较大的波动，1990 年全社会固定资产投资额为 103.72 亿元，1993 年全社会固定资产投资额达到 228.21 亿元，1990～1993 年年均增长率为 30.06%，1993 年的增长率更是达到 60.18%。1994～2000 年，陕西全社会固定资产投资额增长放缓，此期间年均增长率仅为 18.56%，其中，1998 年全社会固定资产投资额为 544.89 亿元，较前一年增长 28.48%。2001 年后，中国经济发展进入快车道，陕西的全社会固定资产投资年均增长率为 24.25%，高于同期全国水平 3.27 个百分点。

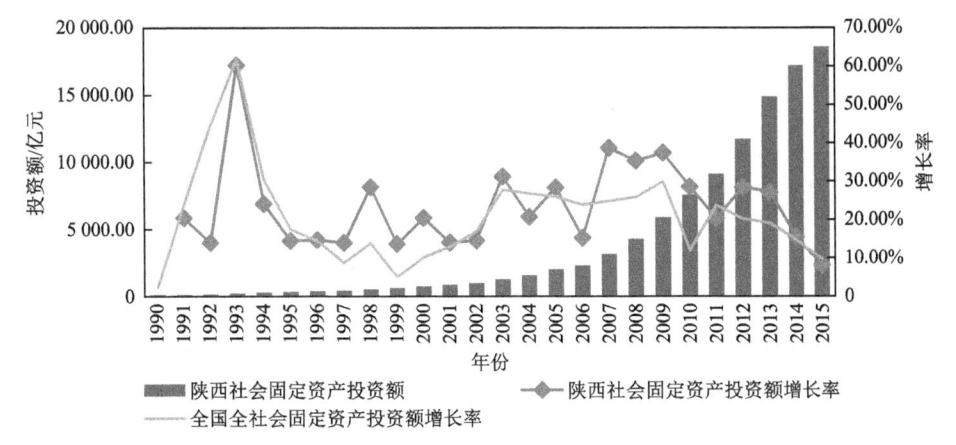

图 9-3　1990～2015 年陕西全社会固定资产投资额及增长率与全国对比

陕西的全社会固定资产投资额增长趋势与全国水平趋同，其中2009年陕西全社会固定资产投资额增长率达到37.37%，高于全国水平7.42个百分点。

（三）陕西城镇居民人均可支配收入

如图9-4所示，城镇居民人均可支配收入是衡量国民生活质量、经济发达程度的重要指标。1990～2015年陕西的城镇居民人均可支配收入总体呈上升趋势，从1990年的1369.00元增长到2015年的26 420.21元，年均增长率为12.57%。虽然陕西城镇居民人均可支配收入增长较快，但是增长率波动较大。1994年是陕西城镇居民人均可支配收入增长率最高的一年，城镇居民人均可支配收入达到2684.00元，增长率为27.69%，创下改革开放以来最高增长率的纪录。1995～2000年，陕西城镇居民人均可支配收入处于缓慢增长阶段，1997年陕西城镇居民人均可支配收入为4001.00元，其增长率较上一年下降10.10个百分点，1998年陕西城镇居民人均可支配收入增长率与1997年基本持平。2000年后，中国经济发展进入快车道，陕西地区生产总值增长率大幅度提高，城镇居民人均可支配收入也有了明显的提高。2007年，陕西城镇居民人均可支配收入突破10 000元大关，达到10 763.00元，增长率略低于同期全国水平。2008年后，经济增长趋于平稳。到2013年，陕西城镇居民人均可支配收入达22 345.93元，在接下来的三年，增长率回归到10%以下的水平。

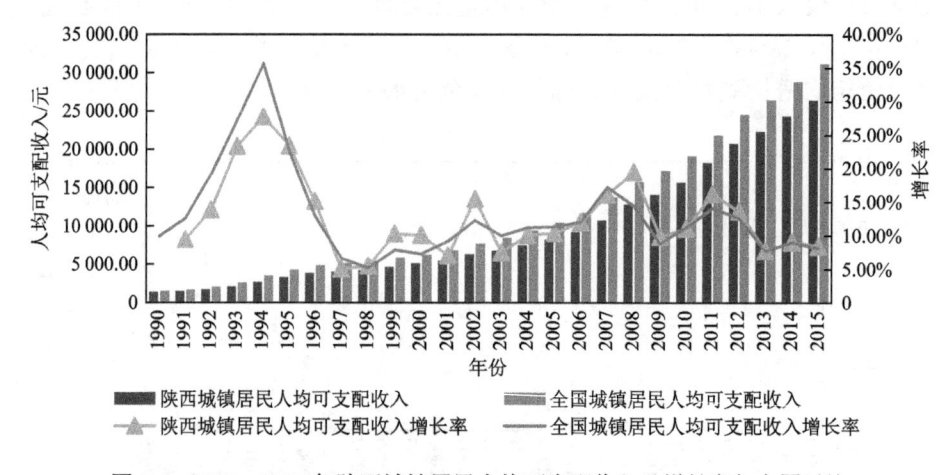

图9-4 1990～2015年陕西城镇居民人均可支配收入及增长率与全国对比

（四）陕西消费水平

1. 陕西全社会消费总额

如图 9-5 所示，1990~2015 年，陕西全社会消费总额呈上升趋势，从 1990 年的 184.40 亿元上升到 2015 年的 6578.10 亿元，年均增长率达到 15.37%，陕西全社会消费总额增长率与全国趋势基本保持一致。1993 年，陕西全社会消费总额为 245.50 亿元，较前一年仅增长 3.46%，创下近 30 年的最低增长率纪录。1994~1997 年，陕西全社会消费总额增长率保持 13% 以上，但是 1998~2002 年，年均增长率低于 10%，2002 年全社会消费总额为 728.20 亿元，较前一年增长 9.49%。2003 年后，陕西全社会消费总额增长率均保持在 10% 以上，其中 2005 年全社会消费总额达 1331.30 亿元，增长率为 37.74%，创下历史增长率最高纪录。2003~2015 年，陕西的全社会消费总额保持高速增长，年均增长率达到 18.62%，高于全国水平 3.43 个百分点。

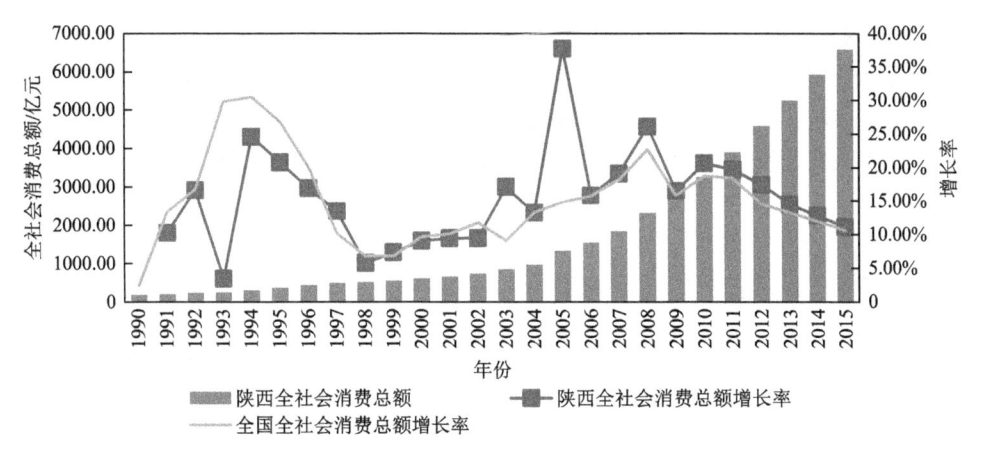

图 9-5　1990~2015 年陕西全社会消费总额及增长率与全国对比

2. 陕西人均消费

1）陕西城镇居民人均消费

如图 9-6 所示，2002 年陕西城镇居民人均消费支出为 5378.00 元，到 2015 年，陕西城镇居民人均消费支出达到 18 463.87 元，年均增长率为 9.95%。同期，全国城镇居民人均消费支出从 2002 年的 6029.90 元增长到 2015 年的 21 392.36 元，年均增长率为 10.23%，陕西稍落后于全国水平。2009 年，陕西城镇居民人均消费支出增长率出现较大的下滑，较前一年下降了 6.41 个百分点。2011 年和 2012 年，陕西城镇居民人均消费支出分别达到 13 782.80 元和 15 332.80 元,增长率分别为 16.59%和 11.25%,高于同期全国水平(分别为 12.54%和 9.98%)。

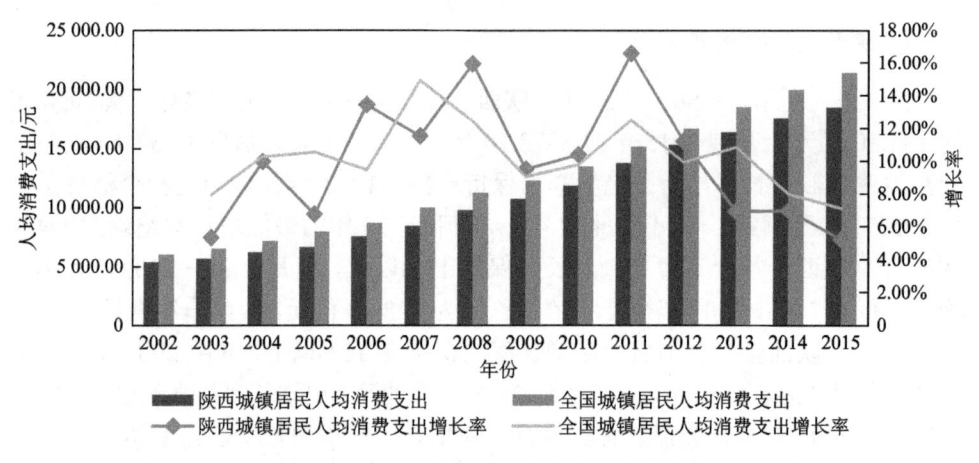

图 9-6　2002~2015 年陕西城镇居民人均消费支出及增长率与全国对比

2)陕西农村居民人均消费

相较于城镇居民人均消费水平,农村居民人均消费水平依然处于较低发展阶段。如图 9-7 所示,2002 年陕西农村居民人均消费支出为 1490.80 元,2015 年陕西农村居民人均消费支出为 7900.71 元,年均增长率为 13.69%。同期,全国农村居民人均消费支出从 2002 年的 1834.30 元增加到 2015 年的 9222.59 元,年均增长率为 13.23%。2002~2015 年,陕西农村居民人均消费支出的增长率在绝大多数年份均高于全国水平,仅有 2003 年、2004 年、2011 年、2014 年、2015 年低于全国水平。

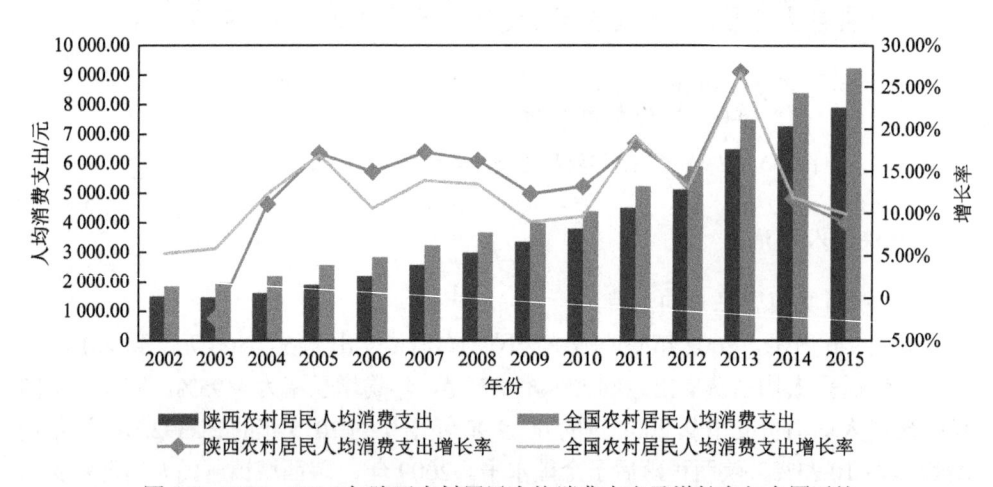

图 9-7　2002~2015 年陕西农村居民人均消费支出及增长率与全国对比

（五）陕西一般公共财政收入

如图 9-8 所示，1990~2015 年，陕西一般公共财政收入由 41.19 亿元增长到 2059.95 亿元，年均增长率达 16.94%，其中 2011 年，陕西一般公共财政收入为 1500.18 亿元，较前一年增长 56.56%，创下历史最高增长率纪录。与 1993 年的较大增长率形成鲜明对比，1994 年陕西一般公共财政收入下降到 42.59 亿元，出现负增长，也成为陕西一般公共财政收入降幅最大的一年。1995~2015 年，陕西一般公共财政收入稳中有升，且在 2003~2011 年均保持 17% 以上的增长率。

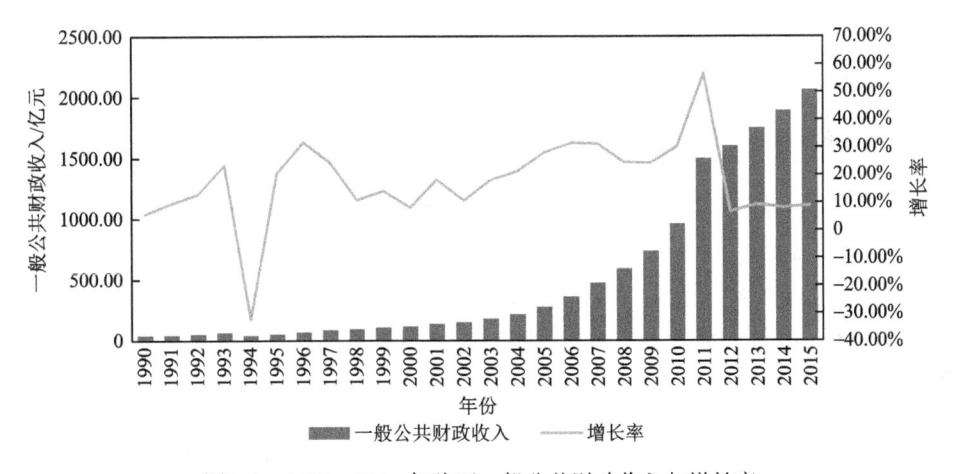

图 9-8　1990~2015 年陕西一般公共财政收入与增长率

四、陕西经济发展质量分析

（一）陕西产业结构

如图 9-9 所示，1990~2015 年，陕西的经济结构持续优化，第一产业稳中有降，第二产业占主导地位，第三产业实现快速增长。陕西三次产业结构由 1990 年的 26∶41∶33 调整为 2015 年的 9∶50∶41，第一产业的比例由 26% 降低到 9%，第二产业的比例由 41% 增长到 50%，第三产业的比例由 33% 增长到 41%。相比全国产业结构，陕西的产业结构仍有很大的调整需求，特别是第三产业还有巨大的发展潜力。但目前陕西处于工业化中期，工业仍是拉动经济发展的主力，2015 年陕西第二产业增加值为 9082.13 亿元。近年来，陕西第三产业规模不断扩大，其增长率平稳增加，对经济贡献率持续提升，吸纳就业人数不断增多。

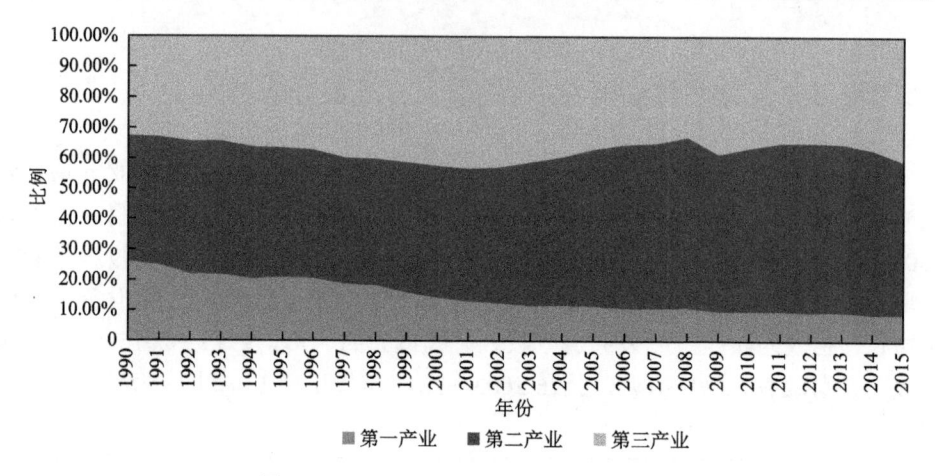

图 9-9　1990～2015 年陕西三次产业结构

（二）陕西能源消耗

如图 9-10 所示，1990～2012 年陕西能源消耗总量呈现出递增趋势，从 1990 年的 2239 万吨上升到 2012 年的 10 626 万吨。能源消耗总量的年均增长率为 7.34%，但波动较大。其中，1997 年和 1999 年出现负增长，增长率分别为 –11.74% 与 –11.71%。2001～2012 年，陕西能源消耗总量增长较为稳定，年均增长率维持在 12.03%。

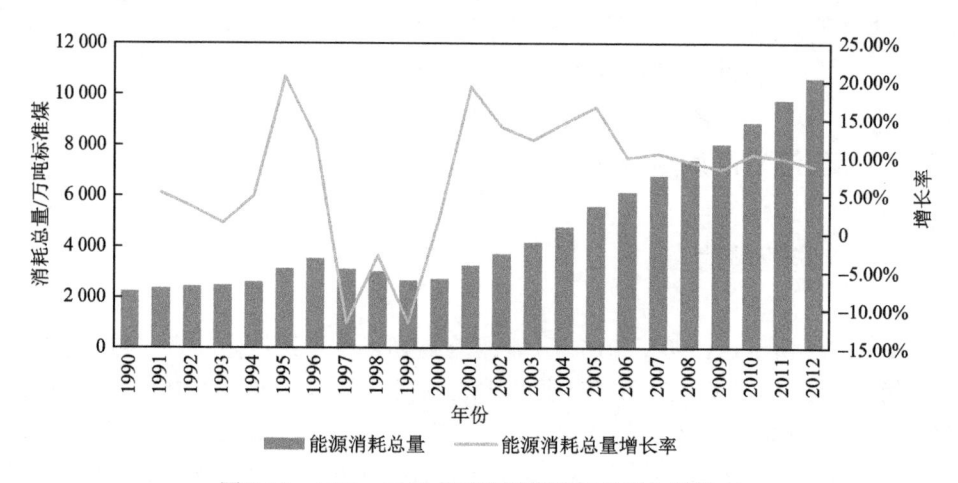

图 9-10　1990～2012 年陕西能源消耗总量与增长率

（三）陕西单位地区生产总值能耗

如图 9-11 所示，2005～2011 年陕西单位地区生产总值能耗呈现不断下降的趋势，由 2005 年的 1.480 吨标准煤/万元下降到 2011 年的 0.846 吨标准煤/万元，年均增长率为-8.90%。全国单位 GDP 能耗年均增长率为-7.31%，陕西单位地区生产总值能耗下降速度稍快于全国水平。其中，2011 年，陕西单位地区生产总值能耗首次低于 1 吨标准煤/万元，增长率为-25.07%。整体来看，2005～2010 年，陕西单位地区生产总值能耗增长率波动较小，2011 年，能耗下降幅度最大，较上年能耗增长率下降 21.40 个百分点。

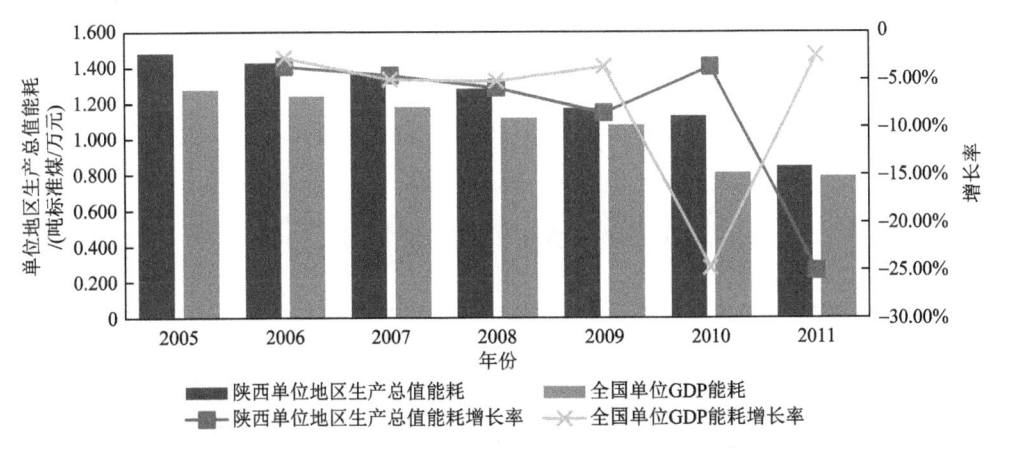

图 9-11　2005～2011 年陕西单位地区生产总值能耗及增长率与全国对比

五、陕西经济发展潜力分析

（一）陕西教育水平

1. 陕西教育经费

如图 9-12 所示，陕西的教育经费呈上升趋势，从 2000 年的 1 014 584.40 万元增加到 2014 年的 9 101 672.00 万元，年均增长率为 16.97%。全国教育经费的年均增长率为 16.64%，陕西的教育经费年均增长率高于全国水平 0.33 个百分点。整体上看，2000～2014 年，陕西的教育经费增长率有高有低。其中 2006 年和 2014 年陕西教育经费的增长率分别仅为-1.84%和 1.96%，远低于年均增长率。

2. 陕西人均教育经费

2000～2014 年，陕西人均教育经费增长较快，但与全国水平仍有差距。如图 9-13 所示，2000 年，陕西人均教育经费为 278.43 元，全国人均教育经费为 303.69 元。到 2014 年，陕西人均教育经费达 2410.96 元，全国人均教育经费达

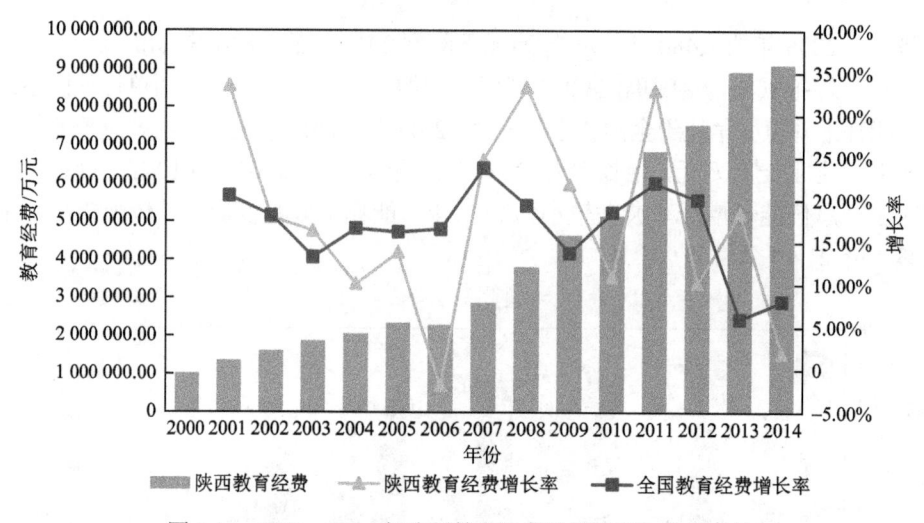

图 9-12 2000~2014 年陕西教育经费及增长率与全国对比

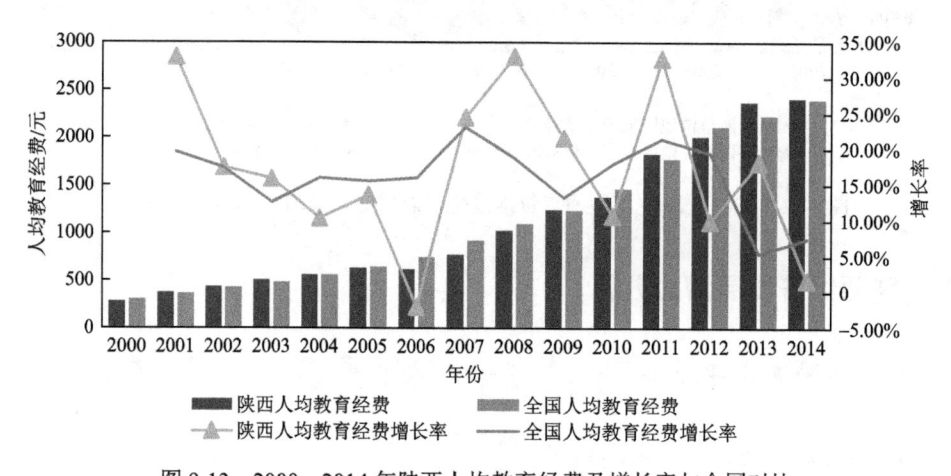

图 9-13 2000~2014 年陕西人均教育经费及增长率与全国对比

2398.45 元。陕西人均教育经费年均增长率为 16.67%，全国人均教育经费年均增长率为 15.91%，陕西的人均教育经费年均增长率略高于全国水平 0.76 个百分点。其中 2006 年陕西的人均教育经费降幅较大，出现负的增长率，较前一年增长率下降 15.67 个百分点。

3. 陕西平均受教育年限

如图 9-14 所示，陕西的平均受教育年限从 1991 年的 6.36 年增长到 2014 年的 9.14 年，平均受教育年限增加了 2.78 年。同期，全国的平均受教育年限从 1991 的 6.25 年增长到 2014 年的 9.04 年，平均受教育年限增加了 2.79 年。陕西的平均受教育年限增加值略低于全国水平。其中，1991~2002年，陕西的平均受教育年限相较于同期全国水平有高有低。而从2003年开始，陕西的平均受教育年限均稍高于全国水平，但相差不大。

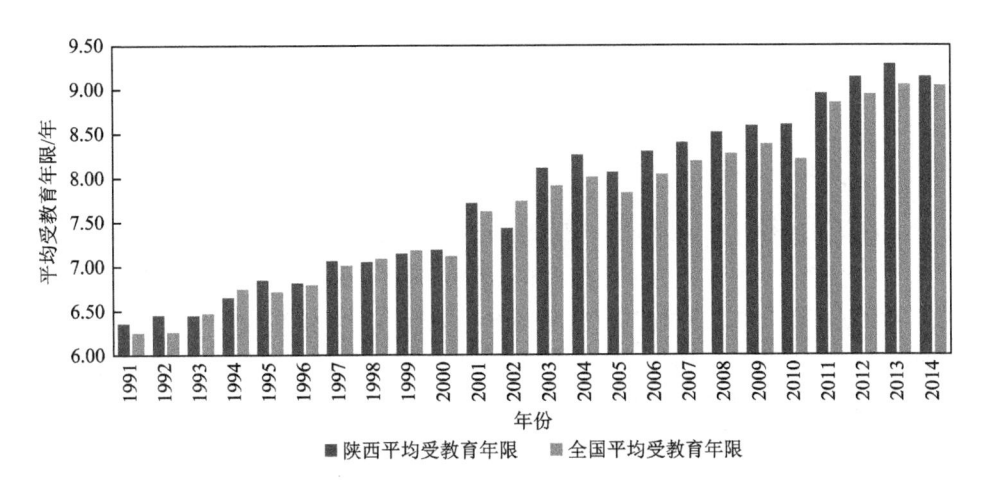

图9-14　1991~2014年陕西平均受教育年限与全国对比

（二）陕西科研水平

2008~2015年，陕西规模以上工业企业科研人员从24858人增加到45052人，科研经费从420110.3万元增长到1725829.3万元，年均增长率分别为8.87%和22.37%。如图9-15所示，陕西规模以上工业企业的人均科研经费由2008年的

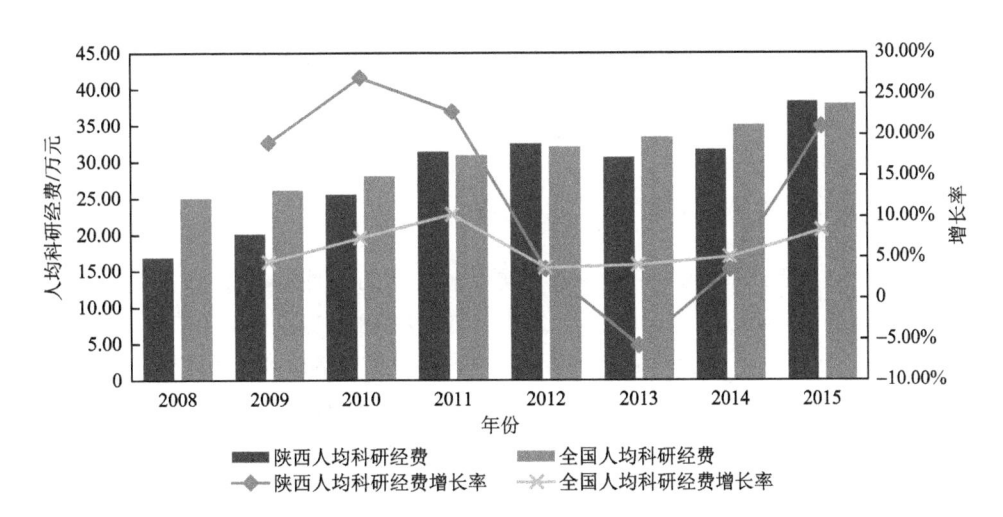

图9-15　2008~2015年陕西规模以上工业企业人均科研经费及增长率与全国对比

16.90 万元增长到 2015 年的 38.31 万元，年均增长率为 12.40%。同期，全国规模以上工业企业的人均科研经费由 2008 年的 24.98 万元增长到 2015 年的 37.96 万元，年均增长率为 6.16%，陕西的规模以上工业企业的人均科研经费年均增长率高于全国水平 6.24 个百分点。

（三）陕西创新水平

1. 陕西专利申请数量

1990～2015 年陕西的专利申请数量总体在不断上升，如图 9-16 所示，从 1990 年的 993 件上升到 2015 年的 74 904 件，年均增长件数为 2956 件，年均增长率为 18.88%，创新能力在不断增强。其中 2001～2013 年，陕西专利申请数量每年都在稳步提升，年均增长件数达到 4219 件。但是在 2014 年，陕西专利申请数量下降，出现负的增长率，增长率降低 33.21 个百分点。

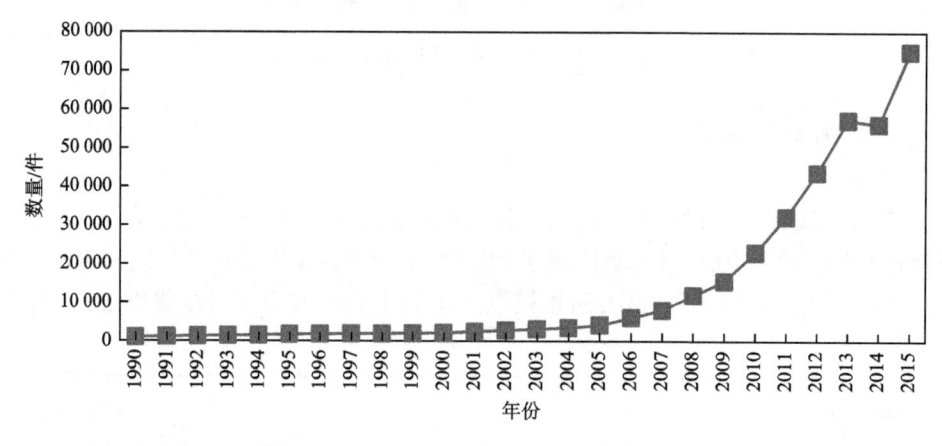

图 9-16　1990～2015 年陕西专利申请数量

2. 陕西技术市场成交额

如图 9-17 所示，1995～2015 年，陕西的技术市场成交额增长了 129.06 倍，从 1995 年的 55 501.00 万元增加到 2015 年的 7 218 211.05 万元，年均增长额为 358 135.50 万元。其中 2011 年的成交额增长率最高，成交额达到了 2 153 663.57 万元，增长率达到 110.29%，值得一提的是，2010 年陕西技术市场成交额首次突破 100 000 万元大关。但是 1996 年、1998 年、2001 年、2004 年和 2006 年的技术市场成交额出现负增长率，处于较低迷状态，增长率分别为 –19.36%、–19.53%、–8.58%、–17.20%和 –5.02%。

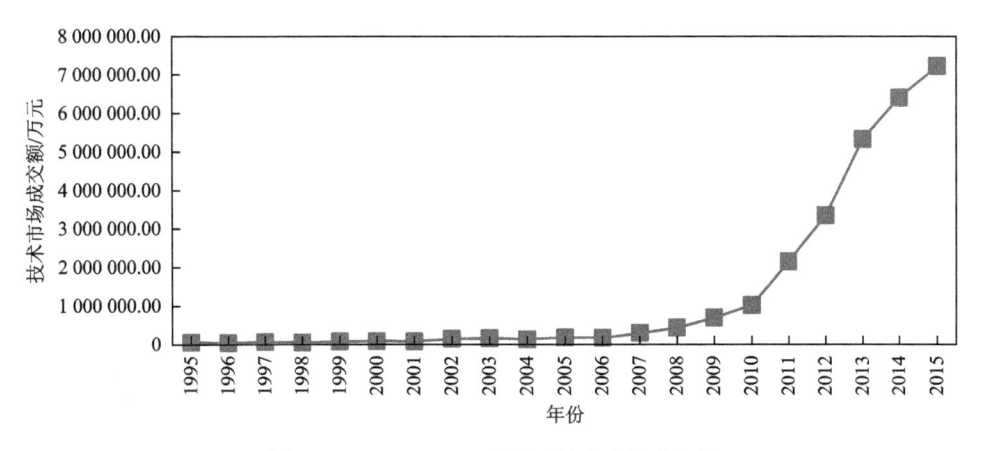

图 9-17　1995～2015 年陕西技术市场成交额

六、陕西金融发展水平分析

（一）陕西银行机构存贷款余额

如图 9-18 所示，1990～2015 年，陕西存款余额不断攀升，由 1990 年的 278.44 亿元上升至 2015 年的 32 685.32 亿元。存款余额年均增长率为 21.00%，增长率呈波浪形发展。其中，1994 年的增长率最高，增长率达 60.71%；2014 年增长率达自 1990 年以来最低，增长率仅为 9.92%。2008 年，陕西存款余额突破万亿元大关，存款余额达到 10 790.87 亿元。

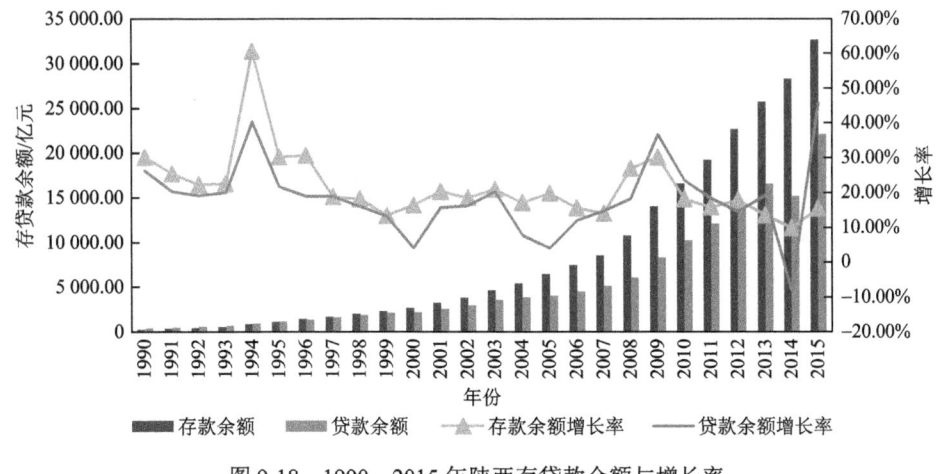

图 9-18　1990～2015 年陕西存贷款余额与增长率

此外，陕西贷款余额在 1990～2015 年总体上也呈现上升趋势，从 1990 年的385.21亿元增长到2015年的22 096.84亿元。贷款余额的年均增长率为17.58%，其增长率波动也较大。2015年的增长率达到最高，为45.62%；其次是1994年，增长率为40.31%。2014年则出现了负增长，增长率为-8.25%，贷款余额相比2013年减少了1363.64亿元。整体来看，1990~2015年，陕西存款余额与贷款余额的增长趋同。

（二）陕西保险保费收支

如图9-19所示，陕西的保费收入在1990~2015年呈现递增趋势，从1990年的3.95亿元增长到2015年的572.45亿元。保费收入的年均增长率为22.02%，增长率波动不大。1992年、2010年保费收入增长率较高，分别达到62.40%和53.28%。1990~2015年，陕西保险赔付额整体上也处于上升形势，从1990年的1.44亿元增至2015年的193.96亿元。整个保险赔付额的年均增长率为21.67%，但是波动较大，分别在1994年和1999年出现负增长，增长率分别为-15.36%和-12.36%。保险赔付额增长率的最高点出现在1993年，为96.90%，其次是1992年，增长率为76.62%。

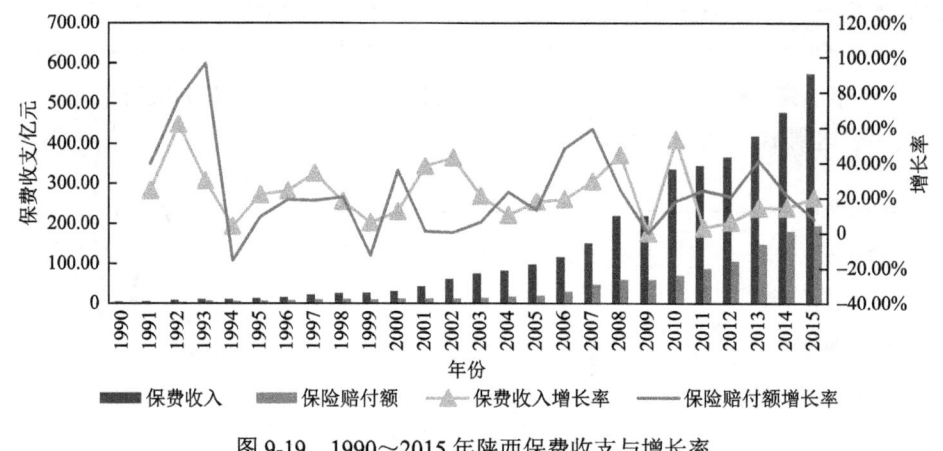

图9-19　1990~2015年陕西保费收支与增长率

（三）陕西上市公司规模

如表9-1所示，截至2016年，陕西上市公司数量总计达45家，首发股本共计248.84亿股，首发募集资金为402.00亿元。其中，2010年陕西共有6家公司登陆A股，首发股本为57.36亿股，首发募集资金为140.14亿元，成为陕西历史上登陆A股最多、募集资金最多的年份。其次，2008年，陕西尽管只有2家公司成功登陆 A 股上市，但其首发募集资金达到 99.74 亿元，成为首发募集资金次多的年份。

表 9-1　陕西上市公司情况（1993～2016 年）

年份	上市公司数量	首发股本/亿股	首发募集资金/亿元
1993	1	0.51	0.13
1994	5	4.99	5.38
1996	4	6.07	5.54
1997	5	5	9.79
1998	2	2.11	3.64
1999	1	2.06	4.13
2000	2	2.89	8.77
2002	2	3.58	4.62
2003	1	1.85	2.39
2004	2	2.04	4.38
2007	2	2.51	6.27
2008	2	31.97	99.74
2009	1	0.6	2.94
2010	6	57.36	140.14
2011	1	0.66	8.69
2012	2	14.99	33.15
2014	3	107.4	54.59
2015	1	0.8	2.97
2016	2	1.45	4.74

第十章　四川经济增长篇

一、四川概况

（一）基本概况

四川得名于北宋四川盆地一带的川峡路。自古以来享有"天府之国"的美誉。1952年中央人民政府撤销川东、川西、川南、川北四个行署区，恢复四川省建制。1954年7月，重庆市并入四川省。1955年，撤销西康省，同金沙江以东一起划入四川省。1997年，原四川省重庆市恢复为中央直辖市，至此川渝分治，形成今四川省行政区域。

四川省位于中国西南地区，地处长江上游，位于东经92°21′~108°12′和北纬26°03′~34°19′，区域东西相距1075千米，南北相距900千米。东连湖北、湖南，南邻云南、贵州，西接西藏，北接青海、甘肃、陕西三省。四川是西南地区、西北地区和中部地区的重要接点，是连接西南西北、华南华中，沟通中亚、南亚、东南亚的重要交汇点和交通走廊。

四川省共管辖1个副省级市、17个地级市、3个自治州，其中包括53个市辖区、17个县级市、109个县、4个自治县。截止到2016年底，四川省常住人口为8262万人。

四川为多民族聚居地区，共有55个少数民族在此常居。主要少数民族有彝族、藏族、羌族、土家族、纳西族、白族、壮族等11个世居民族。四川是全国唯一的羌族聚居区、最大的彝族聚居区和全国第二大藏区。其少数民族主要聚居在凉山彝族自治州、甘孜藏族自治州、阿坝藏族羌族自治州。

（二）自然资源概况

1. 土地资源

四川总土地面积为48.6万平方千米，占全国总土地面积的5.1%，仅次于新疆、西藏、内蒙古和青海，位居全国第五。但因人口众多，人均土地面积低于全国水平，人多地少的矛盾十分突出。四川位处青藏高原与长江中下游平原过渡带，高低悬殊，落差大，西高东低特征明显，地貌以山地为主，具有山地、丘陵、平原和高原 4 种地貌类型，分别占全省土地面积的 77.1%、12.9%、5.3%和 4.7%。依据其地貌特征，土地利用以林牧业为主，其林牧地主要分布于盆周山地和川西高山高原区，占四川总土地面积的 68.9%；耕地则主要分布于东部盆地和低山丘陵区域；园地主要分布于盆地丘陵和川西南山地区；交通用地和建设用地主要分布在经济较发达的平原区域及丘陵区域。

2. 矿产资源

四川地质结构复杂，矿产资源丰富，种类繁多，储量巨大，供应能力较强，是我国西部地区的矿物原料生产加工大省，也是全国重要的矿产资源开发地之一。全省已探明矿产资源储量 82 种，其中 29 种矿产排位全国同类矿产查明矿产资源储量前三甲。四川优势矿产主要有钒、钛、轻稀土、硫铁矿、芒硝、岩盐等 16 种，均在全国查明矿产资源储量中位居第一。四川矿产资源有两大特点：一是资源总量丰富，但由于人口密度大，人均占有量低于全国水平；二是大型、特大型矿床分布集中，区域特征明显，有利于形成综合性矿物原料开采生产基地。

3. 水能资源

四川水能资源丰富，是中国最大的水电开发和西电东送基地，水能资源主要集中分布于川西南山地的大渡河、金沙江、雅砻江三大水系，约占全省水能资源蕴藏量的 2/3。四川省水能理论蕴藏量为 1.43 亿千瓦，占全国总量的 21.2%，是仅次于西藏的第二水资源大省，其中技术可开发量达 1.03 亿千瓦，占全国总量的 27.2%，经济可开发量为 7611.2 万千瓦，占全国总量的 31.9%，均居全国首位。目前已有多个大型水电站投入使用，其中雅砻江上的二滩水电站总装机容量已达 330 万千瓦，是中国乃至亚洲已建成的最大水电工程。

4. 旅游资源

四川省风景优美，地形地貌极具特色，东有盆地，西有高原，是我国著名的旅游资源大省，旅游资源极其丰富。九寨沟、黄龙、峨眉山、乐山大佛、青城山、都江堰、大熊猫栖息地等均已列入了联合国教科文组织《世界遗产名录》。加入世界人与生物圈保护网络保护区 4 处，分别是九寨沟、卧龙、黄龙、稻城亚丁。全省已建成 14 处国家级风景名胜区，75 处省级风景名胜区，10 处 5A 级旅游景区，位居全国第三。

二、四川经济发展特色

2016 年，四川省地区生产总值达到 3.27 万亿元，增长率达 7.7%，全国排名第七，发展势头强势。全省坚定不移地推进产业转型发展，经济结构逐步优化，多点多极支撑格局加快形成，居民生活水平不断提高。这些成就离不开天府新区、成都高新技术产业开发区、成渝经济区与攀西战略资源创新开发试验区等国家性战略方针的确立与建设。与此同时，也离不开四川人民因地制宜，实事求是，坚持发展特色优势产业的努力。目前，高新技术产业、军民融合产业、传统白酒产业、特色旅游产业依然是四川经济可持续发展的核心驱动力。

（一）四川特色产业

1. 四川高新技术产业

四川省高新技术产业借助于成都高新技术产业开发区的建设、川内众多科研院校的科研成果以及四川省政府的大力扶持，于20世纪90年代初期开始迅猛发展。2016年，四川省高新技术产业实现总产值1.6万亿元，较2015年增长10.5%，对促进四川经济发展起到关键性作用。

其中，成都高新技术产业开发区是四川最具代表性的高新技术产业基地。成都高新技术产业开发区简称成都高新区，是国家自主创新示范区，始建于20世纪90年代，周边拥有众多高等院校（如四川大学、电子科技大学、西南交通大学）和一线科研机构，为成都高新技术开发提供了强大的人才储备和科研支撑。成都高新区着重发展新一代信息技术、生物、高端装备制造三大主导产业。

（1）新一代信息技术产业：2016年，成都高新区新一代信息技术产业总产值超过3300亿元。园区内著名企业有华为、英特尔、格罗方德、戴尔、联想、富士康等，其在全球电子信息产业格局中均举足轻重。其中，重点项目有英特尔"骏马"项目，总投资超过16亿美元，形成了完整集成电路产业链，使成都制造的中央处理器（central processing unit，CPU）全球领先。京东方、深天马、中光电液晶玻璃基板等新型显示器件生产项目也已在成都高新区启动，这是我国重要的中小尺寸液晶面板生产基地之一。目前全球软件企业十强中有6家、全国软件企业百强中有23家均已驻扎成都高新区。成都高新区拥有国家软件产业基地、国家软件出口基地等12个国家级基地授牌，是成都市建设世界软件名城的核心聚集区。

（2）生物产业：2016年，成都高新区共聚集生物产业企业1336家，产值达到230亿元。成都高新区努力发展成都天府国际生物城作为核心载体的功能，推进生物产业快速发展。除此之外还引进诺贝尔奖团队4个。

（3）高端装备制造业：航空装备产业初步形成了"航空电子+航空零部件+航空维修及服务"的产业特色，聚集中电科、海特、航利航空、普惠艾特等70余家企业。轨道交通则依托于西南交通大学雄厚的技术实力，聚集运达科技、交大光芒、交大许继等轨道交通装备研发制造企业30余家。卫星及应用依靠于卫星应用产业链关键环节及终端产品领域，聚集振芯科技、天奥信息、盟升科技等企业近30家。智能制造、测控、高端装备、关键基础零件等领域具有较强实力，聚集西门子、四威高科、阜特科技、普瑞斯等企业70余家。

2. 四川军民融合产业

2016年，四川全省军民融合产业产值达2870亿元，占全省地区生产总值的8.7%，位居全国第二。相比于2012年的1904亿元，增长接近千亿元，增长率达50.7%。力争到2020年，全省军民融合产业产值达到6000亿元，成为四川重要的支柱性产业。除此之外，四川军工核心能力建设投资约占全国的1/6，排名全国第一。四川军民融合产业遍及范围广，民用航空、民用航天、核能核技术、光电信息、汽摩配套和特色化工六个产业为地方军民融合支柱性产业。作为我国军工强省，四川借助于省内众多科研院校和高新技术产业的深入发展，成为所有省区市中唯一被要求加速军民深度融合发展来推进全面创新改革试验的地区。2017年，习近平总书记提出，四川要抓好军民融合高技术产业基地建设，重点发展军民融合产业集群，将军民融合上升为国家战略。其中，成都和绵阳为四川重点发展军民融合产业的城市。

成都作为军工企业特别是航空类军工企业的聚集区域，依托于周围众多的科研院校以及高技术人才，抓住军民融合上升为国家战略的发展契机，加快推进航空军工产业转型升级，大力发展航空经济。成都重点且具有代表性的研究院所以及军工集团如下：中航工业成都飞机设计研究所主要从事飞行器设计和航空航天多学科综合性研究，是我国现代化歼击机设计研究的重要基地和航空航天事业的坚实基础，其最新研制成果为翼龙无人机，在全球无人机研制中名列前茅；成都飞机工业有限责任公司是集科研、生产、试验、试飞为一体的大型现代化飞机制造企业，是中国歼击机研制生产的重要基地，集团先后研制开发出歼10、歼20、枭龙等数十种型号战机，为我国国防事业做出杰出贡献，同时，民用部分重点项目为研制生产出具有划时代意义的首架国产大飞机C919最重要的机头。

绵阳2017年军民融合产业产值为1690亿元，较2016年增长12%，军民融合产业产值占工业总产值的70%，科技研发经费占绵阳地区生产总值比例为7%。作为中国唯一的科技城，绵阳一直深入发展军民融合产业，推动军工科研院所和企业改革，推动军用技术向民用领域转化应用，从而进一步推动全市经济稳定可持续发展。其中重点且具有代表性的研究院所以及军工集团如下：中国工程物理研究院，其前身为核武器局第九局，是中国唯一的核武器研制生产单位，是以发展国防科学技术为主的综合性研究院，曾研制开发中国第一颗原子弹和氢弹，是国家高度保密单位；四川九州电气集团有限责任公司曾是国家"一五"期间156项重点工程之一，是国家唯一保留核心科研生产能力的地方军工骨干企业，九州电气集团有限责任公司积极研制发展北斗卫星导航核心技术，联合国内多家企业打造北斗卫星导航千亿元级产业链。绵阳总共拥有146家企业技术中心、25个重点实验室、18家国防科技院所，以及14个产业技术创新联盟。绵阳正努力推进具有核心竞争力的军民融合产业集群加快项目落地与园区建设，建设30平方千米的科技城集中发展区，加快磁性材料产业园、核技术应用产业园等十大军民融合产业园区的建设。

3. 四川特色白酒产业

2016年，四川白酒产业产值达2176.11亿元，占全省地区生产总值的6.6%，预计到2020年，四川白酒产业产值有望突破3000亿元，成为四川省经济支柱性产业。2016年，四川白酒市场份额在全国白酒市场份额中占比超过1/4，白酒产量同比增长8.7%，达到402.7万升，全国排名第一。

四川是以农业发展为主的人口大省，特殊的地势地貌使其拥有良好的自然环境，适宜高粱等粮食作物的生长，且四川境内优质水源丰富，精湛独特的酿酒工艺传承久远，使白酒生产在此具有得天独厚的优势。四川是著名的白酒酿制大省，在中国酒业中具有不可撼动的龙头地位。全国17大名酒中有6个名酒出自四川省，分别是五粮液、泸州老窖、郎酒、沱牌曲酒、全兴大曲、剑南春，其中上市公司有五粮液、泸州老窖和沱牌曲酒。四川白酒生产加工主要分布在川南宜宾、泸州一带以及川西地区，在充分利用其区域优势下，四川白酒产业已经成为四川食品工业的支柱性产业，在扩大就业、解决三农问题、扶贫和促进区域经济可持续发展等方面发挥了重要的作用。白酒产业产值规模在四川省食品工业各门类中保持绝对龙头的地位，形成了以"六朵金花"为第一梯队，以丰谷、江口醇、小角楼等二线品牌为中坚力量，以"八大原酒"企业等上游原酒供应商为第三梯队的优良发展态势。四川和贵州正着力发展优势特色产业，打造中国白酒金三角（宜宾、泸州、遵义），提升四川白酒综合竞争力。

4. 四川旅游产业

四川壮丽风景一直是蜀地一大特色，古代文人墨客曾热衷于描写古蜀大地壮丽险峻的山河，诗人李白曾执笔挥洒出如"蜀道之难，难于上青天"和"剑阁峥嵘而崔嵬"的豪迈诗句，盛赞蜀地山川壮丽风景。如今四川借助于得天独厚的区位优势，将文化旅游列为重点发展的文化产业。历史文化旅游方面，四川着重打造古蜀文化——三星堆、金沙遗址；三国文化——剑门关、蜀道；盛唐文化——江油李白故里、成都杜甫草堂；红色革命旅游文化——红军长征旅游路线、邓小平故里、朱德故里；宗教文化——青城山及都江堰景区。自然生态文化旅游方面，四川重点打造世界自然遗产——九寨沟、黄龙以及川西北大草原景区，世界文化遗产——峨眉山、乐山大佛景区。

2016年，四川旅游总产值达到7705.5亿元，占四川地区生产总值的22.3%，较2015年增长率达24.1%，呈现出增长幅度大、增长率高的特点，助力四川省第三产业比例首次超过第二产业比例。2016年，四川省全年接待国内游客6.3亿人次，比上年增长7.7%；国内旅游收入为7600.5亿元，同比增长23.8%。接待入境游客308.8万人次，同比增长13%。四川的旅游产业极大地推动了当地餐饮、住宿、交通、旅行社等各个方面的发展，从而推动四川经济的长久可持续发展。

（二）四川重大发展战略

1. 四川多点多极支撑战略

多点多极支撑发展战略的目的是塑造四川区域发展新格局。2016年全省共实现地区生产总值3.27万亿元，全国排名逐年上升。全面实施多点多极支撑发展战略，再一次激发了全省各区域的内在活力，逐步形成以成都地区快速发展，其他地区相继跨越、多点多极共兴发展、同步实现全面小康的发展格局。此外，五大经济区发展实力不断壮大，成都平原经济区2016年地区生产总值超过2万亿元，在四川省占绝对领先地位。

2. 四川"两化"互动、城乡统筹协调发展战略

四川省"两化"互动，是四川省全面推进新型工业化、信息化、新型城镇化、农业现代化等"四化"同步的主要途径，有助于四川省全面增强城市整体竞争力、区域综合竞争力和产业核心竞争力。四川省全面发展统筹城乡战略，需要构建新型工农与城乡关系，深入发展创新机制，创建城乡发展新形态。

3. 四川创新驱动发展战略

深入实施发展创新驱动战略应该依据四川省实际情况，脚踏实地去发展。四川省应该不断促进科技创新与产业创新互动，加快新旧动能转换，进行经济结构改革式创新。2016年，四川科技对经济增长贡献率达到52%，刷新贡献率新高。产业结构调整方面，四川高新技术产业完成突破性进展，高新技术产业产值达到1.6万亿元，高新技术实力不断增强。另外，创新驱动发展战略更要以科技创新带动理论、管理、产业、文化和体制机制等各个方面综合全面创新，促进四川经济全面发展。

三、四川经济发展基本概况[①]

(一)四川地区生产总值及人均地区生产总值概况

1. 四川地区生产总值

由图 10-1 得知,1990~2015 年,四川地区生产总值一直处在增长的状态,地区生产总值增长率走势与全国走势基本保持一致,1990~2015 年,四川地区生产总值年均增长率保持在 9.71%,但是此期间的地区生产总值增长率波动较大。经过 1990~1998 年的高速爆发增长后,四川经历了 1999 年的地区生产总值增长低谷期,地区生产总值增长率达到最低值。2000 年四川地区生产总值增长开始加速。到 2004 年,四川地区生产总值增长率有了明显的提升,达到了 19.62%的水平。2004~2008 年,四川地区生产总值增长率一直保持在 15%以上。四川经济发展可以分为两个阶段。第一阶段为 1990~1999 年,第二阶段为 2000~2015 年。

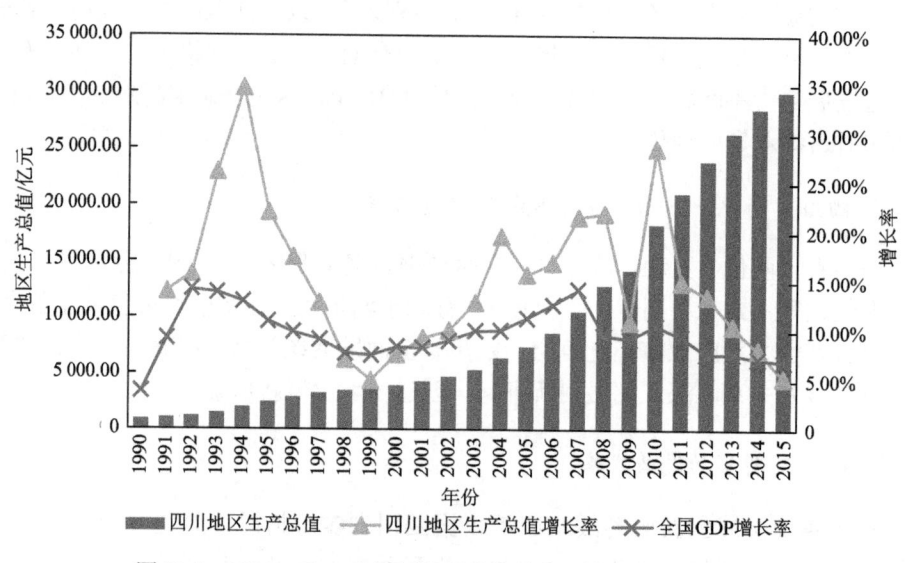

图 10-1 1990~2015 年四川地区生产总值及增长率与全国对比

第一阶段(1990~1999 年):此时期,中国经济正处于改革开放的探索阶段,再加上 1998 年轰动全亚洲的金融危机的影响,1999 年全国 GDP 增长率更是下降

[①] 资料来源:《中国统计年鉴》(1990~2016 年)、《四川统计年鉴》(1990~2016 年)。

到 7.60% 的最低点。从图 10-1 可以看出，1990~1999 年，四川地区生产总值从 890.95 亿元增长到 3649.12 亿元。该时期地区生产总值增长的一个显著特点是增长率先高后低，1999 年地区生产总值增长率跌至谷底。增长最快年份是 1994 年（34.68%），最慢的年份是 1999 年（5.04%）。

第二阶段（2000~2015 年）：从图 10-1 可以看出，这一阶段四川地区生产总值增长较第一阶段在质和量上都有了显著提升。2001~2007 年，四川经济发展取得显著成效，四川地区生产总值呈现出增长速度快、效益好的良好态势。2007 年地区生产总值达到 10 505.30 亿元，比上年增长 21.62%。2004 年后连续 5 年保持 15% 以上的增长率。到 2011 年，四川地区生产总值达到 21 026.68 亿元，突破了 2 万亿元大关。2015 年，四川地区生产总值达到 30 053.10 亿元，突破 3 万亿元大关，增长率为 5.31%，低于全国 6.90% 的增长率。

2. 四川人均地区生产总值

人均地区生产总值方面，由图 10-2 可以看出，1990~2015 年四川的人均地区生产总值增长率走势与全国人均 GDP 增长率走势基本呈正相关，随着全国人均 GDP 增长率的提高而提高，随着全国人均 GDP 增长率的下降而下降。1990~2015 年人均地区生产总值年均增长率达到 15.12%，高于同期全国人均 GDP 增长率 0.49 个百分点。2015 年四川人均地区生产总值达到 36 775 元，较前一年增长 4.69%。

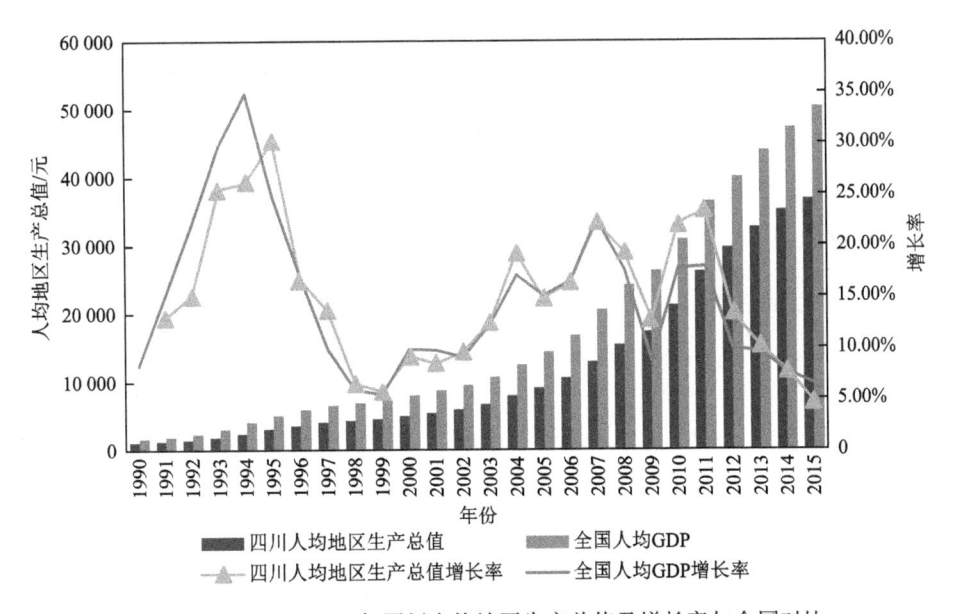

图 10-2　1990~2015 年四川人均地区生产总值及增长率与全国对比

第一阶段（1990～1999年）：四川人均地区生产总值整体增长缓慢。四川人均地区生产总值在1992～1995年增长迅速，从1477元增加到3043元，年均增长率达27.24%，但是1998～1999年人均地区生产总值增长开始逐步放缓，增长率低于10%。

第二阶段（2000～2015年）：进入21世纪，中国地区生产总值稳步快速发展，人均GDP也在逐年上升。此期间，四川人均地区生产总值年均增长率达14.10%，高于全国水平1.13个百分点。其中2007年、2010年、2011年人均地区生产总值增长率分别达到22.25%、22.16%、23.37%。2013年人均地区生产总值突破30 000元大关，达到32 617元。

（二）四川全社会固定资产投资

全社会固定资产投资是反映固定资产投资规模、速度、比例关系的指标。如图10-3所示，1990～2000年四川的全社会固定资产投资额增长率经历了较大的波动，1990年全社会固定资产投资额为162.66亿元，1993年全社会固定资产投资额达到459.40亿元，年均增长率达到41.35%，1993年的增长率更是达到50.73%。1994～2000年，四川全社会固定资产投资额增长放缓，此期间年均增长率仅为17.51%，其中，1999年全社会固定资产投资额仅为1220.66亿元，较前一年仅增长3.03%。2001年后，中国经济发展进入快车道，2004～2009年四川的全社会固定资产投资连续6年增长率超过20%。

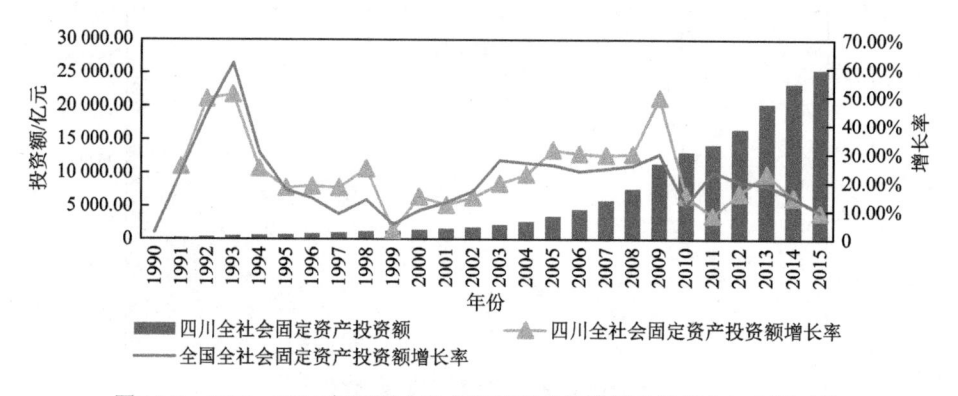

图10-3 1990～2015年四川全社会固定资产投资额及增长率与全国对比

（三）四川城镇居民人均可支配收入

如图10-4所示，1990～2015年四川的城镇居民人均可支配收入总体呈上升趋势，从1990年的1490.00元增长到2015年的26 205.25元，年均增长率为12.15%。

四川城镇居民人均可支配收入增长较快,但是增长率波动较大。1993~1995年是四川城镇居民人均可支配收入增长率最高的三年,城镇居民人均可支配收入分别达到2408元、3297元和4003元,增长率分别为21.07%、36.92%和21.41%,创下改革开放以来最高增长率的纪录。1999年四川城镇居民人均可支配收入为5478元,较上一年仅增长6.85%,并且连续3年处于低增长状态。2007年,四川城镇居民人均可支配收入突破10 000元大关,达到11 098元,较前一年增长18.70%。2009年后,经济增长趋于平缓,到2015年,四川城镇居民人均可支配收入达26 205.25元,此期间,年均增长率回归到11.02%的水平。

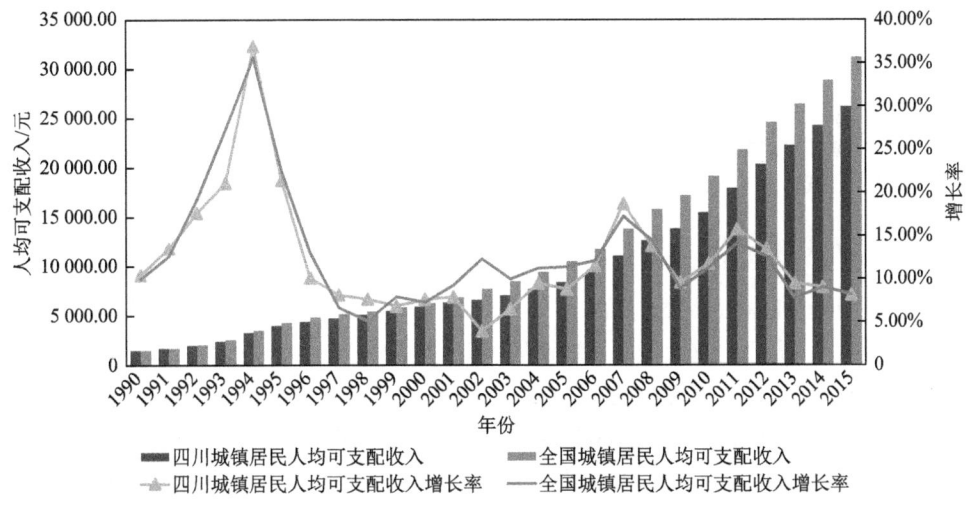

图10-4 1990~2015年四川城镇居民人均可支配收入及增长率与全国对比

（四）四川消费水平

1. 四川全社会消费总额

如图10-5所示,1990~2015年,四川全社会消费总额普遍呈上升趋势,从1990年的545.30亿元上升到2015年的13 877.70亿元,年均增长率达到13.82%,但低于全国水平1.29个百分点。1994~1995年经过一轮较快增长后,仅有1997年出现负增长,增长率为-19.96%。1998年之后年均增长率保持在14.61%左右的水平,2005年全社会消费总额突然增加到3003.50亿元,增长率达到25.99%。2003~2015年,四川的全社会消费总额保持高速增长,年均增长率达到16.83%,高于全国水平1.63个百分点。

图10-5　1990～2015年四川全社会消费总额及增长率与全国对比

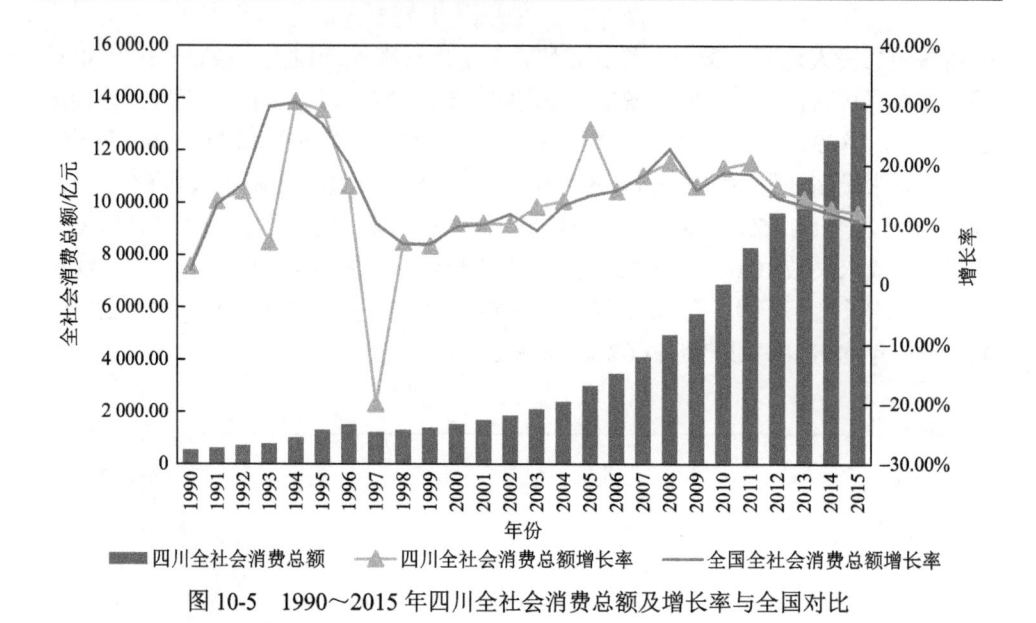

2. 四川人均消费

1) 四川城镇居民人均消费

如图10-6所示，2002年四川城镇居民人均消费支出为5413.10元，到2015年，四川城镇居民人均消费支出达到19 276.85元，年均增长率为10.26%。同期，全国城镇居民人均消费支出从2002年的6029.90元增长到2015年的21 392.36元，年均增长率为10.23%，四川城镇居民人均消费支出增长率和全国水平基本一致。2007～2011年，四川城镇居民人均消费支出增长率整体靠前，其中2007年，四川城镇居民人均消费分别达到8692.00元，增长率为15.51%，高于同期全国水平0.55个百分点。2012～2015年，四川城镇居民人均消费支出增长率稳定在6%～11%。

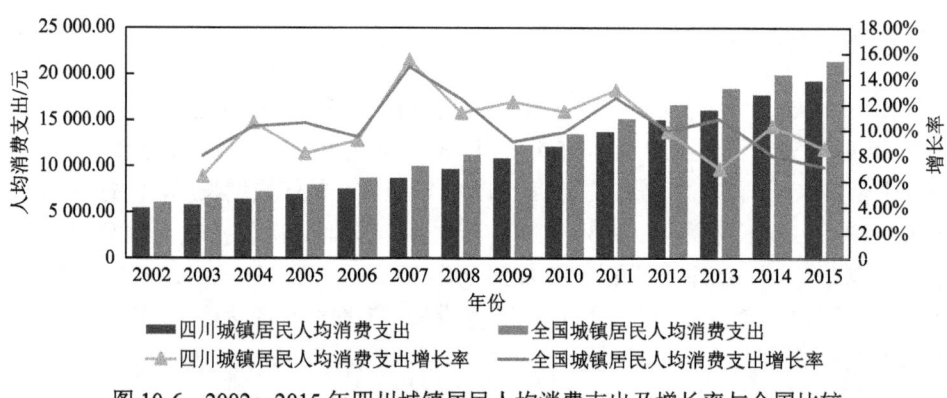

图10-6　2002～2015年四川城镇居民人均消费支出及增长率与全国比较

2）四川农村居民人均消费

相较于城镇居民人均消费水平，农村居民人均消费水平依然处于较低发展阶段。如图 10-7 所示，2002 年四川农村居民人均消费支出为 1592.00 元，2015 年四川农村居民人均消费支出为 9250.65 元，年均增长率为 14.50%。同期，全国农村居民人均消费水平从 2002 年的 1834.30 元增加到 2015 年的 9222.59 元，年均增长率为 13.23%。四川农村居民人均消费支出的年均增长率比全国水平高 1.27 个百分点。

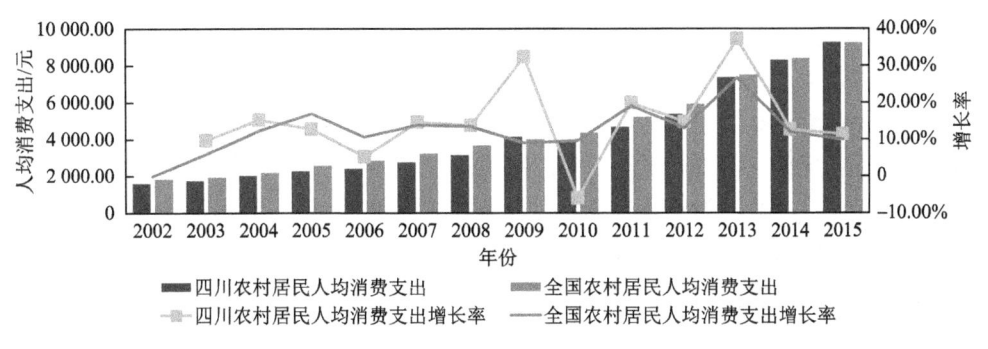

图 10-7　2002～2015 年四川农村居民人均消费支出及增长率与全国对比

（五）四川一般公共财政收入

如图 10-8 所示，1990～2015 年，四川一般公共财政收入由 81.87 亿元增长到 3355.44 亿元，年均增长率达 16.01%，其中 1993 年，四川一般公共财政收入为 142.63 亿元，较前一年增长 42.67%，刷新历史最高增长率纪录。与 1993 年的巨大

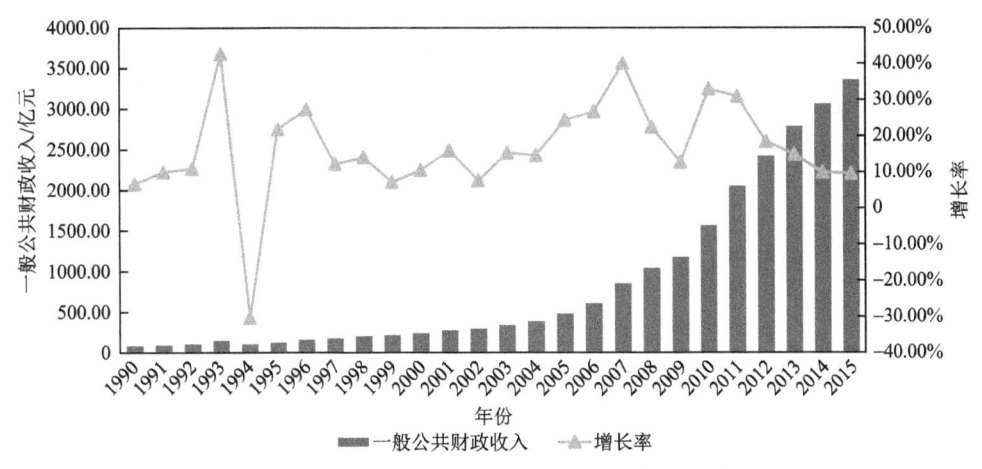

图 10-8　1990～2015 年四川一般公共财政收入与增长率

增长率形成鲜明对比，1994年四川一般公共财政收入下降到99.36亿元，降幅达到30.34%，也成为四川一般公共财政收入降幅最大的一年。1995～2015年，四川一般公共财政收入稳中有升，均保持7%以上的增长率。

四、四川经济发展质量分析

（一）四川产业结构

如图10-9所示，1990～2015年，四川的经济结构持续优化，第一产业稳中有降，第二产业占主导地位，第三产业实现快速增长。四川三次产业结构由1990年的36∶35∶29调整为2015年的12∶44∶44，第一产业的比例由36%降低到12%，第二产业的比例由35%增长到44%，第三产业的比例由29%增长到44%。相比全国产业结构，四川的产业结构仍有很大调整的需求，特别是第三产业还有巨大的发展潜力。2015年四川第二产业增加值为13 248.08亿元。近年来，四川第三产业规模不断扩大，经济贡献率持续提升，吸纳就业人数快速增加。2016年，四川第三产业比例首次超过第二产业。

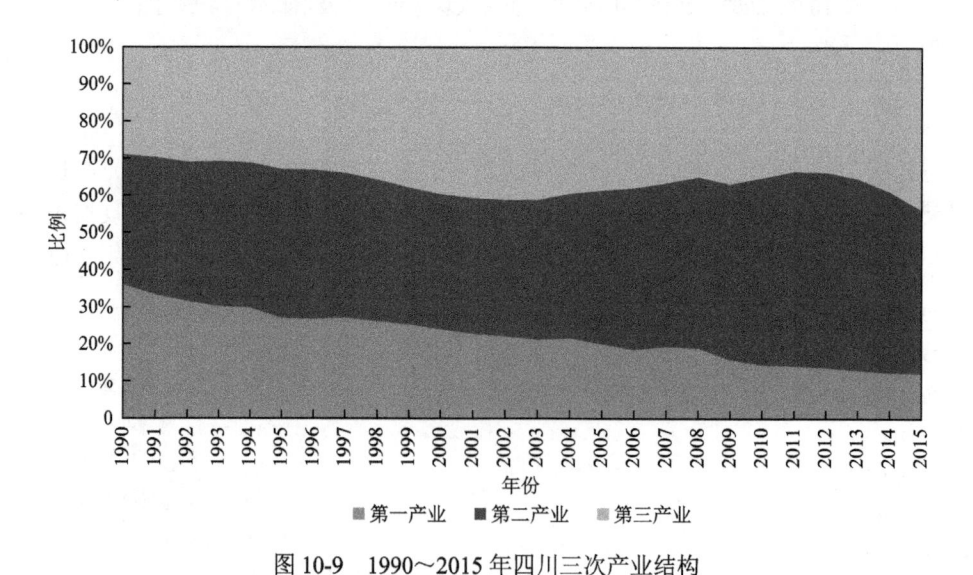

图10-9　1990～2015年四川三次产业结构

（二）四川能源消耗

如图10-10所示，1990～2012年四川的能源消耗总量在总体上呈递增趋势，从1990年的6353万吨标准煤上升到2012年的20 575万吨标准煤。能源消耗的年均增长率为 5.49%，增长率波动较大。其中，增长率最高值出现在 1995 年，为 77.57%，其次是 2003 年，增长率为 22.56%。1991 年，四川能源消耗总量出现大幅下滑，全年能源消耗总量为 4721 万吨标准煤，降幅为 25.69%。

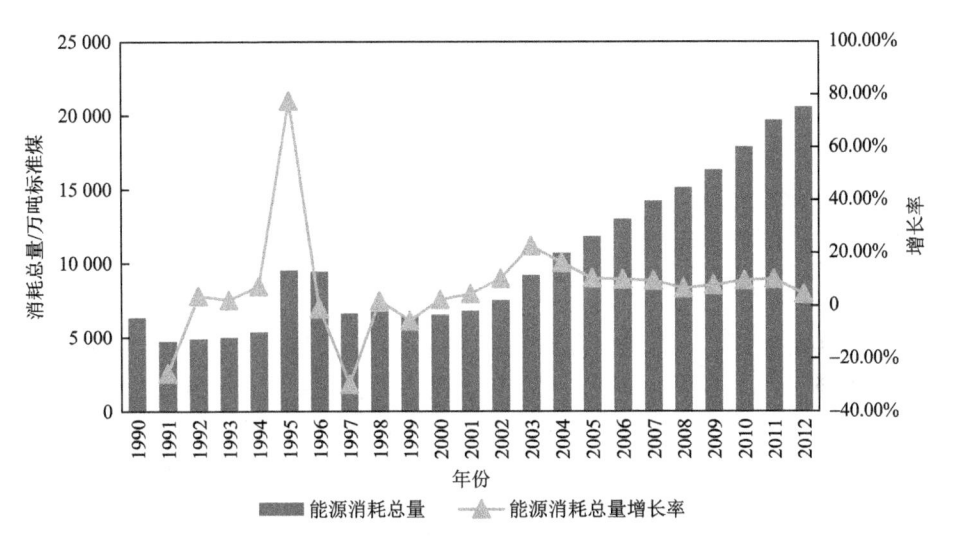

图 10-10　1990～2012 年四川能源消耗总量与增长率

（三）四川单位地区生产总值能耗

如图 10-11 所示，2005～2011 年，能源利用率显著提高，单位地区生产总值能耗在不断下降。2005 年四川单位地区生产总值能耗为 1.530 吨标准煤/万元，

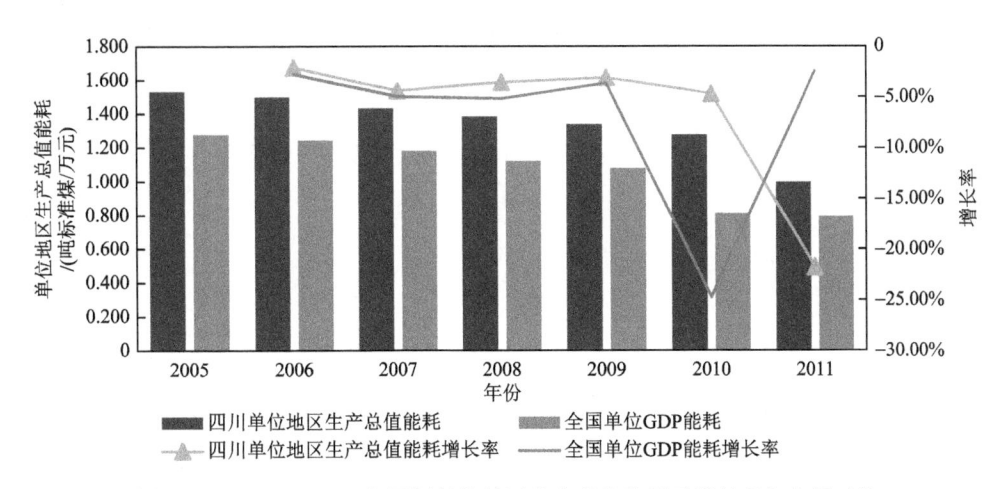

图 10-11　2005～2011 年四川单位地区生产总值能耗及增长率与全国对比

到 2011 年，单位地区生产总值能耗降低到 1.000 吨标准煤/万元，年均降幅为 6.84%，但是低于全国水平 0.47 个百分点。2005～2009 年，四川单位地区生产总值能耗基本和同期全国水平持平，2010 年，全国单位 GDP 能耗大幅下降，四川则是在 2011 年实现单位地区生产总值能耗的大幅降低。

五、四川经济发展潜力分析

（一）四川教育水平

1. 四川教育经费

如图 10-12 所示，四川的教育经费呈上升趋势，从 2000 年的 1 619 988.50 万元增加到 2014 年的 14 508 458.00 万元，年均增长率为 16.95%。全国教育经费的年均增长率为 16.64%，四川的教育经费年均增长率高于全国水平 0.31 个百分点。整体上看，2000～2014 年，四川的教育经费稳中有增。但其中 2006 年四川教育经费的增长率仅为 0.60%，远低于年均增长率。

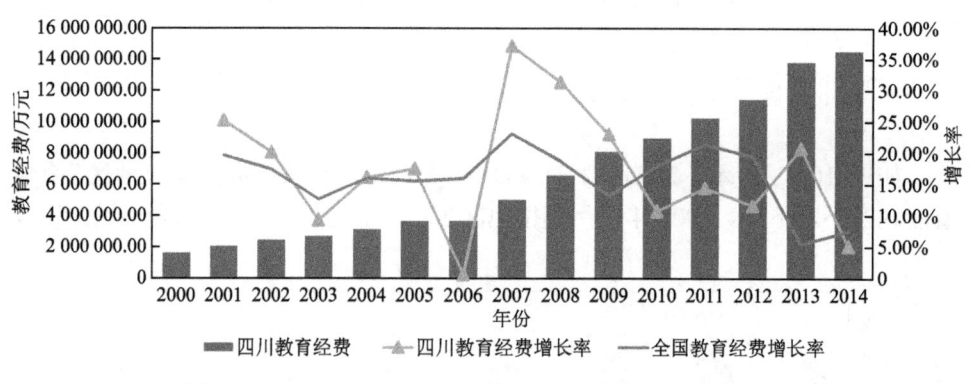

图 10-12　2000～2014 年四川教育经费及增长率与全国对比

2. 四川人均教育经费

2000～2014 年，四川人均教育经费增长较快，但是增长率波动较大。如图 10-13 所示，2000 年，四川人均教育经费为 192.68 元，全国人均教育经费为 303.69 元。到 2014 年，四川人均教育经费达 1782.32 元，全国人均教育经费达 2398.45 元。四川人均教育经费年均增长率为 17.22%，全国人均教育经费年均增长率为 15.91%，四川的年均水平略高于全国水平 1.31 个百分点。但其中 2006 年四川的人均教育经费增长率仅为 1.13%，远低于年均增长率。

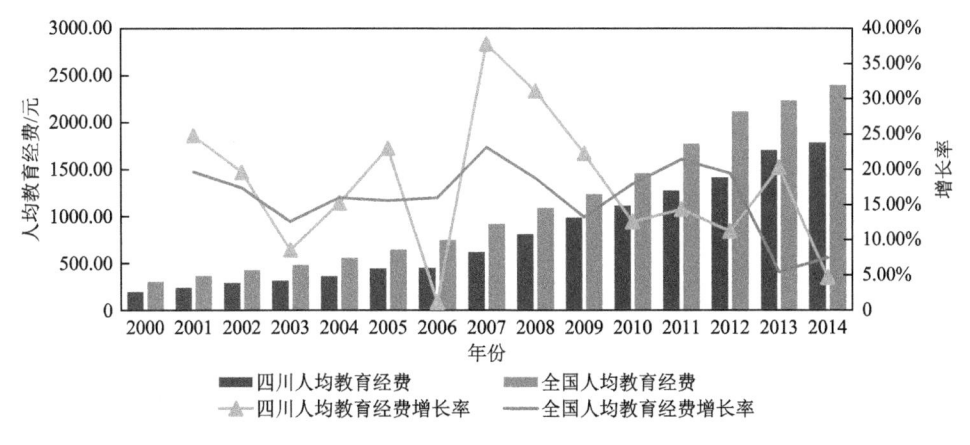

图 10-13 2000～2014 年四川人均教育经费及增长率与全国对比

3. 四川平均受教育年限

如图 10-14 所示，四川的平均受教育年限从 1991 年的 6.10 年增长到 2014 年的 8.35 年，平均受教育年限增加了 2.25 年。同期，全国的平均受教育年限从 1991 的 6.25 年增长到 2014 年的 9.04 年，平均受教育年限增加了 2.79 年。四川的平均受教育年限增加值落后全国水平 0.54 年。从 1991 年开始，四川的平均受教育年限就落后于全国水平。

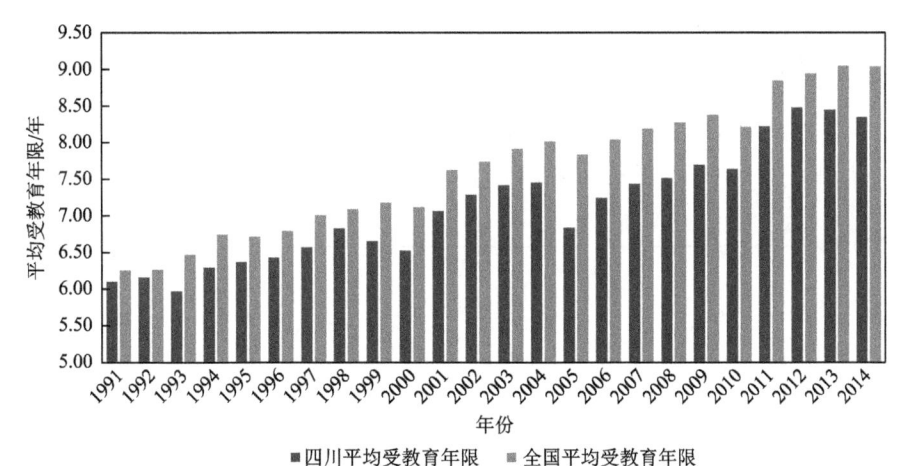

图 10-14 1991～2014 年四川平均受教育年限与全国对比

（二）四川科研水平

2008～2015 年，四川规模以上工业企业科研人员从 38 298 人增加到 56 841 人，科研经费从 613 068.10 万元增长到 2 238 051.40 万元，年均增长率为 20.31%。如图 10-15 所示，四川规模以上工业企业的人均科研经费由 2008 年的 16.01 万元增长到 2015 年的 39.37 万元，年均增长率为 13.72%。同期，全国规模以上工业企业的人均科研经费由 2008 年的 24.98 万元增长到 2015 年的 37.96 万元，年均增长率为 6.16%。

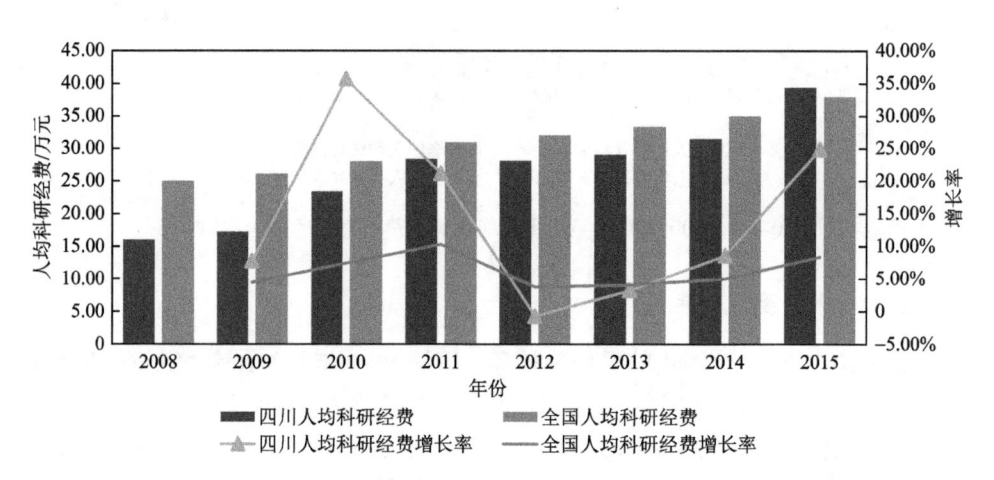

图 10-15　2008～2015 年四川规模以上工业企业人均科研经费及增长率与全国对比

（三）四川创新水平

1. 四川专利申请数量

1990～2015 年四川的专利申请数量总体在不断上升，如图 10-16 所示，从 1990 年的 2091 件上升到 2015 年的 110 746 件，年均增长件数为 4346 件，创新能力不

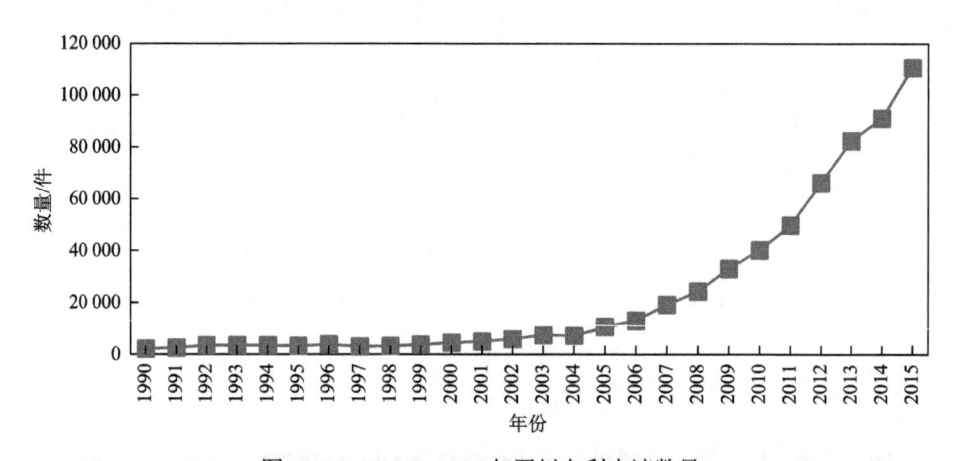

图 10-16　1990～2015 年四川专利申请数量

断增强。其中1990~2004年，四川专利申请数量每年都在稳步提升，年均增长件数达到370件。尤其从2005年开始，四川专利申请数量出现爆炸式增长，年均增长件数为9408件。

2. 四川技术市场成交额

如图10-17所示，1995~2015年，四川的技术市场成交额增长了11.7倍，从1995年的221 882.00万元增加到2015年的2 823 201.62万元，年均增长额为130 065.98万元。1995~2010年，四川技术市场成交额较为平稳，但从2011年开始，成交额巨幅扩大，2011~2015年，技术市场成交额年均增长额为536 218.02万元。值得一提的是，2012年四川技术市场成交额首次突破1 000 000万元大关。但是1995~2008年，技术市场成交额均低于500 000万元。

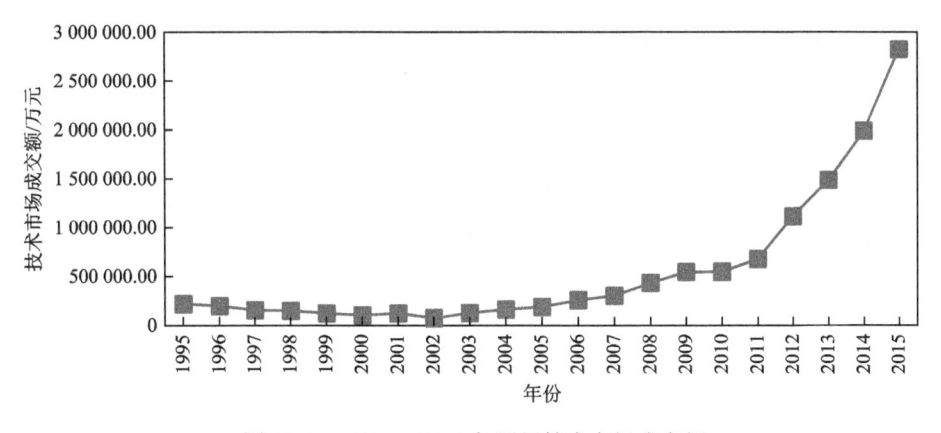

图10-17　1995~2015年四川技术市场成交额

六、四川金融发展水平分析

（一）四川银行业金融机构存贷款余额

如图10-18所示，1990~2015年，四川存款余额不断攀升，由1990年的690.81亿元上升至2015年的60 117.72亿元。存款余额年均增长率为19.56%，增长率波动较大。其中，1995年的增长率最高，达36.58%，其次是2009年与2008年，增长率分别为34.65%与33.48%。仅有1997年存款余额增长率为负，为−12.87%。

此外，四川贷款余额在1990~2015年总体上也呈现上升趋势，从1990年的912.37亿元增长到2015年的38 703.99亿元。贷款余额的年均增长率为16.17%，但是增长率波动较大。2009年的增长率达到最高，为43.14%，其次是1991年，其增

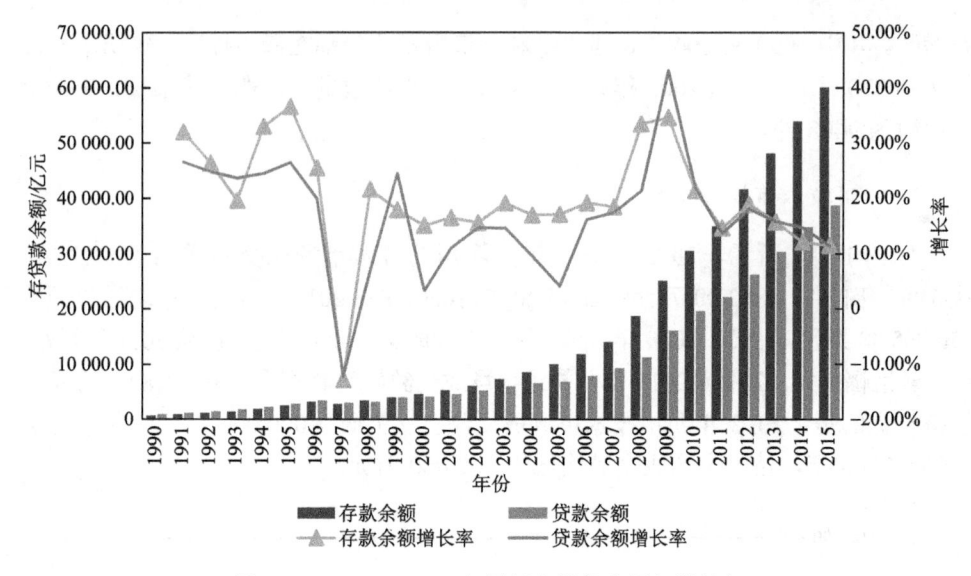

图 10-18 1990～2015 年四川存贷款余额与增长率

长率为 26.56%，1997 年则出现了负增长，增长率为-12.25%。整体来看，1990～2015 年，四川存款余额与贷款余额的增长趋同，在 1997 年同时出现负增长，在经济形势较好期间贷款余额增长率高于存款余额增长率。

（二）四川保险保费收支

如图 10-19 所示，四川保费收入在 1990～2015 年呈现递增趋势，从 1990 年

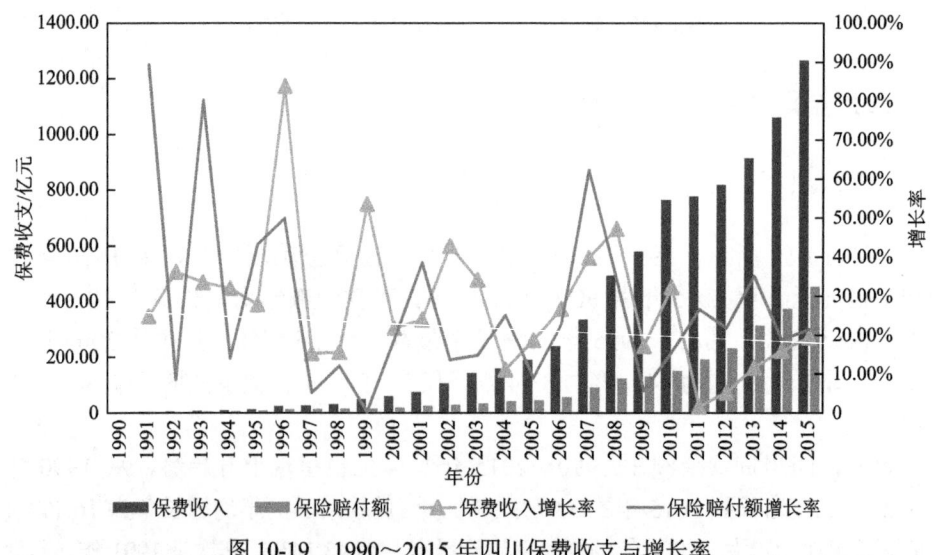

图 10-19 1990～2015 年四川保费收支与增长率

的 3.45 亿元增长到 2015 年的 1267.30 亿元。保费收入的年均增长率为 26.65%，但在这期间增长率波动大，在 1996 年出现了增长最高峰，增长率为 83.79%。

1990～2015 年，四川保险赔付额在整体上也处于上升形势，从 1990 年的 1.47 亿元增至 2015 年的 454.08 亿元。整个保险赔付额的年均增长率为 25.77%，但是波动较大，如 1996 年保险赔付额增长率为 49.90%，但在 1997 年却变为 5.20%。保险赔付额增长率的最高点出现在 1991 年，为 89.29%，其次是 1993 年，增长率为 80.27%。

（三）四川上市公司规模

如表 10-1 所示，1993 年，四川乐山电力股份有限公司成功登陆 A 股，首发股本为 5454 万股，首发募集资金为 1300 万元，成为四川第一家上市公司。截至 2017 年，四川上市公司数量达 111 家，首发股本共计 194.37 亿股，首发募集资金为 509.82 亿元。其中，2010 年，四川共有 10 家公司登陆 A 股，首发股本为 15.76 亿股，首发募集资金为 123.06 亿元，成为四川历史上首发募集资金最多的年份。

表 10-1 四川上市公司情况（1993～2017 年）

年份	上市公司数量	首发股本/亿股	首发募集资金/亿元
1993	5	5.16	1.20
1994	4	4.52	3.35
1995	3	5.69	3.46
1996	7	9.14	8.18
1997	9	7.49	11.02
1998	9	9.24	17.99
1999	3	6.81	12.27
2000	1	4.70	8.03
2001	5	12.18	37.70
2002	2	2.48	4.74
2003	1	2.50	6.87
2004	3	4.15	9.95
2007	2	2.14	5.41
2008	6	7.59	17.79
2009	5	34.05	33.44
2010	10	15.76	123.06
2011	5	8.86	49.20
2012	4	13.98	45.19

续表

年份	上市公司数量	首发股本/亿股	首发募集资金/亿元
2014	2	1.60	4.37
2015	13	14.91	58.37
2016	9	18.73	40.05
2017	3	2.69	8.18

第十一章　新疆经济增长篇

一、新疆概况

（一）基本概况

史料记载，公元前60年，西汉中央政权在西域设立都护府，新疆历史上第一次归属中央集权政府管理。近代历史，清政府于1884年设立新疆省。随着中华人民共和国的成立，1949年新疆和平解放。1955年10月1日新疆维吾尔自治区成立，首府为乌鲁木齐，是中国第二个少数民族自治区，下辖14个地、州、市，89个县（市），其中33个为边境县（市）。

新疆维吾尔自治区有中国"三最"：第一，新疆是中国陆地面积最大的省区。新疆地处中国大西北，其陆地面积达166万平方千米，占中国陆地面积的1/6，是中国陆地面积最大的省级行政区。第二，新疆是中国国境线最长的省区。新疆的陆地边境线长5600多千米，占中国边界总长度的1/4。第三，新疆是中国邻国最多的省区，新疆地处亚欧大陆腹地，在历史上是古丝绸之路的必经要道，战略位置十分重要，与八国相邻，包括俄罗斯、哈萨克斯坦、吉尔吉斯斯坦、塔吉克斯坦、巴基斯坦、蒙古、印度、阿富汗。

"三山夹两盆"非常形象地描绘了新疆的地形特征。阿尔泰山屹立北方，昆仑山扼守南部，天山横贯中部，塔里木盆地和准格尔盆地位居三大山脉之间。新疆以天山为分水岭划分为南疆与北疆，而哈密、吐鲁番一带称为东疆，其中吐鲁番艾丁湖海拔–155米，是中国大陆的最低点。而昆仑山脉的主峰——乔戈里峰海拔8611米，是新疆海拔最高的山峰，仅次于珠穆朗玛峰，是世界第二屋脊。

新疆属于温带大陆性气候。昼夜温差大、日照时间充沛、降水量少、气候干燥是新疆气候的典型特征，"早穿皮袄午穿纱，围着火炉吃西瓜"是对新疆气候的最贴切的写照。由于新疆南北地形的巨大差异，南疆与北疆气候差异明显。新疆年均降水量为150毫米左右，但通常北疆的降水量高于南疆。南北疆温差也十分明显，通常南疆的气温高于北疆，1月是北疆最冷季节，准噶尔盆地年均气温低于–20℃，是全国最冷的地区之一。7月是南疆最热的季节，吐鲁番盆地白天气温为40~46℃。2017年7月10日，吐鲁番白天最高气温达49℃，刷新最高气温纪录。

新疆作为古代东西方经济文化交流的主要通道和枢纽，自古以来就是一个多民族、多宗教并存的区域。2015年，新疆总人口为2360万人，共有47个民族生活在这片土地。其中维吾尔族是新疆人口最多的民族，占比达到48%。哈萨克族、回族、蒙古族、柯尔克孜族、锡伯族、塔吉克族、乌孜别克族、达斡尔族、塔塔尔族、俄罗斯族都是新疆的世居民族。其中伊斯兰教是新疆信奉人数最多的宗教，伊斯兰信徒占新疆总人口的比例高达50%以上。

（二）自然资源概况

1. 水资源

阿尔泰山山脉、昆仑山山脉、天山山脉的积雪和冰川融水孕育了新疆的300多条河流，其中塔里木河、伊犁河、额尔齐斯河是新疆最重要的三大河流。

塔里木河由发源于天山山脉的阿克苏河、发源于昆仑山山脉的叶尔羌河以及和田河汇流而成。塔里木河全长2179千米，它自西向东蜿蜒于塔里木盆地北部，流域面积达19.8万平方千米，是中国第一长内陆河，世界第五长内陆河。

伊犁河主源特克斯河发源于天山山脉汉腾格里山，由哈萨克斯坦流入伊犁地区，伊犁河也因此得名。伊犁河在伊犁地区转折再流入哈萨克斯坦境内，最终注入巴尔哈什湖。伊犁河全长1500多千米，中国境内流域长422千米，年径流量为166亿立方米，约占新疆河流量的1/5，是新疆最大的河流。但是其中3/4的水量由伊犁地区流往哈萨克斯坦。

额尔齐斯河发源于阿尔泰山脉南坡，沿阿尔泰山脉南麓向西北流经哈萨克斯坦后转入俄罗斯境内汇入鄂毕河，最终注入北冰洋，是中国唯一流入北冰洋的河流。中国境内流域长546千米，流域面积为5.7万平方千米，是新疆第二大河流。

新疆的三大山脉不仅仅孕育了三大河流，还形成了独具特色的冰川。据不完全统计，新疆冰川储量为2.13万亿立方米，占全国冰川储量的50%以上，有"固体水库"之称；水资源总量达727亿立方米，人均占有量居全国前列。

2. 森林资源

新疆为中国西部干旱地区主要的天然林区，森林广布于山区、平原，森林面积占西北地区森林总面积的近1/3。天山和阿尔泰山区覆盖着葱郁的原始森林，多为主干挺直的西伯利亚落叶松和雪岭云杉、针叶柏等建筑良材。这些山地针叶林的木材蓄积量占全疆木材总蓄积量的97%以上。塔里木河、玛纳斯河等河流两岸是平原阔叶林的分布地区。在塔里木河流域，生长着世界著名的珍贵树种胡杨林和灰杨林，它们既是用途广泛的用材林，也是大漠深处的防风林。新疆主要造林树种有白杨、柳树、榆树、白蜡、椴树、槐树、白松、沙枣、桑树和各种果树等60多种。

3. 生物资源

新疆的野生动物丰富，北疆和南疆各有不同的野生动物。全区野生动物共500多种，北疆的兽类有雪豹、紫貂、棕熊、河狸、水獭、旱獭、松鼠、雪兔、北山羊、猞猁等，鸟类有天鹅、雷鸟、雪鸡、啄木鸟等，爬行类有花蛇、游蛇等。南疆的兽类动物有骆驼、藏羚羊、野牦牛、野马、塔里木兔、鼠兔、高原兔、丛林猫、草原斑猫等，爬行类有蜥蜴等。

4. 能源资源

新疆是中国能源资源的宝库，截至2014年，已探明矿产种类66种，其中燃料矿产4种，金属矿产27种，非金属矿产35种。其中多种金属矿产与非金属矿产储量丰富，6种居于全国首位，分别是长石、白云母、陶瓷土、蛭石、铍、钠硝石；7种居于全国第二位，分别是化肥用蛇纹石、冶金用紫石英、自然硫、水泥用大理石、毒重石、膨润土、铝；2种居于全国第三位，分别是镍和铸石用石灰岩；7种居于全国第四位，分别是煤、石油、水泥用页岩、水泥用泥岩、钾盐、石棉、菱镁矿；3种居于全国第五位，分别是玻璃用脉石英、天然气、铯。

新疆作为中国能源原料的基地，具有极高的战略地位。截至2014年，新疆已探明石油储量为56亿吨，天然气储量为1.4万亿立方米，均居全国首位。同时，新疆风能和太阳能等可再生清洁资源也位居全国前列，其中风能资源理论蕴藏量为8.86亿千瓦，仅次于内蒙古；太阳能理论蕴藏量为1450～1720千瓦·时/（米^2·年），年日照总时数为2550～3500小时，仅次于西藏。新疆被誉为中国国家能源资源的大后方，是国家大型油气生产加工和储备基地、大型煤炭煤电煤化工基地、大型风电基地、大型太阳能基地。

5. 土地资源

新疆维吾尔自治区土地面积为166.49万平方千米，约占全国土地面积的1/6。全区农林牧可直接利用土地面积为10.28亿亩，占全国农林牧宜用土地面积的1/10以上，是中国可利用土地资源最丰富的省区。其中农用地为9.46亿亩、建设用地为0.19亿亩、未利用地为15.32亿亩，分别占新疆总土地面积的37.89%、0.75%和61.36%，开垦潜力巨大。新疆可直接利用土地面积丰富，人均耕地面积达3.45亩，居全国首位，是全国水平的2.6倍。同时，新疆也是中国著名的五大牧区之一，"三山夹两盆"周围孕育了大量的优质牧场，总面积约7.7亿亩，居于全国前列。

"三山夹两盆"的独特地貌特征为新疆创造大量资源，也孕育了中国最大的沙漠。新疆的沙漠面积占全国的 2/3，其中塔里木盆地中的塔克拉玛干沙漠是中国最大的沙漠，面积达 33.67 万平方千米，也是世界第二大流动沙漠。

二、新疆经济发展特色

（一）新疆特色产业

1. 新疆能源产业

新疆维吾尔自治区丰富的能源资源是其先天优势，石油、天然气、风能、太阳能等资源都具有巨大的发展潜力。经过近几十年的发展，新疆的能源产业已经形成规模，初步形成了国内重要的能源产业基地。以石油和天然气为核心，形成了能源开发为特色的工业产业群，并逐步辐射到周边省区。

2016 年官方数据显示，新疆的石油、天然气在中国的能源地位越来越重要，多项数据位列全国第一。原油方面：产能建设备案项目 101 项，投资 165.8 亿元，占全国的 21.1%，位列全国第 1。常规天然气方面：产能建设备案项目 14 项，投资 28.9 亿元，占全国的 23.7%，位列全国第 1。

由于中部地区在过去的 40 年对煤炭资源过度开发，无论从产量还是从蕴藏量都经历了大幅下滑。新疆煤炭预测资源量已经超越山西，居全国首位。煤炭资源为发展煤化工奠定了良好的基础。当前新疆对准东经济技术开发区、吐鲁番地区、哈密地区、伊犁地区、库拜矿区的开发正在提速。国内知名大型煤企纷纷进疆投资，其中包括神华集团有限责任公司、新汶矿业集团有限责任公司、兖矿集团有限公司、徐州矿物集团有限公司和潞安矿业有限责任公司，累计投资资金达到千亿元。

随着"一带一路"倡议的提出以及"三基地一通道"能源战略的定位，新疆与中亚、俄罗斯等能源合作更加密切。随着中哈石油管道、中亚天然气管道的投入运营，中巴铁路、中吉乌铁路的修建，中亚天然气 D 线、中俄天然气西线的修建，以及西气东输管道的延伸，新疆在能源方面起到了"咽喉"和"门户"的作用。

2. 长绒棉产业

新疆的自然条件独特，光热资源丰富，全年无霜期为 180～240 天，有效积温达 3700～5200℃，非常适合长绒棉种植。新疆是我国长绒棉的唯一产区，也是世界著名的宜棉区之一。新疆棉区病虫害少，棉花品级和经济产量高、单产高、效益好、纤维长、色泽好、品质高，种植优势突出。2015 年底，新疆棉花种植面积由 2014 年的 2967 万亩调整到 2488 万亩，种植区域更加集中。2015 年新疆棉花总产量达 350.3 万吨，占全国棉花产量的 52.2%，同比增长 3%，其中棉花单位面积产量达 122.6 公斤/亩；新疆的棉花生产无论总产量还是单位面积产量都稳居全国第一。

新疆是我国最重要的产棉基地，新疆的棉花已经远销国内外。新疆棉花产量的 20%满足了新疆本地的纺织企业需求，剩余的 80%则主要流入中国东南沿海纺织业发达地区以及东南亚国家。

3. 特色旅游业

多元的历史文化和丰富的地理条件使新疆拥有得天独厚的旅游资源。全国的 68 种旅游资源里，新疆就有 56 种，具有浩瀚沙漠——塔克拉玛干沙漠、苍茫戈壁——楼兰古城、葱郁绿洲——喀纳斯自然景观保护区、广袤草原——巴音布鲁克景区、逶迤雪山——天山、湛蓝湖泊——天池等丰富的旅游资源优势。由于深居内陆，曾经新疆对于国内外的游客来说都是距离较远的旅游目的地，随着"一带一路"倡议的提出，新疆成为连接中国与丝绸之路经济带沿线国家与地区的重要枢纽，旅游业也借此机会呈现出蓬勃发展的态势。

"十二五"期间新疆维吾尔自治区累计接待国内外游客 2.51 亿人次，比"十一五"时期增长 23.1%，实现旅游总收入 2056.91 亿元，比"十一五"时期增长 187.25%；带动全区从业人员 125 万人次。其中 2015 年全区接待国内外旅客 6097 万人次，同比增长 23.1%，实现旅游总消费 1022 亿元。新疆提出在未来努力实现旅游总消费 1150 亿元，使接待游客量突破 6900 万人次，带动就业 189 万人。未来新疆旅游业定会抓住机遇乘势而上，成为新疆经济的一大支柱。

(二) 新疆重大发展战略

国家发展改革委、外交部、商务部联合发布的《推动共建丝绸之路经济带和 21 世纪海上丝绸之路的愿景与行动》中指出新疆为丝绸之路经济带的核心区。同时新疆在西北五省区中最明确提出要建立丝绸之路经济带上的五个中心：交通枢纽中心、商贸物流中心、金融中心、文化科技中心、医疗服务中心。

新疆地处亚欧大陆地理中心，行政面积占全国土地面积的 17.06%，拥有 5600 多千米的边境线，占中国陆地边境线长度的 1/4，与周边 8 个国家接壤，有 17 个国家一类口岸、省级口岸 12 个以及喀什、霍尔果斯两个国家级经济开发区，是向西开放的桥头堡，是丝绸之路经济带上的重要节点和核心地区。

2012 年中哈霍尔果斯国际边境合作中心正式运营，成为集商贸洽谈、商品展示销售、仓储运输、金融服务多种功能于一体的综合贸易区。在喀什已完成喀什深圳产业园区厂房及配套设施建设,招商引资超出计划。红其拉甫、卡苏拉等国家一类口岸优势逐渐转变为经济优势。2016 年喀什、霍尔果斯经济开发区完成固定资产投资 91.96 亿元;新注册企业 2630 家。其中霍尔果斯边境合作中心入驻项目已达 20 多个,入驻中外商户 3000 余家,总投资超过 200 亿元。

"一带一路"充分带动了新疆的外贸经济发展。2016 年新疆与"一带一路"沿线国家及地区进出口额达 147 亿美元,占新疆外贸总额的 81.7%,境外投资企业达到 550 家,中方协议投资达 81.23 亿美元,项目分布 40 多个国家和地区,形成了以新疆为基地辐射中西亚欧市场的进出口产业聚集区。

在交通枢纽方面,新疆陆续与哈萨克斯坦、塔吉克斯坦等国建立了相关道路运输机制,开通了乌鲁木齐到土耳其、哈萨克斯坦等国家的货运班列,从而使内地货物到欧洲等国家只要 17 天左右。截至 2016 年,新疆已经与周边国家开通国际道路运输线 107 条,占全国的 43%。"一带一路"倡议下交通的发展加快了农产品深加工、手工羊毛地毯、艾德莱斯丝绸、玉石、民族手工艺品等传统产业对外发展,同时带动了跨境旅游的热潮。

在打造商贸物流方面,新疆与南亚、中亚、西亚等国家交流合作,以投资商业性的基础设施、实现亚洲地区互联互通为目标的亚洲基础设施投资银行(简称亚投行)的出现给中国基建企业提供了更多的机会。此外,中国通往巴基斯坦的电网建设进入了调研规划阶段,这一进程给电力相关企业提供了投资机会,也给巴基斯坦和喀什地区带来发展红利。在企业发展方面,新疆已经取得了一些较好的进展:特变电工股份有限公司、新疆广汇实业投资集团有限公司、三一重工股份有限公司、陕西汽车控股集团有限公司、东风汽车集团有限公司等一些企业在格鲁吉亚、哈萨克斯坦等国家都建设了工业园区,企业作为打造丝绸之路经济带核心区的主体说明新疆大有可为。

三、新疆经济发展基本概况[①]

(一)新疆地区生产总值及人均地区生产总值概况

1. 新疆地区生产总值

1991 年以来,新疆经济增长迅速,1991~2015 年,新疆地区生产总值年均增长率保持在 15.82%,高于全国水平 6.11 个百分点。2010 年,新疆地区生产总值超过 5000 亿元,达到 5437.50 亿元,2015 年地区生产总值达到 9324.80 亿元。

---

① 资料来源:《中国统计年鉴》(1990~2016 年)、《新疆统计年鉴》(1990~2016 年)

从图 11-1 可以得知，1990~2015 年，新疆地区生产总值一直处在增长的状态，地区生产总值增长率走势与全国同向发展，但是地区生产总值增长率波动较大，经过 1990~1995 年的高速增长后，新疆经济进入低谷期。1998 年、1999 年地区生产总值增长率一直处于低位。2003 年，新疆地区生产总值增长开始加速；2008 年，新疆地区生产总值增长率有了明显的提升，达到了 19.31% 的水平，2003~2008 年，地区生产总值增长率一直保持高水平的稳定趋势，增长率均处于 15% 以上。根据历史数据，可以把这 26 年分成两个阶段。第一阶段为 1990~1999 年，第二阶段为 2000~2015 年。

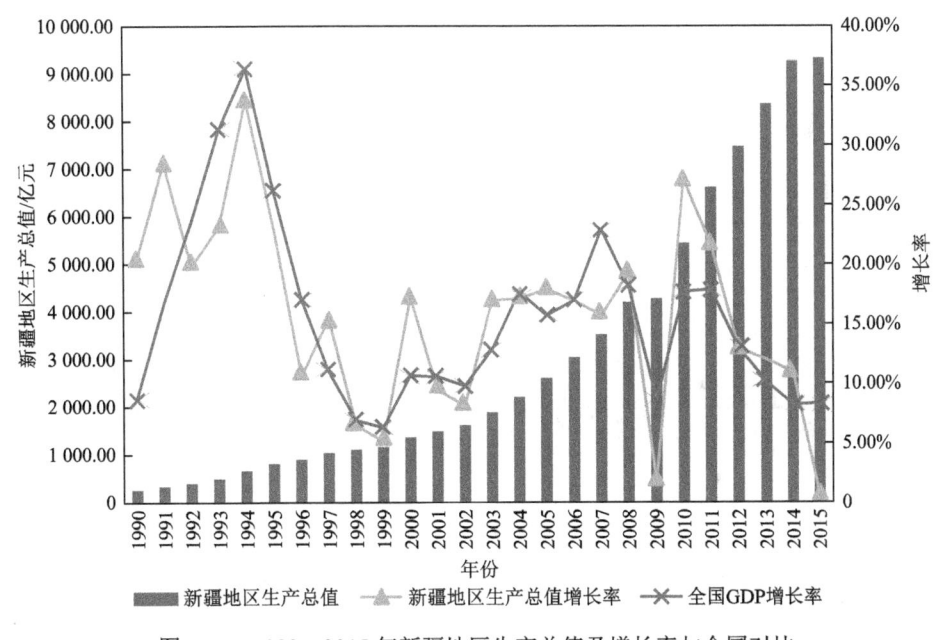

图 11-1 1990~2015 年新疆地区生产总值及增长率与全国对比

第一阶段（1990~1999 年）：20 世纪 90 年代，中国 GDP 增长率一直处于低位运转。从图 11-1 可以看出，1990~1999 年，新疆地区生产总值从 261.44 亿元增长到 1163.17 亿元。增长最快的年份是 1994 年（33.74%），最慢的年份是 1999 年（5.08%）。

第二阶段（2000~2015 年）：进入 21 世纪，中国经济发展进入了新的时期，2001 年中国加入 WTO，标志着中国市场化改革正在与世界接轨，中国经济将正式参与世界竞争。这一阶段新疆地区生产总值增长率逐渐提高并且趋于稳定。从图 11-1 可以看出，这一阶段新疆地区生产总值增长较第一阶段在质和量上都有了显著提高。2003~2008 年增长率保持在高而稳的水平。2010 年地区生产总值达到 5437.50 亿元，比上年增长 27.13%，创 1995 年以来最高增长率。到 2014 年，新疆地区生产总值突破 9000 亿元，达到 9273.46 亿元。

2. 新疆人均地区生产总值

人均地区生产总值方面，由图 11-2 可以看出，新疆 1991～2015 年的人均地区生产总值增长率走势与全国人均 GDP 增长率走势呈完全正相关，随着全国人均 GDP 增长率的提高而提高，随着全国人均 GDP 增长率的下降而下降。

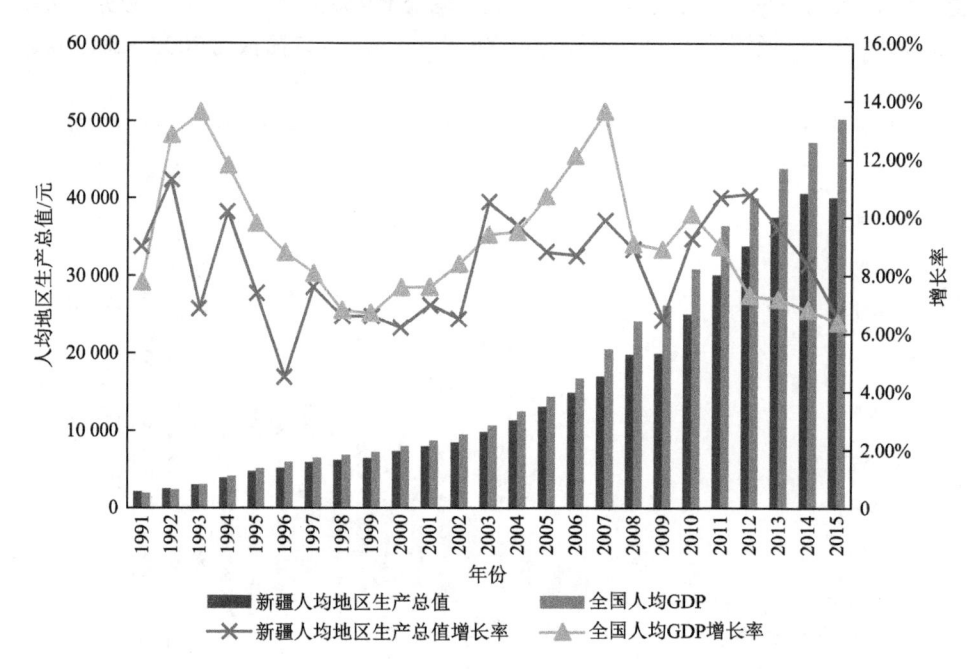

图 11-2　1990～2015 年新疆人均地区生产总值及增长率与全国对比

第一阶段（1990～1999 年）：在确立发展社会主义市场经济的第一阶段，国民经济在探索中稳步发展，人均 GDP 增长率波动较大。新疆人均地区生产总值在 1991～1994 年增长迅速，从 2101 元增加到 3888 元，年均增长率达 22.77%，但是 1995～1999 年人均地区生产总值增长率开始逐步放缓。

第二阶段（2000～2015 年）：进入 21 世纪，中国经济开始复苏，GDP 稳步快速发展，人均 GDP 也逐年上升。此期间，新疆人均地区生产总值年均增长率达 12.29%，低于全国水平。

（二）新疆全社会固定资产投资

如图 11-3 所示，1990～2015 年新疆的全社会固定资产投资额增长率经历了较大的波动，1990 年全社会固定资产投资额为 88.78 亿元，1993 年全社会固定资投资额达到 248.44 亿元，年均增长率达到 40.92%。1994～1999 年，新疆全社会固定资产投资额增长放缓。2000 年后，中国经济发展进入快车道，新疆的全社会固定资产投资额增长率基本均超过 15%（2002 年和 2015 年除外）。

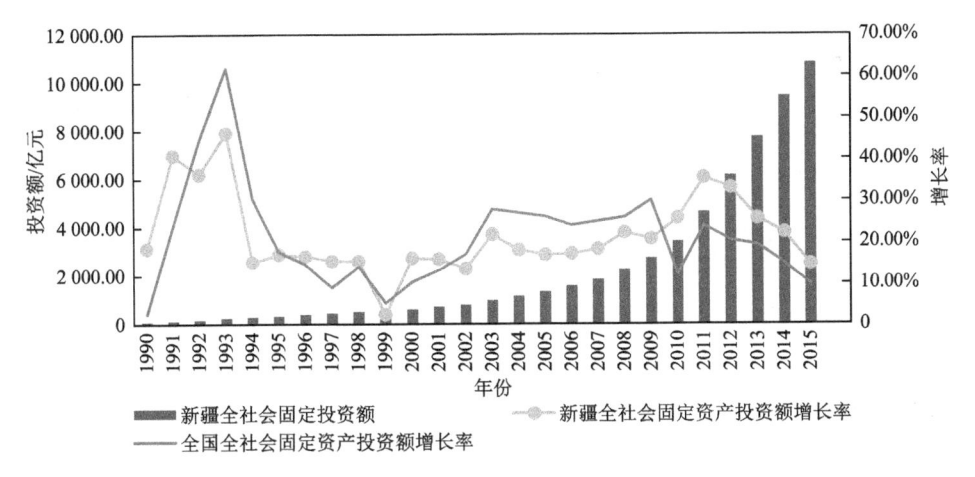

图 11-3　1990～2015 年新疆全社会固定资产投资额及增长率与全国对比

新疆的全社会固定资产投资额增长与全国水平趋同，其中 2011 年新疆全社会固定资产投资额增长率达到 35.31%，高于全国水平 11.55 个百分点。

（三）新疆城镇居民人均可支配收入

如图 11-4 所示，1990～2015 年新疆的城镇居民人均可支配收入总体表现为上升状态，从 1990 年的 1313.54 元增长到 2015 年的 26 274.66 元，年均增长率为 12.73%。新疆城镇居民人均可支配收入增长率波动较大，2010 年是新疆城镇居民人均可支配收入增长率最高的一年，城镇居民人均可支配收入为 17 920.70 元，增长率为 46.20%，但是 1995～2000 年，新疆城镇居民人均可支配收入处于缓慢增长阶段，1997 年新疆城镇居民人均可支配收入为 4844.72 元，较上一年增长 4.19%，并且连续 4 年处于低增长状态。2000 年后，中国经济增长开始加速，城镇居民人均可支配收入也逐步增长，2007 年，新疆城镇居民人均可支配收入突破万元，达到 10 313.00 元，较前一年增长 16.26%。2008 年后，经济增长趋于平缓，2011 年新疆城镇居民人均可支配收入出现近期第一次负增长，较前一年下降 13.43%。2015 年，新疆城镇居民人均可支配收入达 26 274.66 元，此期间，年均增长率回归到 13.18% 的水平。

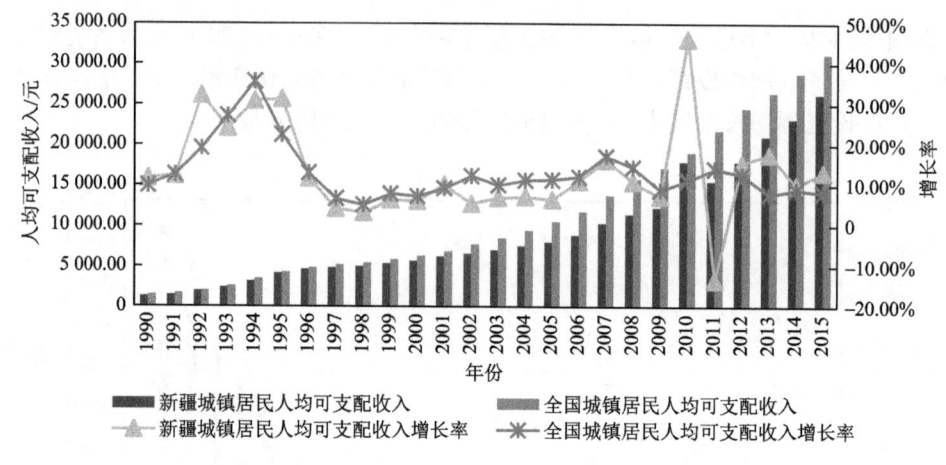

图 11-4 1990～2015 年新疆城镇居民人均可支配收入及增长率与全国对比

(四) 新疆消费水平

1. 新疆全社会消费总额

如图 11-5 所示，1990～2015 年，新疆全社会消费总额呈上升趋势，其增长率与全国增长率趋势基本保持一致，从 1990 年的 115.90 亿元上升到 2015 年的 2606.00 亿元，年均增长率达到 13.26%，低于全国水平 1.85 个百分点。1990～1995 年增长较快，年均增长率达到 15.50%，2005 年全社会消费总额猛增到 640.20 亿元，增长率达到 32.79%。2003 年出现了负增长情况，新疆全社会消费总额较上年降低 4.90%。2004～2015 年，新疆的全社会消费总额保持高速增长，年均增长率达到 16.55%，高于全国水平。

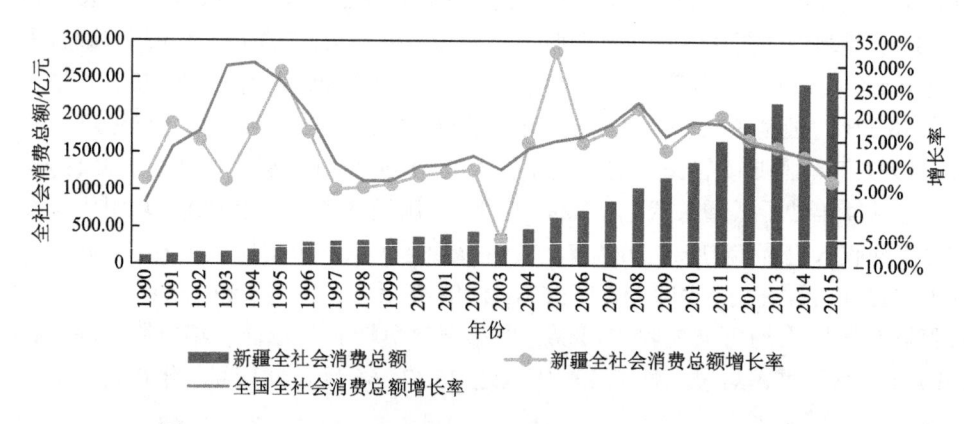

图 11-5 1990～2015 年新疆全社会消费总额及增长率与全国对比

2. 新疆人均消费

1）新疆城镇居民人均消费

如图 11-6 所示，新疆城镇居民人均消费支出从 2002 年的 5540.60 元增加至 2015 年的 19 414.74 元，年均增长率为 10.13%。同期，全国城镇居民人均消费支出从 2002 年的 6029.90 元增长到 2015 年的 21 392.36 元，年均增长率为 10.23%，高于新疆 0.10 个百分点。2005~2015 年，新疆城镇居民人均消费支出增长率波动，整体在 10% 左右。其中 2013 年增长率最高，达到 21.35%，高于全国水平 10.48 个百分点。

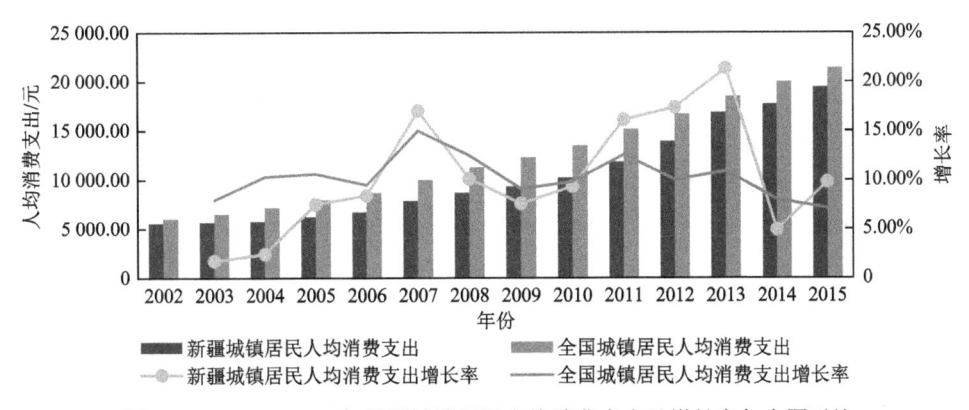

图 11-6 2002~2015 年新疆城镇居民人均消费支出及增长率与全国对比

2）新疆农村居民人均消费

相较于城镇居民人均消费水平，农村居民人均消费水平依然处于较低发展阶段。如图 11-7 所示，2002 年新疆农村居民人均消费支出为 1411.70 元，2015 年新疆农村居民人均消费支出为 7697.95 元，年均增长率为 13.94%。同期，全国农

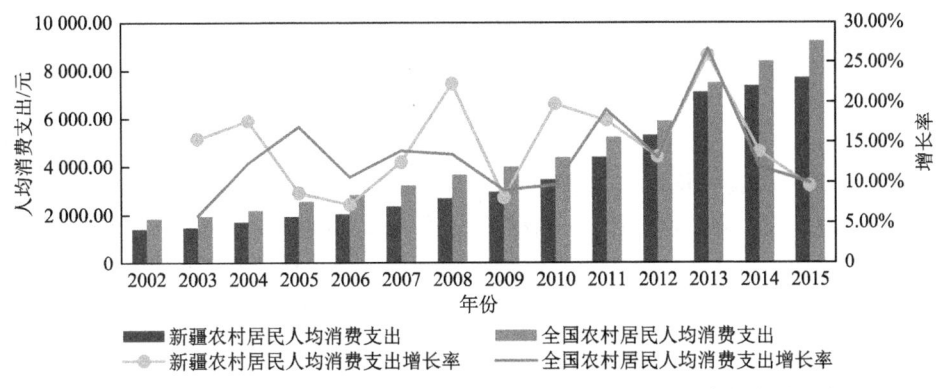

图 11-7 2002~2015 年新疆农村居民人均消费支出及增长率与全国对比

村居民人均消费支出从 2002 年的 1834.30 元增加到 2015 年的 9222.59 元,年均增长率为 13.68%。新疆农村居民人均消费支出的年均增长率与全国水平基本持平,但是绝大多数年份落后于全国水平,仅有 2003 年、2004 年、2008 年、2010 年、2014 年高于全国水平。

(五) 新疆一般公共财政收入

如图 11-8 所示,1990～2015 年,新疆一般公共财政收入由 21.58 亿元增长到 1330.90 亿元,年均增长率达 17.92%,2011 年,新疆一般公共财政收入为 720.43 亿元,较前一年增长 43.92%,为增长率最高的一年。1993 年新疆一般公共财政收入增长率达 40.36%,增长率最高,1994 年一般公共财政收入出现负增长,较上年减少 20.56%,是新疆一般公共财政收入降幅最大的一年。总体上 2000 年后新疆一般公共财政收入增长较迅速,年均增长率达到 21.46%。

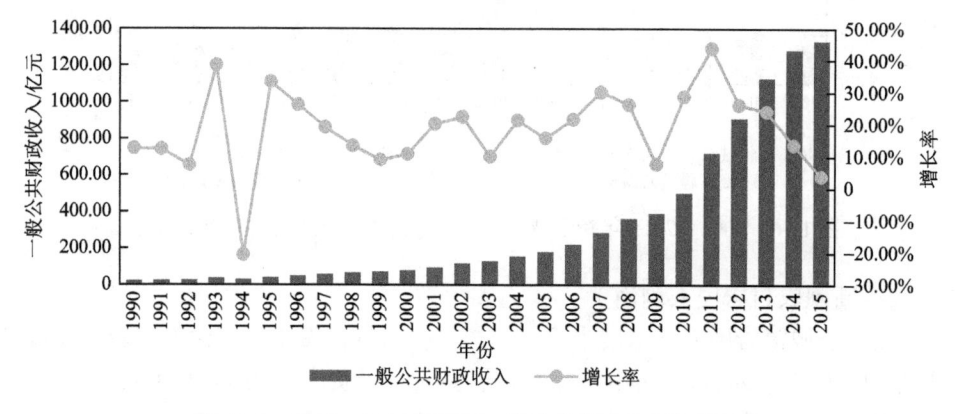

图 11-8　1990～2015 年新疆一般公共财政收入与增长率

四、新疆经济发展质量分析

如图 11-9 所示,1990～2015 年,新疆第一产业发展平稳,第二产业处于主导地位,第三产业增长较快。新疆三次产业结构由 1990 年的 40∶32∶28 调整到 2015 年的 17∶38∶45。第一产业的比例降低 13 个百分点,第二产业的比例由 32% 增长到 38%,第三产业的比例由 28% 增长到 45%。目前新疆还处于发展阶段,第二产业依旧是主导产业。2015 年新疆第二产业增加值为 3596.40 亿元。受全球经济周期影响,第二产业的比例在 2011～2015 年处于下降状态,但依然高于同期全国水平。

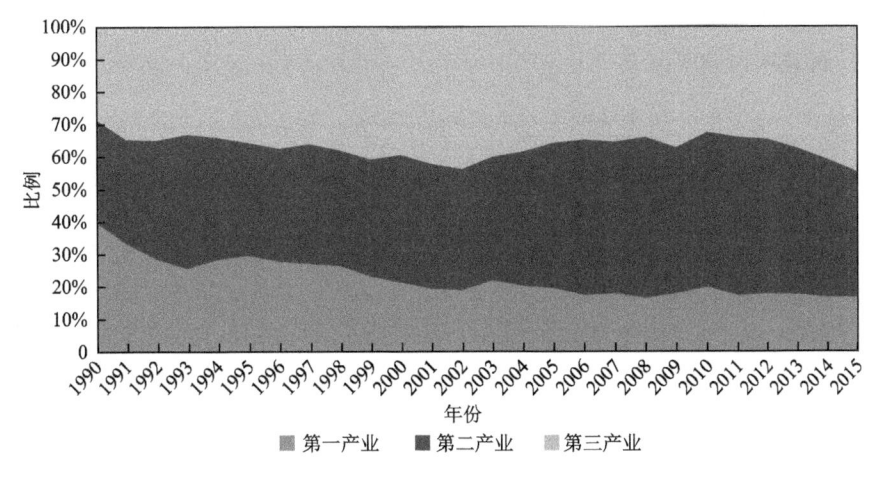

图 11-9 1990～2015 年新疆三次产业结构

五、新疆经济发展潜力分析

(一)新疆教育水平

1. 新疆教育经费

如图 11-10 所示,新疆的教育经费呈上升趋势,从 2000 年的 702 243.00 万元增加到 2014 年的 6 349 792.00 万元,年均增长率为 17.03%。全国教育经费的年均增长率为 16.64%,新疆的教育经费年均增长率高于全国水平 0.39 个百分点。整体上看,2000～2014 年,新疆的教育经费增长率波动较大。其中 2003 年、2006 年和 2014 年新疆教育经费的增长率分别仅为 8.97%、0.36% 和 6.01%,远低于年均增长率。

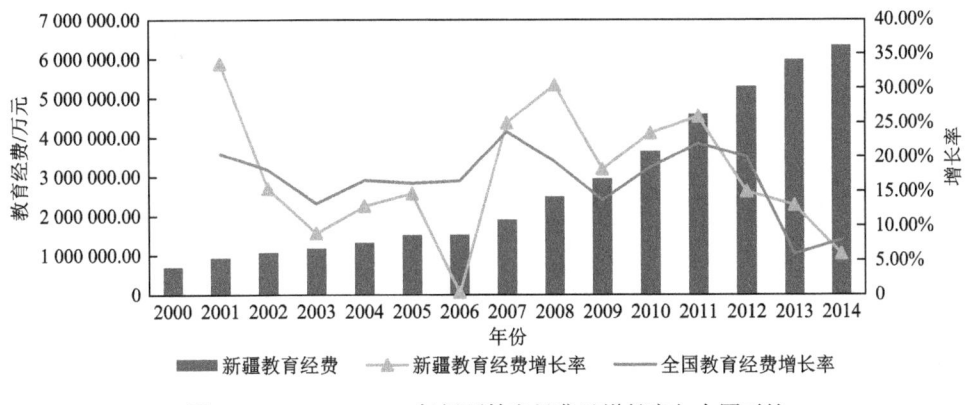

图 11-10 2000～2014 年新疆教育经费及增长率与全国对比

2. 新疆人均教育经费

2000~2014年，新疆人均教育经费增长较快。如图11-11所示，2000年，新疆人均教育经费为379.80元，全国人均教育经费为303.69元。到2014年，新疆人均教育经费达2763.18元，全国人均教育经费达2398.45元。新疆人均教育经费年均增长率为15.23%，全国人均教育经费年均增长率为15.91%，新疆人均教育经费年均增长率低于全国水平0.68个百分点。其中2006年、2014年新疆的人均教育经费增长率较低，分别为-1.60%和4.44%，除2001年外，2008年增长率最高，达到28.32%。

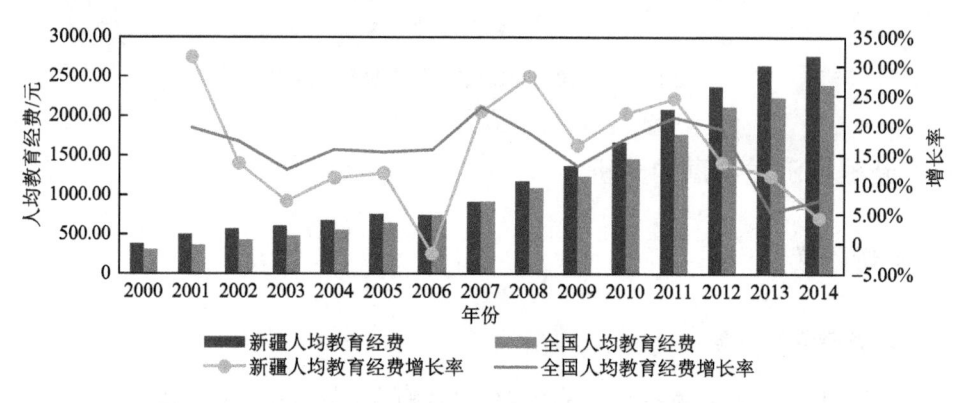

图11-11 2000~2014年新疆人均教育经费及增长率与全国对比

3. 新疆平均受教育年限

如图11-12所示，新疆的平均受教育年限从1991年的6.38年增长到2014年

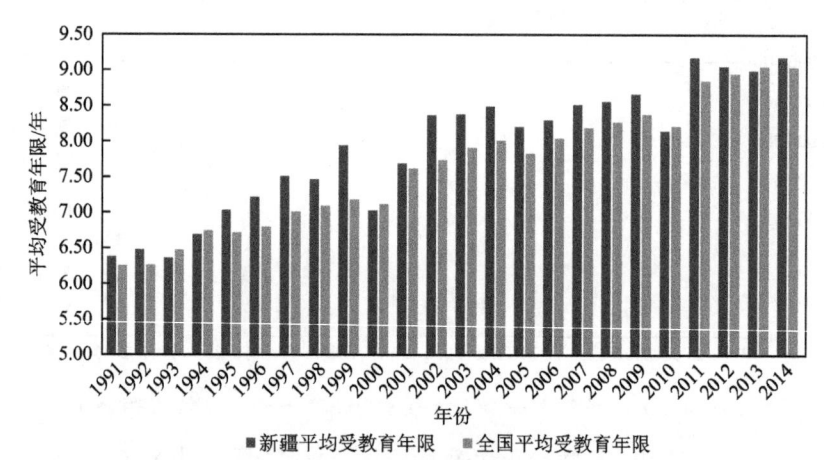

图11-12 1991~2014年新疆平均受教育年限与全国对比

的 9.18 年，平均受教育年限增加了 2.80 年。同期，全国的平均受教育年限从 1991 的 6.25 年增长到 2014 年的 9.04 年，平均受教育年限增加了 2.79 年。新疆平均受教育年限增加值与全国水平基本持平。

（二）新疆科研水平

2008~2015 年，新疆规模以上工业企业科研人员从 4489 人增加到 7188 人。如图 11-13 所示，新疆规模以上工业企业的人均科研经费由 2008 年的 12.42 万元增长到 2015 年的 36.62 万元，年均增长率为 16.70%。同期，全国规模以上工业企业的人均科研经费由 2008 年的 24.98 万元增长到 2015 年的 37.96 万元，年均增长率为 6.16%。2008 年以来，新疆人均科研经费与全国人均科研经费的差距逐渐缩小，2014 年新疆人均科研经费超过全国水平。

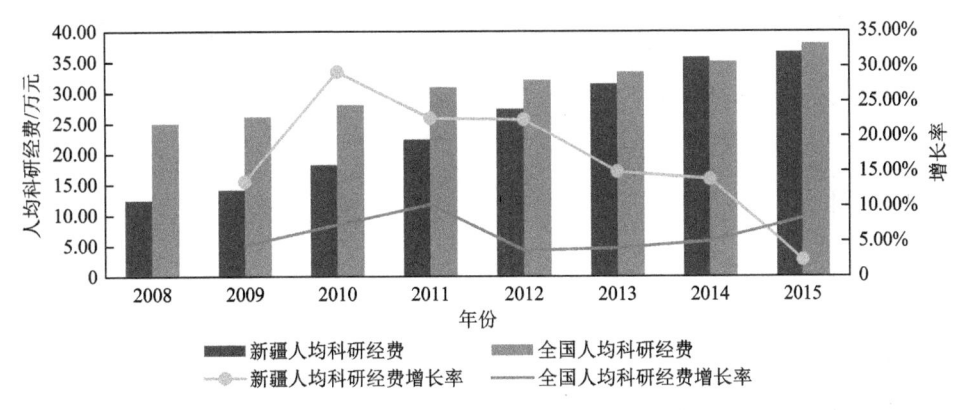

图 11-13　2008~2015 年新疆规模以上工业企业人均科研经费及增长率与全国对比

（三）新疆创新水平

1. 新疆专利申请数量

1990~2015 年新疆的专利申请数量总体在不断上升，如图 11-14 所示，从 1990 年的 250 件上升到 2015 年的 12 250 件，年均增长件数为 480 件，创新能力在不断增强。其中 2009~2015 年的专利申请数量上升幅度较大，年均增长件数达到 1563 件。

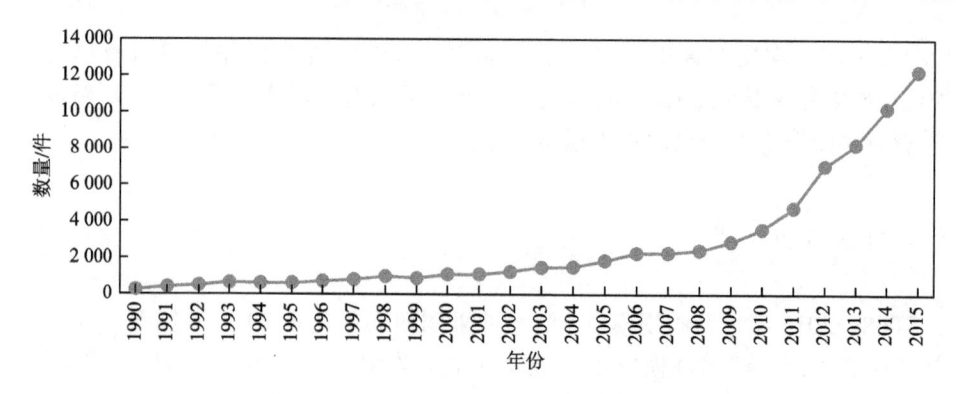

图 11-14　1990～2015 年新疆专利申请数量

2. 新疆技术市场成交额

如图 11-15 所示，新疆技术市场成交额在 1995～2015 年波动较大，其中 1995～2004 年迅速上升。2004 年新疆技术市场成交额达到 133 371.61 万元，为近 20 年的峰值。2005 后一直处于较低水平，并且 2005 年、2006 年、2007 年、2009 年、2011 年、2013 年和 2014 年均处于负增长状态。

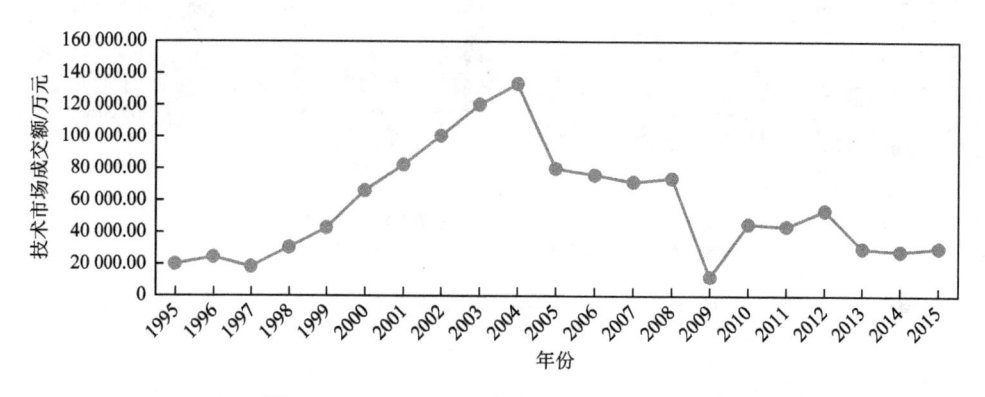

图 11-15　1995～2015 年新疆技术市场成交额

六、新疆金融发展水平分析

（一）新疆银行业金融机构存贷款余额

如图 11-16 所示，1990～2015 年，新疆存款余额不断上升，由 1990 年的 221.80 亿元上升至 2015 年的 13 650.96 亿元。存款余额年均增长率为 17.91%，增长率呈波浪形发展。其中，1994 年的增长率最高，达 59.65%，其次是 1990 年与 1995 年，增长率分别为32.79%与32.15%，其余年份的增长率比较平稳，大多在10%~20%。

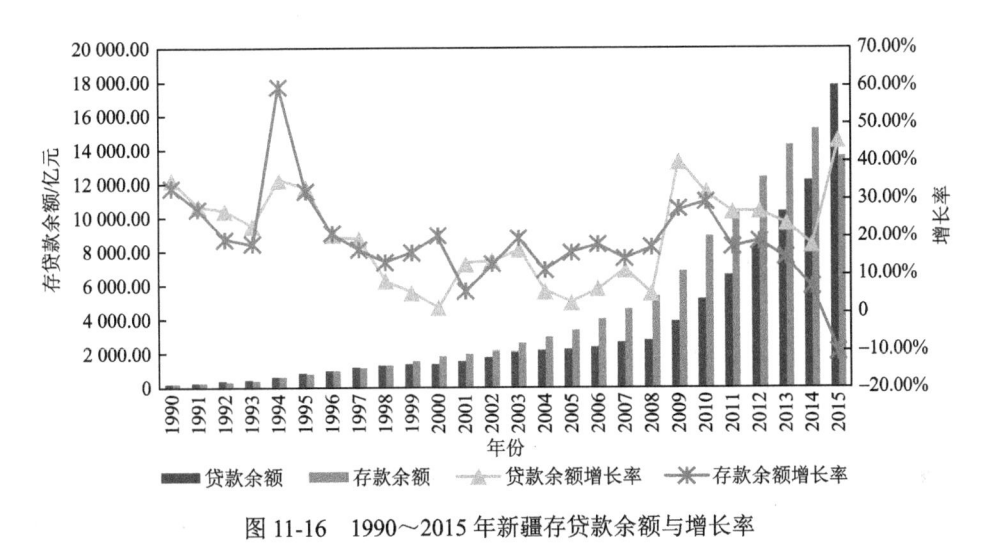

图11-16　1990~2015年新疆存贷款余额与增长率

此外，新疆贷款余额在1990~2015年总体上也呈现上升趋势，从1990年的233.72亿元增长到2015年的17 822.14亿元。贷款余额的年均增长率为18.93%，增长率较高。2015年的增长率达到最高，为45.63%，其次是2009年，其增长率为39.82%，整体来看，1990~2015年，新疆存款余额与贷款余额的增长趋同。贷款余额增长率大多在10%~20%。

（二）新疆保险保费收支

如图11-17所示，新疆的保费收入在1990~2015年呈现递增趋势，从1990年的

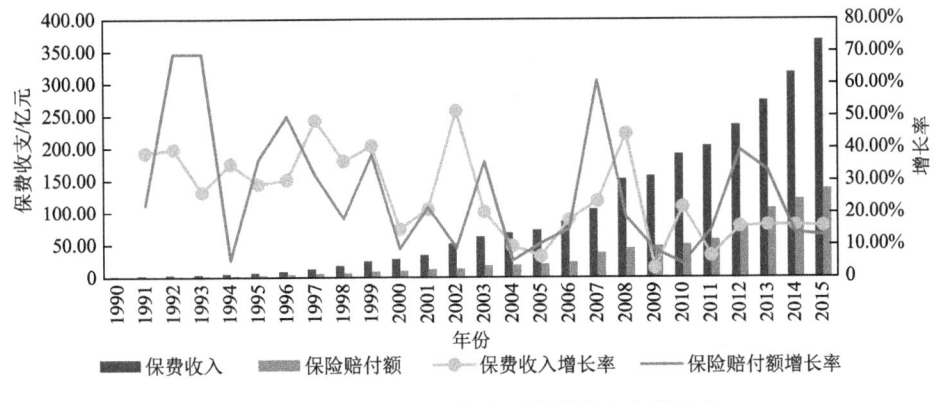

图11-17　1990~2015年新疆保费收支与增长率

1.57亿元增长到2015年的367.43亿元。保费收入的年均增长率为24.39%,增长率波动不大,在2002年出现了增长最高峰,增长率首次高于50%,但也与其他高峰时期的增长率相差不大。1990～2015年,新疆保险赔付额整体上也处于上升形势,从1990年的0.55亿元增至2015年的136.85亿元。整个保险赔付额的年均增长率为24.69%,但是波动较大。保险赔付额增长率的最高点出现在1993年,为69.25%,其次是1992年,增长率为69.18%。

(三)新疆上市公司规模

如表11-1所示,1996年,新疆众合股份有限公司首发股本为0.79亿股,首发募集资金为0.94亿元,成为新疆第一家上市公司。截至2016年,新疆上市公司数量达47家,首发股本共计221.18亿股,首发募集资金为565.89亿元。其中,1996年,新疆共有6家公司登陆A股,成为新疆历史上登陆A股最多的年份。2015年有3家公司登陆A股,首发募集资金为404.25亿元,首发股本为158.22亿股,成为新疆首发募集资金及首发股本最多的一年。

表11-1 新疆上市公司情况(1996～2016年)

年份	上市公司数量	首发股本/亿股	首发募集资金/亿元
1996	6	4.44	6.14
1997	4	3.11	6.89
1998	1	1.88	2.15
1999	4	7.69	12.62
2000	5	7.36	19.28
2001	2	2.41	4.21
2002	2	5.78	13.79
2003	3	4.66	8.46
2004	1	1.5	3.34
2006	2	3	8.34
2007	1	5	18
2008	2	1.79	3.5
2009	2	3.29	9.33
2010	2	2.18	7
2011	1	0.41	7.42
2012	2	1.63	6.93
2014	1	0.92	3.33
2015	3	158.22	404.25
2016	3	5.91	20.91

第十二章 云南经济增长篇

一、云南概况

(一) 基本概况

云南得名于"彩云之南",也有说法是因其位于"云岭之南"。云南简称云(别称滇),省会为昆明,位于中国的西南部,北回归线从该省的南部穿过,国内与四川、贵州、云南、西藏毗邻,边界上与缅甸、老挝、越南接壤。云南位于云贵高原之上,全省平均海拔为2000米左右,其中最高海拔为6740米,最低海拔为76.4米。全省的土地面积中,山地约占84%,高原、丘陵约占10%,盆地、河谷约占6%。气候基本为亚热带高原气候,立体气候特点比较显著。云南省土地面积为39.4万平方千米,占全国土地面积的4.11%,在全国排名第八。下辖8个地级市、8个自治州,16个市辖区、15个县级市、69个县、29个自治县。云南省总人口为4741.8万人(2015年),占全国人口总数的3.45%,其中少数民族人口数达1534.92万人,少数民族人口占比超过30%,是全国少数民族人口数超过千万人的三个省区(广西、云南、贵州)之一。云南是中国少数民族成分最复杂的省份,除汉族以外,彝族、哈尼族、白族、傣族、壮族、苗族、回族、傈僳族等25个世居少数民族人口都在6000人以上。云南特有的世居少数民族有15个,分别是哈尼族、白族、傣族、傈僳族、拉祜族、佤族、纳西族、景颇族、布朗族、普米族、阿昌族、怒族、基诺族、德昂族、独龙族。

(二) 自然资源概况

1. 水资源

云南河流众多,纵贯南北,水系复杂多样,多为河流上游。云南的河流可以划分为六大水系:伊洛瓦底江水系、怒江水系、澜沧江水系、金沙江水系、元江水系、南盘江水系。在六大水系中,除南盘江水系、元江水系发源于云南境内外,其余四个水系均发源于青藏高原,属于过境河流;南盘江水系、金沙江水系为国内河流,伊洛瓦底江水系和怒江水系、澜沧江水系、元江水系是国际河流,分别流入老挝、缅甸、泰国、柬埔寨、越南最终注入印度洋。如此复杂的水系加上云贵高原与东南丘陵的海拔落差，造就了云南极为丰富的水能资源。其中，金沙江、澜沧江、怒江的理论水能资源蕴藏量占全省的 85%以上，特别是金沙江流域落差大、水量足、流速湍急，占全省可开发水能资源蕴藏量的 38.9%，理论水能资源蕴藏量达 10 437 万千瓦，占全国总蕴藏量的 15.3%，仅次于西藏及四川，位居全国第三。目前云南水电资源开发率只有 8%，仍有巨大的开发潜力和价值。

2. 矿产资源

云南矿产资源极其丰富，被誉为"有色金属王国"。矿产资源的开发与利用程度处于全国前列。全省已探明矿种 83 种，已开发利用 62 种，开发率达 75%。其中金、煤、铁、锰、锌、钨、磷、岩盐、铜、铅、锑、锡、黏土、石膏、硅石、石灰岩、白云岩、大理石等矿产资源的利用与开发已形成规模。其中锡、铅、磷、锌等 9 种矿产保有储量居全国首位；锗、镍、铜、铂、锑、硅藻等 12 种矿产储量居全国前 3 位。全省已探明矿产资源储量潜在经济价值约 3 万亿元。

云南是中国南方煤炭基地，已探明储量 241 亿吨，是全国探明储量在 150 亿吨以上的 12 个省区之一，位列全国第八。全省 129 个县、市中，煤层赋存的县、市就有 110 个。在已探明资源储量的矿区中，高品位矿比例较大，多数具有较好的开采条件，开发价值较高。其中富磷矿、富锰矿、富铁矿、富铜矿分别占全国富矿保有资源储量的 34.4%、45.3%、27.7%、13.6%。多数大、中型矿床中，常共、伴生两种以上具有独立工业价值的矿产。

3. 生物资源

云南省是我国动植物种类最多的省份，有"动物王国""植物王国""生物资源基因库"之称。云南省有 84%的土地面积为山地，加上云南的多样性气候，造就了生物的多样性。

（1）植物资源。在已知的 3 万多种高等植物中，云南省拥有 274 科、2076 属、1.7 万种，高等植物种类占全国的 60%以上。热带、亚热带高等植物达上万种，中药材种类有 6500 多种，占全国的 51%左右。香料植物达 400 余种。观赏植物达 2100 种，花卉植物达 1500 种，有不少珍奇种类和特产植物。丰富的植物资源造就了云南 55.7%的森林覆盖率，位列全国第二。云南的森林资源具有三大特点：第一，种类多。几乎所有热带、亚热带、温带、寒带大多数森林植被类型均有分布，共有 105 个主要森林类型，拥有木本植物 4000 多种，其中森林树种 800 多种，国家级保护树种 59 种，省级重点开发经济树种 30 多种。第二，生长快。云南的气候导致部分树种生长率高，经济林种类繁多。第三，副产品丰富。大量的森林资源带来了丰富的副产品，如松茸、树胶、树脂、竹荪、木耳、香菌等。其中全省可供采割松脂的松树占全省森林总面积的 30%，年产松脂达百万吨。

（2）动物资源。云南拥有1737种脊椎动物，占全国的58.9%；昆虫1万多种。脊椎动物中兽类有300种，鸟类有793种。国家一级保护动物达46种，如犀鸟、印支虎、野牛、滇金丝猴、野象、长臂猿、蜂猴、白尾梢虹雉等；二级保护动物达154种，如绿孔雀、穿山甲、熊猴、小熊猫、麝、猕猴、蟒蛇、灰叶猴等。此外，还有两栖类102种，爬行类143种，淡水鱼类366种，云南所特有的鱼类就有5科40属249种。

二、云南经济发展特色

（一）云南特色产业

1. 水电产业

云南的水电产业一直走在中国前列，是云南的支柱产业之一，主要原因是云南的水能开发相对全国具有以下优势：一是干流开发价值大于支流。二是可开发的大型和特大型水电站比例高。全省可建设25万千瓦以上水电站的地点有30多处，可供装机6190万千瓦，占全国可开发装机容量的20.5%，居全国第二位。三是水能资源分布比较集中，主要集中在澜沧江、怒江、金沙江流域。四是可开发的水能资源工程量较小。

2016年，云南电网装机容量达到8037万千瓦，其中水电装机容量为5901万千瓦，占比超过总装机容量的70%；云南完成电量销售1097亿千瓦·时，其中每千瓦·时电单位地区生产总值产出达10.5元，与广东持平。水电装机总量实现了五年翻一倍的高速增长。"十三五"期间，云南电网公司将投资201亿元用于优化完善输电网结构。大力发展云南的水电产业有助于西电东送工程的落实。

2. 矿业

丰富的矿产资源为云南的矿产开发奠定了基础，矿业是云南的支柱产业之一，云南矿产资源具有矿种齐全、储量丰富等主要特征。云南矿业已基本形成了涵盖能源、黑色金属、贵金属、有色金属、化工及其他非金属矿产共同开发的格局，同时形成了从勘查、开采、选矿、冶炼到加工的成熟矿业产业链。云南铜业（集团）有限公司、云南驰宏锌锗股份有限公司、云天化集团有限责任公司、云南黄金矿业集团股份有限公司都是云南矿业的佼佼者。2016年云南采矿业增加值为328.93亿元，比上年增长17.3%，煤炭开采和洗选业增加值为124.37亿元，比上年增长26.1%，有色金属冶炼及压延加工业增加值为315.97亿元，比上年增长6.9%，非金属矿物制品增加值为144.45亿元，比上年增长21.6%。

3. 生物医药和大健康产业

云南拥有极具特色的生物资源，这使云南的生物医药和大健康产业有了极大的优势。近年来，云南省的生物医药和大健康产业发展迅速。生物医药和大健康产业包括生物医药、医疗器械、健康产品、医疗服务等与人类身体健康相关的领域。2016年，生物医药和大健康产业主营业务收入约为2090亿元，产业增加值为766亿元，同比增长13.4%，占全省地区生产总值的5.15%，成为云南最具发展潜力的支柱产业。全省生物医药规模以上企业146家，其中产值过亿元的有69家，超百亿元的有1家。云南白药集团股份有限公司是云南生物医药行业的杰出代表，2016年，完成营业收入224亿元，同比增加8.06%，"云南白药创可贴""云南白药气雾剂""云南白药牙膏"三个明星产品的销量常年占据中国市场同类产品销量的第一。"云南白药牙膏"系列产品占全国牙膏市场份额的16.49%，位居同类产品市场份额第二、民族品牌第一。在健康领域中，生物医药成为人们关注的热点，这是机遇也是挑战。《云南省生物医药和大健康产业发展规划（2016—2020年）》及《云南省生物医药和大健康产业发展三年行动计划（2016—2018年）》中明确提出做大做强云南的生物医药和大健康产业。

4. 种植业

1）烟草行业

最适合烟草生长的温度为25～28℃，每天光照以8～10小时为宜，土壤以红壤为优。而云南的气候具有年温差小的特点，再加上云南海拔较高、日照充足和红壤的优势，云南省是我国最重要的、规模最大的"两烟"（烟草和卷烟）生产基地，其中烟草种植面积、卷烟产量、烟叶产量均列中国第一，"烟草王国"由此得名。云南的"玉溪"和"云烟"等烟草品牌已经在中国烟草行业占据了一片江山。云南的主产烟区分布在金沙江、南盘江和元江等三大水系区域内，以昆明、玉溪、曲靖、红河、昭通等地为主。全省的烟草种植面积为500万～550万亩，从事种植烟草的农户约为160万户。2016年，全省生产卷烟747.38万箱，烟草制品业完成增加值1183.50亿元，为全省地区生产总值贡献了约8%。

2）花卉行业

凭借独特的自然条件优势、良好的产业基础和有力的政策支持，花卉产业成为云南的支柱产业。"斗南花卉""锦苑花卉KIFA"等品牌享誉国内外。云南与南美洲的哥伦比亚、厄瓜多尔及非洲的肯尼亚并称"世界三大花卉产区"。云南是亚洲最大的花卉产地和交易市场，其中百合、切花月季、康乃馨、非洲菊是云南鲜切花的主打产品。2016年，云南花卉产业继续保持高速增长，鲜切花产量连续23年蝉联全国第一，全省鲜切花种植面积达20.9万亩，产量为100.6亿枝，产值达 68.6 亿元，占全国 75%的市场份额，其中昆明市鲜切花产量达 55 亿枝，97%以上出口到东南亚国家。在鲜切花产业迅猛发展的同时，云南盆花发展也十分迅猛。2016 年，云南盆花种植面积为 8.5 万亩，产量为 2.7 亿盆，产值超越鲜切花，达 86.53 亿元。其中大花蕙兰种植面积和产量分别达 8000 亩和 500 万盆，种植规模与产值全国第一，产量占全国总产量的 89.3%，已成为世界最重要的大花蕙兰生产基地。

3）茶产业

云南作为世界茶树的发源地中心以及普洱茶的故乡，其茶产业极具特色与优势，茶产业也是云南省广大茶叶主产区的支柱产业。云南地处高海拔、低纬度，具有良好的生态环境，如雨量充沛、空气清新，非常适合茶树生长。因此，云南茶树的物种资源丰富，山茶属茶组植物有 35 个种和 3 个变种。云南茶产品的品牌建设成效也颇为突出，茶产品主要有普洱茶、红茶和绿茶三大类，还生产少量的乌龙茶。云南的民族茶文化特色浓郁，茶区主要分布在普洱、西双版纳、临沧、保山、德宏、大理、红河、文山等 8 个州市，基本上都属于少数民族地区，因此，其茶文化中融入了很多丰富多彩、自然淳朴的少数民族元素，提高了其茶产品的附加值。全省 15 个州（市）100 多个县（市、区）产茶，共有茶农 600 多万人，涉茶人口达 1100 多万人。据云南省农业厅行业统计，2016 年全省茶叶种植面积达 610 万亩，采摘面积达 575 万亩，总产量为 37.5 万吨，综合产值达 670 余亿元，茶农人均来自茶产业收入 2900 余元，提前完成了"十三五"茶产业规划开局之年的目标任务。

5. 旅游产业

云南是我国唯一高原地形与热带雨林共存的省份，奇特的自然景观和少数民族文化使云南省成为中国乃至全世界热门的旅游目的地。云南有位于热带雨林的西双版纳、有 1382 年修建并完整保留至今的大理古城、有极具民族特色的香格里拉、有常年白雪覆盖的玉龙雪山、有四季如春的"春城"昆明，还有"风花雪月"四景之一的洱海等，各类美景数不胜数。2016 年云南省的旅游产业依然呈现出快速发展的态势，全年旅游业总收入达 4726.25 亿元，成为 2016 年我国旅游总收入同比增长最多的省份。全年接待国内游客 4.25 亿人次，同比增长 31.69%，2012~2017 年，云南接待国内游客人数增长率均超过 15%，旅游业总收入增长率均超过 20%。2016 年全省重大的旅游项目增加到 513 个，年度累计投资达到 580 亿元，超额完成年度 500 亿元的目标，新增 14 条国际航线。截至 2015 年，云南省旅游业增加值占全省地区生产总值的 6.6%，云南省旅游业带动就业人数达到 682.05 万人，带动的第三产业增加值约为 972 亿元，占第三产业增加值的 16.34%。

（二）云南重大发展战略

1. "一带一路"倡议

2013年，习近平总书记提出了"一带一路"倡议。中国政府倡议，秉持和平合作、开放包容、互学互鉴、互利共赢的理念，全方位推进务实合作，打造政治互信、经济融合、文化包容的利益共同体、命运共同体和责任共同体。"一带一路"倡议得到了国际社会的积极响应和广泛支持，100多个国家和国际组织均参与其中。

云南毗邻南亚和东南亚，属于"一带一路"中的重要路段，在"一带一路"建设中发挥着重要作用。2015年9月习近平总书记在中美省州长论坛上的讲话中指出，"云南是'一带一路'向西南开放的'桥头堡'"。因此，云南省抢抓机遇，积极主动地服务和融入"一带一路"建设。

"一带一路"建设确立了"六大经济走廊框架"，其中的孟中印缅经济走廊和中国—中南半岛经济走廊，既是云南占据独特区位优势和人文交流优势的传统合作区域，也是联通南、北方丝绸之路经济带和21世纪海上丝绸之路的重要部分。云南积极利用在这两条经济走廊中的关键位置，充分地发挥"主体省份作用"，促进与周边国家及地区的互联互通，吸引更多的人流、物流以及资金流，并广泛深入地用好现有的开发开放试验区、边境经济开发区、跨境经济合作区、综合保税区等开放载体，大力发展沿边特色产业与边境贸易，为"一带一路"建设做出巨大贡献，也借此机遇促进云南省的经济发展。

2. 澜沧江开发开放经济带

澜沧江开发开放经济带是全省国土开发开放空间重要的南北轴线，是大湄公河次区域合作前沿，在区域发展和对外开放总体格局中具有重要战略地位。利用澜沧江"一江穿六国"的优势，可以加强我国与老挝、泰国、柬埔寨、缅甸以及越南五个国家的经济联系和合作。经济带的规划范围为云南省境内怒江傈僳族自治州、迪庆藏族自治州、大理白族自治州等7个州市、34个县市区，地域面积为13.08万平方千米，覆盖人口为1020万人。澜沧江开发开放经济带的主线为旅游发展，重点产业为生态旅游文化产业。对澜沧江沿线的经济发展进行统一规划和开放开发有利于拓展全省区域发展空间，培育新的经济带；有利于加强与南亚、东南亚合作交流，提升沿边地区开发开放水平；有利于促进云南藏区和滇西边境片区脱贫致富，促进民族团结进步和边疆繁荣稳定；有利于共同加强流域生态环境保护，构建国家西南生态安全屏障。对于云南主动服务和融入国家战略，建设民族团结进步示范区、生态文明建设排头兵、面向南亚/东南亚辐射中心具有重要意义。

3. 长江经济带

长江经济带是指沿长江附近的经济带，该经济带覆盖了云南、贵州、湖南、湖北、江西、重庆、四川、安徽、江苏、浙江、上海等11个沿长江省市，区域面积达到205万平方千米，占全国总面积的21%，人口和地区生产总值都超过全国的40%。2016年3月25日，中共中央政治局召开会议，审议通过《长江经济带发展规划纲要》。长江经济带的建设可以使云南省加强与长江中下游城市的经济联系。云南省积极参与长江经济带的建设，可以加快云南省的经济发展，加快产业的转型升级。

三、云南经济发展基本概况①

（一）云南地区生产总值及人均地区生产总值概况

1. 云南地区生产总值

1991~2015年，云南地区生产总值年均增长率保持在14.80%，略低于全国15.75%的增长率。2012年，全省地区生产总值成功突破万亿元大关，达到10 309.47亿元。

从图12-1可以得知，1991~2015年，云南地区生产总值一直处在增长的状态，地区生产总值增长率走势与全国走势几乎一致，但是地区生产总值增长率波动较大，经过1991~1996年的高速爆发增长后，1997~2001年地区生产总值增长率一直在低位徘徊。2002年和2003年，云南地区生产总值增长开始加速。到2004年，

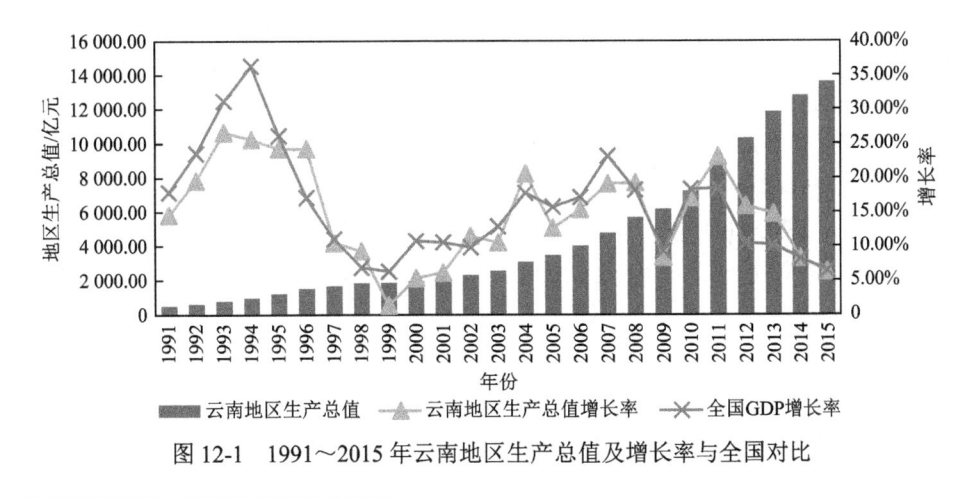

图12-1 1991~2015年云南地区生产总值及增长率与全国对比

---

① 资料来源：《中国统计年鉴》（1990~2016年）、《云南统计年鉴》（1990~2016年）

云南地区生产总值增长率有了明显的提升，达到20.57%。2005~2008年，云南地区生产总值增长率保持在12%以上。2009年以后，云南经济发展速度迅速提升，直到2012年增长放缓。2012年后，云南地区生产总值增长率逐渐降低。根据历史数据，可以把这25年分成两个阶段。第一阶段为1991~1999年，第二阶段为2000~2015年。

第一阶段（1991~1999年）：20世纪90年代，中国开始明确提出建设社会主义市场经济体制的改革目标，改革开放进入新的阶段。此时期，中国经济正在改革开放的摸索阶段，再加上1998年亚洲金融危机的影响，中国GDP增长率一直处于低位运转。从图12-1可以看出，1991~1999年云南地区生产总值从517.41亿元增长到1855.74亿元，地区生产总值增长了2.59倍，但是增长率波动较大，年均增长率为17.31%。该时期地区生产总值增长最快的年份是1993年（26.60%），最慢的年份是1999年（1.33%）。

第二阶段（2000~2015年）：进入21世纪，中国经济发展翻开新的篇章，2001年中国加入WTO，标志着中国市场化改革正在与世界接轨，中国经济将真正参与世界竞争，加快全球化步伐。这一阶段云南地区生产总值增长十分迅速，增长率高且趋于稳定。从图12-1可以看出，2004年与2010年云南地区生产总值呈现出增长速度快、效益好的良好态势。2004年地区生产总值达到3081.91亿元，比上年增长20.57%，创1997年以来最高增长率。2004~2015年，云南地区生产总值年均增长率达到15.07%，2004年后连续5年保持12%以上的增长率。到2012年，云南地区生产总值达到10 309.47亿元，突破了万亿元大关，成功加入万亿元地区生产总值省区市行列。2015年云南地区生产总值达到13 619.17亿元，增长率为6.28%。

2. 云南人均地区生产总值

人均地区生产总值方面，由图12-2可以看出，云南1991~2015年的人均地区生产总值增长率走势与全国人均GDP增长率走势呈完全正相关，随着全国人均GDP增长率的提高而提高，随着全国人均GDP增长率的下降而下降。

第一阶段（1991~1999年）：在确立发展社会主义市场经济的第一阶段，国民经济在探索中稳步发展，但人均GDP整体增长缓慢。云南人均地区生产总值在1991~1994年增长迅速，从1377元增加到2515元，年均增长率达22.24%，但是1995~1999年人均地区生产总值增长开始逐步放缓。其中，1999年人均地区生产总值为4558元，较上年仅增加2.52%。

第二阶段（2000~2015年）：进入21世纪，中国经济开始复苏，GDP稳步快速发展，人均GDP也逐年上升。此期间，云南人均地区生产总值年均增长率达12.37%，低于全国水平0.61个百分点。其中2004年、2008、2011年人均地区生产总值增长率分别达到18.92%、19.42%、22.30%。2012年人均地区生产总值突破20 000元大关，达到22 195元。

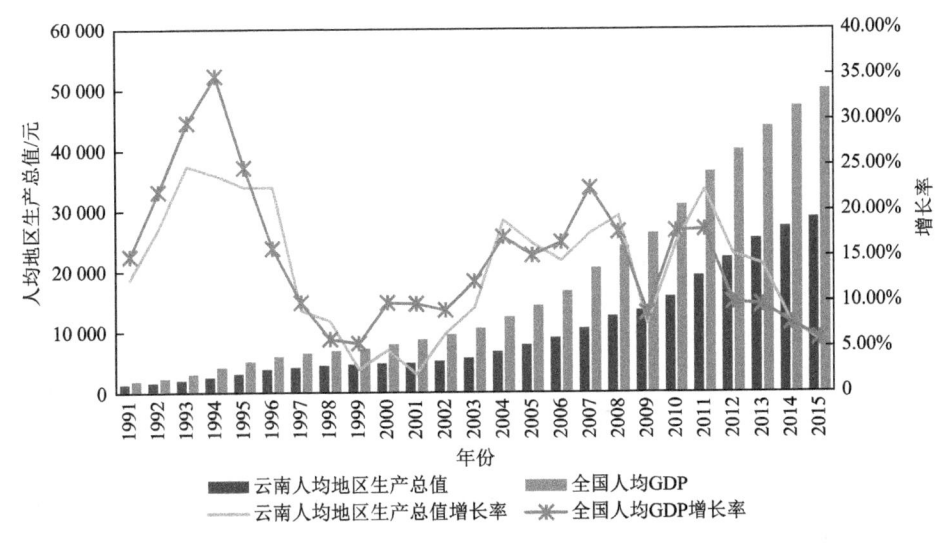

图 12-2　1991~2015 年云南人均地区生产总值及增长率与全国对比

2015 年云南人均地区生产总值达到 28 806 元，1991~2015 年人均地区生产总值年均增长率达到 13.68%，低于全国水平 1.21 个百分点。

（二）云南全社会固定资产投资

如图 12-3 所示，1991~2000 年云南的全社会固定资产投资额增长率经历了较大的波动，1991 年全社会固定资产投资额为 98.32 亿元，1993 年全社会固定资产投资额达到 251.40 亿元，年均增长率达到 59.90%，1993 年的增长率更是达到 78.69%。

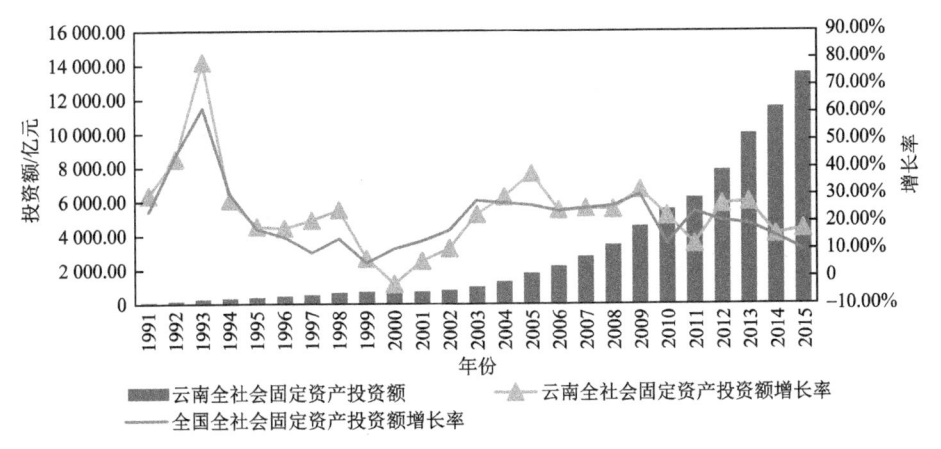

图 12-3　1991~2015 年云南全社会固定资产投资额及增长率与全国对比

1994~2000 年，云南全社会固定资产投资额增长放缓，此期间年均增长率仅为 16.14%，其中，2000 年全社会固定资产投资额仅为 697.94 亿元，较前一年降低 2.70%。2003 年后，中国经济发展进入快车道，云南的全社会固定资产投资额也连续 8 年增长率超过 20%。

（三）云南城镇居民人均可支配收入

如图 12-4 所示，城镇居民人均可支配收入是衡量国民生活质量、经济发达程度的重要的指标。1991~2015 年云南的城镇居民人均可支配收入总体呈上升趋势，从 1991 年的 1703.16 元增长到 2015 年的 26 373.23 元，年均增长率为 12.09%。虽然云南城镇居民人均可支配收入增长较快，但是增长率波动较大。1993 年与 1994 年是云南城镇居民人均可支配收入增长率最高的两年，人均可支配收入分别达到 2639.07 元和 3433.79 元，增长率分别为 28.00%和 30.11%，创下改革开放以来最高增长率的纪录。1995~2000 年，云南城镇居民人均可支配收入处于缓慢增长阶段，2000 年云南城镇居民人均可支配收入为 6324.64 元，较上一年增长 2.36%。2000 年后，中国经济发展进入快车道，云南地区生产总值增长率大幅度提高，城镇居民人均可支配收入也开始进入高增长通道，2006 年，云南城镇居民人均可支配收入突破 10 000 元大关，达到 10 069.89 元，较前一年增长 8.68%。2008 年后，经济增长趋于平缓，到 2015 年，云南城镇居民人均可支配收入达 26 373.23 元，此期间，年均增长率回归到 10.37%的水平。

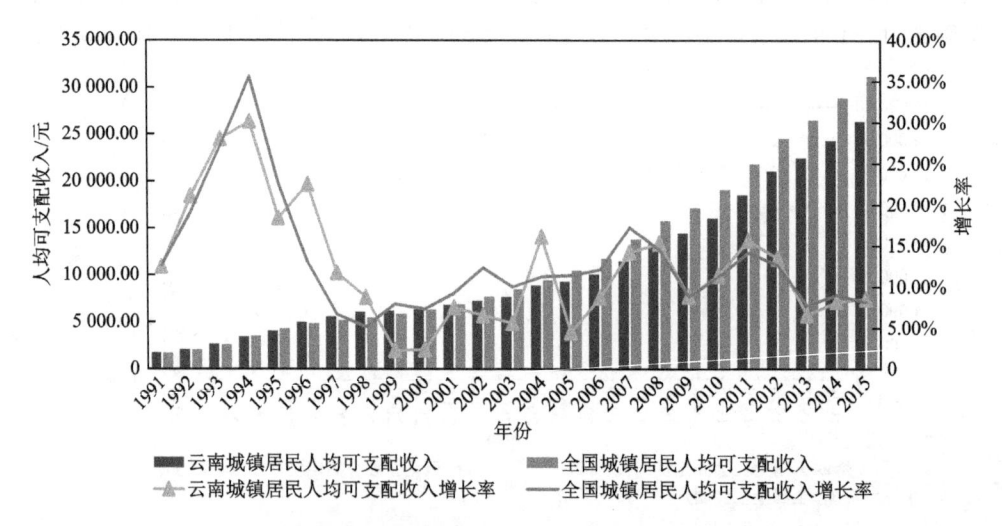

图 12-4　1991~2015 年云南城镇居民人均可支配收入及增长率与全国对比

（四）云南消费水平

1. 云南全社会消费总额

如图 12-5 所示，1990~2015 年，云南全社会消费总额呈上升趋势，其增长率与全国增长率趋势基本保持一致，从 1990 年的 165.30 亿元上升到 2015 年的 5103.20 亿元，年均增长率达到 14.71%，但是低于全国水平 0.40 个百分点。1991~1995 年经过一轮较快增长后，年均增长率保持在 17.56% 左右的水平，直到 2005 年全社会消费总额突破千亿元大关，为 1041.30 亿元。2005~2012 年，云南的全社会消费总额保持高速增长，年均增长率达到 19.21%。

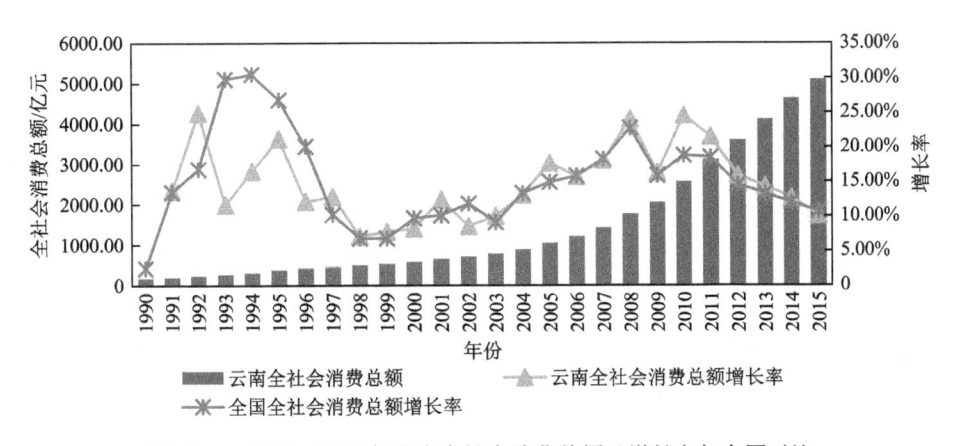

图 12-5　1990~2015 年云南全社会消费总额及增长率与全国对比

2. 云南人均消费

1）云南城镇居民人均消费

如图 12-6 所示，2002 年云南城镇居民人均消费支出为 5827.90 元，到 2015 年，云南城镇居民人均消费支出达到 17 674.99 元，年均增长率为 8.90%。同期，全国城镇居民人均消费支出从 2002 年的 6029.90 元增长到 2015 年的 21 392.36 元，年均增长率为 10.23%，云南落后全国水平 1.33 个百分点。2005 年和 2013 年，云南城镇居民人均消费支出增长率出现较大的下滑，增长率分别仅为 2.34% 和 7.05%。2008 年和 2009 年，云南城镇居民人均消费支出分别达到 9076.60 元和 10 201.80 元，增长率分别为 14.58% 和 12.40%，分别高于同期全国水平 2.12 个和 3.31 个百分点。

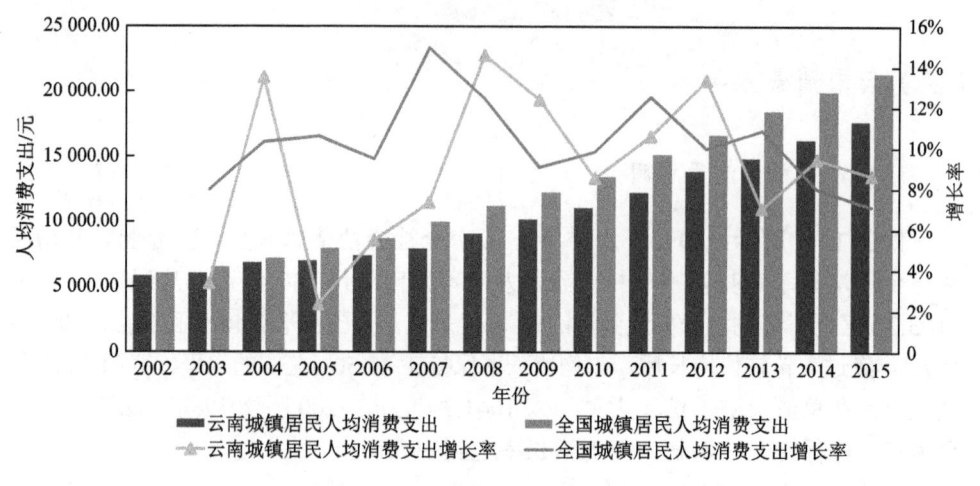

图 12-6　2002~2015 年云南城镇居民人均消费支出及增长率与全国对比

2）云南农村居民人均消费

相较于城镇居民人均消费水平，农村居民人均消费水平依然处于较低发展阶段。如图 12-7 所示，2002 年云南农村居民人均消费支出为 1381.50 元，2015 年云南农村居民人均消费支出为 6830.14 元，年均增长率为 13.08%。同期，全国农村居民人均消费支出从 2002 年的 1834.30 元增加到 2015 年的 9222.59 元，年均增长率为 13.23%。云南农村居民人均消费支出的年均增长率与全国走势基本保持一致。但是绝大多数年份，云南农村居民人均消费支出的增长率低于全国水平，仅有 2006 年、2007 年、2010 年、2012 年、2014 年、2015 年高于全国水平。

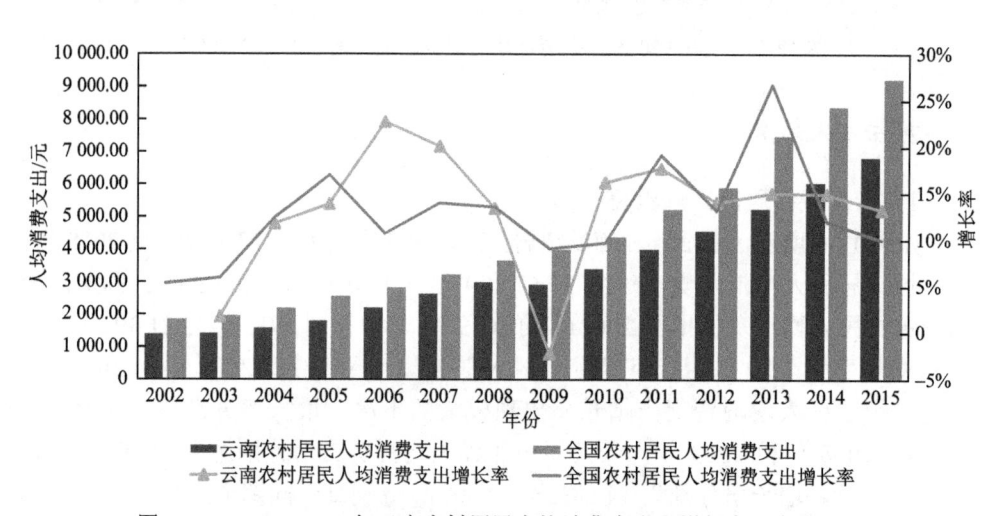

图 12-7　2002~2015 年云南农村居民人均消费支出及增长率与全国对比

（五）云南一般公共财政收入

如图 12-8 所示，1991~2015 年，云南一般公共财政收入由 99.78 亿元增长到 1808.15 亿元，年均增长率达 12.83%，其中 1993 年，云南一般公共财政收入为 204.94 亿元，较前一年增长 87.47%，创下历史最高增长率纪录。与 1993 年的巨大增长率形成鲜明对比，1994 年云南一般公共财政收入下降到 76.70 亿元，降幅达到 62.57%，1994 年也成为云南一般公共财政收入降幅最大的一年。1995~2015 年，云南一般公共财政收入稳中有升，年均增长率达到 16.58%。

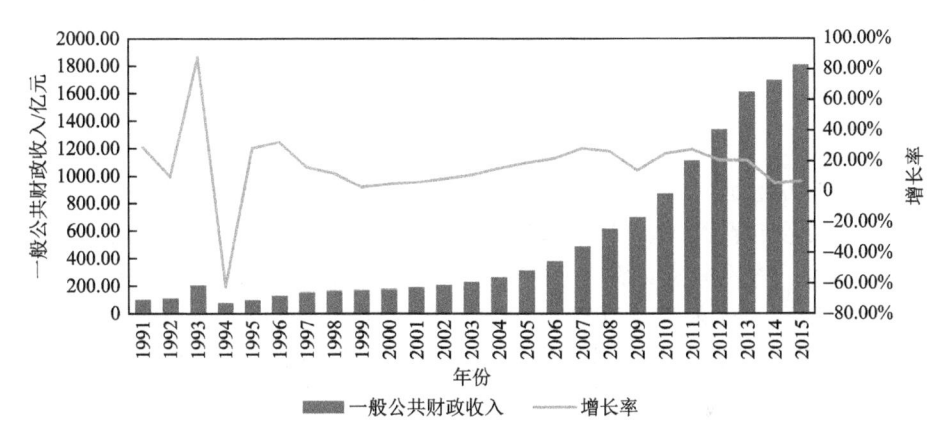

图 12-8　1991~2015 年云南一般公共财政收入与增长率

四、云南经济发展质量分析

（一）云南产业结构

如图 12-9 所示，1990~2015 年，云南的经济结构持续优化，第一产业稳中有降，第二产业占主导地位，第三产业实现快速增长。云南三次产业结构由 1990 年的 37：35：28 调整为 2015 年的 15：40：45，第一产业的比例由 37%降低到 15%，第二产业的比例由 35%增长到 40%，第三产业的比例由 28%增长到 45%。相比全国产业结构，云南的产业结构仍有很大的调整需求，特别是第三产业还有巨大的发展潜力。但目前云南处于工业化中期，工业仍是拉动经济发展的主力。2015 年云南第二产业增加值为 5416.12 亿元。受全球经济周期影响，第二产业产值增长率从 2010 年的 16.5%下降到 2015 年的 9.5%，但依然高于同期全国水平。近年来，云南第三产业规模不断扩大，经济贡献率持续提升，吸纳就业人数快速增加。

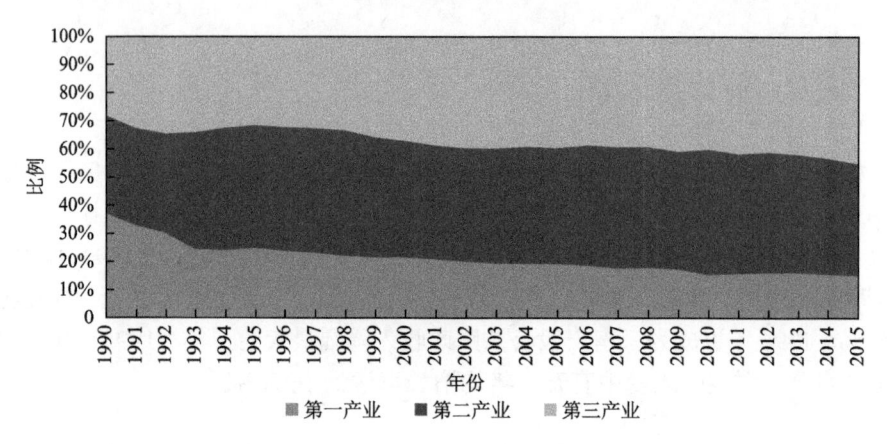

图 12-9　1990～2015 年云南三次产业结构

(二) 云南能源消耗

如图 12-10 所示，1990～2012 年云南的能源消耗总量呈递增趋势，从 1990 年的 1954 万吨标准煤上升到 2012 年的 10 434 万吨标准煤。能源消耗总量的年均增长率为 7.91%，增长率波动较大。其中，增长率最高值出现在 1997 年（23.88%），其次是 2004 年，增长率为 17.08%。1999 年和 2000 年，云南能源消耗总量增长率较低，全年能源消耗总量分别为 3288 万吨标准煤和 3207 万吨标准煤，增长率分别为–2.26%和–2.46%。

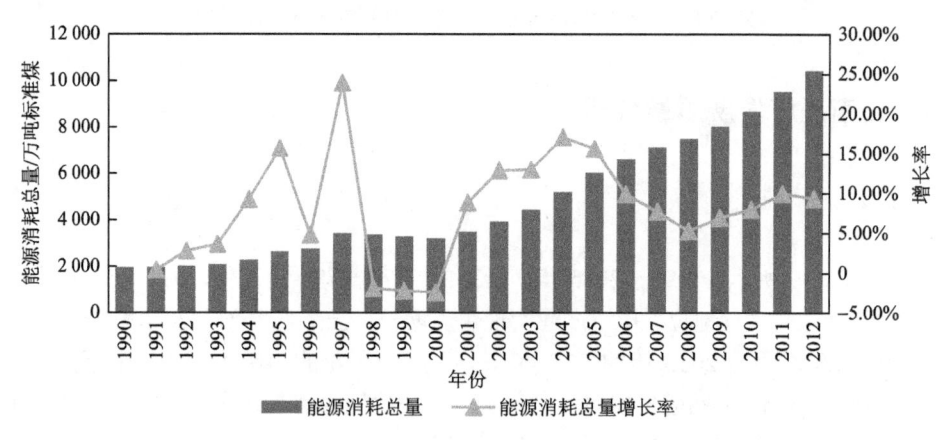

图 12-10　1990～2012 年云南能源消耗总量与增长率

(三) 云南单位地区生产总值能耗

如图 12-11 所示，2005～2011 年，随着能源利用率的提高，单位地区生产总值能耗在不断下降。2005 年云南单位地区生产总值能耗为 1.730 吨标准煤/万元，到 2011 年，单位地区生产总值能耗降低到 1.162 吨标准煤/万元，年均降幅为 6.42%，但是低于全国水平 0.89 个百分点。2010 年后，全国单位 GDP 能耗大幅下降，云南则是在 2011 年后实现单位地区生产总值能耗的大幅降低，滞后全国水平一年。

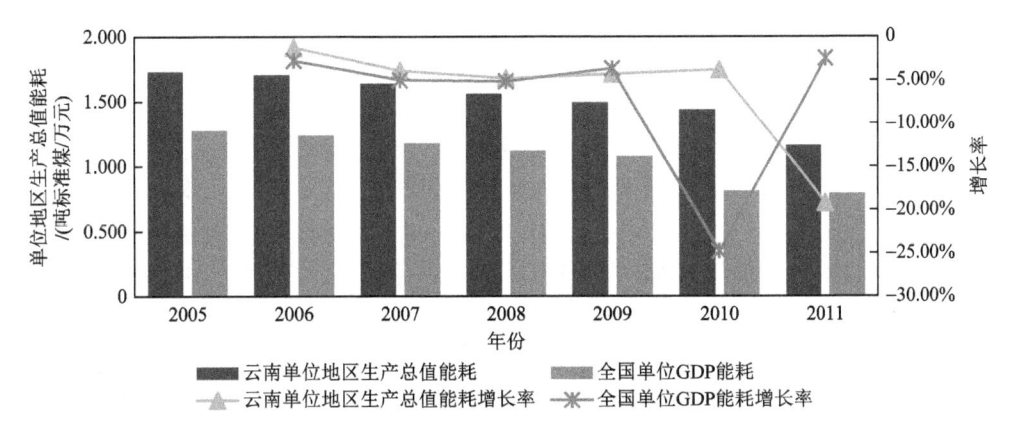

图 12-11　2005～2011 年云南单位地区生产总值能耗及增长率与全国对比

五、云南经济发展潜力分析

（一）云南教育水平

1. 云南教育经费

如图 12-12 所示，云南的教育经费呈上升趋势，从 2001 年的 1 157 531.50 万元增加到 2014 年的 9 199 396.00 万元，年均增长率为 17.29%。全国教育经费的年均增

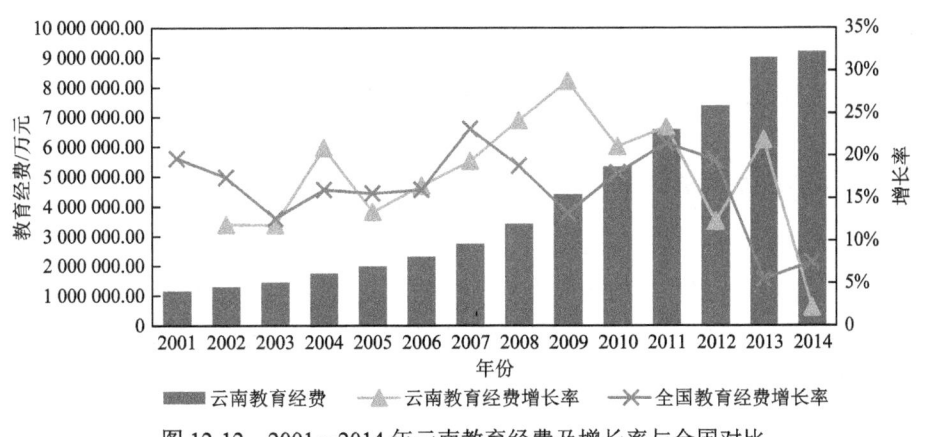

图 12-12　2001～2014 年云南教育经费及增长率与全国对比

长率为 16.64%，云南的教育经费年均增长率高于全国水平 0.65 个百分点。整体上看，2001~2015 年，云南的教育经费不断增加，但增长率波动较大。其中 2002 年，云南教育经费的增长率为 11.88%，低于全国水平，2014 年，云南教育经费增长率大幅缩水到 2.14%。

2. 云南人均教育经费

2001~2014 年，云南人均教育经费增长较快，但与全国水平仍有差距。如图 12-13 所示，2001 年，云南人均教育经费为 269.98 元，全国人均教育经费为 363.38 元。到 2014 年，云南人均教育经费达 1951.55 元，全国人均教育经费达 2398.45 元。云南人均教育经费年均增长率为 16.43%，全国人均教育经费年均增长率为 15.62%，云南人均教育经费年均增长率略高于全国水平 0.81 个百分点。其中 2014 年云南的人均教育经费增长率最低。

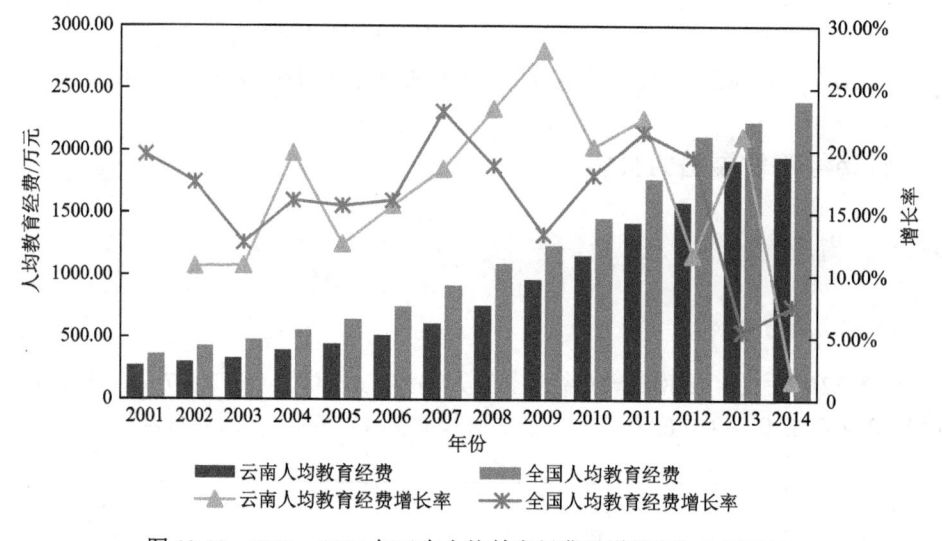

图 12-13　2001~2014 年云南人均教育经费及增长率与全国对比

3. 云南平均受教育年限

如图 12-14 所示，云南的平均受教育年限从 1991 年的 5.29 年增长到 2014 年的 7.79 年，平均受教育年限增加了 2.50 年。同期，全国的平均受教育年限从 1991 的 6.25 年增长到 2014 年的 9.04 年，平均受教育年限增加了 2.79 年。早在 1991 年，云南的平均受教育年限就低于全国平均受教育年限。

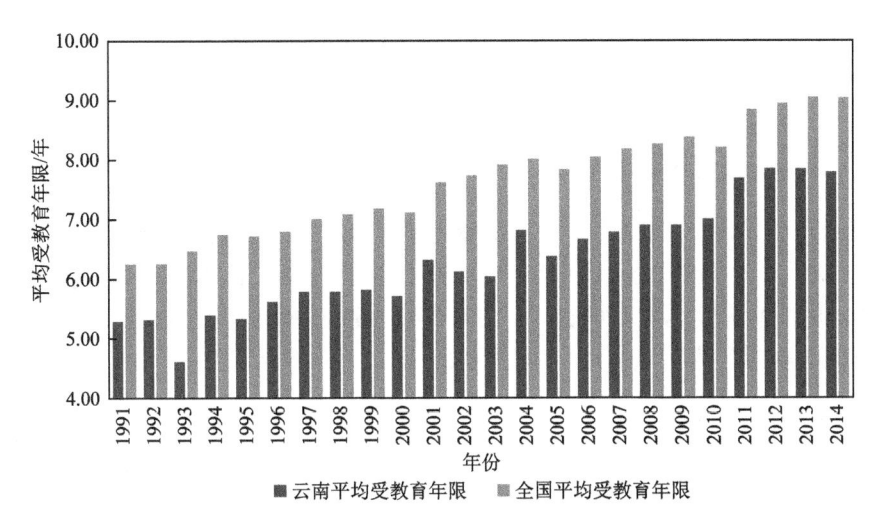

图 12-14　1991~2014 年云南平均受教育年限与全国对比

（二）云南科研水平

2009~2015 年，云南规模以上工业企业科研经费从 131 235.40 万元增长到 619 587.70 万元，年均增长率为 29.52%。如图 12-15 所示，云南规模以上工业企业的人均科研经费由 2009 年的 18.82 万元增长到 2015 年的 37.82 万元，年均增长率为 12.34%。同期，全国规模以上工业企业的人均科研经费由 2009 年的 26.10 万元增长到 2015 年的 37.96 万元，年均增长率为 6.44%。云南的规模以上工业企业的人均科研经费在 2012 年以前均低于全国水平，2012~2014 年后则高于全国水平。

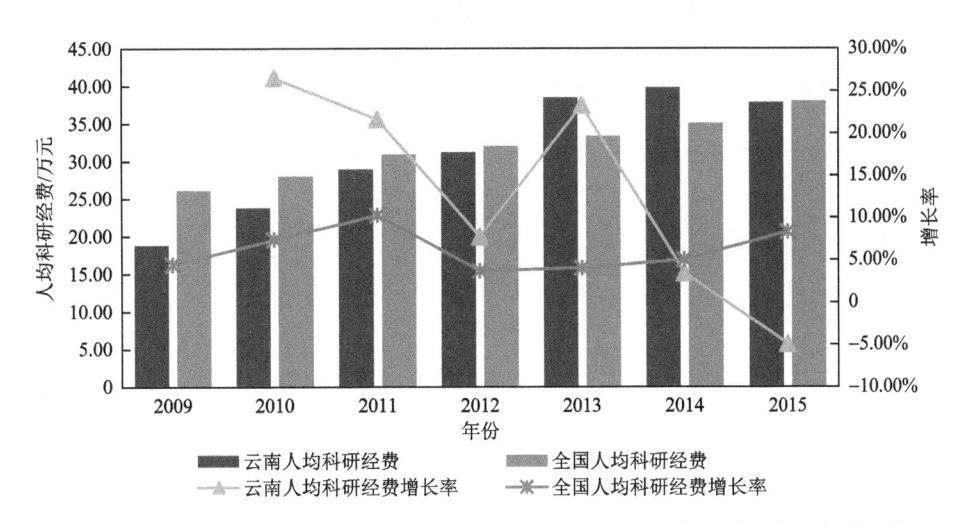

图 12-15　2009~2015 年云南规模以上工业企业人均科研经费及增长率与全国对比

（三）云南创新水平

1. 云南专利申请数量

1991～2008年云南的专利申请数量在不断上升，如图12-16所示，从1991年的544件上升到2008年的4086件，年均增长件数为208件，年均增长率为12.59%。2009年后保持着较高速度增长，从2009年的4633件增加到2015年的17 603件。其中2011年专利申请数量增长率达到26.66%。

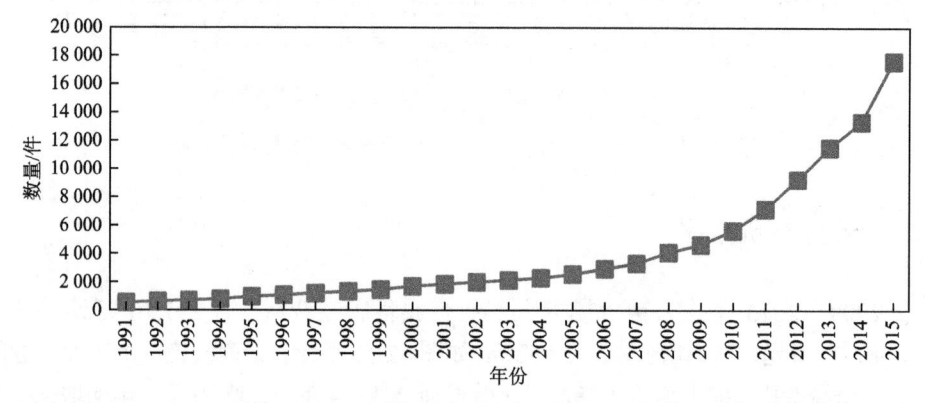

图12-16　1991～2015年云南专利申请数量

2. 云南技术市场成交额

如图12-17所示，1996～2015年，云南的技术市场成交额增长了321.77倍，从1996年的1606.00万元增加到2015年的518 364.34万元，年均增长额为27 197.81万元。其中1997年、1998年、2009年、2012年的成交额增长率较快，增长率分

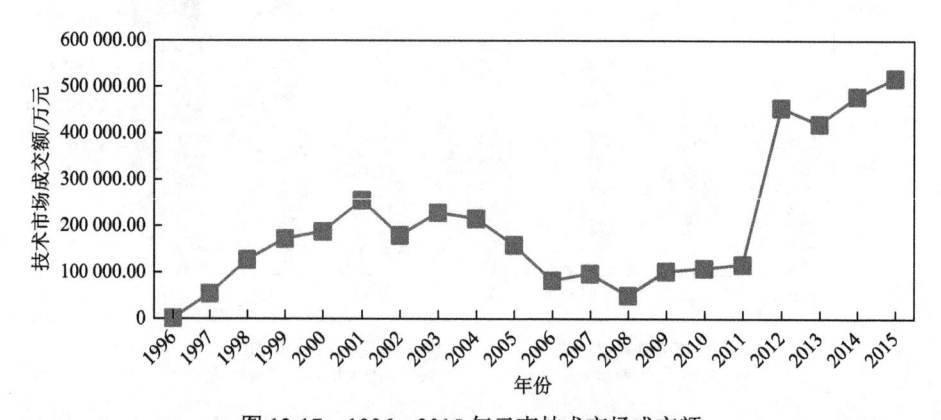

图12-17　1996～2015年云南技术市场成交额

别达到 3294.46%、133.37%、102.72%、288.22%。值得一提的是，1998 年云南技术市场成交额首次突破 100 000 万元大关。但是 1996 年、1997 年、2006 年、2007 年、2008 年的技术市场成交额均低于 100 000 万元，处于较低迷状态，分别为 1606.00 万元、54 515.00 万元、82 747.44 万元、97 496.43 万元、50 547.03 万元。

六、云南金融发展水平分析

（一）云南银行业金融机构存贷款余额

如图 12-18 所示，1991～2015 年，云南存款余额不断攀升，由 1991 年的 365.81 亿元上升至 2015 年的 25 204.56 亿元。存款余额年均增长率为 19.29%，增长率呈波浪形发展。其中，2010 年的增长率最高，达 21.22%，其次是 1995 年与 2012 年，增长率分别为 17.41% 与 17.06%。其余年份的增长率大多在 5%～15%。

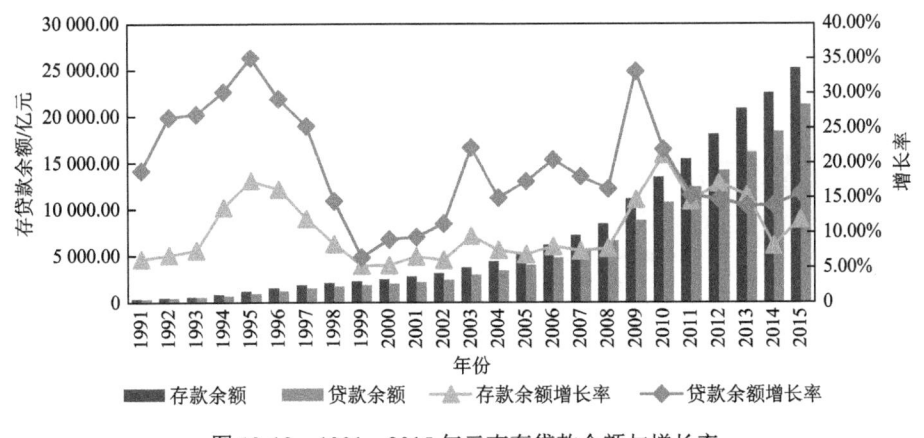

图 12-18　1991～2015 年云南存贷款余额与增长率

此外，云南贷款余额在 1991～2015 年总体上也呈现上升趋势，从 1991 年的 327.36 亿元增长到 2015 年的 21 243.17 亿元。贷款余额的年均增长率为 18.99%，但是增长率波动较大。1995 年的增长率达到最高，为 35.05%，其次是 2009 年，增长率为 33.14%，整体来看，1991～2015 年，云南存款余额与贷款余额的增长趋同，只是贷款余额增长率波动更大。

（二）云南保险保费收支

如图 12-19 所示，云南的保费收入在 1991～2015 年呈现递增趋势，从 1991 年的4.17亿元增长到2015年的434.60亿元。保费收入的年均增长率为21.36%，增长率波动不大，在1995年出现了增长最高峰，增长率为61.64%。1991~2015年，云南保险赔付额整体上也处于上升形势，从1991年的1.50亿元增至2015年的173.23亿元。整个保险赔付额的年均增长率为21.88%，但是波动较大，在1995年、2000年和2005年出现过负增长，分别为–18.43%、–7.14%和–0.72%。保险赔付额增长率的最高点出现在1992年，为77.76%，其次是2007年，增长率为65.27%。增长率在1994年达到较高值，1995年出现负数，呈现戏剧性的起伏，形成巨大落差。

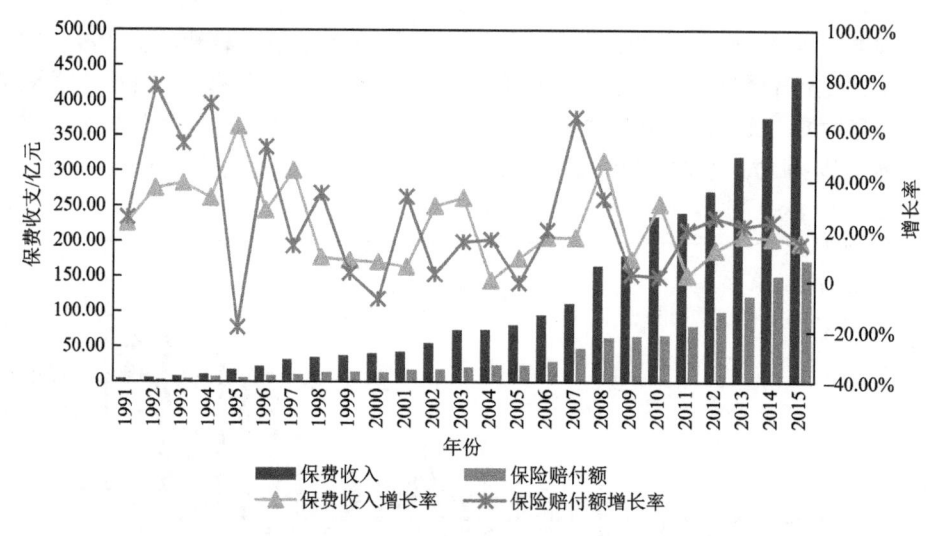

图12-19 1991~2015年云南保费收支与增长率

（三）云南上市公司规模

如表12-1所示，1993年，云南白药集团股份有限公司登陆A股，首发股本为0.8亿股，首发募集资金为0.68亿元，成为云南第一家上市公司。截至2016年，云南上市公司数量达31家，首发股本共计64.38亿股，首发募集资金为116.05亿元。其中，1999年、2000年、2004年、2007年云南各有3家公司登陆A股。2010年云南共有2家公司上市，首发股本为2.26亿股，首发募集资金为33.35亿元。

表12-1 云南上市公司情况（1993~2016年）

年份	上市公司数量	首发股本/亿股	首发募集资金/亿元
1993	1	0.80	0.68
1994	2	3.65	6.85

续表

年份	上市公司数量	首发股本/亿股	首发募集资金/亿元
1995	1	0.68	0.28
1996	2	1.98	1.69
1997	2	6.19	6.93
1998	2	7.16	11.43
1999	3	3.71	8.14
2000	3	5.61	3.97
2003	1	0.86	2.72
2004	3	3.47	8.68
2006	2	4.01	6.01
2007	3	16.89	9.34
2008	1	2.91	2.10
2010	2	2.26	33.35
2014	1	2.60	7.94
2015	1	0.67	3.55
2016	1	0.93	2.39

第十三章　重庆经济增长篇

一、重庆概况

（一）基本概况

重庆简称渝或巴，是中国著名历史文化名城。有文献记载的历史达3000多年，是巴渝文化的发祥地。重庆位处中国西南部，是四个直辖市之一，是长江上游地区经济、物流、航运的中心，也是西南地区交通的最重要枢纽、西部大开发战略的重要支点、长江经济带西部中心枢纽。南宋淳熙十六年，宋光宗赵惇先封恭王再即帝位，自诩"双重喜庆"，重庆由此而得名。1891年，重庆成为中国最早对外开埠的内陆通商口岸。1929年，重庆正式建市。在中华人民共和国成立后，重庆为中央直辖市，是中共中央西南局、西南军政委员会的驻地，也是西南地区政治、经济、文化发展的中心。1954年，西南大区撤销后重庆改为四川省辖市。改革开放后，1983年重庆成为全国第一个经济体制综合改革试点城市，实行计划单列。1997年为带动西部地区及长江上游地区经济社会发展、统一规划实施百万三峡移民，同年三月第八届全国人大五次会议批准设立重庆为直辖市。

重庆地处中国西南部、长江上游地区，位于东经105°11′～110°11′、北纬28°10′～32°13′的青藏高原与长江中下游平原的过渡地带。东邻鄂、湘两省，南靠贵州，西接四川，北连陕西；辖区东西长约470千米，南北宽约450千米，土地面积为8.24万平方千米，是北京、天津、上海三直辖市总面积的2.39倍。

重庆辖26个区、8个县、4个自治县、1个享受民族自治地方优惠政策区（黔江区）、14个民族乡，是中国唯一辖有民族自治地方的直辖市。重庆人口以汉族为主体，此外有土家族、维吾尔族、朝鲜族、彝族、傈僳族、佤族、布依族、蒙古族、白族、纳西族、羌族、哈尼族、傣族、壮族、苗族、回族、侗族、拉祜族、水族、满族、仡佬族等55个少数民族。截止到2016年，重庆市常住少数民族人口总数共193万人，其中土家族人口最多，有139.8万人，其次苗族约48万人。少数民族人口占重庆市人口的5.8%。

（二）自然资源概况

1. 土地资源

重庆地处中国西南部、长江上游地区，位于青藏高原与长江中下游平原的过渡地带，地势由南北向长江河谷逐级降低，东有巫山，南有大娄山，北有大巴山，西部和中部以丘陵、低山为主，整体坡地较多，故有"山城"之称。重庆境内山高谷深，地形地貌复杂，沟壑纵横，山地面积超过总面积的3/4，其余多为丘陵地貌，仅有2%为河谷平坝。重庆主城区海拔为168~400米。市内最高峰为巫溪县东部边缘的界梁山主峰阴条岭，海拔为2796.8米；最低为巫山县长江水面，海拔为73.1米。全市海拔相差2723.7米。其中，海拔为500米以下的面积为3.18万平方千米，占总面积的38.61%；海拔为500~800米的面积为2.09万平方千米，占总面积的25.41%；海拔为800~1200米的面积为1.68万平方千米，占总面积的20.42%；海拔为1200米以上的面积为1.28万平方千米，占总面积的15.56%。

2. 矿产资源

重庆市是全国大型城市中矿产资源最丰富的地区之一。截至2014年，重庆共发现矿产68种，查明资源储量矿产共44种，约占世界已知矿种的27%，其中储量排全国前十的矿产资源达14种，已开发矿产地共有415处，涵盖黑色金属、有色金属、能源矿产、化工原料非金属、稀有金属、贵金属、冶金辅助原料、稀散元素、建筑材料及其他非金属矿产等矿种。其中优势矿产有天然气、粉石英、锰矿、水泥用灰岩、石膏、地热、盐矿、汞矿等。

3. 水能资源

重庆地区水资源总量为4624.42亿平方米，每平方千米水面积居全国第一，重庆地区河流众多，水资源丰富，入境河流包括长江、嘉陵江、乌江等36条，年总径流量达3981.32亿平方米。水能资源理论蕴藏量为1438.28万千瓦，可开发量为750万千瓦，全市每平方千米拥有可开发水电总装机容量是全国水平的3倍，此外，重庆还拥有丰富的地下水资源，开发潜力巨大。

4. 旅游资源

重庆不仅景色优美，拥有山、水、林、泉、瀑、峡、洞等自然景色，也是一座历史悠久的城市，共有自然景观、人文历史景点300余处，重庆市内的大足石刻列入世界文化遗产，武隆、南川金佛山分别列入世界自然遗产。重庆还拥有6个国家重点风景名胜区、24个国家森林公园、6个国家地质公园、4个国际级自然保护区、20余个国家重点文物保护单位。截至2016年12月31日，重庆市共有214个A级景区，其中5A级7个，4A级76个，3A级80个，2A级49个，1A级2个。2017年新增5A级景区：云阳龙缸景区。2016年，重庆市接待境内外游客4.5亿人次，实现旅游总收入2645.21亿元，分别同比增长15.1%和17.5%。

二、重庆经济发展特色

2016 年,重庆地区生产总值达 1.76 万亿元,增长率达 10.7%,增长率全国排名第一,发展劲头非常强势。在党的领导下,全市坚定不移地推进经济建设,积极推进供给侧结构改革,强化科技创新和推进工业结构升级,居民生活水平不断提高。这些瞩目的成就离不开两江新区、成渝经济区、长江经济带等国家性战略方针的确立与建设。与此同时,也离不开重庆人民因地制宜,实事求是,坚持发展特色优势产业的努力。三次产业结构由 2015 年的 7.3∶45.0∶47.7 调整为 2016 年的 7.4∶44.2∶48.4,第三产业比例持续增加,现代经济的结构性特征日益明显。目前,汽车产业、电子信息产业、装备制造业依然是重庆经济可持续发展的重要推动力。

(一)重庆特色产业

1. 重庆汽车产业

汽车产业为重庆市第一大支柱性产业。2016 年重庆共生产汽车 315.6 万量,较上年增长 3.4%,突破 300 万量大关,汽车产量排名全国第一。全市汽车生产总值达 5400 亿元,较 2015 年增长 12.7%,对全市工业产值增加值贡献率达 55%。

重庆目前已成为全国最大的汽车生产基地,拥有重庆长安汽车股份有限公司、现代汽车公司等 14 家整车生产企业,汽车产业集群效应非常明显。重庆长安汽车股份有限公司(简称长安汽车)为重庆汽车产业龙头,2016 年收入达到 785.6 亿元,占全国市场份额的 10.9%,保持中国汽车行业第四的地位,带动重庆汽车产业集群强势发展。长安汽车坚持以中国市场为主体,积极、稳健开拓海外市场,加快长安汽车从传统制造企业向现代制造服务型企业转型发展。此外,重庆本土同时拥有 1000 家汽车零配件配套厂商的汽车产业集群,重庆汽车零部件本地化配套率达到 80%,总共拥有 400 多家高品质一线汽车零配件生产企业,1500 多家二三线汽车零部件配套企业。

2. 重庆电子信息产业

作为全市第二大支柱性产业,2016 年,重庆市电子信息产业总产值达到 4998.7 亿元,较 2015 年增长 17.7%,成为重庆经济的第一增长动力。电子信息产业属于知识密集型和技术密集型产业,以重庆大学、西南大学等本地优秀科研院校的人才作为保障,依托于重庆市政府高度的支持和税收优惠政策,近年来迅猛发展,促进重庆当地和外来人口充分就业,为重庆经济发展做出卓越而深远的贡献。

重庆是国家重要的电子信息产业基地,电子信息产业是重庆市"6+1"工业体系之一,着重实施"云端计划",目标是建成亚洲最大的云计算产业基地、全球最大的智能终端制造基地。近年来,惠普、华硕、富士康已经陆续到重庆布点进行电子信息产品的生产。重庆市已经形成了"3+6+3"电子信息产业结构体系,重庆共有五大电子信息产业园区,分别是西永微电子园、金凤电子信息产业园、两江新区电子信息产业园、重庆国际电子商务产业园和正威电子信息产业园。各园区分工明确,层次清晰、布局合理,形成了全国最大的电子信息产业集群。

3. 重庆制造业

重庆作为国家老工业基地之一,2016年全市规模以上工业产值为2.4万亿元,较上年增长10.2%,增长率高于全国水平。规模以上制造业占规模以上工业的比例逐年提高,经济规模快速壮大。重庆近年来重点发展汽摩、电子、成套装备、化工、材料等产业。"十二五"时期,工业对全市地区生产总值增长贡献率约为40%。重庆市在"十三五"期间提出要建设成为国家重要现代制造业基地的目标。预计到2020年,重庆制造业规模迈上新台阶,工业总产值将达到4万亿元,战略性新兴产业增加值占工业增加值比例提高至30%,预计2025年建成国家重要现代制造业基地。

(二)重庆重大发展战略

1. 重庆"一圈两翼"战略

2001年,重庆提出建设三大经济区,分别是都市发达经济圈、三峡库区生态经济区和渝西经济走廊,然而6年之后,重庆发展格局产生变动。为了进一步满足成渝经济合作的需要,以及进一步发挥重庆作为长江上游经济带中心城市的作用,重庆市提出了建设"一圈两翼"的发展方向。以主城区为核心,以大约一小时通勤距离城市经济区为半径的"一圈",同时建设以万州为中心的三峡库区城镇群和以黔江为中心的渝东南城镇群的"两翼"。"两翼"相对于主城区较为落后,但由于该地区是三峡库区又是少数民族聚居区,目前已经获得了重庆市政府和中央政府的大力扶持,将优先建设铁路、高速公路等基础设施。

2. 重庆五大功能区

2013年9月,在"一圈两翼"的发展战略背景下,综合考虑重庆市人口、经济、社会、文化、生态等各个方面因素,重庆被划分为都市功能核心区、都市功能拓展区、城市发展新区、渝东北生态涵养发展区、渝东南生态保护发展区共五个功能区域。首先，五大功能区中的都市功能核心区、城市发展新区和都市功能拓展区是重庆经济发展的核心区域，起到了强化原来的"一圈"的战略作用。其次，渝东北生态涵养发展区和渝东南生态保护发展区也是重庆市重点打造的发展地区，是重庆全面建成小康社会的重点和难点。重庆市根据本市各区具体情况，通力合作，加快各功能区协调发展。

3. 重庆两江新区

重庆两江新区地处中国内陆，位居长江上游，是继上海浦东新区、天津滨海新区之后，中央设立的第三个国家级新区。重庆两江新区的设立是新时期国家区域经济发展战略转型的开端，两江新区的设立标志着中国经济发展战略由外需主导转向内需主导，是未来十年西部大开发的新航标。重庆两江新区地处中西部交通交汇枢纽，坐拥长江上游最大的港口——重庆港，利用其明显的区位优势，依托广大的中西部消费市场，将重点发展现代制造业和现代服务业，着力打造出一个长江上游地区的金融、创新中心。国家对两江新区有五大定位：一是统筹城乡综合配套改革试验的先行区；二是内陆重要的先进制造业和现代服务业基地；三是长江上游地区的金融中心和创新中心；四是内陆地区对外开放的重要门户；五是科学发展的示范窗口。

4. 成渝经济区

成渝经济区是我国六大都市经济区之一，人口与产业集聚基础优势明显，是引领西部地区加速发展、提升西部地区开放水平、平衡东西部地区发展、增强综合国力的重要支撑，是我国新一轮区域结构调整和经济总量扩张的主要承载区域，在我国经济社会发展，特别是西部地区经济发展中具有重要的战略地位。成渝经济区肩负着引领西部地区整体发展的重任，是推进我国区域结构调整的主导力量，对于我国区域经济空间结构调整具有重要的引领作用。成渝经济区功能定位为"一极五基地一屏障"，即国家新经济增长极、高新技术产业基地、重大装备制造业基地、国防科技产业基地、全国重要能源基地、特色农牧业产品生产及深加工基地、长江上游生态屏障。作为国家经济发展和人口集聚的重点开发区，成渝经济区着力城镇化发展，做强区域性中心城市，助力重庆、成都优化核心城市功能；推进信息基础设施建设，完善运输交通体系，强化基础设施对经济发展的支撑能力；提升科技创新能力，增强要素集聚功能和辐射带动作用，同时提高对外开放水平，成为全国重要的经济增长极。

三、重庆经济发展基本概况[①]

（一）重庆地区生产总值及人均地区生产总值概况

1. 重庆地区生产总值

由图 13-1 可以得知，1990～2015 年，重庆地区生产总值一直处于增长态势，地区生产总值年均增长率为 17.16%，2001 年以后，重庆地区生产总值增长率领跑全国。但是这 26 年间的地区生产总值增长率变动较大，1990～1997 年为重庆地区生产总值增长率较高的年份。但 1999 年却迎来一个低潮期。2002 年重庆地区生产总值又开始加速增长。到 2007 年，重庆地区生产总值增长率有了跨越式提升，达到了 20.66% 的水平，2008～2015 年，重庆地区生产总值增长率一直保持在 10% 以上。根据历史数据，可以把这 26 年分成两个阶段。第一阶段为 1990～1999 年，第二阶段为 2000～2015 年。

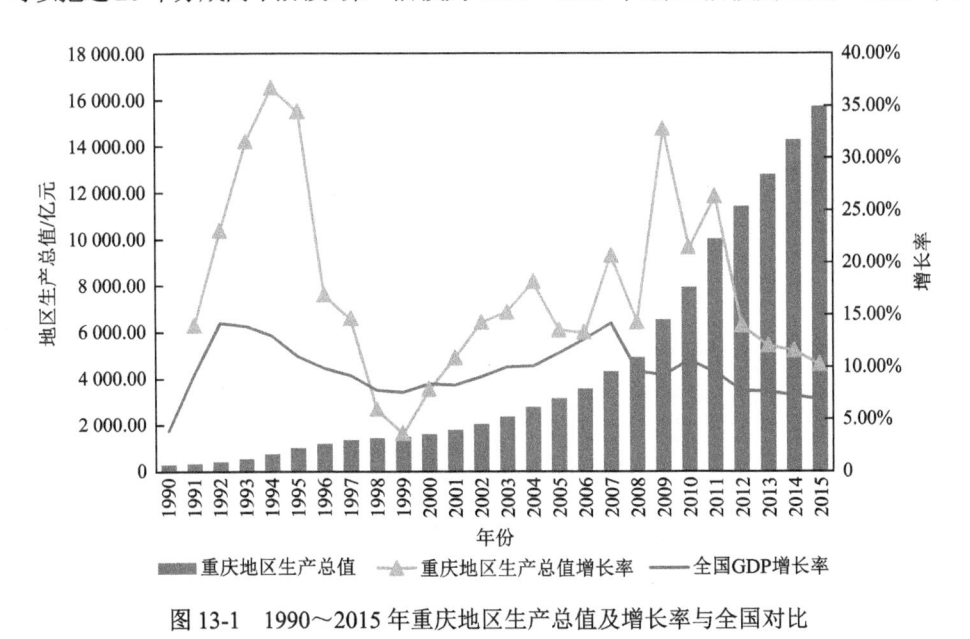

图 13-1 1990～2015 年重庆地区生产总值及增长率与全国对比

第一阶段（1990～1999 年）：从图 13-1 可以看出，1990～1999 年，重庆地区生产总值从 299.82 亿元增长到 1491.99 亿元，按当年价格计算，地区生产总值增长了 3.98 倍。该时期重庆地区生产总值增长最快的年份是 1994 年（36.69%），最慢的年份为 1999 年，仅增长 3.57%。

[①] 资料来源：《中国统计年鉴》（1990～2016 年）、《重庆统计年鉴》（1990～2016 年）

第二阶段（2000~2015 年）：进入 21 世纪，重庆地区生产总值增长十分迅速，增长率高但变动也较大。从图 13-1 可以看出，这一阶段重庆地区生产总值增长较第一阶段在质和量上都有了显著提高。2004 年地区生产总值达到 2773.58 亿元，比上年增长 18.07%，2004~2015 年，重庆地区生产总值年均增长率达到 17.34%，2004~2015 年，重庆地区生产总值连续 12 年保持 10%以上的增长率。到 2011 年，重庆地区生产总值达到 10 011.37 亿元，成功突破了万亿元大关，加入万亿元地区生产总值省区市行列。2015 年重庆地区生产总值达到 15 717.27 亿元，增长率为 10.20%，高于全国 GDP 增长率 3.30 个百分点。

2. 重庆人均地区生产总值

人均地区生产总值方面，由图 13-2 可以看出，1990~2015 年重庆的人均地区生产总值增长率走势与全国人均 GDP 增长率走势基本呈正相关，随着全国人均 GDP 增长率的提高而提高，随着全国人均 GDP 增长率的下降而下降。1990~2015 年重庆人均地区生产总值年均增长率达到 17.08%，高于同期全国水平 2.45 个百分点。2015 年重庆人均地区生产总值达到 52 321 元，增长率达 9.34%。

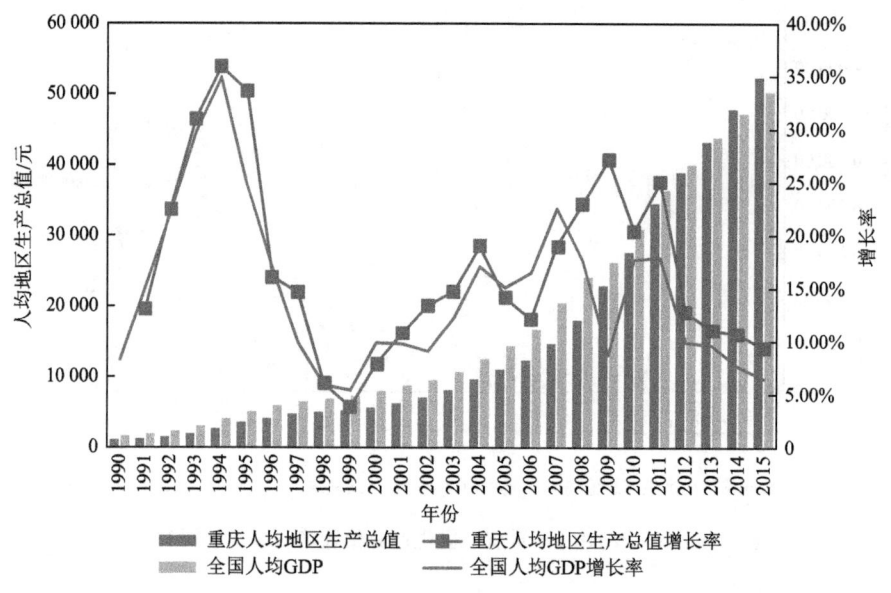

图 13-2　1990~2015 年重庆人均地区生产总值及增长率与全国对比

第一阶段（1990~1999 年）：重庆人均地区生产总值在 1990~1995 年增长迅速，从 1080 元增加到 3557 元，年均增长率达 18.07%，但是 1998~1999 年人均地区生产总值增长率较低。此外，1999 年人均地区生产总值为 5207 元，较上年增加 3.81%，增长率为 10 年内最低。

第二阶段（2000～2015年）：此期间，重庆人均地区生产总值年均增长率达15.65%，高于全国水平2.67个百分点。其中2008年、2009年、2011年人均地区生产总值增长率分别达到22.95%、27.16%、25.02%。2011年人均地区生产总值突破30 000元大关，达到34 500元。

（二）重庆全社会固定资产投资

如图13-3所示，1990～2015年重庆的全社会固定资产投资额增长率经历了较大的波动，1990年全社会固定资产投资额为69.31亿元，2015年全社会固定资产投资额达到14 353.20亿元，1990～2000年，重庆全社会固定资产投资额年均增长率达到25.65%，1993年的增长率更是达到45.75%。但1996～1997年增长率较低。其中1997年全社会固定资产投资额为370.95亿元，较前一年增长15.66%。2001～2010年，重庆全社会固定资产投资额增长率连续10年超过20%。

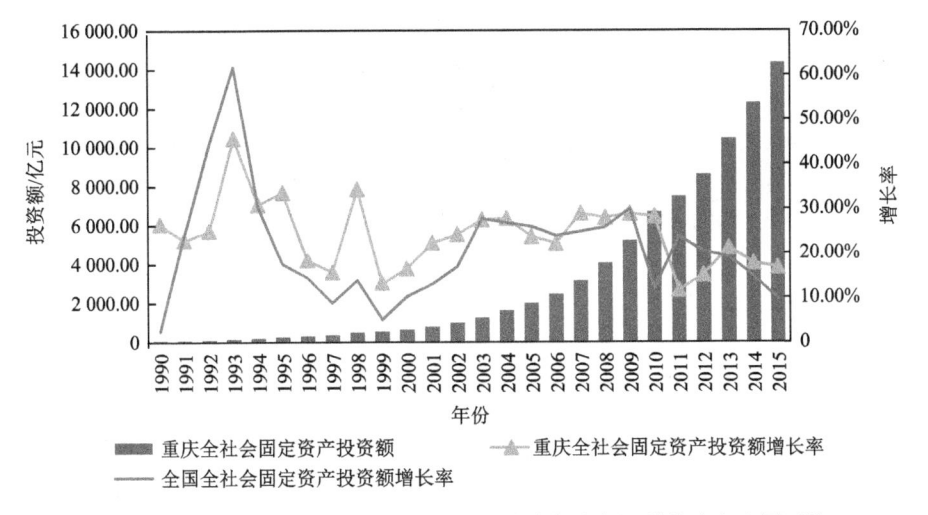

图13-3　1990～2015年重庆全社会固定资产投资额及增长率与全国对比

（三）重庆城镇居民人均可支配收入

如图13-4所示，城镇居民人均可支配收入是衡量国民生活质量、经济发达程度的重要的指标。1990～2015年重庆的城镇居民人均可支配收入总体呈上升态势，从1990年的1691.13元增长到2015年的27 238.80元，年均增长率为11.76%。虽然重庆城镇居民人均可支配收入增长较快，但是增长率波动较大。重庆城镇居民人均可支配收入增长率最高的两年是1994年和1993年，人均可支配收入分别达到 3634.33 元和 2780.62 元，增长率分别为 30.70%和 26.66%，创下改革开放以来重庆城镇居民人均可支配收入增长率的最高纪录。1997 年重庆城镇居民人均可支配收入为 5302.05 元，较上一年增长 5.56%，并且连续 5 年处于低增长状态。2002 年后，重庆地区生产总值增长率大幅度提高，城镇居民人均可支配收入也开始进入高增长通道，2005 年，重庆城镇居民人均可支配收入成功突破 10 000 元大关，达到 10 243.99 元，较前一年增长 11.09%。2008 年后，经济增长趋于平缓，到 2015 年，重庆城镇居民人均可支配收入达 27 238.80 元，此期间，年均增长率回归到 9.10%的水平。

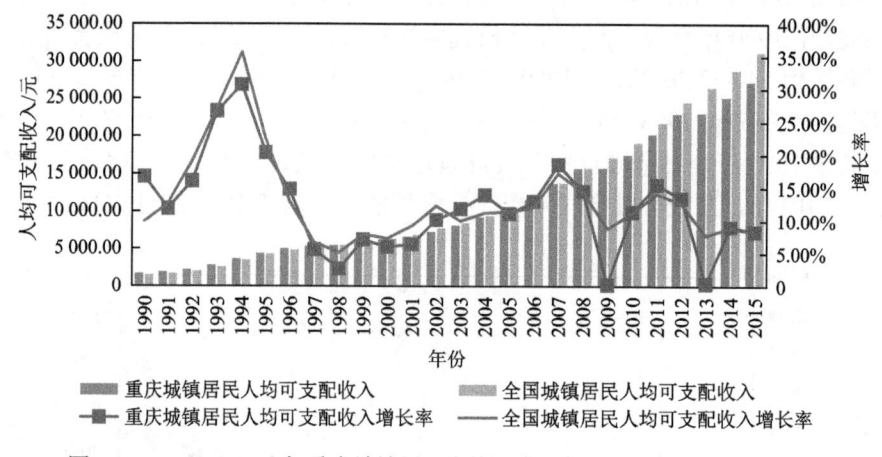

图 13-4　1990~2015 年重庆城镇居民人均可支配收入及增长率与全国对比

（四）重庆消费水平

1. 重庆全社会消费总额

如图 13-5 所示，1996~2015 年，重庆全社会消费总额呈上升趋势，其增长率与全国增长率趋势基本保持一致，从 1996 年的 445.50 亿元上升到 2015 年的 6424.00 亿元，年均增长率达到 15.08%，高于全国水平 1.77 个百分点。2005 年重庆全社会消费总额猛增到 1227.80 亿元，增长率达到 28.57%。2005~2015 年，重庆的全社会消费总额保持高速增长，年均增长率达到 19.03%，高于全国水平 3.11 个百分点。

2. 重庆人均消费

1）重庆城镇居民人均消费

如图 13-6 所示，2002 年重庆城镇居民人均消费支出为 6360.20 元，到 2015 年，重庆城镇居民人均消费支出达到 19 742.29 元，年均增长率为 9.10%。同期全国城镇居民人均消费支出从 2002 年的 6029.90 元增长到 2015 年的 21 392.36 元，年

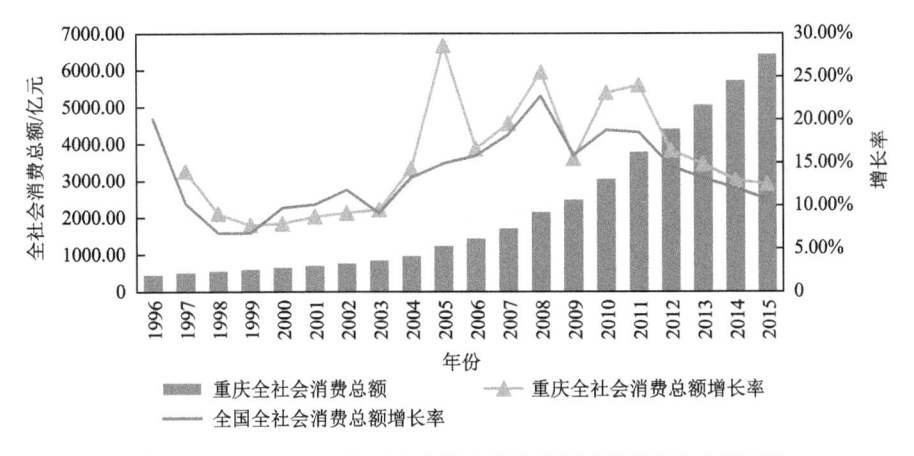

图 13-5　1996~2015 年重庆全社会消费总额及增长率与全国对比

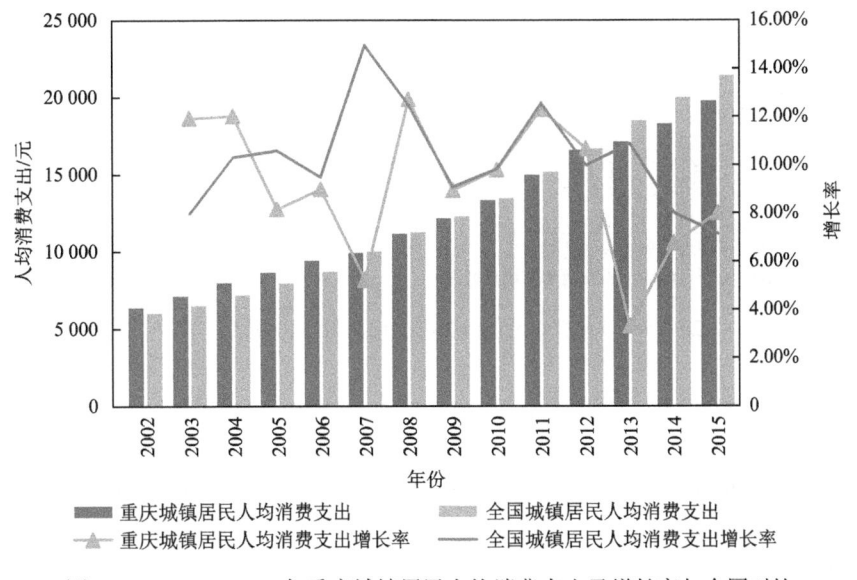

图 13-6　2002~2015 年重庆城镇居民人均消费支出及增长率与全国对比

均增长率为 10.23%，重庆落后全国水平 1.13 个百分点。2007 年和 2013 年，重庆城镇居民人均消费支出增长率出现较大的下滑，增长率分别为 5.23%和 3.32%。2011 年和 2012 年，重庆城镇居民人均消费支出分别达到 14 974.50 元和 16 573.10 元，增长率分别为 12.29%和 10.68%，基本和同期全国水平持平。

2）重庆农村居民人均消费

如图 13-7 所示，相较于城镇居民人均消费水平，农村居民人均消费水平依然处于较低发展阶段。2002 年重庆农村居民人均消费支出为 1497.70 元，2015 年重庆农村居民人均消费支出为 8937.71 元，年均增长率为 14.73%。同期，全国农村居民人均消费支出从 2002 年的 1834.30 元增加到 2015 年的 9222.59 元，年均增长率为 13.23%。重庆农村居民人均消费支出的年均增长率略高于全国水平。绝大多数年份，重庆农村居民人均消费支出的增长率略高于全国水平，仅有 2003 年、2005 年、2006 年、2009 年、2012 年低于全国水平。

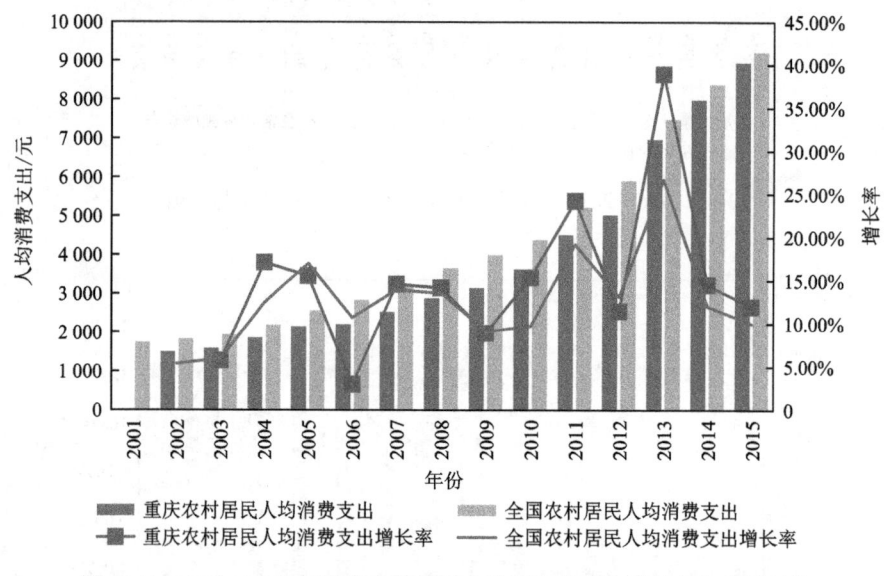

图 13-7　2001~2015 年重庆农村居民人均消费支出及增长率与全国对比

（五）重庆一般公共财政收入

如图 13-8 所示，1990~2015 年，重庆一般公共财政收入由 25.61 亿元增长到 2154.83 亿元，年均增长率达 19.40%，其中 1991 年，重庆一般公共财政收入为 38.52 亿元，较前一年增长 50.40%，创下 2000 年前最高增长率纪录。1993 年的增长率较大，1994 年重庆一般公共财政收入下降到 36.63 亿元，增长率达到-37.34%，也成为重庆一般公共财政收入历史上降幅最大的一年。1995~2015 年，除 1997 年、1999 年和 2013 年，重庆一般公共财政收入均保持 10% 以上的增长率。

四、重庆经济发展质量分析

（一）重庆产业结构

如图 13-9 所示，1990~2015 年，重庆的经济结构持续优化，第一产业占比快

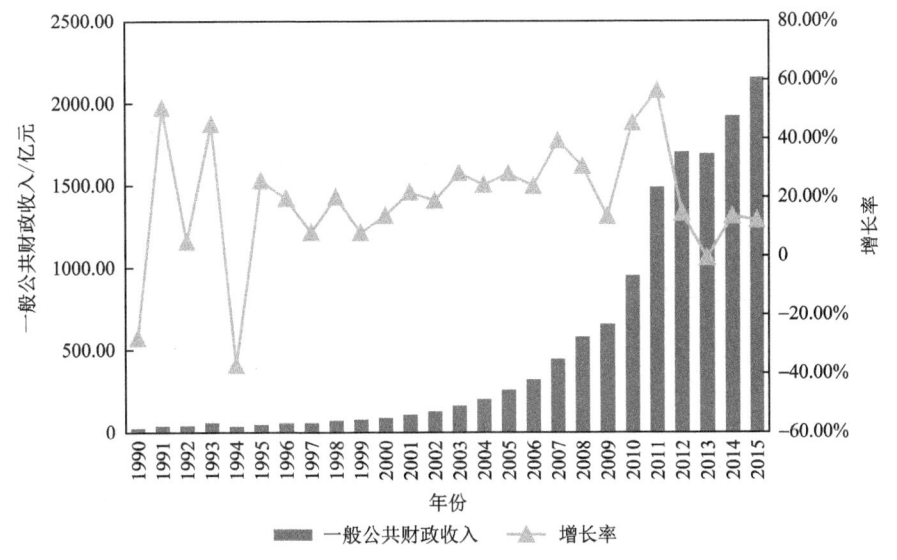

图 13-8　1990~2015 年重庆一般公共财政收入与增长率

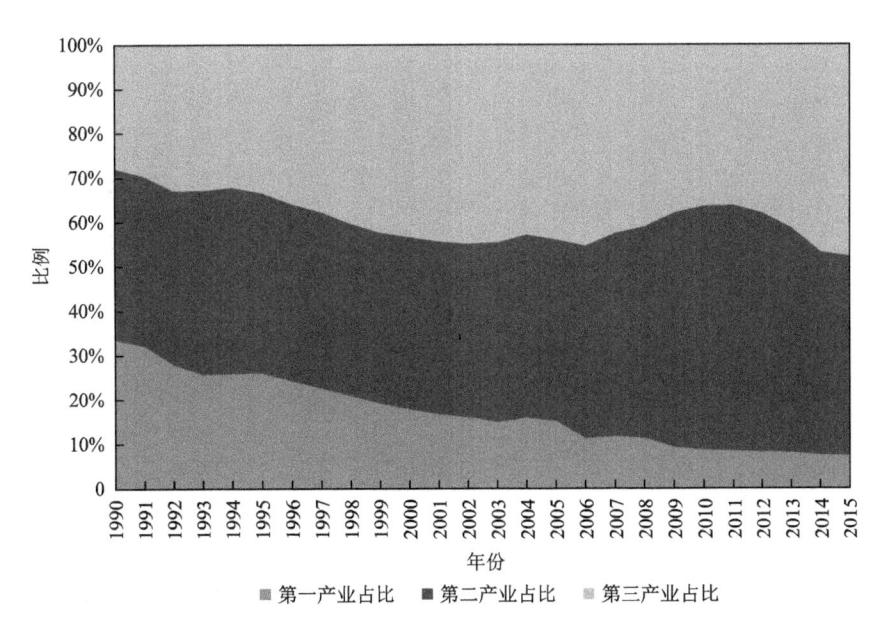

图 13-9　1990~2015 年重庆三次产业结构

速下降，第二产业占主导地位，第三产业实现快速增长。重庆三次产业结构由 1990 年的 33∶39∶28 调整为 2015 年的 7∶45∶48，第一产业的比例由 33%降低到 7%，比例快速下降，第二产业的比例由 39%增长到 45%，第三产业的比例由 28%增长到 48%。相比于全国，重庆的产业结构仍有很大的调整需求，尤其是第三产业还有巨大的发展潜力，因为第三产业所占的比例还没有超过 50%。

（二）重庆能源消耗

如图 13-10 所示，1997～2000 年重庆的能源消耗总量呈递增趋势，但在 2001 年和 2003 年出现了下降。重庆能源消耗总量从 1997 年的 2656 万吨标准煤上升到 2012 年的 9278 万吨标准煤。能源消耗总量的年均增长率为 8.70%，增长波动比较大。其中，增长率最高值出现在 2005 年，为 34.69%，其次是 1998 年与 2004 年，增长率分别为 23.38% 与 19.58%。2001 年，重庆能源消耗总量出现大幅下滑，全年能源消耗总量为 3016 万吨标准煤，降幅为 25.03%。

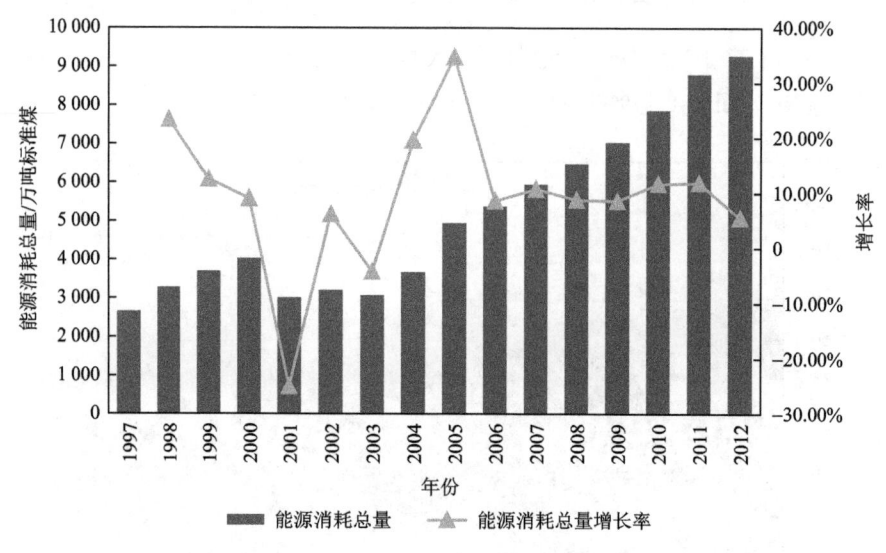

图 13-10　1997～2012 年重庆能源消耗总量与增长率

（三）重庆单位地区生产总值能耗

如图 13-11 所示，2005～2011 年，能源利用率不断提高，单位地区生产总值能耗在不断下降。2005 年重庆单位地区生产总值能耗为 1.420 吨标准煤/万元，到 2011 年，单位地区生产总值能耗降低到 0.950 吨标准煤/万元，年均降幅为 6.48%，但是低于全国水平 0.83 个百分点。2010 年后，全国单位 GDP 能耗大幅下降，重庆则是在 2011 年后实现单位地区生产总值能耗的大幅降低，滞后全国水平一年。

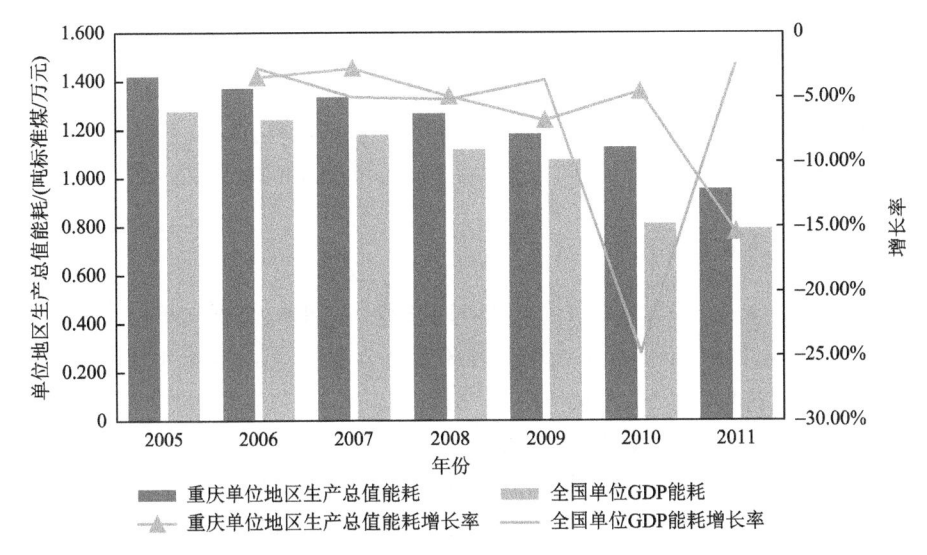

图 13-11　2005～2011 年重庆单位地区生产总值能耗及增长率与全国对比

五、重庆经济发展潜力分析

（一）重庆教育水平

1. 重庆教育经费

如图 13-12 所示，重庆的教育经费大致呈上升趋势，从 2000 年的 698 720.60 万元

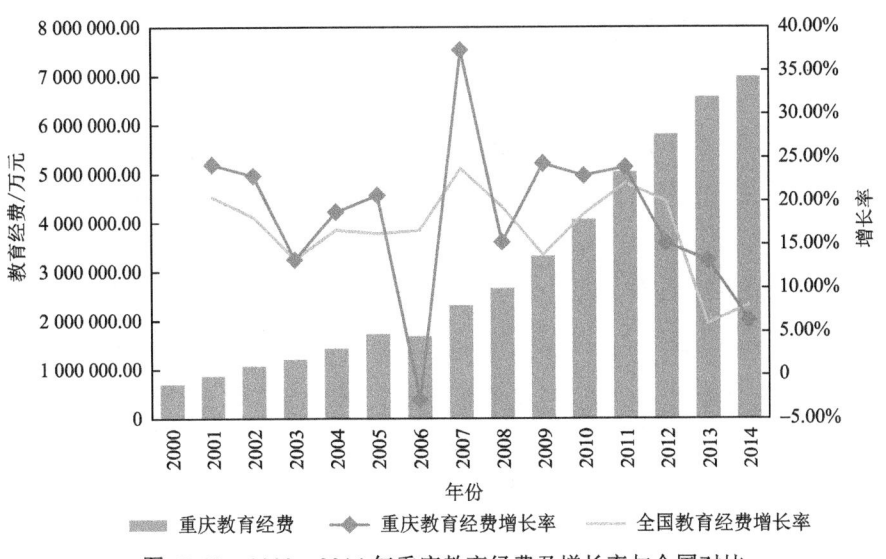

图 13-12　2000～2014 年重庆教育经费及增长率与全国对比

增加到 2014 年的 6 979 973.00 万元，年均增长率为 17.87%。全国教育经费的年均增长率为 16.64%，重庆的教育经费年均增长率高于全国水平 1.23 个百分点。整体上看，2000～2014 年，重庆的教育经费不断增加，但增长率波动较大。其中 2006 年和 2014 年重庆教育经费的增长率分别为–2.86%和 6.31%，远低于年均增长率。

2. 重庆人均教育经费

2000～2014 年，重庆人均教育经费增长较快，但与全国水平仍有差距。如图 13-13 所示，2000 年，重庆人均教育经费为 239.21 元，全国人均教育经费为 303.69 元。到 2014 年，重庆人均教育经费达 2498.81 元，全国人均教育经费达 2398.45 元。重庆人均教育经费年均增长率为 18.24%，全国人均教育经费年均增长率为 15.91%，重庆的年均水平略高于全国水平 2.33 个百分点。其中 2006 年、2014 年重庆的人均教育经费增长率较小，分别为 1.42%和 6.69%。

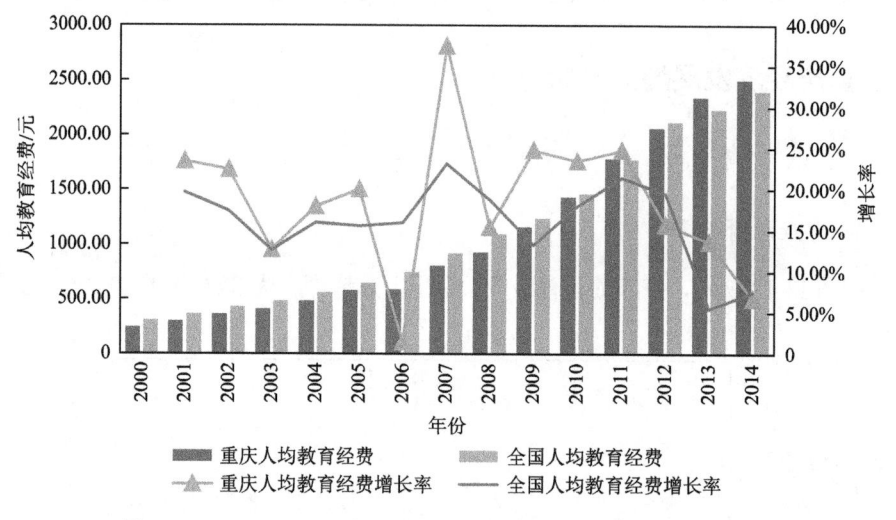

图 13-13　2000～2014 年重庆人均教育经费及增长率与全国对比

3. 重庆平均受教育年限

如图 13-14 所示，1991～2014 年重庆平均受教育年限均低于全国水平。重庆的平均受教育年限从 1991 年的 6.10 年增长到 2014 年的 8.96 年，平均受教育年限增加了 2.86 年。同期，全国的平均受教育年限从 1991 的 6.25 年增长到 2014 年的 9.04 年，平均受教育年限增加了 2.79 年。

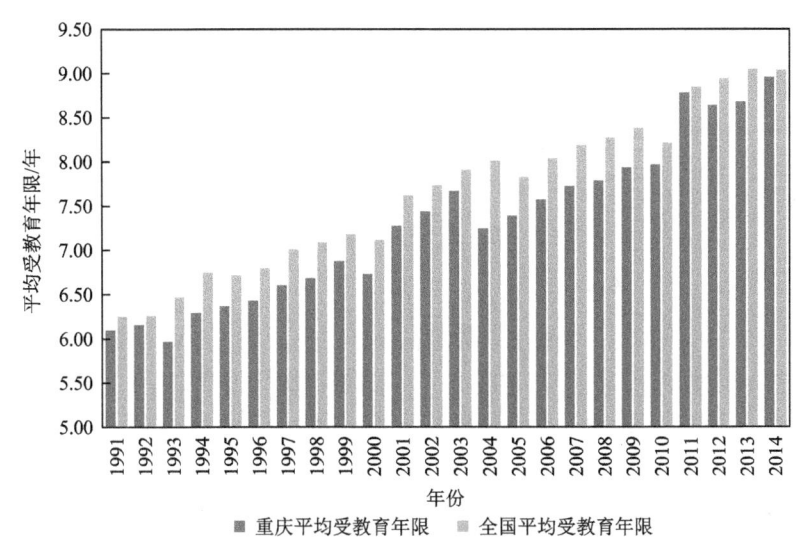

图 13-14　1991～2014 年重庆平均受教育年限与全国对比

（二）重庆科研水平

2008～2015 年，重庆规模以上工业企业科研人员从 20 872 人增加到 45 129 人，科研经费从 439 451.20 万元增长到 1 996 609.00 万元。如图 13-15 所示，重庆规

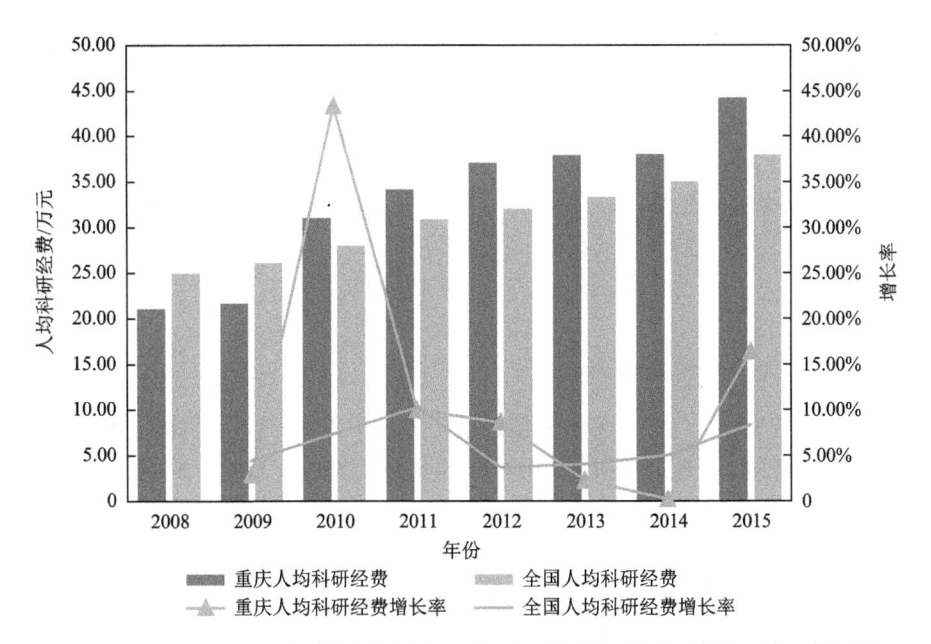

图 13-15　2008～2015 年重庆规模以上工业企业人均科研经费及增长率与全国对比

模以上工业企业的人均科研经费由2008年的21.05万元增长到2015年的44.24万元，年均增长率为11.19%。同期，全国规模以上工业企业的人均科研经费由2008年的24.98万元增长到2015年的37.96万元，年均增长率为6.16%。

（三）重庆创新水平

1. 重庆专利申请数量

1997~2015年重庆的专利申请数量在不断上升，如图13-16所示，从1990年的952件上升到2015年的82 791件，年均增长件数为3274件，年均增长率为19.56%，创新能力不断增强。其中1997~2008年，重庆专利申请数量每年都在稳步提升，年均增长件数达到670件。但从2009年开始，重庆专利申请数量出现巨幅增长，2009~2015年，年均增长件数为10 638件。

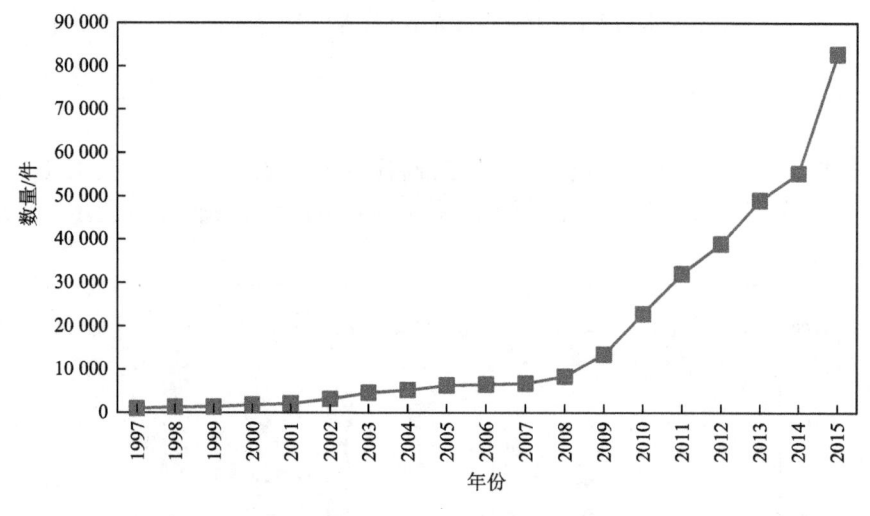

图13-16　1997~2015年重庆专利申请数量

2. 重庆技术市场成交额

如图13-17所示，1997~2015年，重庆的技术市场成交额增长幅度较大，从1997年的60 628.00万元增加到2014年的1 562 006.81万元，2015年又回落到572 366.31万元。1997~2015年年均增长额为28 429.91万元。其中2010年、2013年、2014年的成交额增长率高，成交额分别达到794 409.80万元、902 760.29万元、1 562 006.81万元，此外，2014年重庆技术市场成交额首次突破1 500 000万元大关。但是1997年和1998年的技术市场成交额均低于100 000万元，处于较低迷状态，分别为60 628.00万元和92 951.00万元。

第十三章 重庆经济增长篇

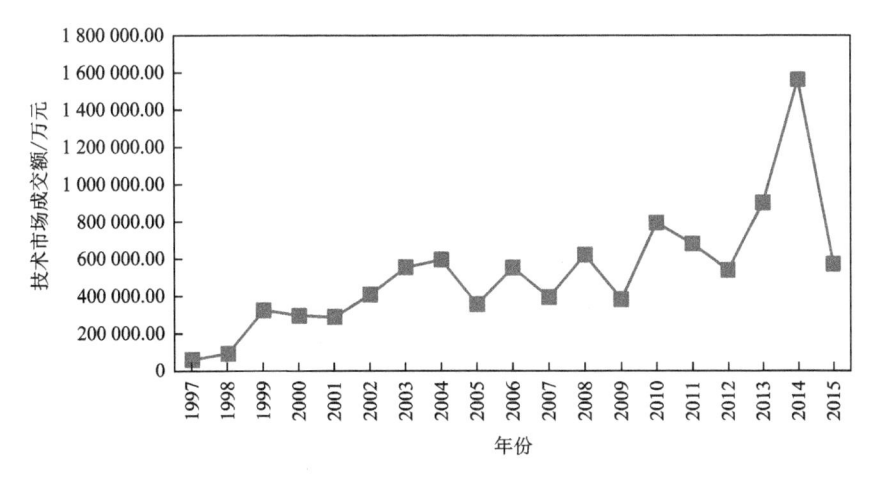

图 13-17 1997~2015 年重庆技术市场成交额

六、重庆金融发展水平分析

（一）重庆银行业金融机构存贷款余额

如图 13-18 所示，1990~2015 年，重庆存款余额不断攀升，由 1990 年的 198.00 亿元上升至 2015 年的 28 778.80 亿元。存款余额年均增长率为 22.04%，增长率呈波浪形发展。其中，2009 年的增长率最高，达 38.18%，其次是 1994 年

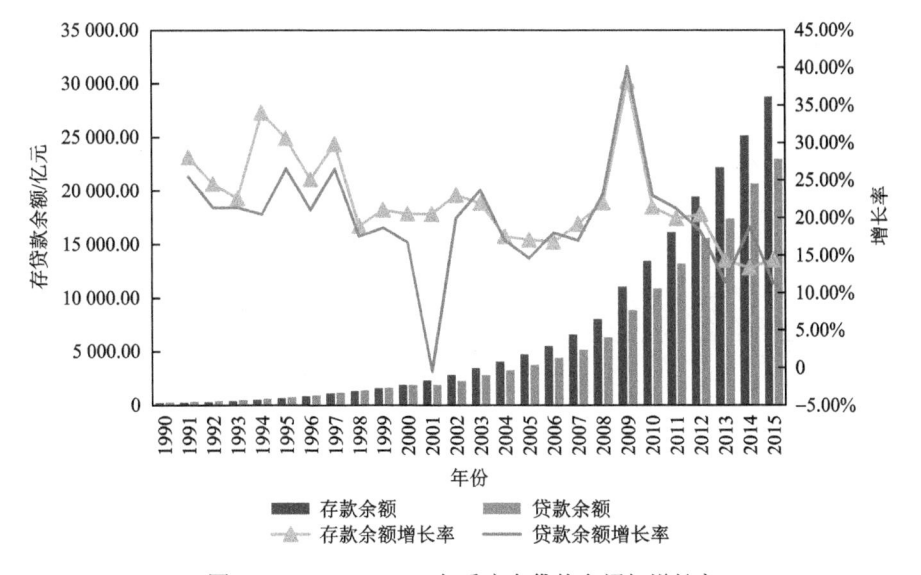

图 13-18 1990~2015 年重庆存贷款余额与增长率

与 1995 年，增长率分别为 33.97%与 30.57%，其余年份的增长率较为平稳，大多在 15%～20%。

另外，重庆贷款余额在 1990～2015 年总体上也呈现上升趋势，从 1990 年的 268.40 亿元增长到 2015 年的 22 955.21 亿元。贷款余额的年均增长率为 19.48%，但是增长率波动较大。2009 年的增长率达到最高，为 40.12%，其次是 1995 年，其增长率为 26.54%，2001 年则出现了负增长，增长率为-0.49%，贷款余额相比 2000 年减少了 9.31 亿元。整体来看，1990～2015 年，重庆存款余额与贷款余额的增长趋同，只是贷款余额增长率波动更大，在经济低迷期呈现出负增长，在经济形势较好期间贷款余额增长率还高于存款余额增长率。

（二）重庆保险保费收支

如图 13-19 所示，重庆的保费收入在 1990～2015 年呈现递增趋势，从 1990 年的 1.51 亿元增长到 2015 年的 514.58 亿元。保费收入的年均增长率为 26.27%，增长率波动不大，在 1992 年出现了增长最高峰，增长率大于 80.00%，但也与其他高峰时期的增长率相差无几。1990～2015 年，重庆保险赔付额整体上也处于上升形势，从 1990 年的 0.45 亿元增至 2015 年的 220.19 亿元。整个保险赔付额的年均增长率为 28.11%，但是波动较大，多次出现负增长，如 1999 年以及 2000 年均出现负增长率，分别为-16.26%和-7.18%。保险赔付额增长率的最高点出现在 1993 年，为 123.72%，其次是 1996 年，增长率为 111.77%。

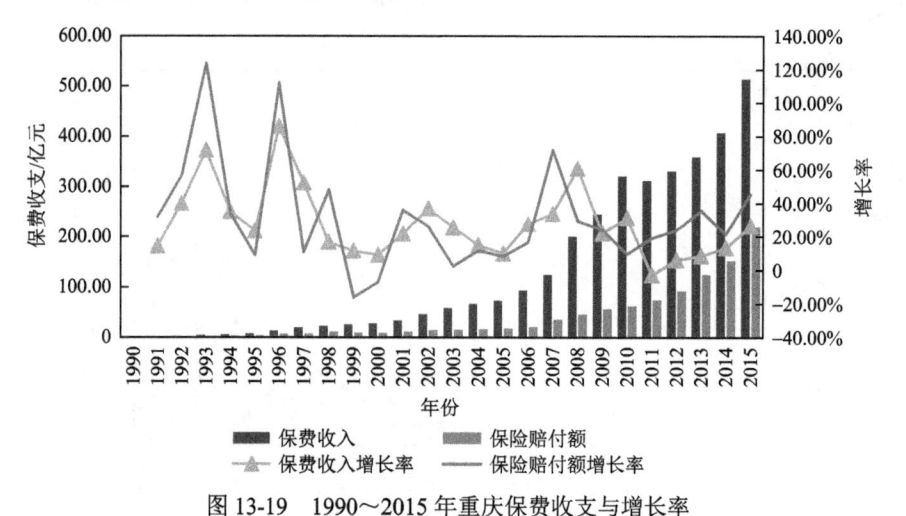

图 13-19　1990～2015 年重庆保费收支与增长率

（三）重庆上市公司规模

如表 13-1 所示，1993 年，重庆渝开发股份有限公司成功登陆 A 股，首发股本为 5382 万股，首发募集资金为 1800 万元，成为重庆第一家上市公司。截至 2016 年，重庆上市公司数量达 48 家，首发股本共计 200.01 亿股，首发募集资金为 266.62 亿元。其中，2010 年，重庆共有 4 家公司登陆 A 股，首发股本为 63.06 亿股，首发募集资金为 84.69 亿元，2010 年成为重庆历史上首发股本最多、首发募集资金最多的年份。

表 13-1 重庆上市公司情况（1993～2017 年）

年份	上市公司数量	首发股本/亿股	首发募集资金/亿元
1993	2	1.19	0.36
1994	2	1.20	1.16
1995	1	2.06	0.52
1996	3	3.70	1.74
1997	9	20.69	25.53
1999	2	3.27	5.05
2000	2	3.95	10.71
2001	1	1.72	4.33
2002	1	0.80	3.16
2004	2	2.48	4.65
2007	1	17.33	10.08
2009	1	0.92	3.79
2010	4	63.06	84.69
2011	3	2.51	22.30
2012	2	14.41	21.00
2014	3	20.60	14.86
2015	3	3.72	10.22
2016	1	8.93	8.28
2017	5	27.47	34.19

第三篇　西部地区经济增长实证分析篇

　　本篇应用经济学经济增长理论，使用计量模型对西部地区经济增长方式和质量进行分析，得出其经济增长仍然严重依赖投资，生产效率比较低，属于粗放型经济增长。需要加大教育投资和科技投入，培育新兴产业，促进技术进步，使经济增长步入高质量模式。

第十四章　西部地区生产函数实证分析

本章使用科布-道格拉斯生产函数、内生经济增长模型对西部地区经济增长进行实证检验,判断资本和劳动力对其所做的贡献,进而判断西部地区经济增长质量。

一、数据的选取

在使用生产函数模型时要考虑以下两个问题:一是经济指标的选择要符合计量模型和经济理论的要求,而且要符合我国现行的统计制度的实际;二是保证样本数据的口径的一致性和可采集性。本书数据来源于中国经济与社会发展统计数据库(现为中国经济社会大数据研究平台)中各省(自治区、直辖市)的统计年鉴。

(一)资本存量 K 的估算

资本可以包括人力资本、物质资本和土地资本,其本身是一个较为宽泛的概念。虽然我国在少数研究中考虑到了土地和人力资本,但是在估计资本存量时大部分的研究仅仅指严格意义上的物质资本,本书也遵循这一方法。

国内目前对中国各省(自治区、直辖市)资本存量估算已经有一些比较有代表性的研究,主要包括张军等(2004)、龚六堂和谢丹阳(2004)、王广友等(2005)、刘永呈和胡永远(2006)、孙辉等(2010)的研究。

其中孙辉等(2010)在已有研究成果的基础上,对各省(自治区、直辖市)资本存量数据采用更为可靠的统计方法和资料进行了合理的估计。因此本书采用他们的研究结果,用来确定各省(自治区、直辖市)以1978年为基期的1978~2012年的实际资本存量。在此基础上参照研究所使用的方法(即戈登·史密斯于1951年开创的永续盘存法),资本存量的测算公式为

$$K_t = K_{t-1}(1 - \delta_t) + I_t \tag{14.1}$$

其中,K_{t-1} 表示上一年的资本存量,对应本书,参照研究所测算出的上年数据;δ_t 表示经济折旧率,对应本书,参照研究所选取的6%;I_t 表示当年的实际投资额,根据查找相关统计年鉴的数据并参照研究所使用的方法计算得出。由此得到以1978年为基期的1978~2012年各省(自治区、直辖市)的实际资本存量数据。

（二）劳动力 L

较为精确的劳动力投入量的计量单位应是劳动者在劳动中利用的有效时间，因此需要对劳动者工作效率、素质以及有效的劳动时间的损耗等情形作出规范的量化计算。鉴于目前我国暂时没有这方面的统计资料，劳动力投入量的指标只能选用全部就业人口数来代表。本书采用各省（自治区、直辖市）各年的统计年鉴中年底从业人员数（单位：万人）作为劳动力投入量的指标。数据整理过程中，通过对工业分类行业的职工人数进行加总得到各省（自治区、直辖市）全部的就业人数的方法，来弥补缺失数据的少数年份。

（三）GDP

一般来说应选用 GDP 来作为全社会口径的产出指标，这是因为 GDP 反映了一个国家或地区在一定时期内国民经济总的发展水平，而且有较为规范、较为完整的历史统计资料，是我国国民经济核算体系的核心指标。本书通过查找相关地区相关年份的统计年鉴获得各省（自治区、直辖市）的地区生产总值数值。

科技投入与教育投入相关数据则由《中国统计年鉴》与《中国教育统计年鉴》等资料查得，而人力资本核算在学术界难有唯一的标准，本书暂用平均受教育年限指标代替。

二、科布-道格拉斯生产函数检验

科布-道格拉斯生产函数是提出最早、使用最为广泛的判断生产要素与产出之间关系的模型，它常常用来判断一国的资本要素和劳动力要素对经济增长的贡献率，也是从规模经济增长角度判断经济增长质量的重要依据。

该函数是在 20 世纪初期美国数学家科布和经济学家保罗·道格拉斯共同探讨与深入研究投入和产出的关系时所创造出来的生产函数，因其具有重大价值，故该模型以两位科学家的名字命名。该函数是在生产函数的一般形式上作出的改进，引入了技术进步这一因素，是经济学中使用最广泛的一种生产函数形式，它在统计各国经济增长效率的研究与应用中是不可忽视的。

科布与道格拉斯以 1899~1922 年美国的制造业为研究对象来制作出这期间的生产函数。他们认为：制造业的投资分为固定资本投资、流动资本投资与对土地的投资，固定资本投资是商品生产中起到作用的资本唯一隐私，制造业的雇用工人数作为劳动力要素的度量。

因为那时这些生产要素的统计工作连续性并不是很强，只能按他们分析的需要来分类统计，所以他们就尽可能运用其他一些方法来得到需要的数值。最后得到关于1899～1922年产出量Y、资本K和劳动力L的相对变化的数据，并且得到如下的生产函数公式：

$$Y_t = A \cdot K_t^{\alpha} \cdot L_t^{\beta} \cdot \mu \tag{14.2}$$

为方便计量，使用对两边同时求对数的生产函数公式：

$$\ln Y_t = \ln A + \alpha \ln K_t + \beta \ln L_t + \varepsilon_t \tag{14.3}$$

其中，Y_t表示工业总产值；A表示综合技术水平，可以视为不变的外生变量；L_t表示投入的劳动力；K_t表示投入的资本，一般指固定资产净值；α表示资本产出弹性，即当资本存量增加1%时产出增加的百分数；β表示劳动力产出弹性，即当劳动力投入增加1%时产出增加的百分数。

本书用社会固定资产作为资本K的衡量指标，用社会在职人数作为劳动力L的衡量指标，分析西部地区12个省区市的情况，根据已有相关数据，运用EViews软件对1991～2012年西部地区12个省区市社会生产函数的时间序列数据进行回归，其实证结果如下。

四川：

$$\ln Y_t = 25.23 + 0.83 \ln K_t - 2.65 \ln L_t + \varepsilon_t \tag{14.4}$$

重庆：

$$\ln Y_t = -11.40 + 0.74 \ln K_t + 1.90 \ln L_t + \varepsilon_t \tag{14.5}$$

云南：

$$\ln Y_t = -20.54 + 0.45 \ln K_t + 3.24 \ln L_t + \varepsilon_t \tag{14.6}$$

甘肃：

$$\ln Y_t = 3.42 + 0.77 \ln K_t - 0.17 \ln L_t + \varepsilon_t \tag{14.7}$$

贵州：

$$\ln Y_t = 0.71 \ln K_t + 0.35 \ln L_t + \varepsilon_t \tag{14.8}$$

广西：

$$\ln Y_t = -21.40 + 0.51 \ln K_t + 3.28 \ln L_t + \varepsilon_t \tag{14.9}$$

青海：

$$\ln Y_t = -10.61 + 0.54 \ln K_t + 2.45 \ln L_t + \varepsilon_t \tag{14.10}$$

内蒙古：

$$\ln Y_t = -8.59 + 0.69 \ln K_t + 1.66 \ln L_t + \varepsilon_t \tag{14.11}$$

宁夏：

$$\ln Y_t = -2.03 + 0.72 \ln K_t + 0.72 \ln L_t + \varepsilon_t \tag{14.12}$$

新疆：
$$\ln Y_t = 7.61 + 0.96\ln K_t - 1.01\ln L_t + \varepsilon_t \quad (14.13)$$

西藏：
$$\ln Y_t = 0.28 + 0.37\ln K_t + 0.28\ln L_t + \varepsilon_t \quad (14.14)$$

陕西：
$$\ln Y_t = -15.34 + 0.61\ln K_t + 0.25\ln L_t + \varepsilon_t \quad (14.15)$$

三、实证分析

（1）从社会固定资产（即资本 K）方面，毫无疑问西部地区经济的发展离不开强有力的资本投入。而西部地区由于所处的地理环境差等诸多因素制约，与中东部地区相比长时间存在资本投入量不足的问题。表 14-1 为 2000~2012 年西部地区社会固定资产总量与全国 GDP 的比较。

表 14-1 2000~2012 年西部地区社会固定资产总量与全国 GDP

年份	全国 GDP/亿元	西部地区社会固定资产总量/亿元
2000	98 000.5	7 336.8
2001	108 068.2	8 674.6
2002	119 095.7	10 931.0
2003	134 977.0	13 790.5
2004	159 453.6	17 757.9
2005	183 617.4	22 223.5
2006	215 904.4	28 581.2
2007	266 422.0	36 624.0
2008	316 030.3	49 686.4
2009	340 320.0	61 892.3
2010	399 759.5	72 104.0
2011	472 115.0	89 008.5
2012	516 282.1	109 951.8

资料来源：根据《中国统计年鉴》相应年份数据计算整理得到

很明显可以看出历年西部地区社会固定资产总量占全国 GDP 的比例不高，但西部地区总体的社会固定资产总量在逐渐增大。分开来看，1991~2012 年西部地区 12 个省区市社会固定资产总量变化趋势如图 14-1 所示。

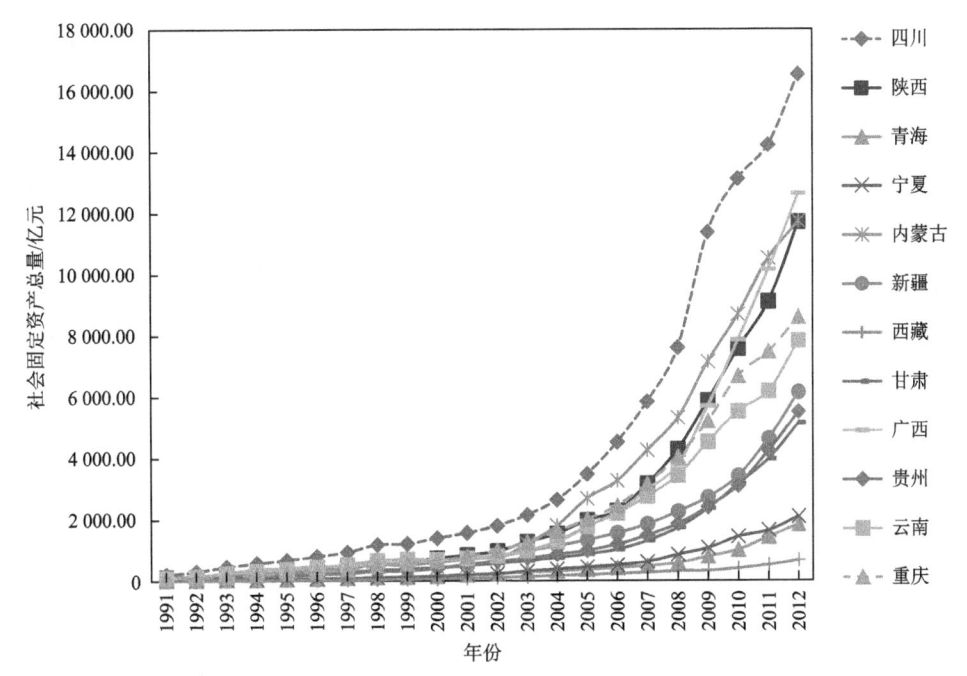

第十四章 西部地区生产函数实证分析

图 14-1 西部地区 12 个省区市社会固定资产总量（1991~2012 年）

资料来源：根据《中国统计年鉴》相应年份数据计算整理得到

从图 14-1 中不难看出，1991~2003 年西部地区社会固定资产总量基本是一个平缓的趋势，说明西部地区并没有受到重视。在 2003 年以后实施西部大开发的战略中相关政策贯彻落实，同时东部地区投资逐渐趋于饱和的宏观环境背景下，西部地区 12 个省区市的社会固定资产总量增长逐渐加快，尤其是四川省的增长最为明显，2012 年四川的社会固定资产总量已经达到西部地区 12 个省区市总量的 22.3%。

由实证结果分析可以得出西部地区 12 个省区市有关 K 的系数 α，如表 14-2 所示。

表 14-2 西部地区 12 个省区市的系数 α 值

省区市	α 值	省区市	α 值
四川	0.83	重庆	0.74
云南	0.45	甘肃	0.77
贵州	0.71	广西	0.51
青海	0.54	内蒙古	0.69
宁夏	0.72	新疆	0.96
西藏	0.37	陕西	0.61

资料来源：本书计算结果

计量结果中西部地区各省（自治区、直辖市）中有关 K 的系数 α 均是显著的变量，均通过了 t 检验，可以看出该资本 K 与总体经济增长之间有显著的相关关系，说明社会固定资产总量会影响经济的增长，自变量资本 K 足以解释西部地区各省（自治区、直辖市）经济增长，并且 F 检验值也较好，可以说明该回归方程总体是显著线性的。深入分析该回归结果可知，新疆资本 K 的弹性系数在各省（自治区、直辖市）中数值最大，为 0.96，表明新疆的社会固定资产总量增加 1%带来该地区生产总值增长 0.96%，即社会固定资产总量对地区生产总值增长的贡献很大，社会固定资产的投入增大促进了该地区的经济增长。相比于新疆，云南资本 K 的弹性系数在各省（自治区、直辖市）中数值最小，仅为 0.45，虽然加大社会固定资产的投入会使该省的经济增长，但其效果较之于新疆并不是十分明显，但这并不能否定社会固定资产的增加对云南经济增长的作用。

（2）从社会在职人数（即劳动 L）方面，根据已有的数据资料，1990～2012 年西部地区 12 个省区市社会在职人数的变化趋势如图 14-2 所示。

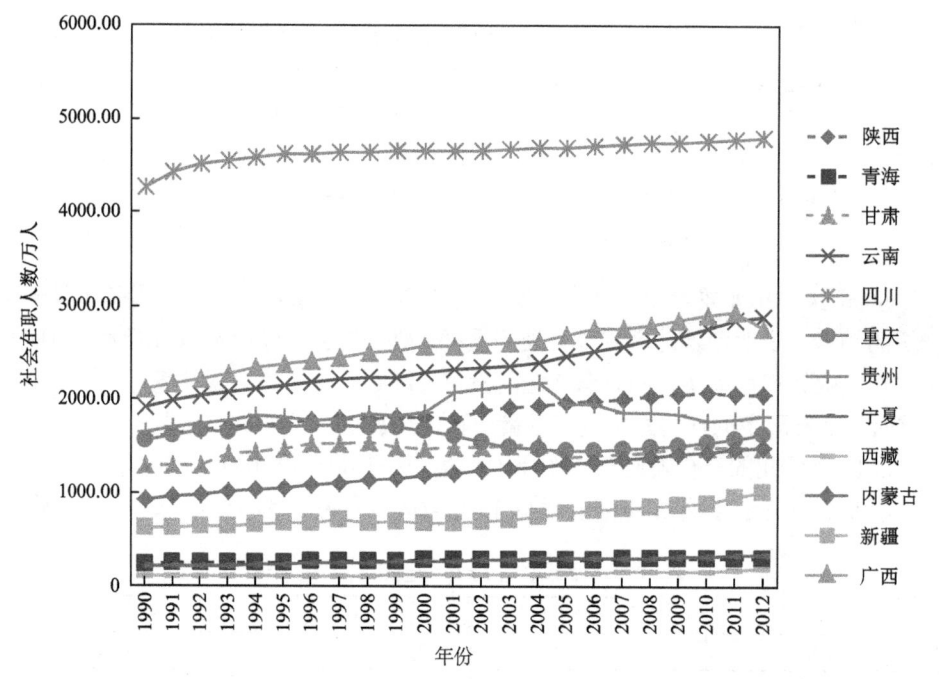

图 14-2　西部地区 12 个省区市社会在职人数（1990～2012 年）

资料来源：根据《中国统计年鉴》相应年份数据计算整理得到

从图 14-2 中可以看出，1990～2008 年西部地区的社会在职人数整体处在一个平缓的趋势，四川相对于其他 11 个省区市来讲社会在职人数基数较大，说明四川的人力在一开始时就处在一个比较高的位置上。而广西、云南、陕西的社会在职人数处于一个比较缓慢递增的状态，新疆、西藏和宁夏等民族自治区的社会在职人数变动很不明显，说明在这段时期内人力投入的增加量是相当小的。2008 年以后除了贵州的社会在职人数在逐渐下降以外,其余各省(自治区、直辖市)的社会在职人数均有较为明显的增加,这背后既有中央政府政策的大力支持,也有为祖国边疆经济发展而献身的人们的努力。正是由于社会在职人数的增加(即劳动的投入),西部地区 12 个省区市的经济增长在逐渐加快。根据回归分析结果可以得出西部地区 12 个省区市有关 L 的系数 β,如表 14-3 所示。

表14-3 西部地区 12 个省区市的系数 β 值

省区市	β 值	省区市	β 值
四川	−2.65	重庆	1.90
云南	3.24	甘肃	−0.17
贵州	0.35	广西	3.28
青海	2.45	内蒙古	1.66
宁夏	0.72	新疆	−1.01
西藏	0.28	陕西	0.25

资料来源:本书计算结果

从计量结果得出各省(自治区、直辖市)的拟合优度均比较好,几乎都在 0.9 以上,该回归方程效果比较理想,西部地区各省(自治区、直辖市)中有关 L 的系数 β 均是显著的变量,均通过了 t 检验,F 检验值也较好,可以说明该回归方程总体是显著线性的,这说明该变量与总体经济增长之间有显著的相关关系,表明社会在职人数会影响经济的增长。从表 14-3 可以明显看出,广西社会在职人数 L 的弹性系数在 12 个省区市中数值最大,为 3.28,处在第二位的是云南(3.24),这说明广西和云南的社会在职人数每增加 1%则分别会给该地区生产总值带来 3.28%和 3.24%的增长,即社会在职人数对地区生产总值增长的贡献很大。与广西和云南相对比,西藏和陕西社会在职人数 L 的弹性系数比较小,仅为 0.28 和 0.25,说明社会在职人数的增加同样会使该省(区)的经济增长,但其效果较之于广西和云南来说并不是十分明显。不难注意到四川、甘肃和新疆的弹性系数为负,这并不表明社会在职人数的增加会使该地区生产总值下降,弹性系数为负数,可以理解为该要素的边际生产力为负,表示劳动力过多(存在冗员)从而影响效率,需要进一步加大劳动力转移以提升人均产出效率。

通过对西部地区各省(自治区、直辖市)数据的回归分析得出西部地区各省(自治区、直辖市)资本和劳动力与经济增长显著正相关的结论。从定量的角度来说,西部地区生产总值对劳动力的投入弹性为 0.86,即社会在职人数每增加 1%,西部地区生产总值平均增长 0.86%,而西部地区生产总值对资本的投入弹性为 0.69,即社会固定资产总量每增加 1%,西部地区生产总值平均增长 0.69%。这表明资本与劳动力的投入对经济增长的推动仍有较为明显的作用。

四、基于内生经济增长模型的实证检验

现在，人们一般使用内生经济增长模型刻画经济增长源于资本积累。内生经济增长模型是现代经济增长最基本的一类模型，反映了内生经济增长理论的基本思想。一方面，它虽然粗略，但消除了递减收益，因而可预见长期的内生经济增长以及人均收入的跨国差异等；另一方面，我国许多学者经过实证研究发现，内生经济增长模型能够刻画资本积累是中国经济增长的主要驱动力。本书运用内生经济增长模型分析西部地区12个省区市经济发展情况，不难得出决定一个国家或地区经济发展水平的主要因素为资本的积累，而资本的积累对产出的作用体现在资本的直接作用和资本积累的间接作用两个方面。根据已有的数据资料可以分析西部地区各省（自治区、直辖市）地区生产总值的增长情况与资本积累状况，如图14-3和图14-1所示。

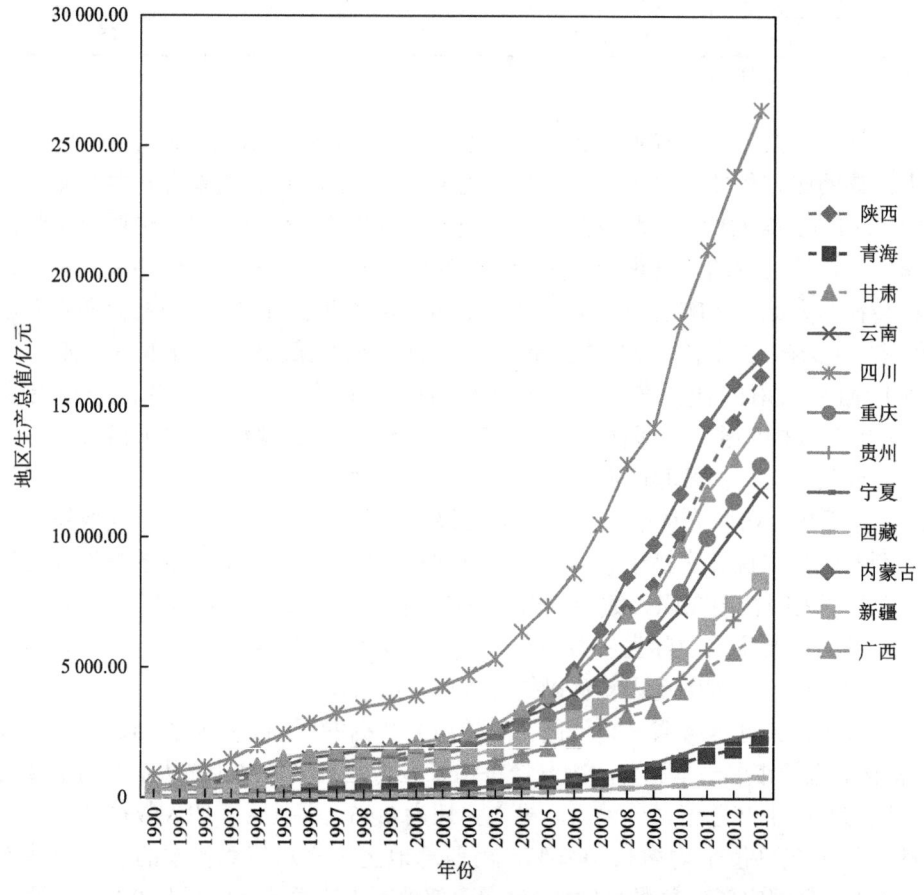

图14-3 西部地区12个省区市地区生产总值（1990~2013年）

资料来源：根据《中国统计年鉴》相应年份数据计算整理得到

对比西部地区各省（自治区、直辖市）资本积累和各省（自治区、直辖市）地区生产总值的增长趋势，不难得出各省（自治区、直辖市）的经济增长趋势与资本积累趋势大致相同，可以推测资本的有效积累对该地区的经济增长起到了一定的推动作用。

利用西部地区12个省区市1985~2013年数据进行计量计算，实证结果如下。

内生经济增长模型面板回归结果（利用12个省区市1985~2013年的数据）如下：

$$Y_t = 1.22 + 554.57K_t + \varepsilon_t \tag{14.16}$$

从 t 统计量的值可以看出，系数显著，即 K 对 Y 有显著影响，上述回归采用固定效应模型，因为Hausman检验结果支持固定效应。

根据计算结果可得各省（自治区、直辖市）的拟合优度，如表14-4所示。

表14-4　西部地区12个省区市拟合优度 R 值

省区市	R 值	省区市	R 值
四川	1.26	重庆	1.21
云南	1.21	甘肃	1.04
贵州	1.15	广西	1.25
青海	0.98	内蒙古	1.25
宁夏	1.06	新疆	1.19
西藏	0.99	陕西	1.14

资料来源：本书计算结果

根据计量结果可以得出各省（自治区、直辖市）的拟合优度 R 均比较好，都在0.94以上，该回归方程效果比较理想，西部地区各省（自治区、直辖市）中，有关 K 的相关系数是显著的，变量均通过了 t 检验，自变量能够有力地说明资本量的积累可以解释西部地区各省（自治区、直辖市）经济增长，并且 F 检验值也较好，说明该回归方程总体是显著线性的，这说明资本积累与总体经济增长之间有显著的相关关系，表明资本积累总量的变化会影响经济的增长。根据回归结果，结合表14-4可以明显看出，资本积累对西部地区经济增长起着较大的作用，除西藏和青海以外其他省区市的拟合优度均在1以上。这说明社会固定资产每积累1%就会使得该地区的经济增长超过1%，其中四川、内蒙古和广西均达到了1.25%及以上，资本积累效应十分显著。其余各省（自治区、直辖市）的拟合优度也比较大，表明资本累积效应比较明显。通过各省（自治区、直辖市）拟合优度均大于零，不难得出资本积累在目前阶段对西部地区经济增长的作用是十分显著的。

五、西部地区各省（自治区、直辖市）经济增长差异分析

通过对西部地区各省（自治区、直辖市）的经济增长率和经济增长水平进行简单的测度与分析，不难得出西部地区的经济发展情况呈现上升的趋势，但是各省（自治区、直辖市）的变动态势仍然存在部分差异，本节就资本 K 和劳动力 L 两个方面对经济增长产生的影响力来分析西部地区各省（自治区、直辖市）经济发展情况之间的相同之处和差别所在。

（一）西部地区生产总值增长趋势

从图 14-3 中得出经济发展最好的前四个省区分别是四川、内蒙古、陕西和广西，发展最慢的四个省区分别是甘肃、宁夏、青海和西藏。什么原因导致西部地区各省（自治区、直辖市）出现了较大的差异呢？根据科布-道格拉斯生产函数，把资本 K 和劳动力 L 对经济增长的作用系数 α 和 β 汇总，按照对经济所做出的贡献进行排序，如表 14-5 所示。

表 14-5　西部地区 12 个省区市系数 α 和 β 值

省区市	α	省区市	β
新疆	0.96	广西	3.28
四川	0.83	云南	3.24
甘肃	0.77	青海	2.45
重庆	0.74	重庆	1.90
西藏	0.37	内蒙古	1.66
宁夏	0.72	宁夏	0.72
贵州	0.71	贵州	0.35
内蒙古	0.69	西藏	0.28
陕西	0.61	陕西	0.25
青海	0.54	甘肃	−0.17
广西	0.51	新疆	−1.01
云南	0.45	四川	−2.65

资料来源：本书计算结果

（1）四川。四川地区生产总值西部地区 12 个省区市中最高。同样位于西部

地区，为什么四川比其他省区市发展得好呢？从资本和劳动力两个方面来看，该省资本弹性系数为 0.83，这表明该省社会固定资产总量增加 1%就会使地区生产总值增加 0.83%，这一系数位于西部地区 12 个省区市的第二位，仅次于新疆，表明资本的投入对四川的经济增长有着明显的作用。四川的劳动力弹性系数为 –2.65，这表明四川目前处在一个人力资本相对过剩的阶段，其表现就是对经济增长的边际效用递减，从侧面也说明了该省相对于其他省区市来说具有丰富的劳动力资源，所以地区生产总值及其增长情况最好。

（2）内蒙古。内蒙古地区生产总值在西部地区中仅次于四川，除去该区本身的地域条件，内蒙古的经济增长主要也是靠资本和劳动力的投入，尤其是劳动力的投入，其系数在西部地区中位于第五名，这说明了劳动力对于内蒙古经济增长的重要性。

（3）甘肃。甘肃 2010 年与贵州地区生产总值差距并不大，几乎处在一个持平的位置上。可是近几年增长率有些降低，虽然资本弹性系数为 0.77，处在一个较高位置上，但其劳动力弹性系数为–0.17，使得该省的人力资源经济效益出现了边际效率递减的情况，造成了地区生产总值增长率的逐渐降低。

（4）宁夏。宁夏资本弹性系数与劳动力弹性系数均为 0.72，这就是说无论社会固定资产投资还是劳动力投资均会对宁夏的经济增长产生较大的影响。但由于该区经济起步较晚，资本总量和劳动力总量较少，经济总量还不是那么乐观。

（5）青海。该省的资本弹性系数只为 0.54，在西部地区 12 个省区市中排名倒数第三位。这表明社会固定资产投资对其经济的带动作用没有四川、新疆等省区市那么明显，劳动力弹性系数较高，为 2.45，说明该省经济主要依靠劳动力资源，其第一产业比例居高不下证明了该研究结论。

（二）实证分析结论

（1）西部地区经济增长主要来自于资本积累。在影响我国东、中、西部地区经济增长的因素中，资本投入都占有主导地位，其对经济增长的贡献平均占 70%以上，表明西部地区经济增长主要来自于资本积累。

（2）地区经济增长差异在一定程度上表现为劳动力增长差异。根据上述实证分析结果，从西部各省（自治区、直辖市）经济发展状况来看，地区经济增长中劳动力的贡献率差异很大。

六、西部地区与全国生产要素贡献对比分析

通过西部地区各省（自治区、直辖市）之间的分析，并不能得出较为全面的西部地区相关结论，现将西部地区 12 个省区市的各项指标算术平均为西部地区平

均数据，再将西部地区总指标与全国指标相比较，可以直观看出西部地区整体与全国之间的差距。2000~2012 年全国资本弹性系数 α 和劳动力弹性系数 β 如表 14-6 所示。

表 14-6　全国资本弹性系数 α 和全国劳动力弹性系数 β

年份	全国资本弹性系数 α	全国劳动力弹性系数 β
2000	0.49	0.51
2001	0.49	0.51
2002	0.50	0.50
2003	0.52	0.48
2004	0.58	0.42
2005	0.58	0.42
2006	0.59	0.41
2007	0.60	0.40
2008	0.54	0.46
2009	0.53	0.47
2010	0.55	0.45
2011	0.55	0.45
2012	0.54	0.46

资料来源：中国经济增长前沿课题组（2014）

根据表 14-5 中西部地区 12 个省区市 2000~2012 年资本弹性系数和劳动力弹性系数，将其加总平均得西部地区资本弹性系数 α 和劳动力弹性系数 β，在此基础上将其与全国作对比，如表 14-7 所示。

表 14-7　弹性系数比较

全国资本弹性系数 α	西部地区资本弹性系数 α	全国劳动力弹性系数 β	西部地区劳动力弹性系数 β
0.54	0.69	0.47	0.86

资料来源：本书计算结果

（1）资本弹性分析。从表 14-7 中数据不难看出，2000~2012 年西部地区的资本弹性系数较高，很明显高于全国水平。这说明相比于全国地区，西部地区的经济增长更加依赖物质资本的投入。西部地区的资本弹性系数已高达 0.69，这表明西部地区每增加 1%的固定资产投资，就会使该地区生产总值增加 0.69%。

（2）劳动力弹性分析。从表14-7中数据可以看出，虽然西部地区中某些地区的劳动力弹性系数存在小于零的情况，但总体平均来看劳动力弹性系数要远高于全国水平。这说明西部地区的经济增长对劳动力投入的变化敏感程度要高于全国。

再来看内生经济增长模型中资本存量在全国GDP中占比，如表14-8所示。

表14-8　内生经济增长模型中资本存量在全国GDP中占比

年份	全国GDP/亿元	资本存量/亿元	资本存量占比	资本存量增长率
2012	516 282.1	364 489.2	71%	18.9%
2011	472 115.0	306 536.2	65%	17.6%
2010	399 759.5	260 555.7	65%	18.1%
2009	340 320.0	220 689.4	65%	21.1%
2008	316 030.3	182 312.3	58%	17.8%
2007	266 422.0	154 736.9	58%	18.4%
2006	215 904.4	130 649.4	61%	18.0%
2005	183 617.4	110 743.3	60%	16.9%
2004	159 453.6	94 717.3	59%	15.2%
2003	134 977.0	82 196.5	61%	14.3%
2002	119 095.7	71 925.8	60%	12.1%
2001	108 068.2	64 166.3	59%	11.2%
2000	98 000.5	57 700.3	59%	10.9%

资料来源：根据《中国统计年鉴》相应年份数据计算整理得到

从表14-8中可以得出，全国的资本存量占GDP的比例呈上升趋势，资本存量增长率也呈上升趋势，最高时达到21.1%，这说明我国的资本存量总数是不断增加的。同样，把上海地区作为东部地区的代表，将2000~2012年西部地区12个省区市资本弹性系数加总平均，与东部地区作对比，如表14-9所示。

表14-9　内生经济增长模型中西部地区与东部地区资本弹性系数对比

西部地区资本弹性系数	东部地区资本弹性系数
1.14	0.70

资料来源：本书计算结果

毫无疑问，西部地区的资本弹性系数远高于东部地区，这说明2000~2012年，西部地区资本存量对经济增长的贡献率要大于东部地区，与全国对比分析，虽然西部地区经济的增长对资本存量的依赖性比较强，但是西部地区的资本存量增长率并没有超过全国的增长率，所以应继续加大西部地区资本存量比例，充分利用好西部地区经济增长对资本存量敏感度较高的这一状况,加快西部地区经济发展,从绝对数值上缩小与中东部地区及全国水平的差距。但是,西部地区资本投资方向需要改变,其理由在第十五章和第十六章将予以阐述。

参 考 文 献

龚六堂,谢丹阳.2004.我国省份之间的要素流动和边际生产率的差异分析[J].经济研究,(1):45-53.

刘永珵,胡永远.2006.中国省际资本存量的估计:1952—2003[J].统计与决策,(8):94-96.

孙辉,支大林,李宏瑾.2010.对中国各省资本存量的估计及典型性事实:1978~2008[J].广东金融学院学报,25(3):103-116,129.

王友广,陈清华,方福康.2005.中国分地区资本-产出比实证分析[J].北京师范大学学报(自然科学版),(1):104-106.

张军,吴桂英,张吉鹏.2004.中国省际物质资本存量估算:1952~2000[J].经济研究,(10):35-44.

中国经济增长前沿课题组.2014.中国经济增长的低效率冲击与减速治理[J].经济研究,49(12):4-17,32.

第十五章　西部地区全要素生产率函数实证分析

全要素生产率是指生产活动在一定时间内的效率，是衡量单位总投入的总产量的生产率指标，即总产量与全部要素投入量之比。全要素生产率的增长率常常作为科技进步的指标，它的来源包括技术进步、组织创新、专业化和生产创新等。产出增长率超出要素投入增长率的部分为全要素生产率（也称总和要素生产率）的增长率。本章用全要素生产率函数分析西部地区广义技术进步对其经济增长所做的贡献。

一、全要素生产率及模型

（一）全要素生产率的概念

全要素生产率是指所有投入要素所带来的产出率。由于影响生产的要素很多，一般将资本和劳动力对经济增长的贡献扣去，得到其他要素贡献率之和。影响全要素生产率提高的因素不但有技术进步，还包括制度创新、市场化程度、规模经济、资源配置、经济结构变动、思想意识等各方面的内容。因此全要素生产率不仅包括狭义的技术进步，而且包括经济发展过程中劳动者知识、技能的提高，知识在社会中的扩散作用，改进生产要素的配置效率，健全的法制和公平的市场竞争秩序等，一般将其称为广义技术进步。发达国家经验表明，随着经济的发展，在经济增长的过程中广义的技术进步作用将会变得越来越大，而传统的生产要素（如资本和劳动力）投入对经济增长的贡献会越来越小。

（二）全要素生产率的计算方法

测量全要素生产率最常见的方法是传统的索洛剩余值法。索洛剩余值法是索洛在1957年提出的，其基本思路是用产出增长率扣除要素增长率后的残差来测算全要素生产率的增长。其假设的前提是希克斯中性技术进步和规模收益不变。

总量生产函数为科布-道格拉斯生产函数：

$$Y_t = AK_t^\alpha L_t^\beta \tag{15.1}$$

其中，Y_t 为实际产出；K_t 为资本投入；L_t 为劳动力投入；α、β 分别为资本产出弹性和劳动力产出弹性，$\alpha+\beta=1$。

为了估计出资本产出弹性和劳动力产出弹性，对式（15.1）两边同时取对数得出

$$\ln Y_t = \ln A + \alpha \ln K_t + \beta \ln L_t \quad (15.2)$$

由于 $\alpha+\beta=1$，对式（15.2）进行整理得到

$$\ln\left(\frac{Y_t}{L_t}\right) = \ln A + \alpha \ln\left(\frac{K_t}{L_t}\right) \quad (15.3)$$

$$\ln A = \ln\left(\frac{Y_t}{L_t}\right) - \alpha \ln\left(\frac{K_t}{L_t}\right) \quad (15.4)$$

全要素生产率的增长率为

$$\frac{\Delta A}{A} = \frac{\Delta Y_t}{Y_t} - \alpha \frac{\Delta K_t}{K_t} - \beta \frac{\Delta L_t}{L_t} \quad (15.5)$$

即

$$\frac{\Delta A}{A} = \frac{\Delta Y_t}{Y_t} - \alpha \frac{\Delta K_t}{K_t} - (1-\alpha)\frac{\Delta L_t}{L_t} \quad (15.6)$$

全要素生产率测度的具体步骤如下：先获得数据 Y_t、L_t、K_t，并在此数据的基础上来估算出资本产出弹性 α；再将估算出来的 α 值代入式（15.4）中，从而获得全要素生产率的数值；最后将得到的一系列数据代入式（15.6），从而得到全要素生产率增长率的数值。

二、实证结果及分析

（一）模型系数结果与分析

本书采用索洛剩余值法将西部地区12个省区市1985~2012年的经济增长相关数据代入科布-道格拉斯生产函数模型中，再运用EViews软件进行线性回归分析得到 α、β 的值，进而计算出全要素生产率的值。关于此方法前面已经进行了相当详细的介绍，此处就不再赘述。

计算结果如表15-1所示。其中，α 代表物质资本对经济增长的弹性，$1-\alpha$ 代表劳动力存量对经济增长的弹性，实质上反映了同质的劳动力投入对经济增长的影响。

表15-1 西部地区12个省区市系数

省区市	资本产出弹性（α）	劳动力产出弹性（$\beta=1-\alpha$）
四川	0.717 816	0.282 184
重庆	0.730 646	0.269 354

续表

省区市	资本产出弹性（α）	劳动力产出弹性（β=1-α）
云南	0.729 548	0.270 452
甘肃	0.768 421	0.231 579
贵州	0.714 091	0.285 909
广西	0.747 850	0.252 150
青海	0.792 241	0.207 759
内蒙古	0.764 888	0.235 112
宁夏	0.793 993	0.206 007
新疆	0.846 422	0.153 578
西藏	0.740 687	0.259 313
陕西	0.769 738	0.230 262
西部地区	0.759 695	0.240 305

资料来源：本书计算结果

从第二列可以看出西部地区 12 个省区市的资本产出弹性均在 0.7 以上，其中新疆的资本产出弹性最高，为 0.846 422，说明西部地区 12 个省区市的经济增长主要依赖物质资本的投入，从第三列可以看出西部地区 12 个省区市的劳动力产出弹性基本都在 0.2~0.3（新疆除外），劳动力产出弹性比较低说明西部地区对人力资本的利用不够。需要说明的是由于模型（14.2）与模型（15.3）的约定不一致，相应计算出的劳动力产出弹性也有差异。

对比第二列和第三列的数据可以看出，西部地区 12 个省区市的资本产出弹性均明显高于劳动力产出弹性，意味着西部地区 12 个省区市经济增长对劳动力存量变动的敏感程度小于对资本投入变动的敏感程度。总的来看西部地区的经济增长主要依靠资本的投入，增长方式比较落后，属于粗放型经济增长方式。因此西部地区在利用资本的同时必须重视劳动力的利用，在鼓励发展资本密集型产业时也要发展劳动密集型产业，实现两类模式的互补式发展，有助于减缓西部地区全要素生产率增长率的下滑，进而促进西部地区经济加快向集约型增长方式转变。

（二）全要素生产率测算结果

通过上述的计算得到 α，再结合所得到的 Y_t、K_t、L_t，将它们代入式（15.6）中计算，可得全要素生产率的变动率，具体计算结果如表 15-2 所示。

表 15-2　1986～2012 年西部地区 12 个省区市全要素生产率的变动率

年份	四川	重庆	云南	甘肃	贵州	广西	青海
1986	5.70%	0.20%	3.81%	−1.09%	5.46%	−10.37%	12.86%
1987	−2.20%	0.33%	18.41%	−1.76%	3.64%	5.80%	−6.16%
1988	14.03%	14.52%	12.75%	0.81%	22.59%	14.41%	12.95%
1989	14.80%	16.93%	19.75%	23.12%	12.14%	25.67%	22.45%
1990	51.91%	−12.28%	−0.07%	−5.81%	−5.43%	5.13%	6.32%
1991	−6.97%	−3.67%	−13.38%	0.78%	3.21%	−8.40%	3.19%
1992	−20.13%	4.11%	−14.20%	−0.89%	−11.12%	−17.09%	−5.47%
1993	−4.69%	−1.74%	−28.08%	−14.94%	−2.20%	−35.64%	−12.34%
1994	−16.18%	12.99%	27.66%	2.91%	4.22%	23.29%	29.25%
1995	8.68%	10.25%	10.37%	5.58%	4.24%	16.51%	1.09%
1996	3.84%	3.27%	10.78%	21.27%	−0.62%	3.64%	−20.96%
1997	−0.34%	3.17%	−5.08%	−8.11%	−2.94%	6.13%	−10.63%
1998	−10.90%	−19.08%	−8.77%	−7.30%	−10.42%	−9.34%	−5.77%
1999	4.56%	−6.59%	−3.56%	−7.53%	−1.00%	−4.26%	−0.68%
2000	−3.01%	−4.05%	6.70%	−5.88%	−6.73%	−0.34%	−5.72%
2001	1.28%	−5.44%	2.26%	−2.29%	−14.40%	0.63%	−9.93%
2002	−0.56%	−3.95%	−2.28%	−3.64%	−4.15%	−0.84%	−4.29%
2003	−4.88%	−3.87%	−2.59%	9.05%	6.11%	0.96%	0.84%
2004	3.12%	−1.30%	−2.08%	8.47%	6.04%	0.31%	9.54%
2005	−6.86%	−3.15%	−11.27%	2.04%	5.04%	−11.72%	3.98%
2006	−4.80%	−3.64%	−5.31%	4.50%	1.97%	−1.72%	6.37%
2007	0.22%	−1.99%	−0.52%	−3.16%	2.81%	−1.27%	9.09%
2008	−2.62%	19.68%	0.41%	−8.01%	11.73%	−2.89%	14.43%
2009	−22.68%	−8.78%	−12.77%	−22.46%	−5.50%	−18.73%	−26.47%
2010	10.4%	0.23%	0.12%	−3.34%	−1.79%	−3.52%	4.96%
2011	16.11%	16.96%	13.47%	1.08%	−2.47%	12.67%	−9.99%
2012	−0.88%	0.81%	−3.63%	−10.45%	−5.33%	−4.36%	−12.69%
均值	1.00%	0.89%	0.48%	−1.00%	0.56%	−0.57%	0.23%

续表

年份	内蒙古	宁夏	新疆	西藏	陕西	西部
1986	17.33%	−8.16%	7.13%	16.11%	7.30%	4.47%
1987	7.32%	4.56%	9.95%	5.20%	−4.15%	−0.62%
1988	0.11%	28.56%	1.21%	7.34%	14.53%	−9.04%
1989	9.55%	22.21%	4.36%	−3.35%	13.01%	6.72%
1990	−2.51%	−17.36%	0.00%	1.59%	−3.21%	2.56%
1991	−10.55%	−1.49%	3.27%	−44.78%	2.37%	−5.34%
1992	−22.69%	−11.06%	−25.42%	9.21%	5.26%	−12.07%
1993	−9.84%	−0.02%	−14.83%	−6.73%	−23.13%	−31.08%
1994	34.77%	24.49%	27.16%	14.75%	25.24%	−5.33%
1995	15.14%	11.83%	8.67%	−32.47%	3.21%	−0.16%
1996	15.89%	2.72%	−4.07%	27.24%	8.57%	14.64%
1997	7.65%	−5.40%	2.01%	5.50%	0.87%	−8.39%
1998	−1.01%	−9.90%	−5.64%	4.00%	−17.35%	−2.37%
1999	−7.29%	−18.90%	3.31%	−7.46%	−8.70%	3.24%
2000	−6.20%	−8.51%	3.78%	−3.34%	2.96%	0.45%
2001	−4.23%	−4.82%	−4.67%	−4.56%	−2.71%	−0.79%
2002	−19.25%	−4.81%	−4.05%	−5.18%	−4.88%	0.41%
2003	−10.97%	2.76%	−0.74%	−2.41%	2.64%	−2.11%
2004	−13.10%	5.60%	1.51%	−0.06%	2.61%	−0.72%
2005	−8.85%	−1.40%	2.75%	3.68%	−0.66%	−2.45%
2006	3.24%	6.73%	2.13%	−4.82%	−4.78%	−0.07%
2007	2.16%	8.92%	0.02%	3.28%	−8.38%	−3.54%
2008	19.73%	5.44%	−0.30%	3.66%	6.49%	−3.05%
2009	−12.20%	−12.00%	−15.53%	−5.24%	−15.78%	2.04%
2010	2.39%	−3.05%	4.96%	−2.43%	2.60%	2.28%
2011	9.42%	12.53%	−9.33%	8.99%	9.58%	−91.37%
2012	−1.60%	−10.75%	−15.27%	−8.71%	−5.84%	35.56%
均值	0.53%	0.69%	−0.65%	−0.78%	0.28%	−3.93%

资料来源：本书计算结果

三、全要素生产率对比分析

（一）全要素生产率归类分析

图 15-1～图 15-4 为 1986～2012 年西部地区 12 个省区市全要素生产率变动率。

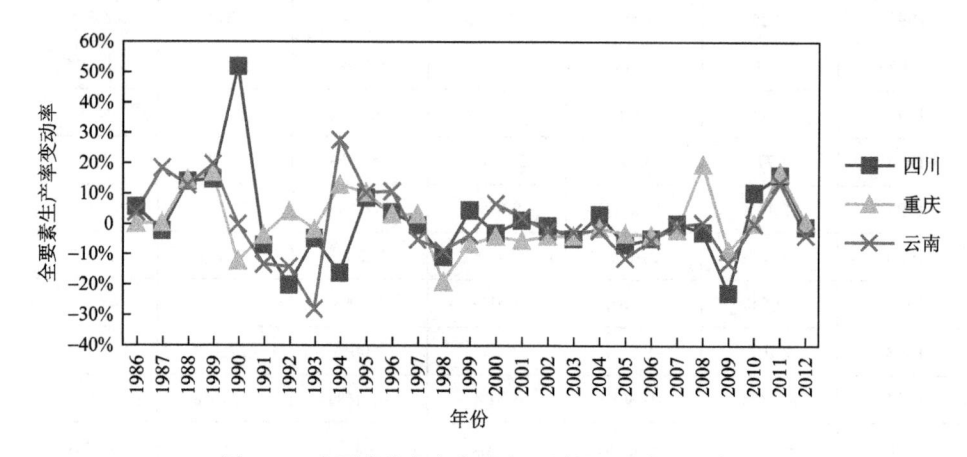

图 15-1 全要素生产率变动率（四川、重庆、云南）

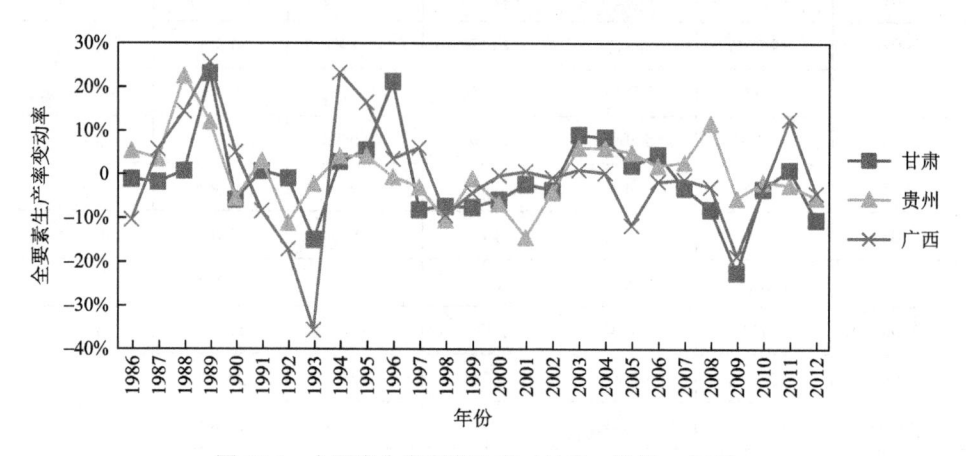

图 15-2 全要素生产率变动率（甘肃、贵州、广西）

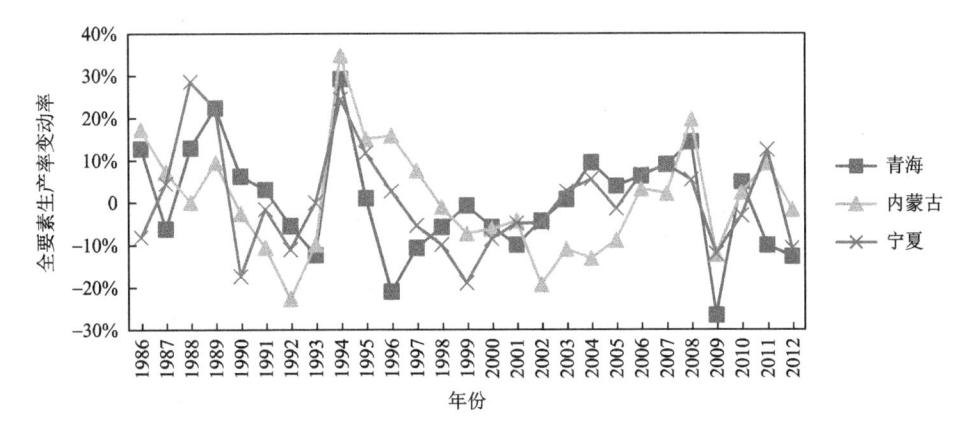

图 15-3　全要素生产率变动率（青海、内蒙古、宁夏）

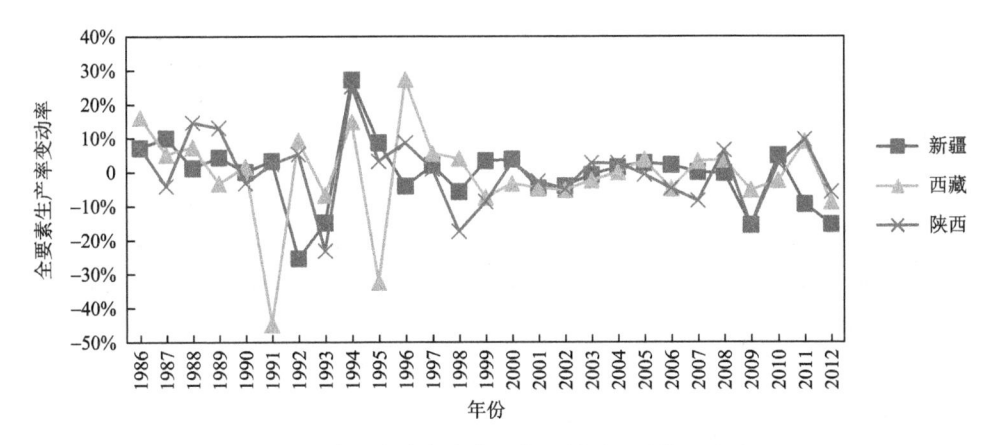

图 15-4　全要素生产率变动率（新疆、西藏、陕西）

由图 15-1～图 15-4 可以看出，1986～2012 年甘肃、广西、新疆、西藏 4 个省区的全要素生产率的增长率的均值为负值，说明这些地区的全要素生产率在大部分年份里呈下降趋势，并且这些地区的经济发展较慢。四川、重庆的全要素生产率的增长率的均值较高，四川为 1.00%，重庆为 0.89%，并且在大部分的年份里较高，同时这两个地区的经济增长最快。而云南、贵州、青海、内蒙古、宁夏、陕西 6 个省区的全要素生产率的增长率较低，其经济增长也处于中间水平。这些都说明全要素生产率中的技术等要素对经济增长有一定的促进作用，全要素生产率高的地区经济增长快，全要素生产率低的地区经济增长缓慢。从各省（自治区、直辖市）纵向对比分析来看，四川、内蒙古、宁夏、青海等地的全要素生产率的变动率每年的变动较大，新疆、贵州变动较小。

（二）西部地区与全国对比分析

利用上述数据和中国经济增长前沿课题组 2014 年的研究成果，得到西部地区和全国 1986~2012 年全要素生产率的变动率数据（表 15-3）。

表 15-3　全国和西部地区全要素生产率的变动率对比

年份	西部地区	全国	年份	西部地区	全国	年份	西部地区	全国
1986	4.47%	−0.60%	1996	14.64%	2.84%	2006	−0.07%	1.91%
1987	−0.62%	2.20%	1997	−8.39%	2.69%	2007	−3.54%	2.95%
1988	−9.04%	2.41%	1998	−2.37%	1.18%	2008	−3.05%	−0.05%
1989	6.72%	0.00%	1999	3.24%	1.54%	2009	2.04%	−2.19%
1990	2.56%	−2.46%	2000	0.45%	2.55%	2010	2.28%	0.35%
1991	−5.34%	3.38%	2001	−0.79%	2.26%	2011	−91.37%	−0.60%
1992	−12.07%	8.15%	2002	0.41%	2.72%	2012	35.56%	−2.27%
1993	−31.08%	6.34%	2003	−2.11%	2.36%	均值	−3.93%	1.80%
1994	−5.33%	5.22%	2004	−0.72%	0.90%			
1995	−0.16%	3.64%	2005	−2.45%	1.30%			

资料来源：根据中国经济增长前沿课题 2014 年的研究成果数据计算整理得到

从表 15-3 可以看出，西部地区全要素生产率平均值远低于全国水平，说明西部地区经济增长仍处于依靠投资和劳动力等要素投入的传统增长方式，西部地区要转变经济增长方式，走内生式经济增长之路仍需努力。

第十六章　西部地区内生经济增长模型的实证分析

现代经济增长过程中人力资本与科技创新越来越重要，也是内生经济增长模型的主要研究对象。本章重点考察两者对西部地区经济增长的贡献。

一、西部地区各省（自治区、直辖市）内生经济增长模型的实证分析

（一）内生经济增长模型

根据系统理论的基本思想，新古典经济模型中的索洛余值绝非产生于经济系统之外，所以需要寻找源自社会经济系统内的因素。根据现代经济增长理论，全要素生产率主要来源之一是人均人力资本和研发资本的增长率，所以要从实证角度分析人力资本和研发资本对西部地区经济增长的影响。

人力资本是指存在于人体之中的具有经济价值的知识、技能和体力（健康状况）等质量因素之和。20 世纪 60 年代，美国经济学家舒尔茨和贝克尔首先创立了比较完整的人力资本理论，这一理论有两个核心观点：一是在经济增长中，人力资本的作用大于物质资本的作用；二是人力资本的核心是提高人口质量，教育投资是人力投资的主要组成部分。

研发资本是由研究与开发活动所形成的资本，是为增加知识的总量，以及运用这些知识去创造新的应用而进行的系统的、创造性的工作，而创造和创新是研究与开发的决定性因素。研发资本投资通过设计新发明作为中间产物，促成新资本品的产生或使原有的资本品的技术水平升级，从而使得实物资本的生产效率得到提高。

由实物资本、人力资本、研发资本建立以下模型：

$$\ln Y_t = \zeta_t + \alpha_1 \ln K_t + \alpha_2 \ln L_t + \alpha_3 \ln h_t + \alpha_4 \ln R_t + \varepsilon_t \qquad (16.1)$$

其中，K_t 为 t 期的实物资本存量；L_t 为 t 期的劳动力人数；h_t 为 t 期的人均人力资本数；R_t 为 t 期的研发资本数；ε_t 为随机误差项，假设其服从正态分布；α_1、α_2、α_3、α_4 分别为 K_t、L_t、h_t 和 R_t 的产出弹性。为了模型的完整性，本实证模型引进了一个随时间变化的外生项（ζ_t）代表未包含在模型中却对产出起作用的其他所有因素。

本模型对技术进步的影响因素主要包括：人力资本以劳动者为载体体现了劳动者的素质和技能；研发资本则以生产中的实物资本（如机器设备等）为载体体现了生产中所使用的资本品的技术水平。

（二）数据来源及科教投入分析

图 16-1~图 16-6 的数据来源于历年的《中国统计年鉴》《中国教育统计年鉴》，

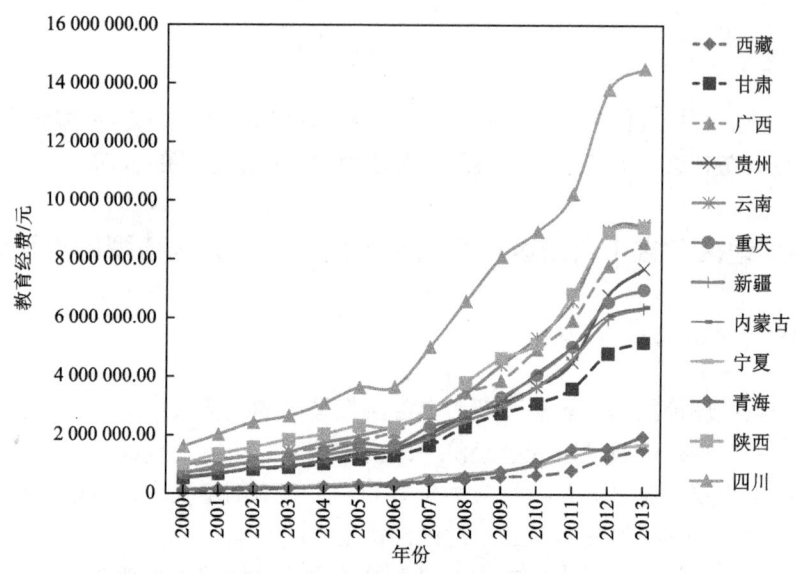

图 16-1 西部地区 12 个省区市教育经费（2000~2013 年）
资料来源：根据《中国统计年鉴》《中国教育统计年鉴》相应年份数据计算整理得到

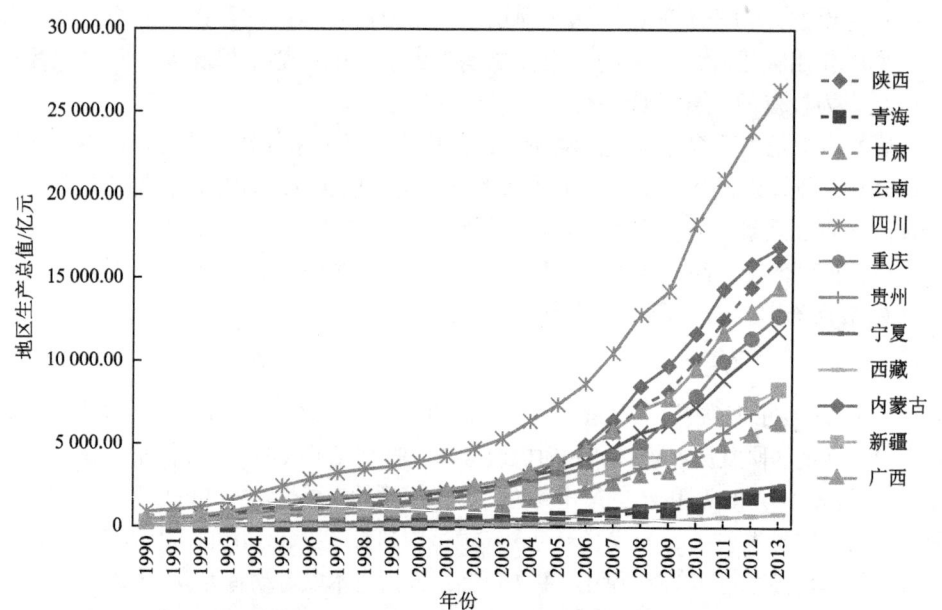

图 16-2 西部地区 12 个省区市地区生产总值（1990~2013 年）
资料来源：根据《中国统计年鉴》相应年份数据计算整理得到

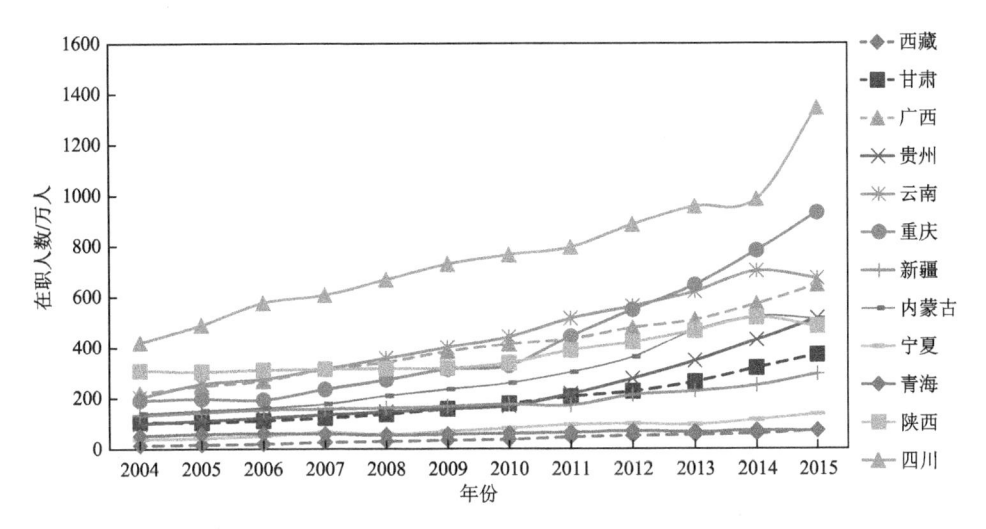

第十六章 西部地区内生经济增长模型的实证分析 ·281·

图 16-3 西部地区 12 个省区市在职人数（2004～2015 年）

资料来源：根据《中国统计年鉴》相应年份数据计算整理得到

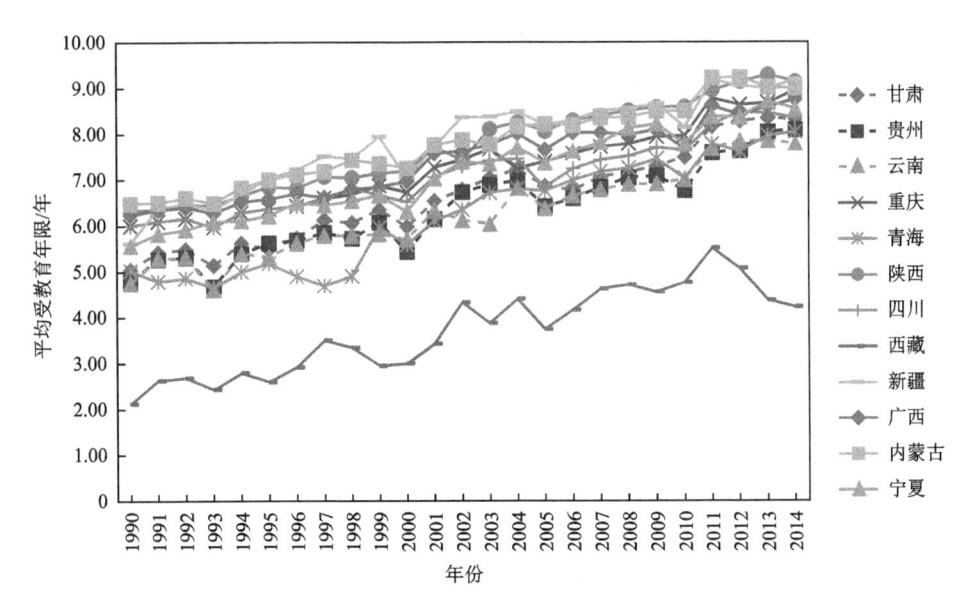

图 16-4 西部地区 12 个省区市平均受教育年限（1990～2014 年）

资料来源：根据《中国统计年鉴》《中国教育统计年鉴》相应年份数据计算整理得到

其中具体包括教育经费、地区生产总值、在职人数、平均受教育年限、科研经费、社会固定资产总值等。在统计上各省（自治区、直辖市）的统计数据有两年的滞后期，因此不同数据时间不同，但在实证检验中则使用各样本数据齐全的时间序列。

从图 16-1～图 16-4 可以清晰地看到教育经费对该省（自治区、直辖市）经济

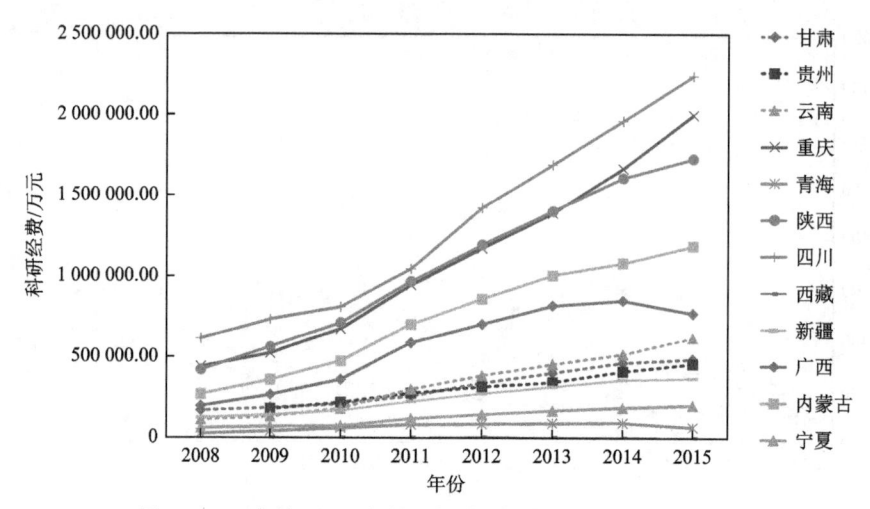

图 16-5　西部地区 12 个省区市科研经费（2008～2015 年）

资料来源：根据《中国统计年鉴》相应年份数据计算整理得到

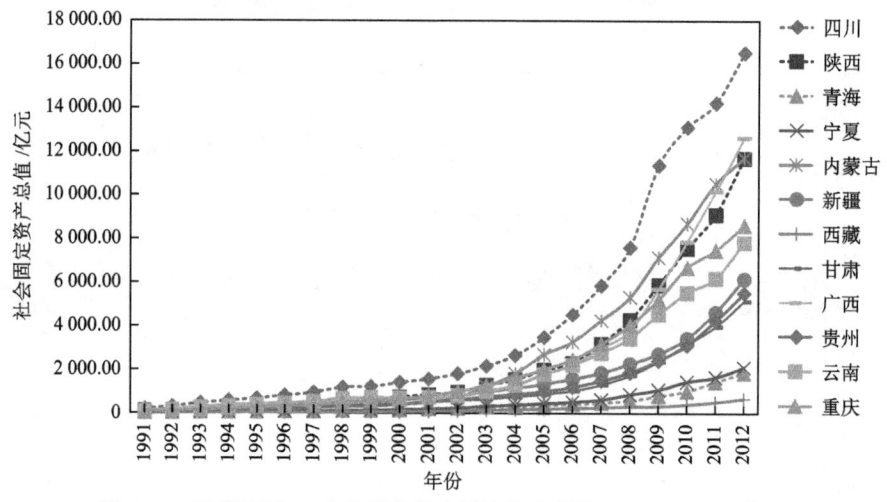

图 16-6　西部地区 12 个省区市社会固定资产总值（1991～2012 年）

资料来源：根据《中国统计年鉴》相应年份数据计算整理得到

的影响。地区经济发展水平与教育投入水平大致相同，随着人均受教育程度、教育经费的增加，经济增长加快。但西部地区 12 个省区市的教育明显不足，导致人力资源的匮乏，严重影响西部地区经济的发展。

图 16-5 是 2008～2015 年西部地区 12 个省区市科研经费投入情况，也可以清晰地看到科研经费的投入对该省（自治区、直辖市）经济的影响。与图 16-2 比较，随着科研经费总额的增加，经济增长加快。

结合图 16-1、图 16-5、图 16-6 分析，科教投入与社会固定资产总值也存在正相关性。

二、实证分析结果

将图 16-1～图 16-6 的数据代入实证经济增长模型中得出实物资本存量、劳动力人数、人均人力资本数、研发资本数 4 个指标对西部地区 12 个省区市经济发展的影响。

四川：
$$\ln Y_t = 32.56 + 0.59\ln K_t - 3.81\ln L_t + 2.39\ln h_t - 0.01\ln R_t \quad (16.2)$$

重庆：
$$\ln Y_t = -6.39 + 0.58\ln K_t + 1.23\ln L_t + 0.26\ln h_t + 0.15\ln R_t \quad (16.3)$$

云南：
$$\ln Y_t = -20.67 + 0.48\ln K_t + 3.09\ln L_t + 0.94\ln h_t - 0.24\ln R_t \quad (16.4)$$

甘肃：
$$\ln Y_t = 3.49 + 0.63\ln K_t - 0.17\ln L_t + 0.38\ln h_t + 0.07\ln R_t \quad (16.5)$$

贵州：
$$\ln Y_t = 1.71 + 0.46\ln K_t + 0.08\ln L_t + 0.98\ln h_t + 0.11\ln R_t \quad (16.6)$$

广西：
$$\ln Y_t = -20.49 + 0.47\ln K_t + 3.10\ln L_t + 0.39\ln h_t + 0.004\ln R_t \quad (16.7)$$

青海：
$$\ln Y_t = -4.71 + 0.48\ln K_t + 1.26\ln L_t + 0.55\ln h_t + 0.08\ln R_t \quad (16.8)$$

内蒙古：
$$\ln Y_t = -7.21 + 0.55\ln K_t + 1.04\ln L_t + 1.99\ln h_t - 0.06\ln R_t \quad (16.9)$$

宁夏：
$$\ln Y_t = -0.68 + 0.44\ln K_t + 0.29\ln L_t + 1.31\ln h_t + 0.16\ln R_t \quad (16.10)$$

新疆：
$$\ln Y_t = 7.77 + 0.76\ln K_t - 1.12\ln L_t + 0.86\ln h_t + 0.10\ln R_t \quad (16.11)$$

西藏：
$$\ln Y_t = 1.33 + 0.37\ln K_t + 0.42\ln L_t + 0.25\ln h_t + 0.15\ln R_t \quad (16.12)$$

陕西：
$$\ln Y_t = -17.28 + 0.55\ln K_t + 2.69\ln L_t + 0.52\ln h_t - 0.02\ln R_t \quad (16.13)$$

结果如表 16-1 和表 16-2 所示。

表 16-1　西部地区 12 个省区市实证分析数据

省区市	ζ_t	α_1	α_2	α_3	α_4
四川	32.56	0.59	−3.81	2.39	−0.01
重庆	−6.39	0.58	1.23	0.26	0.15
云南	−20.67	0.48	3.09	0.94	−0.24
甘肃	3.49	0.63	−0.17	0.38	0.07
贵州	1.71	0.46	0.08	0.98	0.11
广西	−20.49	0.47	3.10	0.39	0.004
青海	−4.71	0.48	1.26	0.55	0.08
内蒙古	−7.21	0.55	1.04	1.99	−0.06
宁夏	−0.68	0.44	0.29	1.31	0.16
新疆	7.77	0.76	−1.12	0.86	0.10
西藏	1.33	0.37	0.42	0.25	0.15
陕西	−17.28	0.55	2.69	0.52	−0.02

资料来源：本书计算结果

表 16-2　西部地区 12 个省区市实证分析结果

省区市	截距项	K_t	L_t	h_t	R_t
四川	显著	显著	显著	不显著	显著
重庆	不显著	显著	显著	显著	显著
云南	显著	显著	显著	显著	显著
甘肃	不显著	显著	不显著	不显著	显著
贵州	不显著	显著	不显著	显著（在 10%显著水平）	不显著
广西	不显著	显著	显著	不显著	不显著
青海	不显著	不显著	不显著	不显著	显著
内蒙古	显著	显著	显著（在 10%显著水平）	显著	不显著
宁夏	不显著	显著	不显著	显著	显著（在 10%显著水平）
新疆	显著	显著	显著	显著	显著
西藏	显著（在 10%显著水平）	显著	显著（在 10%显著水平）	显著	显著
陕西	显著	显著	显著	不显著	不显著

资料来源：本书计算结果

由表 16-1 和表 16-2 可得以下结论。

四川实物资本存量、劳动力人数、研发资本数 3 个指标对本省经济发展的影响都明显。

重庆实物资本存量、劳动力人数、人均人力资本数、研发资本数 4 个指标对本市经济发展的影响明显。

云南实物资本存量、劳动力人数、人均人力资本数、研发资本数 4 个指标对本省经济发展的影响明显。

甘肃只有实物资本存量、研发资本数 2 个指标对本省经济发展的影响较明显。

贵州只有实物资本存量、人均人力资本数 2 个指标对本省经济发展的影响较明显。

广西只有实物资本存量、劳动力人数 2 个指标对本区经济发展的影响较明显。

内蒙古实物资本存量、劳动力人数、人均人力资本数 3 个指标对本区经济发展的影响较明显。

青海只有实物资本存量、研发资本数 2 个指标对本省经济发展的影响较明显。

宁夏实物资本存量、人均人力资本数、研发资本数 3 个指标对本区经济发展的影响较明显。

新疆实物资本存量、劳动力人数、人均人力资本数、研发资本数 4 个指标都对本区经济发展的影响明显。

西藏实物资本存量、劳动力人数、人均人力资本数、研发资本数 4 个指标对本区经济发展的影响明显。

陕西只有实物资本存量、劳动力人数 2 个指标对本省经济发展的影响明显。

总结如下：①西部地区 12 个省区市实物资本存量对其经济增长作用明显，有 8 个省区市劳动力人数对其经济增长作用明显，7 个省区市人均人力资本数对其经济增长作用明显，8 个省区市研发资本数对其经济增长作用明显，再次论证西部地区经济增长主要依赖投资拉动。②从各自贡献率看，西部地区资本贡献率大于劳动力贡献率大于研发贡献率。

三、西部地区与全国研发及教育投入对比分析

（一）研发投入对比

本书借鉴苏朝晖和吴晓晓（2014）关于全国 31 个省区市（不包括港澳台）的研发经费投入的面板数据资料，对西部地区研发费用与东、中部地区进行比较。将我国的 31 个省区市按东部、中部、西部进行划分，其中东部地区的 11 个省区市包括天津、北京、辽宁、河北、江苏、上海、福建、浙江、广东、山东和海南，中部地区的 8 个省区市包括吉林、山西、安徽、黑龙江、河南、江西、湖南和湖北，西部地区的 12 个省区市包括云南、四川、重庆、西藏、甘肃、陕西、宁夏、贵州、青海、广西、新疆和内蒙古。表 16-3 是对我国 31 个省区市面板模型回归结果。

表 16-3　我国 31 个省区市面板模型回归结果

地区	省区市	研发经费	研发人员	科技成果	常数项
东部	北京	0.0029	0.2160	0.6190**	−3.538
	天津	1.1565***	0.2291***	−0.5766	4.163
	河北	0.5864**	−0.3312	0.3868	3.563
	辽宁	0.0383	0.1013	1.0850*	−7.201
	上海	0.4728**	−0.1364	0.3122	1.696
	江苏	0.1171	−0.0805	0.3695*	3.121
	浙江	−0.1481	0.2825	0.4097**	−0.451
	福建	0.4781**	0.4032	−0.0796	0.707
	山东	0.2413	−0.1488*	0.4424***	2.458
	广东	−0.0391	0.0847	0.6597***	−1.680
	海南	0.1133	−0.0978	0.9722***	−2.837
中部	山西	0.3007	0.0775	0.3041	2.753
	吉林	−0.1054	0.2543	1.7485***	−12.684
	黑龙江	0.0955	0.6180**	0.3852***	−3.256
	安徽	0.4669*	−0.1343	0.1770*	5.472
	江西	0.3518**	−0.1077	0.5958***	1.567
	河南	0.0773	−0.2872	0.7062***	3.779
	湖北	0.2137	0.1980	0.4078***	0.387
	湖南	0.2727***	−0.1395	0.5975***	1.982
西部	广西	0.1183	0.2745	0.5692***	−2.963
	四川	−0.1976	−0.1899	0.7876***	0.685
	重庆	0.5909**	−0.1743	0.1667	3.219
	贵州	0.2320	−0.2296	0.6360***	0.562
	云南	0.1018	0.9492***	0.3074	−7.150
	西藏	0.2202	0.1051	0.2260*	0.868
	陕西	−0.4690	−0.3167	0.9164***	2.080
	甘肃	−0.0079	0.0166	0.6428*	−0.9532
	青海	0.5257***	−0.6464***	0.6191***	4.484
	宁夏	0.3435	−0.4481	0.9216**	−0.412
	新疆	0.0960	−0.0561	0.8029***	−1.997
	内蒙古	0.5626***	0.1817	0.0606	1.578

*、**和***分别表示在10%、5%和1%的置信水平下显著（下同）
资料来源：借鉴苏朝晖和吴晓晓（2014）数据计算整理得到

由上述的面板模型回归结果表明以下结论。

第一，西部地区省区市相对中、东部地区的研发经费投入少得多，研发经费投入对经济增长的影响也不是很显著。从上面的数据和分析来看，西部地区相对于中、东部地区的经济增长差异有一部分来源于西部地区对研发经费的投入较少，即西部地区没有通过科学研发投入，积极创新，带动经济增长。

第二，我国东、中、西部地区大部分省区市研发人员投入对经济增长的影响不显著，而且有不少省区市存在负向影响，这表明我国依然存在大部分省区市研发人员使用效率低的情形。中、东部地区研发人员投入对经济增长的影响为 0～0.6180，而且负向影响所占比例不大，研发人员投入对经济增长的影响比较稳定。而西部地区的研发人员投入对经济增长的影响为 0～0.9492，研发人员投入对经济增长的影响极度不平衡与不稳定，而且大多数为负向影响。以上事实说明，相对于东、中部地区，西部地区的研发人员投入存在分布不均，且研发人员使用效率严重下降的情况，通常认为在一定程度上研发人员的投入是会促进经济增长的，但有可能是在西部地区的研发活动中存在严重的研发人员技术水平较低、研发人员冗余等现象，使其对经济增长的促进作用并不显著。

第三，我国东、中、西部地区中绝大部分省区市科技成果对经济增长的影响显著为正且影响很明显，这表明科技成果对经济增长具有显著的促进作用，即科技成果转化为经济效益的能力较好。但根据面板数据分析结果很容易看出，虽然科技成果的正向影响对东、中、西部地区都很显著，但是西部地区的科技成果对经济增长的影响远远不及中、东部地区，而且内蒙古等地的影响极低。这就说明西部地区的科技成果对经济增长的影响还不能与中、东部地区相比，它们之间依然存在较大的差异。

从上述面板数据分析及得出的结论来看，在研发投入方面，西部地区相对中、东部地区仍然存在较大差异，而且西部地区的投入严重失衡，研发人员的利用率也不高，这是西部地区经济增长缓慢的一个主要原因。

下面从全国的科技平均投入数据方面来分析各地区间研发投入的差异，以再次证明上述结论。

通过表 16-4 可以很清晰地看出，我国东部地区规模以上企业平均研发人员全时当量为 154 541.32 人/年（其值最大），我国西部地区规模以上企业平均研发人员全时当量为 17 465.79 人/年（其值最小），东部地区规模以上企业平均研发人员全时当量是西部地区的 8.85 倍；我国东部地区规模以上企业平均研发经费为 4 921 161.99 万元（其值最大），我国西部地区规模以上企业平均研发经费为 574 229.24 万元（其值最小），东部地区规模以上企业平均研发经费是西部地区的 8.57 倍；我国东部地区规模以上企业平均研发项目数为 19 798.40 个（其值最大），我国西部地区规模以上企业平均研发项目数为 2752.33 个（其值最小），东部地区规模以上企业平均研发项目数是西部地区的 7.19 倍；上述情况充分说明在科技投入方面西部地区远远不及东部地区、东北地区和中部地区，在四大地区排名最后。

表 16-4 2012 年我国各地区科技方面平均投资的基本情况

地区	规模以上企业平均研发人员全时当量/(人/年)	规模以上企业平均研发经费/万元	规模以上企业平均研发项目数/个	平均专利申请授权总数/件
东部	154 541.32	4 921 161.99	19 798.40	85 620.70
东北	37 561.30	1 468 354.87	4 643.67	15 807.00
中部	63 082.03	1 916 502.50	7 096.83	22 163.33
西部	17 465.79	574 229.24	2 752.33	8 915.92

资料来源：中国科技统计年鉴[M]. 北京：中国统计出版社，2013

（二）教育投入对比

本书根据黄燕萍等（2013）在《中国地区经济增长差异：基于分级教育的效应》一文中的 1997~2009 年的数据对东、中、西部地区进行对比分析。其数据如表 16-5 所示。

表 16-5 主要变量的统计描述

地区	年份	Y/亿元 均值	标准误	最小值	最大值	y/(万元/人) 均值	标准误	最小值	最大值
东部	1997	3 315.37	2 088.51	314.82	6 503.75	1.48	0.39	0.72	2.96
	2009	12 867.42	8 611.83	1 032.34	26 728.57	4.58	1.32	2.22	9.40
中部	1997	2 268.49	1 030.87	1 153.68	4 461.59	0.92	0.24	0.71	1.58
	2009	8 199.51	3 415.58	4 701.68	16 066.49	3.02	1.01	2.25	5.77
西部	1997	1 175.66	968.90	194.10	3 417.97	0.72	0.21	0.38	1.44
	2009	4 031.75	3 420.54	688.05	11 946.39	2.18	0.68	1.03	3.63

地区	年份	K/亿元 均值	标准误	最小值	最大值	L/万人 均值	标准误	最小值	最大值
东部	1997	6 484.19	3 425.55	1 032.90	10 931.79	2 227.89	1 481.80	330.90	4 707.00
	2009	33 400.42	18 516.53	3 037.45	58 365.98	2 808.22	1 856.37	431.40	5 643.30
中部	1997	3 363.40	1 364.65	1 768.35	5 976.08	2 460.58	1 315.57	1 050.30	5 017.00
	2009	19 235.60	7 324.49	13 125.51	37 554.60	2 714.34	1 591.46	1 142.50	5 948.80
西部	1997	2 590.31	2 097.25	495.59	6 817.74	1 629.61	1 338.49	235.40	4 617.60
	2009	12 185.38	9 191.18	2 652.64	28 601.02	1 851.59	1 440.62	285.50	4 945.20

地区	年份	H_X 均值	标准误	最小值	最大值	H_Y 均值	标准误	最小值	最大值
东部	1997	2.30	1.08	1.19	6.79	5.55	0.34	4.17	5.92
	2009	3.39	1.58	1.94	8.93	5.87	0.76	3.34	6.59
中部	1997	2.04	0.58	1.36	3.40	5.72	0.27	5.15	6.03
	2009	2.62	0.54	1.65	3.28	6.14	0.29	5.71	6.52
西部	1997	1.60	0.51	1.05	3.10	5.12	0.39	3.38	5.57
	2009	1.98	0.59	1.26	3.18	5.83	0.23	4.93	6.04

注：其中 Y、y、L 和 K 分别为地区生产总值、人均地区生产总值、劳动力人口数和实物资本存量；H_X 为劳均高级人力资本存量，H_Y 为劳均初级人力资本存量

资料来源：根据黄燕萍等（2013）数据计算整理得到

由表 16-5 可以清晰地看到：随着地区生产总值的增加，人均地区生产总值、劳均人力资本存量均有明显的增加，但相对于中、东部地区，西部地区的增加幅度较小，而且其均值较小。最小值、最大值也处于较小的状态，西部地区始终排在最后一位。

从以上现象及表 16-5 数据来看，1997~2009 年，中、东部地区生产总值、劳动力人口数、实物资本存量和劳均人力资本存量均大于西部地区，进一步说明了经济增长受人力资本的影响很大，而且西部地区的人力资本薄弱，教育投入还有很大的欠缺之处，这是相比中、东部地区来说西部地区严重匮乏的地方。

下面根据 2012 年数据对教育的投入状况进行分析（表 16-6），同时分析各地区年均生产总值变化情况（表 16-7），以验证西部地区的人力资本匮乏，教育投入不够，导致其经济增长缓慢。

表 16-6　2012 年我国各地区平均教育投入情况

指标	东部地区	东北地区	中部地区	西部地区
平均教育经费/万元	9 566 666.6	5 647 154.2	7 771 306.9	4 675 036.8
平均高等学校数量/个	95.5	82.7	107.3	49.6
平均专任教师数量/人	58 898.8	47 657.3	61 770.8	28 142.3
平均毕业生数量/人	253 616.6	195 431.0	292 537.8	114 137.7

资料来源：中国教育统计年鉴[M]. 北京：中国统计出版社，2013

表 16-7　我国各地区年均生产总值变化情况　　　单位：亿元

地区	2007 年	2008 年	2009 年	2010 年	2011 年	2012 年
东部	15 402.97	18 041.66	19 667.44	23 203.07	27 135.48	29 589.20
东北	7 851.00	9 469.68	10 359.41	12 497.82	15 125.84	16 825.75
中部	8 828.51	10 673.42	11 762.93	14 351.56	17 412.31	19 379.62
西部	4 098.54	5 037.31	5 581.12	6 784.04	8 253.91	9 492.07

资料来源：中国统计年鉴[M]. 北京：中国统计出版社，2008~2013

根据表 16-6 和表 16-7 可以清晰地看出，东部地区的年均生产总值从 2007 年的 15 402.97 亿元增加到 2012 年的 29 589.20 亿元（增加最显著、最快），而相应年份西部地区生产总值仅从 4098.54 亿元增加到 9492.07 亿元（增加最少、最慢）。2012 年我国东部地区平均教育经费为 9 566 666.6 万元（其值最高，平均值等于特定地区某指标总值除以该地区省区市的总数量），西部地区平均教育经费为 4 675 036.8 万元（其值最低），东部地区平均教育经费是西部地区的 2.05 倍。我国中部地区平均高等学校数量为 107.3 个（其值最高），西部地区平均高等学校数量为 49.6 个（其值最低），中部地区平均高等学校数量是西部地区的 2.16 倍。我国中部地区平均专任教师数量为 61 770.8 人（其值最高），西部地区平均专任教师数量为

28 142.3 人（其值最低），中部地区平均专任教师数量是西部地区的 2.19 倍。我国中部地区平均毕业生数量为 292 537.8 人（其值最高），西部地区平均毕业生数量为 114 137.7 人（其值最低），中部地区平均毕业生数量是西部地区的 2.56 倍。通过上述情况可以看出，我国各地区在教育方面的人力资本投资存在很大的差异，具体表现为中部地区和东部地区在教育方面的人力资本投资力度较大，东北地区稍弱，西部地区在教育方面的人力资本投资力度最小。教育投资是人力资本投资的核心组成部分，西部地区的教育投入严重不足，必然造成经济增长缓慢，所以应该加大对西部地区教育投入的重视，积极增加教育投入，借鉴中、东部地区可取之处，努力通过对教育投资发展经济，尽量缩小地区间的不平衡。

参 考 文 献

黄燕萍，刘榆，吴一群，等，2013. 中国地区经济增长差异：基于分级教育的效应[J]. 经济研究，48（4）：94-105.

苏朝晖，吴晓晓，2014. 研发投入、科技成果对经济增长的影响——于 2003—2012 年省际面板数据的实证研究[J]. 华侨大学学报（哲学社会科学版），(4)：97-107.

第十七章　西部地区经济增长机制研究

正如前面分析，西部地区经济增长方式仍属于粗放型模式，仍严重依赖中央政府的大力支持，特别是财政上还依赖于中央政府的转移支付。因此，需要根据内生经济增长理论指导西部地区经济增长方式的转变，促进其经济社会发展。

一、西部地区经济增长研究结论

（一）西部地区经济增长要素贡献率分析

美国经济学家纳尔森认为，广义技术进步、资本投资与人力资本投资是经济增长源泉，其中广义技术进步是经济增长的首要力量，资本投资及人力资本投资主要作为技术进步的伴随物对经济增长发挥作用。

广义技术进步、资本投资与人力资本投资对经济增长贡献率的测算方法很多，每种方法都有其优缺点和适用对象。本书采用式（17.1），分析各投入要素以及全要素生产率对经济增长的贡献率，对其对数形式进行求导，可以得到差分方程：

$$\frac{\Delta Y_t}{Y_t} = \frac{\Delta A}{A} + \alpha \frac{\Delta K_t}{K_t} + \beta \frac{\Delta L_t}{L_t} \qquad (17.1)$$

其中，$\Delta Y_t/Y_t$ 为地区生产总值的增长率；$\Delta A/A$ 为全要素生产率的增长率；$\Delta K_t/K_t$ 为物质资本存量的增长率；$\Delta L_t/L_t$ 为人力资本存量的增长率。后面各项除以 $\Delta Y_t/Y_t$ 得到的值就是它们各自对地区生产总值增长的贡献率。

根据已经计算出的各要素的增长率以及 α、β 值，利用式（17.2）和式（17.3）可以计算资本投资、人力资本投资、广义技术进步对地区生产总值增长的贡献率：

$$\text{要素贡献率} = （\text{要素增长率} \times \text{要素产出弹性}） \times 100\% \qquad (17.2)$$

$$\text{广义技术进步贡献率} = 100\% - \Sigma \text{要素贡献率} \qquad (17.3)$$

即资本投资、人力资本投资和广义技术进步贡献率 EK、EL、EA 分别为

$$EK = \alpha \times \frac{\frac{\Delta K_t}{K_t}}{\frac{\Delta Y_t}{Y_t}}, \quad EL = \beta \times \frac{\frac{\Delta L_t}{L_t}}{\frac{\Delta Y_t}{Y_t}}, \quad EA = \gamma \times \frac{\frac{\Delta A_t}{A_t}}{\frac{\Delta Y_t}{Y_t}} \qquad (17.4)$$

计算出资本投资、人力资本投资、广义技术进步对西部地区生产总值增长贡献率，如表 17-1 所示。

表17-1 1986～2012年西部地区资本投资、人力资本投资与广义技术进步对地区生产总值增长的贡献率

年份	资本投资的贡献率	人力资本投资的贡献率	广义技术进步的贡献率
1986	53.96%	21.15%	24.89%
1987	54.93%	20.00%	25.07%
1988	52.45%	17.95%	29.60%
1989	52.65%	17.87%	29.48%
1990	51.09%	17.84%	31.07%
1991	51.46%	17.18%	31.36%
1992	52.47%	16.97%	30.56%
1993	52.68%	15.78%	31.54%
1994	54.89%	15.70%	29.41%
1995	56.75%	15.14%	28.11%
1996	56.93%	14.58%	28.49%
1997	57.21%	14.26%	28.53%
1998	58.58%	13.28%	28.14%
1999	60.01%	13.21%	26.78%
2000	61.87%	12.20%	25.93%
2001	64.16%	12.00%	23.84%
2002	65.03%	11.79%	23.18%
2003	66.24%	11.37%	22.39%
2004	67.34%	11.10%	21.56%
2005	68.45%	10.59%	20.96%
2006	68.96%	10.32%	20.72%
2007	69.98%	10.12%	19.90%
2008	70.04%	10.00%	19.96%
2009	71.45%	9.98%	18.57%
2010	72.14%	9.78%	18.08%
2011	72.95%	9.86%	17.19%
2012	72.56%	9.89%	17.55%
平均	61.38%	13.70%	24.92%

资料来源：本书计算结果

得出1986～2012年西部地区12个省区市的资本投资、人力资本投资和广义技术进步对地区生产总值增长的平均贡献率分别为61.38%、13.70%和24.92%。

从总体上看资本投资是西部地区经济增长的主要动力，每年贡献率都达到50%以上，相较于其他要素有压倒性优势，这表明西部地区经济增长主要依赖物质资本的投入。资本投资对地区生产总值增长的贡献率呈现出先上升后下降再上涨状态。由于西部地区的市场化程度低，资本投资主要依赖政府行为，这一指标

受宏观经济和政治环境影响很大，部分年份资本投资对地区生产总值增长的贡献率下降，其余年份均上升，特别在2001年后，随着西部大开发战略的实施，资本投资的贡献率增长加快，这也表明西部大开发战略着眼于基本要素的大规模投入。

人力资本投资对地区生产总值增长的贡献率最低，在9.78%~21.15%内呈下降趋势。通过对广义技术进步的贡献率的观察和实证分析可知：广义技术进步的贡献率在1986~1993年处于上升期，2000年西部大开发战略全面实施后，大量的资本投入使得西部地区的广义技术进步的贡献率曲线相对下降，并且近年来一直呈下降趋势。这种下降趋势并不能说明西部地区这些年没有新的技术发明、新的技术引进和技术进步，而实际情况是广义技术进步和人力资本投资的贡献被资本投资的超大贡献所掩盖。当然更说明近些年西部地区的经济增长主要依靠资本拉动。

（二）经济增长要素贡献率的比较分析

在上述方法的基础上，利用《中国统计年鉴》，得出1986~2012年中国资本投资、人力资本投资与广义技术进步对地区生产总值增长的贡献率，如表17-2所示。

表17-2　1986~2012年中国资本投资、人力资本投资与广义技术进步对地区生产总值增长的贡献率

年份	资本投资的贡献率	人力资本投资的贡献率	广义技术进步的贡献率
1986	64.82%	17.03%	18.15%
1987	50.55%	13.47%	35.98%
1988	49.94%	13.88%	36.18%
1989	105.14%	24.00%	−29.14%
1990	103.37%	20.66%	−24.03%
1991	46.24%	6.67%	47.09%
1992	34.34%	3.78%	61.88%
1993	40.26%	3.78%	55.96%
1994	45.72%	3.92%	50.36%
1995	57.11%	4.39%	38.50%
1996	60.76%	6.92%	32.32%
1997	59.02%	7.21%	33.77%
1998	69.32%	7.96%	22.72%
1999	68.04%	7.48%	24.48%
2000	60.28%	6.13%	33.59%
2001	61.06%	6.35%	32.59%

续表

年份	资本投资的贡献率	人力资本投资的贡献率	广义技术进步的贡献率
2002	58.65%	3.87%	37.48%
2003	57.15%	3.29%	39.56%
2004	58.10%	3.80%	38.10%
2005	45.76%	2.45%	51.79%
2006	37.05%	1.85%	61.10%
2007	31.07%	1.73%	67.20%
2008	45.20%	1.77%	53.03%
2009	41.78%	2.02%	56.20%
2010	35.16%	1.89%	62.95%
2011	39.82%	2.35%	57.83%
2012	37.56%	2.70%	59.74%
平均	54.20%	6.67%	39.09%

资料来源：本书计算结果

西部地区和全国资本投资、人力资本投资与广义技术进步对地区生产总值增长的贡献率平均值排名相同。相较全国，西部地区上述三个数值分别高出7.18个、7.03个、-14.17个百分点，表明西部地区经济增长更依赖资本拉动，人力资本投资与广义技术进步的贡献较小。

根据上述实证分析出我国西部地区经济增长方式与内涵的状况，其结论是西部地区经济增长方式落后且不能形成内生经济增长模式，经济增长质量不高。

（三）经济增长主要由资本拉动

目前西部地区经济增长依然由大规模的资本投资拉动，2012年资本投资对地区生产总值增长的贡献率达到72.56%，且呈现持续上涨状态，特别是固定资产投资占比较大，这一模式存在很大弊端。首先，这种依赖外部输血式的经济增长无法形成内生经济增长的正向循环，发展方式不可持续。其次，由于存在资本投资的边际效应递减规律，为了维持经济增长率，必然要求投资规模的进一步扩大，从而更加依赖外部输血，形成了恶性循环。

（四）广义技术进步对经济拉动作用不明显

广义技术进步中科技提高与制度创新能够从根本上优化生产投入-产出函

数，改变经济增长中要素规模报酬递减规律。而西部地区广义技术进步对地区生产总值增长的贡献率整体偏低，2012 年达到 17.55%，由于资本投资贡献率增长过大，广义技术进步整体贡献率持续下降，甚至导致某些省区市的某些年份出现负值，这表明西部地区市场化与法制化程度低且科技进步速度慢，增长方式仍是传统的依赖要素投入的粗放型模式，经济增长无法持续。

（五）教育与人力资本无法支持内生经济增长

根据现代经济增长模型，教育与资本之间的相互促进关系能确保经济体的内生增长。西部地区由于教育投入的不足明显制约了人力资本的发展，限制了其经济增长与资本回报的能力。另外，西部地区教育投入对经济增长的负向影响表明低质量的投入严重影响教育效率，进一步降低了人力资本作用。

（六）西部地区内部差距较大

目前西部地区内部也存在较大差距，从现有数据来看，重庆、四川、陕西、内蒙古的经济增长中广义技术进步贡献率较高，经济增长方式实现了一定转变，形成了一定程度的经济内生增长，而贵州、云南、广西、甘肃、青海、宁夏、西藏、新疆无论与全国还是西部地区内部比较，其发展方式仍是传统模式，仍无法实现内生经济增长，依赖外部资本投入。

二、西部地区经济增长方式转变的必要性

改革开放以来特别是建立社会主义市场经济体制，我国 GDP 以年均 10%增加，创造了一个又一个世界奇迹。人均 GDP 由 1980 年的 280 美元增加到 2013 年的 7600 美元，GDP 超过诸多老牌西方大国而位居世界第二，表现为贫困人口大幅下降，国家外汇储备大幅上升，进出口总额名列世界第一。所取得的成就举不胜举，但产生的问题也十分严重，表现为：一是环境持续恶化，达到承载的极限；二是资源掠夺性开发已威胁到后代的可持续发展；三是投资效益逐年下降，再使用投资来拉动经济增长难以为继；四是人口红利消失，难以依靠新增劳动力数量推动经济增长，需要进一步地转变经济增长方式。

西部地区虽然环境略好于全国水平，但其他方面问题同样存在。因此，再也不能沿用传统的高投入、高污染、高消耗、低产出的老路。同时，以下西部地区的特有问题更需要西部地区转变经济增长方式。

(一) 西部地区加快经济增长的迫切性

进入21世纪以来,世界两强争霸格局让位于地区间与国家内部冲突,特别是极端恐怖行为对各国稳定带来重大压力。虽然我国经过40多年的高速发展形成了良好的安定团结局面,但极端势力渗透导致新疆、西藏、青海等省区的落后地区不时出现不稳定因素。从经济上分析,上述地区经济发展的滞后也容易被敌对势力和恐怖分子所利用。因此,加快经济发展,创造良好的就业环境,增加西部地区年轻人就业是当务之急。

正如前面所述,由于历史和地理等因素影响,西部地区经济发展严重滞后于东部地区。生产总值是衡量一个国家或地区经济发展水平的重要指标,由于中、东、西部地区所涉及的省区市数量不同,以生产总值的人均量来对比中、东、西部地区经济发展水平的差异。中、东部地区无论生产总值还是人均生产总值都始终高于西部地区,并且差距持续拉大是一种趋势。2005年西部地区人均生产总值为8371元,中、东部地区人均生产总值为20 147元,两者相差11 776元;2012年西部地区人均生产总值为31 238.9元,中、东部地区人均生产总值为47 849.1元,两者相差16 610.2元。从数据上看,中、东部与西部经济发展的差距明显有拉大的趋势。

如果西部地区继续采用目前的靠资本投入支撑的经济增长方式,不仅投入大、难以维持,产出效率也低,经济增长率难以大幅度提升。更为严重的问题是东、西部地区生产总值差别很大,即使西部地区生产总值增长率与东部地区生产总值增长率一致,也难以扭转地区生产总值差距不断扩大的现实。因此,要想缩小东、西部地区经济发展差距,西部地区必须转变经济增长之路,选择可持续、高效的经济增长方式才有可能缩小与东部地区经济发展水平差距,实现缩小东、西部地区经济发展差距的战略目标。

(二) 产能过剩与西部地区转变经济增长方式

我国中、东部地区经济高速增长从产业结构看是沿着轻工业—重工业这条路进行的,从支柱产业看先后历经20世纪末的服装业、家电行业、汽车制造业和房地产业,目前这些产业已严重饱和且陷于"产能过剩"的境地,表现为生产价格指数(producer price index, PPI)作为工业部门最关键的价格信号,2012~2013年,不管工业生产者出厂价格指数还是工业生产者购进价格指数,都处于负增长状态。工业生产者出厂价格指数从393.4下降到385.9;工业生产者购进价格指数从372.5下降到365.1。严重的产能过剩压制PPI长期负增长,企业原本优先调整价格的策略改为被动调整产能,进一步放大供给的波动。

因此,西部地区经济快速增长面临着投资哪些行业,其中又主要依赖哪个行业为支柱行业拉动国民经济发展问题。重化工业投资大,产出量也大,对地区生产总值贡献也大,但西部地区绝不能再走此路,因为整个市场已经饱和。西部地区要想加快经济发展必须走科技创新之路,利用生物科技、智能信息、新型材料等高新技术走现代经济增长之路。

(三)资源环境与西部地区转变经济增长方式

西部地区产业结构中第一产业占比较全国水平高,又多是我国多条江河的发源地和森林保护区,西北地区又是干旱与沙漠集中区域,生态保护重任与生态脆弱现实并存。如果按常规的经济增长方式,投资建设污染程度大的重化工业,将严重污染三江水源和洁净的天空,这是再多的产出也无法补偿的。更为严重的是重化工业生产过程中需要的水在西北地区根本就无法满足。

西部地区的资源环境也严重制约了劳动力的生产效率,合理地配置劳动力也是西部地区经济增长方式转变的关键。不同的生产决策单元在不同的效率下选择最合理的配置方式来实现利益的最大化,从而导致实际的劳动生产效率低于最佳的劳动生产效率。图17-1描述劳动生产效率损失状况。1990年,全国、东部地区、西部地区的劳动生产效率损失分别为0.52、0.41、0.61,简言之,各地区的生产效率水平分别可以提高52%、41%、61%。1990~1993年,全国和东部地区的劳动生产效率损失有明显的下降,但是西部地区却有所上升。从2008年以后,全国、东部和西部地区的劳动生产效率损失都出现大幅的下降。这主要是因为发展新型高科技产业和服务业,带动了西部地区劳动生产效率的提高。

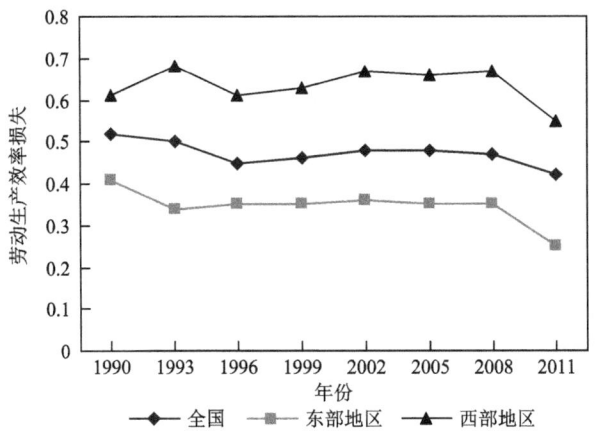

图17-1 1990~2011年中国的劳动生产效率损失状况

资料来源:根据《中国统计年鉴》相应年份数据计算整理得到

从资源上分析，发展重型工业需要配套大型发电厂，建设重载铁路线运煤与大型设备所占用资金巨大。同时，西部地区人少地广，需求严重不足，所建的基础设施很难产生经济效益。进一步，建成的同类企业争原料、争市场，导致共同面对原材料价格上升，企业成本高，企业难以获利。因此，西部地区必须跨越经济发展过程中的重化工业阶段，转变经济增长方式，直接进入高新技术产业和现代服务业阶段。

三、西部地区内生经济增长动力机制建设

根据内生经济增长理论，一国经济若无外力推动，其实现可持续增长依赖三个方面因素：发掘并提升人力资本贡献、推动并实现技术进步与市场经济体制建设和完善。这表明，重视在数量上投入物质资本和人力资本的传统粗放型经济增长方式难以实现可持续发展，只有利用好内生经济增长的三大因素，才能够转变经济增长结构，确保增长质量提升，同时实现经济增长的自我持续。

而这三大因素也是西部地区经济、社会发展长期落后于全国水平的根本原因。基于此，本书认为在人力资本质量、技术进步、市场化建设等方面进行变革是西部地区实现长期可持续发展的必由之路。

（一）人力资本建设

以人为本，充分发挥人力资本深层次作用是西部地区经济增长的重点，改变传统的低质量劳动力数量上的简单增加，实现人力资本质量上的提升，不仅改变原有劳动力要素在收益分配方面的劣势地位，而且直接提高其他要素投入收益。人力资本建设包括以下几个方面。

一是提升人口的身体素质。身体素质的提升很大程度上决定了人们在经济活动时间的存量及增量，本书选取医院数、病床数、医疗卫生从业人口数等指标来代表各地区医疗投入水平，如表17-3所示。

表17-3　2013年西部地区与东部、东北、中部地区医疗卫生情况对比

地区	医疗卫生从业人口数/人	医院数/个	病床数/张	基层门诊数/个	公共卫生机构数量/个
西部	198 177.8	611.5	122 856.1	24 111.3	349.5
东部	381 615.5	831.1	224 412.5	29 486.3	366.3
东北	270 016.1	825.1	171 006.3	24 271.8	471.0
中部	393 522.8	910.55	229 324.6	42 964.7	495.1

资料来源：根据《中国统计年鉴》相应年份数据计算整理得到

通过表 17-3 可以看出，2013 年，我国中部地区的医院数为 910.55 个，明显多于西部地区的 611.5 个，东部、东北地区医院数相对持平，但从数量上也明显多于西部地区；中、东部地区医疗卫生从业人口数分别为 393 522.8 人和 381 615.5 人，分别是西部地区的 1.986 倍和 1.926 倍；在基层门诊数上，中部地区为 42 964.7 个，东部地区为 29 486.3 个，西部地区为 24 111.3 个，中、东部地区分别为西部地区的 1.782 倍和 1.223 倍；我国中部地区病床数为 229 324.6 张，西部地区病床数为 122 856.1 张，西部地区病床数仅为中部地区的 53.57%。通过上述情况可以明显看出，西部地区在医疗卫生投入方面与中部、东部和东北地区都存在较大差距，劳动力素质已经很大程度上影响了西部地区的经济发展。世界银行指出，在极端贫困地区，充足的食物和基本的医疗保障能够显著改善居民身体素质，特别是儿童的发育状况，而这些又能直接提升居民预期寿命和工作年限，从而提高劳动产出。另外，实现优生优育，降低人口出生率，能够大幅度提升劳动力素质，提高社会产出水平。因此，政府应加大西部地区医疗卫生投入力度，促进劳动力素质提高，使其成为经济发展的能量源泉。

二是增加教育投资。科教兴国是我国的长期发展战略，虽然目前西部地区教育投入从纵向看有很大提升，但由于历史形成的欠账，与东、中部地区相比仍有很大差距。表 17-4 为 2013 年我国西部地区与其他地区平均教育投资对比情况。

表 17-4　2013 年我国西部地区与其他地区平均教育投资对比情况

指标	西部地区	东部地区	东北地区	中部地区
平均毕业生人数/人	114 756.3	253 177.5	194 316.1	291 416.6
平均专任教师人数/人	29 130.0	59 011.3	47 813.6	62 002.1
平均高等学校数量/所	50.1	97.5	85.4	108.5
平均教育经费/万元	4 690 010.6	9 573 277.6	5 651 737.3	7 785 123.9

资料来源：根据《中国教育统计年鉴》相应年份数据计算整理后得出

通过表 17-4 可以看出，我国西部地区 2013 年平均教育经费为 4 690 010.6 万元（平均值等于该地区指标总值除以当地省区市数），相对于东部地区的 9 573 277.6 万元差距较为明显，中、东部地区教育经费分别为西部地区的 1.660 倍和 2.041 倍；我国东部地区平均高等学校数量为 97.5 所，中部地区平均高等学校数量为 108.5 所，分别是西部地区的 1.946 倍和 2.166 倍；我国中部地区的平均专任教师人数最多，为 62 002.1 人，而西部地区平均专任教师人数最少，仅为 29 130.0 人，是中部地区的 46.98%；我国的中、东部地区平均毕业生人数较多，为 291 416.6 人和 253 177.5 人，而西部地区最少，仅为 114 756.3 人。通过以上分析可以看出，西部地区的教育投入与中、东部地区存在较大差距，落后的教育水平严重拖累西部地区的科技创新及科技成果转化、利用，更重要的是阻碍了思想意识向现代社会的变迁，进而使市场化建设受阻。因此教育投资是实现内生经济增长的根本。针对西部地区的特点，将有限的教育资源优先投入基础教育，提高居民的受教育年限，发展职业教育与职业培训，提升劳动力的职业技能。

三是积极引进区域外人才。通过政策引导鼓励其他地区人才在西部地区就业，同时，为人才引进以及人才的创新发展提供良好的激励机制、人才工作生活环境、科研软环境和强烈的事业发展氛围。鼓励创新与保护产权并重，创造知识经济发展的和谐氛围。

（二）科学技术创新

科学技术创新是指把一种从来没有过的关于生产要素的"新组合"引入生产体系，从而使产出水平提高的过程。集约型增长的基础与核心，以及当今世界各发达国家的经济增长主要都是依托于科技优势取得的。

通过表 17-5 可以看出，2013 年我国中部地区规模以上企业平均研发人员全时当量为 67 122.67 人/年，东部地区最大，为 163 547.62 人/年，而西部地区仅为 18 012.51 人/年，中、东部地区分别是西部地区的 3.726 倍和 9.08 倍；2013 年西部地区规模以上企业平均研发经费为 581 314.24 万元，远低于东部地区的 4 950 042 万元，与中部地区 1 938 205.31 万元和东北地区的 1 484 298.12 万元差距明显；2013 年我国西部地区规模以上企业平均研发项目数为 2813.17 个，东部地区为 20 013.16 个，东部地区在企业平均研发项目数上已经是西部地区的 7 倍多；在 2013 年的平均专利申请授权总数上，东部地区为 87 810.17 件，而西部地区为东部地区的 10.4%，仅有 9135.22 件专利申请授权。通过分析可以看出，作为四大地区之一的西部地区，在科技投入和产出方面处于"垫底"情况，且与其他地区差距较大。

表 17-5　2013 年我国西部地区与其他地区科技方面平均投资对比情况

地区	规模以上企业平均研发人员全时当量/(人/年)	规模以上企业平均研发经费/万元	规模以上企业平均研发项目数/个	平均专利申请授权总数/件
西部	18 012.51	581 314.24	2 813.17	9 135.22
东部	163 547.62	4 950 042.00	20 013.16	87 810.17
东北	38 003.70	1 484 298.12	4 976.67	16 021.00
中部	67 122.67	1 938 205.31	7 410.43	22 973.33

资料来源：根据《中国科技统计年鉴》相应年份数据计算整理后得出

目前西部地区无论是科学研究还是开发性投入都还难以为技术进步提供强有力的支撑。这一方面表现为研究开发的投入不足，另一方面表现在投入的结构上基础研究的支出比例过小。此外，从研究开发的主体看西部地区主要的研究开发是由研究所、高等院校等非企业组织进行的，而企业的研究开发能力很低，这种科研体制不利于研究开发取得成果。

因此推动科技创新需要确立知识自主创新的意识，增强自主创新能力需要政府加强政策引导和扶持，加大对研究开发的投入。通过科技体制改革建立以企业为主体、市场为导向、产学研相结合的技术创新体系，使企业真正成为研究开发投入、技术创新活动和创新成果应用的主体特色，深化科研部门和事业单位改革，促进市场开拓、技术创新和生产经营一体化。

（三）优化产业结构

要想转变西部地区经济增长方式，产业结构的优化是当务之急。评价一个国家或地区的产业结构，一般通过分析该国家或地区的第一、第二、第三产业所占生产总值的比例。以各产业增加值占生产总值的比例来衡量各自的产业结构，具体的结构比例如图17-2所示。从整体上来看，中国的产业已经发生明显的变化，第三产业的增长率已经开始超过第二产业，成为新的经济增长点。这样的产业结构是合理的、高效的、可持续发展的。如图17-3所示，西部地区的产业结构基本没有变化，保持相对稳定的状态，采用以第二产业为主导，第一、第三产业为辅的发展模式，并且第二产业的发展速度明显高于第一、第三产业。

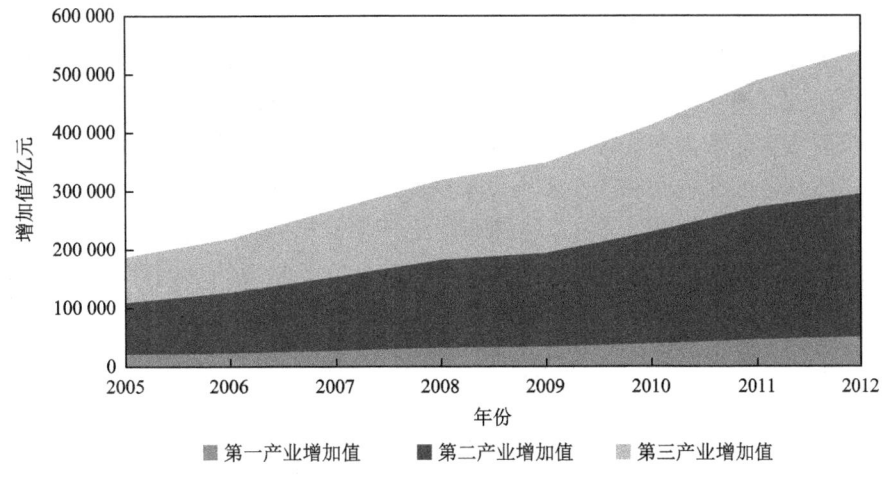

图17-2 中国2005～2012年第一、第二、第三产业发展状况

资料来源：根据《中国统计年鉴》相应年份数据计算整理得到

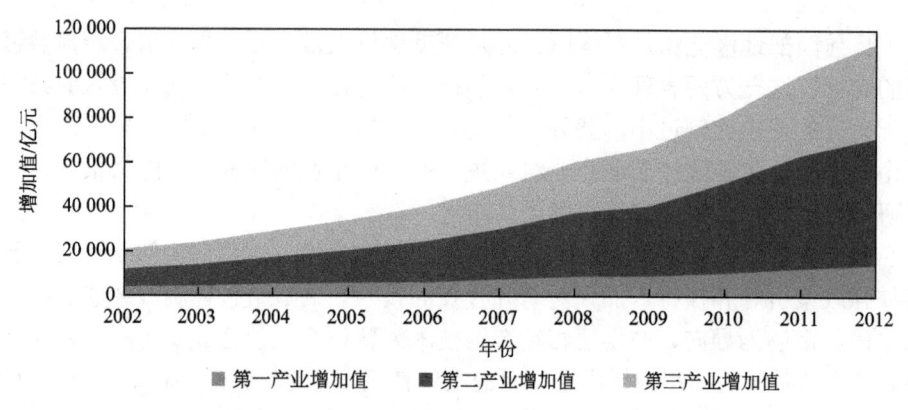

图 17-3　西部地区 2002~2012 年第一、第二、第三产业发展状况
资料来源：根据《中国统计年鉴》相应年份数据计算整理得到

经过将近 10 年的发展，西部地区的第二、第三产业的比例得到了快速的提升，第一产业比例明显下降，但相对比例还较高。这说明西部地区的产业结构没有经过有效合理的发展。因此要优化西部地区的产业结构，促进西部地区经济健康增长。

（四）市场体制建设

西部地区取得的巨大成就主要依赖于国家规划指导、政策扶持、资金投入、项目安排、人才交流等外部的支持，缺乏自我造血、自我发展的动力。西部地区经济要实现长足的发展，从根本上需要西部地区内生发展动力作为支持。首先，要提高西部地区经济对外部生产要素的吸引能力，不单纯依赖外部推力，而是把外部推力与内部机制的重塑有机结合起来，形成有活力的内生经济增长机制，它对于强化西部地区经济增长的动力机制具有先行性、基础性的作用。其次，西部地区今后应更加着力于加快体制的转变，带动投资环境和企业经营环境的改善，以提高西部地区在资本和产品市场竞争中的地位。再次，西部地区应加大对外开放力度，更加主动地推动与东、中部地区之间多种形式和更高层次的经济与技术合作。最后，西部地区应立足和发掘区域优势，大力培育特色优势产业，推动经济产业化、市场化、生态化和专业区域布局的全面升级。

由于根深蒂固的计划经济传统体制的影响，西部地区市场发育水平低，阻碍了经济的发展。国有企业产权改革滞后，导致资本没有充分利用、交易费用巨大且资源浪费严重。与此同时，西部地区人们的思想观念以及制度创新落后于经济发展的实际，导致制度创新的力度弱，影响了制度创新对西部地区经济增长作用的发挥。

促进西部地区制度创新的应对策略主要有以下几点：第一，应改革传统的国有产权制度，提高资本的活力和运营效率，实现金融制度的创新，通过大型集团组建商业银行调节投资及结构，通过金融工具的创新引导投资方向的转变，促进资产结构合理化；第二，应实现对法律制度、市场管理制度的创新，改变传统的市场管理体制，建立西部地区统一的大市场，促进西部地区经济的持续稳定增长。

改革开放以来虽然中央重要实现经济增长方式转变，但是转变经济增长方式需要深化改革、结构调整、科技创新、体制创新，所有这些转变取决于政府自身的改革，关键是转变政府职能，建设法治下的有限政府和有效政府。

首先，限制政府权力，建设有限政府。避免政府越位问题的核心在于限制政府权力，建设有限政府。在市场经济中政府只在市场失灵、政府干预确有效率的条件下才进行宏观经济调控与微观经济引导，不应干预市场交易活动和企业的微观决策。提高经济效益，转变增长方式，必须限制各级政府配置资源和直接干预企业与个人微观决策的权力。

其次，履行政府应有职能，建设有效政府。政府坚决把自己不该管的事交给企业、社群组织和市场去处理，并不等于政府放弃自己应有的职能而实行"无为而治"或者无所事事。有效政府在经济与社会发展中处于中心地位，不是作为增长的直接提供者，而是作为合作者、催化剂和促进者来体现的。这就要求，一方面政府不能替代市场，而是补充市场、促进市场发育和发挥作用；另一方面，减少或淡化政府在经济生活中发挥作用并不是改革的终点。

总之，西部地区经济已取得巨大成就，人民生活水平显著提高。为了西部地区经济的可持续发展，西部地区应该继续增加人力资本的积累和投资，以内生经济增长促进自我发展，通过制度创新促进市场经济制度完善。通过以上途径转变经济增长方式，为西部地区经济发展提供新的源泉和动力，促进西部地区经济的可持续发展。

后　记

在30多年的经济研究过程中，关于西部地区经济发展的书，我写过几本，但是以实证研究为主题的，还是第一本。

本书从2013年动笔到完稿，历经整整四年时间，我从选题到初稿再到修改与统稿，付出了大量的心血，这也是作为本书负责人的责任。作为本书的合著作者之一，侯高飞博士不仅承担了十万字的写作任务，还负责了本书写作的管理事务。与此同时，赵溢鑫博士、甘雨博士、徐传武博士在本书的重大问题上给予了很好的建议，邵梦云、吴自强、陈科、金逸航、卢显盘、钟原在搜集数据上给予了支持。在此，我深表感谢！

张跃平
2017年12月于南湖畔